Xpert.press

Dirk Lewandowski

Suchmaschinen verstehen

 Springer Vieweg

Dirk Lewandowski
Hochschule für Angewandte Wissenschaften
Hamburg
Deutschland
E-Mail: dirk.lewandowski@haw-hamburg.de

ISSN 1439-5428
Xpert.press
ISBN 978-3-662-44013-1   ISBN 978-3-662-44014-8 (eBook)
DOI 10.1007/978-3-662-44014-8

Die Deutsche Nationalbibliothek verzeichnet diese Publikation in der Deutschen Nationalbibliografie; detaillierte bibliografische Daten sind im Internet über http://dnb.d-nb.de abrufbar.

Springer Vieweg
© Springer-Verlag Berlin Heidelberg 2015

Gedruckt auf säurefreiem und chlorfrei gebleichtem Papier

Springer Berlin Heidelberg ist Teil der Fachverlagsgruppe Springer Science+Business Media
(www.springer.com)

Inhaltsverzeichnis

Einführung

In diesem Buch geht es darum, die Suchwerkzeuge, die wir selbst jeden Tag benutzen, besser zu verstehen. Erst wenn wir grundlegend verstehen, wie Suchmaschinen aufgebaut sind und wie sie funktionieren, können wir sie effektiv in unseren Recherchen einsetzen. Aber nicht nur der Einsatz bestehender Suchmaschinen ist hier von Relevanz, sondern es soll auch darum gehen, was wir von den bekannten Suchmaschinen wie Google lernen können, wenn wir eigene Suchsysteme aufbauen möchten. Der Ausgangspunkt ist dabei, dass die Suchmaschinen des World Wide Web zurzeit die technisch führenden Systeme sind, sowohl hinsichtlich des Suchprozesses als auch des Nutzerverhaltens. Das bedeutet, dass wir uns, wenn wir selbst Suchsysteme aufbauen, an den durch die Web-Suchmaschinen geprägten Gewohnheiten orientieren müssen, ob wir das wollen oder nicht.

Dieses Buch ist der Versuch, das Thema Suchmaschinen umfassend zu behandeln im Sinne einer Betrachtung aus unterschiedlichen Blickwinkeln:

1. Technik: Zuerst einmal sind Suchmaschinen technische Systeme. Hierbei geht es um die Erfassung der Inhalte des Web und um das Ranking und die Präsentation der Suchergebnisse.
2. Nutzung: Suchmaschinen werden nicht nur von ihren Entwicklern, sondern auch von ihren Nutzern geprägt. Da die bei der Nutzung anfallenden Daten wiederum in das Ranking der Suchergebnisse und die Gestaltung der Benutzerführung eingehen, hat die Nutzung einen großen Einfluss darauf, wie die Suchmaschinen gestaltet sind.
3. Recherche: Zwar werden Suchmaschinen in den meisten Fällen auf recht simple Weise genutzt – und viel mehr ist oft ja auch für eine erfolgreiche Recherche gar nicht nötig –, allerdings sind Suchmaschinen auch Werkzeuge zur professionellen Recherche nach Informationen. Dass Suchmaschinen leicht für jedermann zu bedienen sind, bedeutet nicht, dass man auch jede Rechercheaufgabe leicht mit ihnen lösen kann.

© Springer-Verlag Berlin Heidelberg 2015
D. Lewandowski, *Suchmaschinen verstehen,* Xpert.press,
DOI 10.1007/978-3-662-44014-8_1

4. Gesellschaft: Da Suchmaschinen das bevorzugte Mittel zur Informationssuche sind und täglich massenhaft genutzt werden, haben sie auch eine enorme Bedeutung für den Wissenserwerb in der Gesellschaft. Da sie zentrale Knoten im Netz sind, spielen sie auch wirtschaftlich eine bedeutende Rolle.

Die grundlegende These dabei ist, dass das eine ohne das andere nicht möglich ist: Wir können Suchmaschinen nicht als technische Systeme begreifen, wenn wir nicht um ihre gesellschaftliche Bedeutung wissen. Ebenso wenig können wir ihre gesellschaftlichen Auswirkungen verstehen, wenn wir nicht die zugrunde liegende Technik kennen. Natürlich muss man nicht in allen Bereichen das gleiche Detailwissen haben; eine solide Basis sollte man aber auf jeden Fall erreichen.

Natürlich können die genannten Themen in einem Einführungsbuch auch nicht allumfassend behandelt werden. Es geht mir vielmehr darum, die für die Diskussion über Suchmaschinen zentralen Konzepte vorzustellen und das grundlegende Wissen zu vermitteln, das eine fundierte Diskussion über Suchmaschinen überhaupt erst möglich macht.

1.1   Die Bedeutung der Suchmaschinen

Ich vertrete in diesem Buch die Auffassung, dass Suchmaschinen eine enorme gesellschaftliche Bedeutung haben. Diese lässt sich erklären aus der massenhaften Nutzung der Suchmaschinen einerseits und aus der Reihung und Darstellung der Suchergebnisse andererseits.

Suchmaschinen werden (wie andere Dienste des Internet) massenhaft genutzt. Ihre Bedeutung liegt dabei darin, dass wir sie nutzen, um *aktiv* nach Informationen zu suchen. Mit jeder Eingabe einer Suchanfrage offenbaren wir unsere Interessen, und mit jeder Suchergebnisseite, die uns eine Suchmaschine zurückgibt, findet eine (technisch vermittelte) Interpretation sowohl der Suchanfrage als auch der Menge der gefundenen und potenziell relevanten Ergebnisse statt. Dadurch, dass eine Suchmaschine diese Interpretationen auf eine bestimmte Weise durchführt, vermittelt sie ein bestimmtes Bild der Informationswelt des World Wide Web.

Zu jeder Suchanfrage wird eine Ergebnisseite angezeigt, auf der die Ergebnisse in einer bestimmten Reihung angezeigt werden. Wir können zwar theoretisch aus allen Ergebnissen auswählen, doch verlassen wir uns stark auf die von der Suchmaschine vorgegebene Reihung. De facto wählen wir also nicht aus den unter Umständen Millionen von gefundenen Treffern aus, sondern nur aus den wenigen zuerst angezeigten.

Zieht man dies in Betracht, so ergeben sich gesellschaftliche Fragen wie die nach der Vielfalt auf dem Suchmaschinenmarkt: Ist es in Ordnung, wenn eigentlich nur eine einzige Suchmaschine verwendet wird und diese uns zu jeder Suchanfrage nur eine einzige von vielen möglichen Sichten auf das Informationsuniversum bietet?

Die Bedeutung der Suchmaschinen wurde schon in schlagkräftige Titel wie „Google-Gesellschaft " (so der Titel eines Buchs von 2005; Lehmann und Schetsche 2005) oder

der „Society of the Query" (so der Titel einer Konferenzreihe und eines Buchs; König und Rasch 2014) gebracht. Vielleicht muss man nicht gleich so weit gehen, Suchmaschinen (oder die Suchanfragen) als bestimmenden Faktor unserer Gesellschaft auszurufen, die enorme Bedeutung der Suchmaschinen für unseren Wissenserwerb lässt sich allerdings nicht mehr abstreiten.

Wenn wir die nüchternen Zahlen betrachten, sehen wir zunächst einmal, dass Suchmaschinen der beliebteste Dienst des Internets sind. Das Internet betrachten wir hier als eine Ansammlung von Protokollen und Diensten, zu denen beispielsweise auch E-Mail, Chat und FTP gehören. Erstaunlich ist nun, dass die Nutzung von Suchmaschinen an der Spitze steht, wenn man Nutzer nach ihren Aktivitäten im Internet fragt. Dabei sind Suchmaschinen sogar noch beliebter als das Schreiben und Lesen von E-Mails (van Eimeren und Frees 2014). 82 % aller deutschen Internetnutzer nutzen mindestens einmal pro Woche eine Suchmaschine, aber „nur" 79 % der Internetnutzer lesen bzw. schreiben in dieser Zeit mindestens eine E-Mail. Diese Daten stammen aus der ARD/ZDF-Onlinestudie (van Eimeren und Frees 2014), welche jährlich die Nutzung des Internet in der deutschen Bevölkerung abfragt. Ähnliche Ergebnisse finden sich aber auch in vergleichbaren Studien (u. a. AGOF\t *„Siehe* Arbeitsgemeinschaft Online Forschung" Internet Facts 2014); die Ergebnisse gleichen denen aus anderen Ländern (zum Beispiel (Purcell et al. 2012 für die USA)).

Sieht man sich in der ARD/ZDF-Onlinestudie an, welche Angebote im Internet sonst noch besonders häufig genutzt werden, so gibt es neben E-Mail- und Suchmaschinennutzung nur eine einzige Kategorie, welche auch auf mehr als 70 % der Nutzer kommt, nämlich „Informationen suchen" (82 % der Nutzer tun dies mindestens einmal wöchentlich). Dabei fällt auf, dass es sich wieder um einen informationsorientierten Zweck handelt. Alle anderen Anwendungen im Netz (mit Ausnahme von Wetterinformationen, die von der Hälfte der Nutzer abgerufen werden) kommen auf deutlich weniger als 50 % bei der wöchentlichen Nutzung. Auch die Nutzung von Apps, Onlinecommunities, Videoportalen und Chats liegt in diesem Bereich.

Eine zweite Betrachtungsweise ist der Blick auf die beliebtesten Websites (ComScore 2014). Hier steht Google an erster Stelle, gefolgt von Facebook und Ebay. Zwar lässt sich aufgrund dieser Erhebung nicht unterscheiden, inwieweit beispielsweise auf den Websites von Google tatsächlich die Suche oder ein anderer Dienst genutzt wurde, allerdings ist auffällig, dass nicht nur Google auf Platz 1 steht, sondern mit Ebay und Amazon auch zwei E-Commerce-Unternehmen vertreten sind, die zwar auch zahlreiche Möglichkeiten zum Stöbern bieten, aber natürlich auch bei der (Produkt-)Suche eine große Rolle spielen.

Dass Suchmaschinen ein Massenphänomen sind, lässt sich auch anhand der Zahl der täglich an sie gestellten Suchanfragen zeigen. Nach Erhebungen des Marktforschungsunternehmens ComScore werden weltweit jeden Monat mehr als 175 Mrd. Suchanfragen in die allgemeinen Suchmaschinen eingegeben (Sullivan 2013) – das sind mehr als 5,8 Mrd. Anfragen pro Tag bzw. mehr als 2 Mio. Suchanfragen pro Sekunde!

Noch eine weitere Betrachtungsebene ergibt sich, wenn wir uns ansehen, wie Nutzer im World Wide Web an Informationen gelangen. Zwar gibt es theoretisch viele Zugänge zu den Informationen im Netz, doch Suchmaschinen sind der weit bedeutendste von diesen. Auf der einen Seite lassen sich Webseiten natürlich direkt aufrufen, indem man die Adresse (*Uniform Ressource Locator; URL*) in die Browserzeile eingibt. Und dann gibt es noch andere Dienste wie zum Beispiel Web-Verzeichnisse und Social-Media-Angebote, die uns zu Informationen führen. Doch keiner dieser Dienste hat eine den Suchmaschinen vergleichbare Bedeutung für den Informationszugang im Web erreicht.

Und nicht zuletzt haben Suchmaschinen eine große Bedeutung aufgrund des Online-Werbemarkts. Mittlerweile werden mit Werbung im Internet allein in Deutschland jährlich mehr als 7 Mrd. € umgesetzt. Davon entfallen rund 35 %, also mehr als 2,5 Mrd. €, auf Textanzeigen in Suchmaschinen (OVK Online-Report 2013/02 2013). Diese Werbeform ist vor allem so attraktiv, weil Nutzer mit jeder ihrer Suchanfragen verraten, was sie finden möchten – und damit auch, ob und was sie eventuell kaufen möchten. So können Werbetreibende leicht entscheiden, wann sie einem Nutzer tatsächlich ihr Produkt anbieten möchten. Streuverluste, also der Anteil der Nutzer, die zwar eine Werbung sehen, jedoch in dem Moment überhaupt kein Interesse daran haben, lassen sich auf diese Weise erheblich reduzieren bzw. gar vermeiden.

Suchmaschinenbetreiber müssen, wie andere Unternehmen auch, Geld verdienen. Das einzige Modell, mit dem sich Suchmaschinen bislang tragen, ist die Einblendung von Werbung, die in Form von Textanzeigen rund um die Suchergebnisse platziert ist. Andere Erlösmodelle haben sich nicht durchgesetzt. Das bedeutet aber auch, dass Suchmaschinenanbieter ihre Suchmaschinen nicht allein, wie oft behauptet wird, an den Ansprüchen und Bedürfnissen der Nutzer ausrichten, sondern natürlich auch an ihren eigenen und denen ihrer Werbekunden.

Für Unternehmen ergibt sich die Bedeutung der Suchmaschinen aber nicht nur aufgrund der Möglichkeit, Suchmaschinen als Werbeplattform zu nutzen, sondern auch durch die Möglichkeit, von Nutzern in den regulären Suchergebnissen gefunden zu werden. Die Verfahren, die dazu dienen, die Wahrscheinlichkeit dieses Auffindens zu erhöhen, werden unter dem Titel Suchmaschinenoptimierung zusammengefasst.

Wir sehen also schon an dieser Stelle, dass wir es, wenn wir Suchmaschinen nicht nur als technische Systeme, sondern als gesellschaftlich relevant betrachten, mit mindestens vier Interessengruppen bzw. Akteuren (vgl. Röhle 2010, S. 14) zu tun haben:

1. Suchmaschinenbetreiber: Das Interesse der Suchmaschinenbetreiber liegt auf der einen Seite darin, ihre Nutzer zufriedenzustellen. Dabei geht es einerseits um die Qualität der Suchergebnisse, andererseits um das Nutzererleben. Das zweite große (oder gar größere?) Interesse der Suchmaschinenbetreiber liegt darin, ihren Werbekunden ein attraktives Umfeld zu bieten und mit der Werbung möglichst viel Geld zu verdienen.
2. Nutzer: Das Interesse der Nutzer liegt darin, mit geringem Aufwand zufriedenstellende Suchergebnisse zu erhalten und in ihrem Suchprozess nicht zu sehr gestört zu werden, beispielsweise durch aufdringliche Werbung.
3. Inhalteanbieter: Wer Inhalte im Web anbietet, möchte auch von (potenziellen) Nutzern gefunden werden. Allerdings besteht ein weiteres Interesse vieler Inhalteanbieter auch

darin, mit ihren Inhalten Geld zu verdienen. Das wiederum bedeutet, dass es nicht unbedingt in ihrem Interesse liegt, ihre Inhalte den Suchmaschinen vollständig zur Verfügung zu stellen.

4. Suchmaschinenoptimierer: Suchmaschinenoptimierer sorgen im Auftrag von Inhalteanbietern dafür, dass Angebote im Web auffindbar werden; dies in erster Linie in Suchmaschinen. Durch ihr Wissen über die Rankingverfahren der Suchmaschinen und dessen Ausnutzung zur Platzierung „ihrer" Websites beeinflussen sie wiederum die Suchmaschinenbetreiber, die sich vor Manipulationen schützen möchten.

Schon aus dieser knappen Erläuterung der Akteure wird deutlich, dass das Zusammenspiel zu Konflikten führen kann. Suchmaschinenbetreiber müssen abwägen zwischen den Interessen ihrer Nutzer und ihrer Werbekunden; Suchmaschinenoptimierer müssen für eine bestmögliche Sichtbarkeit der Angebote ihrer Kunden sorgen, dürfen ihr Wissen über die Funktionsweise der Suchmaschinen aber nicht so weit ausnutzen, dass sie von den Suchmaschinenbetreibern wegen Manipulation abgestraft werden.

Wir sehen, dass wir es auf dem Suchmaschinenmarkt mit komplexen Interaktionen zu tun haben. Nur, wenn wir Suchmaschinen aus unterschiedlichen Blickwinkeln betrachten, können wir diese Interaktionen einordnen und verstehen, warum Suchmaschinen so gestaltet sind, wie sie es nun einmal sind. Suchmaschinen müssen den Ansprüchen der verschiedenen Nutzergruppen gerecht werden; es reicht nicht aus, wenn sie sich auf eine dieser Gruppen beschränken.

Wenn über Suchmaschinen gesprochen wird und ihre Bedeutung für den Zugang zu Informationen, dann werden meist nur die Inhalte, die originär für das Web produziert wurden, berücksichtigt. Doch schon seit Jahren bemühen sich die Suchmaschinen, auch Inhalte aus der „echten", also der physischen Welt, zu erfassen und in ihre Suchsysteme zu integrieren. Vaidhyanathan (2011) unterscheidet drei Bereiche von Inhalten, die Suchmaschinen wie Google erfassen:

1. *Scan and link* : Fremde Inhalte werden erfasst, aggregiert und zur Suche zur Verfügung gestellt (Beispiel: Websuche).
2. *Host and serve*: Von den Nutzern selbst erstellte Inhalte werden auf der eigenen Plattform gesammelt und gehostet (Beispiele: Blogger, Youtube).
3. *Scan and serve*: Google bringt Dinge aus der echten Welt in die digitale (Beispiele: Google Books, Google Street View)

Vaidhyanathan (2011) fasst dies unter „The Googleization of Everything" (so auch der Titel seines Buchs) zusammen und verdeutlicht damit nicht nur, dass die Inhalte der Suchmaschinen deutlich über die Inhalte des Web hinausgehen (auch wenn diese weiterhin die Basis bilden), sondern auch, dass wir in Bezug auf Suchmaschinen immer noch am Anfang stehen: Bislang ist nur ein kleiner Teil all der Informationen, die für Suchmaschinen von Interesse sind, überhaupt digitalisiert und damit für die Suche zugänglich. Der Anspruch der Suchmaschinen geht aber deutlich weiter, wie sich nicht zuletzt auch an Googles Firmenmotto deutlich wird: „Das Ziel von Google ist es, die Informationen der Welt zu organisieren und für alle zu jeder Zeit zugänglich und nutzbar zu machen" (Google Inc. 2014).

Und es gibt noch eine zweite, weitgehend als selbstverständlich angenommene Annahme, nämlich dass ein Suchvorgang notwendigerweise eine vom Nutzer eingegebene Suchanfrage enthalten müsse. Allerdings sehen wir, dass Suchmaschinen Suchanfragen zunehmend selbst generieren können, indem sie das Verhalten eines Nutzers beobachten und dann Informationen anbieten, die dieser Nutzer mit einer hohen Wahrscheinlichkeit gebrauchen kann. Wenn ein Nutzer beispielsweise mit seinem Smartphone in der Tasche durch eine Stadt spaziert, dann ist es ein Leichtes, zur Mittagszeit seinen Wunsch nach einer Essensmöglichkeit zu antizipieren und auf Basis der Vorlieben des Nutzers und seines aktuellen Standorts ein Restaurant vorzuschlagen. Um dies zu tun, ist zwar eine Suchanfrage (die sich aus den genannten Informationen zusammensetzt) vonnöten, der Nutzer muss diese aber nicht selbst eingeben. Wir werden im Kap. 16 darauf zurückkommen; um die Bedeutung der Suchmaschinen und die Vielfalt ihrer Anwendungskontexte zu verstehen, sollten die Möglichkeiten aber bereits hier zumindest kurz angerissen werden.

1.2   Ein Buch über Google?

Denkt man an Suchmaschinen, so denkt man in erster Linie an Google. Wir alle benutzen diese Suchmaschine nahezu jeden Tag, und meist auch für alle möglichen Recherchezwecke. Auch hier sprechen die Zahlen eine deutliche Sprache: In Deutschland werden weit mehr als 90 % aller Anfragen an allgemeine Suchmaschinen an Google gestellt, andere Suchmaschinen spielen nur eine untergeordnete Rolle (ComScore 2013).

Daher setzt dieses Buch an der Alltagserfahrung mit Google an und versucht anhand dieses bekannten Beispiels, den Aufbau und die Verwendung von Suchmaschinen zu erklären. Allerdings geht der Anspruch dieses Buchs weiter: Es geht auch darum zu zeigen, welche Alternativen zu Google es gibt und wann es sich lohnt, diese zu verwenden. Eine Beschreibung aller möglicher Suchmaschinen wird sich in diesem Buch aber nicht finden; vielmehr geht es darum, anhand von Beispielen andere Suchmaschinen vorzustellen und so den Leser erst einmal auf den Gedanken zu bringen, vor komplexeren Recherchen zu überlegen, ob Google überhaupt die beste Suchmaschine für genau dieses Recherche ist.

Ein Stück weit kann man auch sagen, dass man, wenn man eine Suchmaschine kennt, mit allen anderen auch besser wird umgehen können. Wir werden den grundlegenden Aufbau von Suchmaschinen und ihre wichtigsten Funktionen anhand der Suchmaschine, die wir alle bereits zumindest von der Nutzerseite her kennen, kennenlernen. Das erworbene Wissen lässt sich dann leicht auf andere Suchmaschinen übertragen.

Auch die meisten Recherchebeispiele und Screenshots stammen von Google. Die Beispiele lassen sich allerdings in den allermeisten Fällen auf andere Suchmaschinen übertragen. Wo dies nicht der Fall ist, wird gesondert darauf hingewiesen.

Zu der Ähnlichkeit zwischen den verschiedenen Suchmaschinen kann man generell sagen, dass sich die Google-Konkurrenten in einem Dilemma befinden: Auch wenn sie selbst innovative Funktionen anbieten und versuchen, Dinge anders als Google zu machen, so orientieren sie sich doch grundlegend an der von Google geprägten Vorstellung davon, wie eine Suchmaschine auszusehen und zu funktionieren hat. Diese Orientierung an Google ist den anderen Suchmaschinenanbietern nicht anzulasten, denn einerseits können sie nur Nutzer gewinnen, wenn sich die an Google gewöhnten Nutzer sofort zurecht finden; andererseits müssen sie sich von Google unterscheiden, um überhaupt einen Mehrwert gegenüber dieser Suchmaschine darstellen zu können.

1.3   Ziel dieses Buchs

Dieses Buch versteht sich als Überblickswerk. Das bedeutet auch, dass viele Themen nicht im Detail behandelt werden können, sondern wir naturgemäß „an der Oberfläche" bleiben müssen. Das heißt aber nicht, dass die Inhalte deshalb „flach" sein müssen. Ich habe mich bemüht, die Inhalte so einfach wie möglich darzustellen, ohne es dabei an der erforderlichen Genauigkeit fehlen zu lassen. Manche Themen habe ich exemplarisch herausgegriffen, d. h. an einem Beispiel (wie etwa einer Spezialsuchmaschine) wird etwas ausführlicher erläutert, was dann auch auf andere Sachverhalte übertragen werden kann.

Überhaupt geht es in diesem Buch um eine Übertragungsleistung: Das, was man anhand einer bzw. einiger Suchmaschinen lernen kann, sollte man auf andere übertragen können. Daher macht es auch nichts, dass einige der in diesem Buch gezeigten Inhalte – vor allem, wenn es um Details bei einer bestimmten Suchmaschine geht – sich bereits bei Erscheinen dieses Buchs schon wieder verändert haben können. Gerade in sich schnell verändernden Bereichen ist dies unvermeidlich; das Ziel ist es aber, grundsätzliches Wissen über Suchmaschinen zu vermitteln, das dann auf alle Suchmaschinen übertragbar ist.

Dieses Buch ersetzt keine Einführungswerke beispielsweise in das Information Retrieval oder die Recherche in Suchmaschinen, auch wenn Themen aus diesen Bereichen behandelt werden. Die relevante Einführungsliteratur zu den entsprechenden Themen wird im jeweils passenden Kapitel genannt. Das Ziel dieses Buchs ist der Überblick und eine Betrachtung verschiedener Sichtweisen auf Suchmaschinen, nicht die allumfassende Darstellung der einzelnen Themenbereiche.

Gerade bei Studierenden besteht oft die Angst, das Thema Suchmaschinen könne man nur verstehen, wenn man sich detailliert in Algorithmen und technische Details einarbeite. In diesem Buch sollen zwar die wesentlichen Verfahren knapp und verständlich beschrieben werden, das Ziel ist aber vor allem, die den technischen Verfahren zugrundeliegenden Ideen zu verstehen. Damit kann man einschätzen, warum Suchmaschinen so gut oder schlecht funktionieren, wie sie das zurzeit tun und welche Perspektiven ihrer Weiterentwicklung es gibt.

Es ist nur natürlich, dass bei jedem Versuch, ein Thema aus unterschiedlichen Perspektiven zu betrachten, man doch die Brille des eigenen Fachs auf hat und bei den Interessen des eigenen Fachs Schwerpunkte setzt. So folgen mein Interesse und der Schwerpunkt meiner Betrachtung naturgemäß dem Themenfeld und den Methoden der Informationswissenschaft, die technische Informationssysteme immer (auch) aus der Perspektive des Menschen betrachtet. Ich habe mich allerdings bemüht, auch die Perspektive anderer Fächer wie der Informatik und der Medienwissenschaft (auch in ihrer Literatur) zu berücksichtigen.

1.4   Über Suchmaschinen sprechen

Um über einen Gegenstand zu sprechen, bedarf es eines einheitlichen Vokabulars. Man muss wissen, dass man, wenn man bestimmte Begriffe verwendet, über das Gleiche spricht. Um nicht aneinander vorbeizureden, muss man sich daher auf eine Terminologie einigen. Da im Bereich Suchmaschinen bislang eine solche anerkannte Terminologie noch nicht existiert, und etwa Suchmaschinenoptimierer, Informationswissenschaftler und Kommunikationswissenschaftler jeweils eine „eigene Sprache" sprechen, soll mit diesem Buch auch ein Beitrag zur Verständigung geleistet werden. So findet sich am Ende des Buchs auch ein Glossar, das alle wichtigen Begriffe noch einmal in alphabetischer Reihenfolge auflistet und erklärt. Ich habe mich bemüht, dort auch synonyme und ähnliche Bezeichnungen zu berücksichtigen, damit Leser, die bereits Vorkenntnisse aus der Literatur gewonnen haben, „ihre" Begriffe auch wiederfinden und sich schnell an die von mir verwendete Terminologie gewöhnen können.

1.5   Aufbau des Buchs

Man kann dieses Buch natürlich von vorne bis hinten durchlesen, und das ist auch meine primäre Intention beim Schreiben gewesen. Wenn man sich allerdings „nur" zu einem bestimmten Themenbereich informieren möchte, so ist dies aufgrund der Kapitelstruktur auch möglich.

Nach dem einführenden Kapitel beginnt das Buch mit einem Kapitel über die Formen der Suche im Web. Natürlich sind Suchmaschinen wie Google nicht die einzige Form des Zugangs zu den Informationen im Web, auch wenn sich die Form der „algorithmischen Universalsuchmaschine" weitgehend durchgesetzt hat. Die verschiedenen Formen von Suchsystemen werden kurz vorgestellt und in ihrer Bedeutung in den Kontext der Recherche im Web eingeordnet.

Das 3. Kapitel erklärt dann den grundlegenden technischen Aufbau von algorithmischen Suchmaschinen. Dabei wird erläutert, wie die Suchmaschinen an die Inhalte aus dem Web gelangen, wie diese so aufbereitet werden, dass sie effizient durchsuchbar sind, und wie die Suchanfragen der Nutzer automatisch interpretiert und verarbeitet werden können.

Nach diesen beiden technischen Kapiteln betrachten wir dann die Nutzerseite: Was wird eigentlich in Suchmaschinen gesucht, wie werden Suchanfragen formuliert und wie wählen die Nutzer die für sie passenden Ergebnisse aus?

Eng damit verbunden sind die Verfahren des Rankings, also der Anordnung der Suchergebnisse. In Kap. 5 werden die grundlegenden Verfahren beschrieben und in ihrer Bedeutung eingeordnet. Zwar wird immer wieder behauptet, das Ranking der Suchergebnisse wäre das große Geheimnis jeder Suchmaschine, doch mit Kenntnis der wichtigsten Rankingfaktoren kann man die Zusammenstellung der Suchergebnisse zumindest grundlegend erklären, auch wenn die konkrete Reihung von einer Vielzahl von Gewichtungen abhängig ist, die im Detail nicht nachvollzogen werden können. Und dieses Verständnis wiederum kann uns sowohl bei der Recherche als auch bei der Aufbereitung unserer eigenen Inhalte für Suchmaschinen oder auch der Erstellung von eigenen Informationssystemen helfen.

Kapitel 6 widmet sich dann der Präsentation der Suchergebnisse. Seit einigen Jahren sind die bekannten Suchmaschinen von der üblichen Listenform der Suchergebnisdarstellung abgewichen und haben mit Konzepten wie *Universal Search* und *Knowledge Graph* neue Formen der Zusammenstellung von Suchergebnissen etabliert. Dadurch wurden nicht nur die Ergebnisseiten attraktiver gemacht und die Auswahlmöglichkeiten auf diesen Seiten erhöht, sondern die Suchmaschinen steuern mit dieser Art der Ergebnispräsentation auch gezielt die Aufmerksamkeit der Nutzer.

Dies bringt uns zu den wirtschaftlichen Gegebenheiten, die mit den Suchmaschinen verbunden sind. Im siebenten Kapitel beschäftigen wir uns mit dem Suchmaschinenmarkt und damit u. a. mit der Frage, wie es Google gelungen ist, den Suchmaschinenmarkt (zumindest in Europa) fast vollständig zu beherrschen. Und natürlich klingt auch hier schon die Frage an, ob eine solche Situation wünschenswert ist und wie sie gegebenenfalls zu ändern wäre.

Mit den tatsächlich bestehenden Alternativen zu Google beschäftigt sich dann das neunte Kapitel. Zuerst einmal gilt, die Frage zu beantworten, was eine Suchmaschine überhaupt zu einer alternativen Suchmaschine macht. Reicht es aus, dass es sich einfach um eine andere Suchmaschine als Google handelt? Dann wird basierend auf grundsätzlichen Erwägungen und konkreten Situationen im Rechercheprozess dargestellt, in welchen Fällen sich der Wechsel zu einer anderen Suchmaschine lohnt.

Im 10. Kapitel wechseln wir wieder die Perspektive und betrachten Suchmaschinen diesmal als Instrumente für eine fortgeschrittene Internetrecherche. Im Kapitel über das Nutzerverhalten wurde klar, dass die meisten Nutzer wenig Energie in die Formulierung ihrer Suchanfragen und die Sichtung der Treffer stecken. Nun wollen wir sehen, mit welchen Strategien und mit welchen Befehlen sich das Beste aus den Suchmaschinen herausholen lässt.

Auch ein Thema der Recherche, aber ebenso der generellen Bewertung von Suchmaschinen, ist die Frage nach der Qualität der Suchergebnisse, welcher sich Kap. 11 widmet. Die Qualität der Suchergebnisse lässt sich dabei aus zwei unterschiedlichen Perspektiven betrachten: Einmal geht es um die individuelle Trefferbewertung durch den Nutzer im

Lauf seiner Recherche; das andere Mal um den wissenschaftlichen Vergleich der Trefferqualität unterschiedlicher Suchmaschinen.

Das 12. Kapitel beschäftigt sich mit den Inhalten des World Wide Web, die für die allgemeinen Suchmaschinen nicht zugänglich sind, dem sog. Deep Web. Dort findet sich ein
wahrer Schatz an Informationen, die sich mit Google und ähnlichen Suchmaschinen nicht
finden lassen. Wir werden sehen, aus welchen Gründen diese Inhalte mit Suchmaschinen
nicht auffindbar sind und mit welchen Methoden wir sie dennoch recherchieren können.

Weitere Instrumente der spezialisierten Recherche sind sogenannte Spezialsuchmaschinen, die sich auf einen bestimmten Bereich spezialisieren. Alle bekannten Suchmaschinenbetreiber haben neben der allgemeinen Suche auch Spezialsuchmaschinen im Angebote, beispielsweise für Nachrichten, Videos oder Bilder. Es gibt aber auch kleinere
Anbieter, die sich exklusiv auf einen Bereich spezialisiert haben und für diesen oft bessere
Recherchemöglichkeiten und ein individualisiertes Ranking anbieten.

Viel diskutiert wurde in den letzten Jahren der Bereich der Social Media, auch im
Kontext der Vermittlung von Informationen. Die Inhalte der Sozialen Netzwerke sind umfangreich und spielen für viele Nutzer eine große Rolle. Allerdings gehören auch sie größtenteils zum Deep Web. Daher haben sich die großen Suchmaschinenbetreiber mehr oder
weniger erfolgreich bemüht, entweder diese Inhalte im Rahmen von Kooperationen in ihre
Suchmaschinen einzubauen oder aber eigene Soziale Netzwerke aufzubauen. In Kap. 13
werden Lösungsansätze in diesem Bereich vorgestellt.

Während sich die vorangegangenen Themen mit Aspekten aus den Bereichen Technik,
Nutzung und Recherche beschäftigten, geht es in Kap. 15 um die gesellschaftliche Rolle
von Suchmaschinen. Welche Rolle spielen Suchmaschinen heute für den Wissenserwerb
und welche Rolle sollten sie spielen?

Das abschließende Kapitel beschäftigt sich dann mit der Zukunft der Suche. Ein Buch
wie dieses kann immer nur eine Momentaufnahme bieten, und vor zehn Jahren hätte es ein
anderes Bild geliefert als heute. Das „Problem" der Suche ist allerdings keineswegs gelöst
(und wird es vielleicht auch nie werden), daher lohnt es sich, die heutigen Suchmaschinen
nicht nur in ihrer Entwicklung hin zum gegenwärtigen Stand zu betrachten, sondern auch
einen Blick in die (nähere) Zukunft zu wagen.

1.6 Aufbau der Kapitel und Markierungen innerhalb des Texts

Es liegt in der Natur der Sache, dass Kapitel zu unterschiedlichen Themen auch verschieden aufgebaut sein müssen. Gewisse Gemeinsamkeiten haben die Kapitel in diesem Buch
dennoch: Am Anfang steht jeweils eine Einleitung, die das Themenfeld absteckt und kurz
auf die Bedeutung des Themas innerhalb des Buchs eingeht. Darauf folgen dann die aus-
führlichen Erläuterungen; am Ende eines jeden Kapitels steht eine Zusammenfassung,
die die wichtigsten Punkte wiederholt. Ebenfalls am Ende jedes Kapitels findet sich ein
Literaturverzeichnis sowie kommentierte Hinweise auf weiterführende Literatur für diejenigen, die sich tiefer in das Thema des jeweiligen Kapitels einarbeiten möchten.

Unter dem Stichwort „Exkurs" finden sich Beispiele, die das im Haupttext Gesagte illustrieren und vertiefen, für das Verständnis des Haupttexts aber nicht unbedingt erforderlich sind.

1.7 Danksagung

Ich möchte mich vor allem bei meinen studentischen Hilfskräften, die mich auf ganz unterschiedliche Weise bei diesem Buch unterstützt haben, bedanken: Dorothee Wagner hat die meisten Schaubilder auf Basis meiner hingekritzelten Entwürfe gestaltet, Alexandra Linhart hat vor allem den ersten Entwurf des Glossars zusammengestellt. Jenny Krieger hat die Literaturlisten korrigiert und ergänzend an den Schaubildern gearbeitet. Alle drei haben mich auch sonst bei der Arbeit an diesem Buch unterstützt, indem sie all die kleinen Aufgaben, die einen Autor bei seiner Arbeit aufhalten, schnell und zuverlässig erledigt haben.

Dem kleinen Suche-Team an der HAW, bestehend aus Friederike Kerkmann, Sebastian Sünkler und Christiane Behnert, möchte ich für die zahlreichen Anregungen und Diskussionen der letzten Jahre danken. Sie werden vieles von dem, was wir im Lauf der Zeit besprochen haben, in diesem Buch wiederfinden.

Nicht zuletzt möchte ich auch den Autorinnen und Autoren des Handbuchs „Internet-Suchmaschinen" danken, die viele Themen, die auch in diesem Buch besprochen werden, ausführlich in kompetenten Artikeln durchleuchtet haben. Von diesen habe ich beim Schreiben des vorliegenden Buchs erheblich profitiert.

1.8 Zusammenfassung

Suchmaschinen sind bedeutende Recherchewerkzeuge für den Zugang zu Informationen im World Wide Web. Sie werden in diesem Buch aus den Perspektiven der Technik, der Nutzung, der Recherche und der Gesellschaft betrachtet.

Die Bedeutung der Suchmaschinen ergibt sich aus ihrer massenhaften Nutzung und dadurch, dass sie der bei weitem bevorzugte Zugang zu den Informationen im World Wide Web sind. Genutzt wird für die Recherche allerdings vor allem eine Suchmaschine, Google.

Suchmaschinen sind nicht nur als technische Systeme zu betrachten. Aufgrund des Zusammenspiels unterschiedlicher Akteure (Suchmaschinenbetreiber, Nutzer, Inhalteanbieter und Suchmaschinenoptimierer) ergeben sich umfangreiche Einflüsse auf die Suchergebnisse, die nicht allein von den Suchmaschinenbetreibern gesteuert werden.

Inhaltlich erfassen Suchmaschinen nicht mehr nur die Inhalte des Webs, sondern bieten auch Plattformen, auf denen Nutzer selbst Inhalte erstellen können, welche dann durchsuchbar gemacht werden. Dazu kommen Inhalte aus der physischen Welt, die eingescannt und in die Suche eingebunden werden.

Literatur

AGOF e. V. (2014) Internet facts 2014–2007 http://www.agof.de/download/Downloads_Inter-net_Facts/Downloads_Internet_Facts_2014/Downloads_Internet_Facts_2014-07/07-2014_AGOF%20internet%20facts%202014-07.pdf?1f74f1. Zugegriffen: 24. Sept. 2014.

Bundesverband Digitale Wirtschaft. (Hrsg.). (2013). *OVK Online-Report 2013/02: Zahlen und Trends im Überblick.* Düsseldorf.

ComScore. (2013). Future in Focus: Digitales Deutschland 2013. https://www.comscore.com/ger/Insights/Presentations-and-Whitepapers/2013/2013-Future-in-Focus-Digitales-Deutschland. Zugegriffen: 30. Sept. 2014.

ComScore Inc. (2014). Germany Top 20. March 2014. http://www.comscore.com/Insights/Market-Rankings/Germany-Top-20-March-2014. Zugegriffen: 23. Sept. 2014.

Google Inc. (2014). Über Google. https://www.google.de/intl/de/about/. Zugegriffen: 23. Sept. 2014.

König, R., & Rasch, M. (Hrsg.). (2014). *Society of the query reader.* Amsterdam: Institute of Network Cultures.

Lehmann, K., & Schetsche, M. (Hrsg.). (2005). *Die Google-Gesellschaft: Vom digitalen Wandel des Wissens.* Bielefeld: Transcript.

Purcell, K., Brenner, J., & Raine, L. (2012). *Search engine use 2012.* Washington, DC: Pew Research Center. http://www.pewinternet.org/files/old-media/Files/Reports/2012/PIP_Search_Engine_Use_2012.pdf. Zugegriffen: 23. Sept. 2014

Röhle, T. (2010). *Der Google-Komplex: Über Macht im Zeitalter des Internets.* Bielefeld: Transcript.

Sullivan, D. (2013). Google still world's most popular search engine by far, but share of unique searchers dips slightly. Search Engine Land. http://searchengineland.com/google-worlds-most-popular-search-engine-148089. Zugegriffen: 30. Sept. 2014

Vaidhyanathan, S. (2011). *The googlization of everything (and why we should worry).* Berkeley: University of California Press.

Van Eimeren, B., & Frees, B. (2014). Ergebnisse der ARD/ZDF-Onlinestudie 2014: 79 % der Deutschen online – Zuwachs bei mobiler Internetnutzung und Bewegtbild. *Media Perspektiven, 45*(7–8), 378–396.

Formen der Suche im Web

2

Vordergründig mag uns die Suche im Web erst einmal trivial erscheinen: Wir geben eine Suchanfrage ein und erhalten daraufhin eine Suchergebnisseite, auf der wir einen Treffer auswählen. Doch bei diesem Vorgehen handelt es sich nur um eine der vielen Möglichkeiten, an Informationen im Web zu gelangen. In diesem Kapitel werden die verschiedenen Zugänge zu den Informationen im Web beschrieben und es wird erklärt, warum sich der Zugang mittels Suchmaschinen fast exklusiv durchgesetzt hat.

2.1 Suche nach einer Website vs. Suche nach Informationen zu einem Thema

Zunächst einmal ist zu fragen, was man mit einer Suche eigentlich erreichen will bzw. kann. Fürs Erste genügt es hier, drei Fälle zu unterscheiden. Diese Fälle werden anhand der in Abb. 2.1 gezeigten Browser-Startseite erläutert:

1. Ein Nutzer möchte eine konkrete, ihm bereits bekannte Website ansteuern und gibt die URL direkt in die Adresszeile seines Browsers ein (s. Abb. 2.1, obere Zeile links). Auf der Website liest er dann entweder direkt etwas, sucht dort oder klickt auf weitere Dokumente. Ein solcher Vorgang hat erst einmal wenig mit unserem intuitiven Verständnis von Suche zu tun, ist aber ein Mittel, zu (gesuchten) Informationen zu gelangen. Beispielsweise kann ein Nutzer, der sich für Nachrichten zu einem aktuellen Thema interessiert, direkt eine Nachrichtenwebsite anwählen und dort relevante Artikel entweder direkt auf der Starseite lesen, dort anklicken, oder mittels der internen Suchfunktion der Nachrichtenwebsite suchen.
2. Ein Nutzer möchte eine konkrete, ihm bereits bekannte oder noch nicht bekannte Website ansteuern und sucht dazu über das Suchfeld im Browser (in Abb. 2.1 obere Zeile

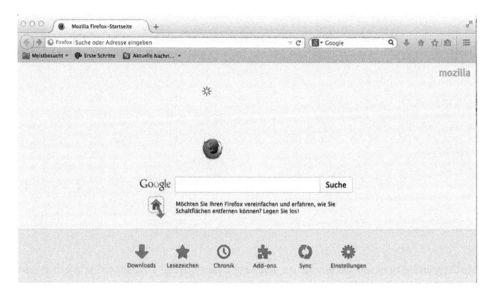

Abb. 2.1 Startseite des Firefox-Browsers mit Adresszeile, Suchfeld und Google als voreingestellter Startseite

rechts) oder über eine zuvor ausgewählte Suchmaschine (das kann auch die Suchmaschine auf der Startseite des Browsers sein, sofern dort eine eingestellt ist) nach dieser Website. Dabei kann es sich um eine bekannte Website handeln – in diesem Fall ist die Suche nur eine „Abkürzung" der direkten Eingabe in die Adresszeile (also beispielsweise die Eingabe von „spiegel" im Suchfeld statt „www.spiegel.de" in der Adresszeile) oder eine Hilfe, wenn man sich nicht mehr an die exakte Adresse der gesuchten Website erinnern kann (wenn man beispielsweise nicht mehr weiß, ob eine Website mit der Endung „de" oder „org" zu finden ist). Bei der direkten Suche nach einer noch nicht bekannten Website nimmt der Nutzer zumindest an, dass eine solche Website existiert und sucht entsprechend.

3. Der letzte Fall ist der eines Nutzers, der auf der Suche nach ihm bislang noch nicht bekannten Informationen ist. Dieser Fall unterscheidet sich fundamental von den beiden vorangegangenen Fällen, da hier nicht nach einer konkreten Website gesucht wird, sondern nach Informationen zu einem Thema. Dabei kann nicht vorausgesehen werden, ob sich diese Informationen auf einer bestimmten Website befinden oder ob überhaupt die Informationen von einer einzigen Website ausreichend sind, um das Informationsbedürfnis zu befriedigen.

Wir werden auf die Unterteilung von Suchanfragen nach Intentionen bzw. Informationsbedürfnissen in Abschn. 4.3 noch ausführlicher zu sprechen kommen. Im Moment reicht erst einmal die Unterscheidung zwischen der Suche nach bekannten *Websites* und der Suche nach *noch unbekannten Informationen*. Um die Möglichkeiten verschiedener Zugänge zu den Informationen im Web einschätzen zu können, ist es aber wichtig, dass wir hier schon zwischen diesen Fällen unterscheiden können.

In unserem Beispiel haben wir schon gesehen, dass Suchanfragen an unterschiedlichen Stellen eingegeben werden können. Wir werden auf die Bedeutung der im Suchfeld bzw. in der Adresszeile des Browsers voreingestellten Suchmaschine und der voreingestellten Startseite im Kapitel zum Suchmaschinenmarkt (Kap. 7) zurückkommen.

Beispiel:
Ist die Suche im Web die Suche nach einer Nadel im Heuhaufen?

Gerne wird die Suche im Web mit der Suche nach einer Nadel im Heuhaufen vergli- chen. Das Bild soll uns verdeutlichen, dass es aufgrund der riesigen Menge der vorhan- denen Informationen (dem Heuhaufen) schwierig ist, das Richtige (die Nadel) zu finden.

Doch dieses Bild ist schief: Zwar suchen wir in der kaum überschaubaren Menge der Informationen im Web, aber wir haben nur in bestimmten Fällen überhaupt eine ge- naue Vorstellung davon, was wir finden möchten. Nur in den Fällen, in denen wir nach einem konkreten Dokument suchen, passt der Vergleich: Wir wissen, wie die Nadel aussieht, und es gibt auch nur eine einzige Nadel, sodass wir erkennen können, wann unsere Suche beendet ist.

Im Fall der Suche nach bislang unbekannten Informationen passt der Vergleich nicht mehr: Es könnte beispielsweise mehrere Nadeln geben, die auch noch unseren Zweck unterschiedlich gut erfüllen könnten. Und es könnte auch sein, dass wir erst zufrieden sein können, wenn wir mehrere Nadeln gefunden haben, die sich gegenseitig ergänzen oder bestätigen.

2.2   Was ist ein Dokument?

Das Web ist schon von seiner Anlage her multimedial und enthält viel mehr als nur Texte. Insofern sind auch Suchmaschinen nicht nur dazu da, Texte im Web aufzufinden, sondern auch andere Dokumenttypen – auch wenn die Suche heute (noch) weitgehend textbasiert ist. Doch unabhängig davon, ob sich um einen Text, ein Bild oder ein Video handelt, wol- len wir von einem Dokument sprechen.

Was ist also ein Dokument? Bei Dokumenten denken wir vielleicht als erstes an offi- zielle Dokumente, wie sie in Behörden mit Stempel und Unterschrift ausgestellt werden. Im informationswissenschaftlichen Sinne sind Dokumente aber noch viel mehr: Es han- delt sich schlicht um eine Aufzeichnung von Informationen, gleich ob dies in schriftlicher Form (Textdokument) oder beispielsweise in bildlicher Form (Bilddokument) geschieht. Bezogen auf Suchmaschinen bedeutet dies, dass alle Inhalte, die von diesen angezeigt werden (Texte, Bilder, Videos, usw.) Dokumente sind. Manchmal wird stattdessen auch von Informationsobjekten gesprochen, um zu verdeutlichen, dass es sich nicht nur um textuelle Dokumente handeln muss.

Wenn also in diesem Buch von Dokumenten gesprochen wird, kann es sich um eine
dieser Formen handeln. Da der Hauptanteil der Dokumente, wie sie von Suchmaschinen
erfasst werden, immer noch Texte sind, beschäftigen wir uns vor allem mit diesen Dokumenten, gehen aber, wo dies sinnvoll ist, auch auf andere Dokumenttypen ein.

2.3   Wo wird gesucht?

Wenn wir von Suchmaschinen sprechen, denken wir meist an die Suche auf einem PC,
sei es am Schreibtisch oder auf einem Laptop. Mittlerweile findet Suche aber auch in anderen Kontexten und auf anderen Geräten statt: Wir verwenden heute selbstverständlich
Smartphones und Tablets, auf denen wir dann natürlich auch suchen. Auch hier zeigt sich
aber wieder die Unterscheidung zwischen der Websuche und der Suche innerhalb einer
speziellen Anwendung, im Fall des Smartphones oder des Tablets meist innerhalb von
Apps: Während im letztgenannten Fall nur ein beschränkter Datenbestand (innerhalb der
App) durchsucht werden muss, geht es bei der Websuche wiederum „ums Ganze", also
eine möglichst vollständige Abbildung des Web. Egal, welches Gerät wir zur Suche verwenden: Die (Web-)Suche ist ein zentraler Bestandteil unserer Internetnutzung. Wie wir
aber sehen werden, unterscheidet sich das Nutzerverhalten je nach Kontext (beispielsweise
unterwegs vs. zu Hause) und Gerät (großer Bildschirm auf dem Laptop vs. kleiner Smart-
phone-Bildschirm). Suchmaschinen sind entsprechend angepasst, sodass sie auf unterschiedlichen Geräten und in unterschiedlichen Kontexten jeweils angepasste Ergebnisse
und Ergebnisdarstellungen liefern (ausführlich dazu in Kap. 6).

2.4   Zugänge zu den Informationen im World Wide Web

Suchmaschinen sind bei weitem nicht der einzige Zugang zu den Informationen im Web.
Im Folgenden werden die verschiedenen Zugangsarten und -systeme vorgestellt[1] und in
Relation zu den Suchmaschinen, um die es dann in den folgenden Kapiteln wieder exklusiv gehen soll, gesetzt. Dabei beginnen wir mit den Web-Suchmaschinen selbst, da sie
unseren Ausgangspunkt bilden und wir dann die anderen Systeme in ihren Vor- und Nachteilen mit diesen vergleichen wollen.

Grundlegend lässt sich zwischen verschiedenen Typen von Suchmaschinen und anderen
Systemen unterscheiden:

- Zu den Suchmaschinen zählen die allgemeinen Suchmaschinen, Spezialsuchmaschinen, Hybridsuchmaschinen und Metasuchmaschinen.
- Zu den anderen Systemen gehören Web-Verzeichnisse, Social-Bookmarking-Dienste
  und Frage-Antwort-Dienste.

---

[1] Die Gruppierung der Dienste folgt (Griesbaum et al. 2009).

Wichtig für das Verständnis des Konzepts der Suchmaschinen ist, dass die unterschiedlichen Zugänge zu den Inhalten des Webs auch unterschiedliche Zielsetzungen verfolgen. So wäre es etwa unfair, den Umfang der Datenbestände von Suchmaschinen und Web-Verzeichnissen zu vergleichen, da sie einen ganz unterschiedlichen Anspruch an die Vollständigkeit haben.

2.4.1   Suchmaschinen

Wenn wir von Suchmaschinen sprechen, meinen wir meist Web-Suchmaschinen (auch: allgemeine Suchmaschinen, Universalsuchmaschinen, algorithmische Suchmaschine). Diese haben den Anspruch, die Inhalte des Webs möglichst vollständig abzudecken. In Abb. 2.2 ist schematisch dargestellt, welche Inhalte des Web Suchmaschinen erfassen. Die Wolke stellt das Universum des Web dar. Darin befindet sich eine Vielzahl von Dokumenten, welche innerhalb von Websites (verdeutlicht durch die hierarchische Struktur aus Dokumenten) abgelegt sind. Hervorgehoben sind nun die Inhalte, die von der Suchmaschine überhaupt erfasst werden. Zwar ist es das Ziel von Suchmaschinen, die Inhalte des Webs vollständig zu erfassen; dieses Ziel wird jedoch nicht erreicht bzw. kann auch gar nicht erreicht werden. Wir werden uns in Kap. 3 genauer mit den Gründen dafür beschäftigen.

Dennoch erreichen Suchmaschinen eine größere Abdeckung des Web als andere Suchsysteme. Dies liegt zum einem an ihrem universalen Anspruch, zum anderen daran, dass sie die Inhalte automatisiert erfassen. Auch dieser Prozess wird in Kap. 3 genau beschrieben; an dieser Stelle soll erst einmal genügen, dass Suchmaschinen in der Lage sind, eine riesige Zahl von Dokumenten im Web zu erfassen und durchsuchbar zu machen.

Abb. 2.2 Inhalte von
Suchmaschinen

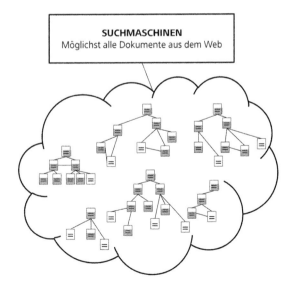

Exkurs: Das Konzept der algorithmischen Suchmaschine in den 1990er-Jahren
Die Idee der Suchmaschine, wie wir sie kennen, hat sich schon in der Frühzeit des
Web entwickelt. Frühe Suchmaschinen wie Lycos und Webcrawler arbeiteten schon
nach dem gleichen Prinzip wie heute Google: Die im Web vorhandenen Seiten
werden durch das Verfolgen von Links erfasst und auf Suchanfragen hin werden
gerankte Ergebnislisten zurückgegeben. Dieser Prozess läuft vollautomatisch.

Am besten lässt sich die Ähnlichkeit früherer und heutiger Suchmaschinen vielleicht am Beispiel der Startseite von AltaVista, der damals führenden Suchmaschine,
aus dem Jahr 1996 verdeutlichen (Abb. 2.3):

Zuerst einmal fällt die Ähnlichkeit mit heutigen Suchmaschinen wie Google auf:
Es gibt ein zentral platziertes Suchfeld, daneben einen Button, mit dem sich die
Suche abschicken lässt. Nutzer können dabei im Prinzip eingeben, was sie wollen,
ohne dass sie eine besondere Abfragesprache lernen müssten. Ob einzelne Wör-
ter, ganze Sätze oder Fragen: Es liegt in der automatischen Verarbeitung durch die
Suchmaschine, zu den Suchanfragen passende Ergebnisse zu liefern.

Zum zweiten finden sich auf der AltaVista-Startseite Informationen über die
Größe des Datenbestands. Es werden 30 Mio. Dokumente angegeben, eine zum
damaligen Zeitpunkt große Zahl, wenn man bedenkt, dass das Web noch in den Kin-
derschuhen steckte. Mittlerweile ist das Web um ein Vielfaches größer, geblieben ist
jedoch die Herausforderung, seine Inhalte vollständig und aktuell zu erfassen und in
der Suche verfügbar zu machen (s. Kap. 3).

Zum dritten soll noch darauf hingewiesen werden, dass AltaVista bereits 1996
seine Suchergebnisse auch über andere Portale verfügbar machte, darunter u. a.

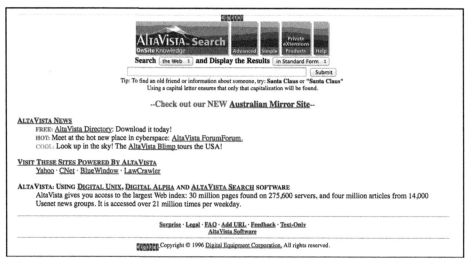

Abb. 2.3 Startseite der Suchmaschine AltaVista (1996). http://web.archive.org/web/19961023234631/
http://altavista.digital.com/

Yahoo. Schon damals bauten viele Anbieter keine eigenen Suchmaschinen auf, sondern bedienten sich im Rahmen von Kooperationen der Ergebnisse der großen Suchmaschinen. Wir werden in Kap. 7 auf solche Kooperation zurückkommen und sehen, welchen Einfluss sie auf den aktuellen Suchmaschinenmarkt haben.

Doch auch die Unterschiede zwischen damals und heute sollen nicht verschwiegen werden: Schon oberhalb des Suchfelds finden sich einige Dinge, die anders sind als bei heutigen Suchmaschinen: Bei AltaVista konnte man direkt auf der Startseite zwischen verschiedenen Suchmodi auswählen, in diesem Fall zwischen der voreingestellten einfachen Suche mit nur einem Suchfeld und einer erweiterten Suche. Schon in der einfachen Suche konnte man die zu durchsuchende Kollektion (voreingestellt: Web) auswählen und das Format, in dem die Suchergebnisse angezeigt werden. Wir werden die erweiterte Suche und unterschiedliche Ergebnisdarstellungen in späteren Kapiteln ausführlich kennenlernen.

Erhellend sind auch die Texte, die sich auf der AltaVista-Startseite rund um das Suchfeld finden. Zum einen wird ein Link auf eine *Mirror Site* geboten; solche „Spiegel" sind nichts anderes als Kopien von Web-Angeboten, die an einem anderen geografischen Ort vorliegen, in diesem Fall in Australien. Die Internetverbindungen im Jahr 1996 waren wesentlich weniger ausgebaut als heute, und man musste auf die Antworten entfernter Webserver oft recht lange warten. Spiegel wurden erstellt, um diese Wartezeiten zu verkürzen. Heute haben Suchmaschinen über die Welt verteilte *Data Centers*, die den Datenbestand der Suchmaschine und die Verarbeitung der Suchanfragen verteilen. Allerdings müssen Nutzer nicht mehr explizit eines dieser Data Centers auswählen, sondern sowohl der Index als auch die Verarbeitung der Suchanfragen werden automatisch verteilt.

2.4.2   Spezialsuchmaschinen

Von den allgemeinen Suchmaschinen sind die Spezialsuchmaschinen zu unterscheiden (Lewandowski 2009). Spezialsuchmaschinen verfolgen das Ziel, möglichst alle Dokumente *von ausgewählten Websites* zu erfassen.

Spezialsuchmaschinen sind thematisch beschränkt und machen damit eine zielgenaue Recherche möglich, wobei das Ranking speziell auf die von ihnen erschlossenen Dokumente angepasst werden kann, ebenso wie die sachliche Erschließung der Dokumente. Schließlich ergeben sich auch Vorteile bei der Darstellung der Ergebnisse, welche auf den individuellen Zweck der Spezialsuchmaschinen sowie auf das Niveau der Zielgruppe angepasst werden kann (Lewandowski 2009, S. 56). Dass Spezialsuchmaschinen nicht durch Universalsuchmaschinen ersetzt werden können, ergibt sich aus den Problemen der letzteren (eine ausführliche Erläuterung dazu findet sich in Kap. 13):

Abb. 2.4 Inhalte von
Spezialsuchmaschinen

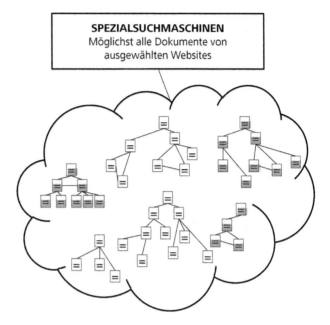

1. Universalsuchmaschinen haben technische Beschränkungen und können (trotz des Etiketts „Universal") nicht das gesamte Web abdecken,
2. es bestehen finanzielle Hürden, die die Erfassung der Inhalte und ihre Erschließung beschränken,
3. Universalsuchmaschinen richten sich an den Durchschnittsnutzern aus,
4. sie müssen eine einheitliche Erschließung aller indexierten Inhalte betreiben, damit alles gemeinsam durchsuchbar ist.

Spezialsuchmaschinen beschränken sich also willentlich auf einen bestimmten Bereich des Web (s. Abb. 2.4). In der Regel erfolgt die Beschränkung auf bestimmte Quellen, also Websites. Diese Websites werden in der Regel von Hand ausgewählt. Wenn man beispielsweise eine Spezialsuchmaschine für Nachrichten aufbauen möchte, ist es sinnvoll, zuerst die relevanten Nachrichten-Websites zusammenzustellen, die dann von der Suchmaschine kontinuierlich nach neuen Inhalten (Seiten) abgefragt werden.

Eine *Website* ist ein in sich geschlossenes Angebot im Web, das mehrere Webseiten beinhalten kann. Die Abgrenzung erfolgt über die Domain (zum Beispiel spiegel.de) oder über Subdomains bzw. Verzeichnisse (news.spiegel.de bzw. spiegel.de/news).

Bei einer *Webseite* (*auch: Seite*) dagegen handelt es sich um ein einzelnes Dokument, das in der Regel aus Text und dazu gehörenden medialen Elementen (Bilder, Videos, usw.) zusammengesetzt ist.

Die Unterscheidung Website – Webseite ist im Deutschen leider nicht besonders griffig. Im Englischen wird zwischen *website* und *web page* unterschieden; dort sind also auch die Begriffe weniger leicht zu verwechseln.

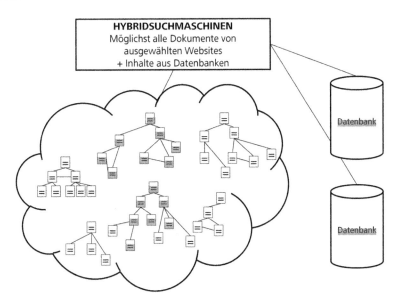

Abb. 2.5 Inhalte von Hybridsuchmaschinen

Beispiele für Spezialsuchmaschinen

Spezialsuchmaschinen können auf ganz verschiedene Themen beschränkt sein. Ein paar Beispiele:

- Google News (http://news.google.de) beschränkt sich auf Nachrichten,
- Clewwa (http://www.clewwa.de) beschränkt sich auf Informationen zum Verbraucherschutz,
- FragFinn (http://www.fragfinn.de) beschränkt sich auf Inhalte, die für Kinder geeignet sind.

Ein Sonderfall der Spezialsuchmaschinen sind die sog. Hybridsuchmaschinen. Diese erfassen wie die Spezialsuchmaschinen einen ausgewählten Teil des World Wide Web, ergänzen den so gewonnenen Datenbestand aber um weitere Inhalte aus Datenbanken. Diese Datenbank-Inhalte sind nicht Bestandteil des WWW und können daher von den normalen Suchmaschinen nicht gefunden werden (zu den technischen Details s. Kap. 12). In Abb. 2.5 ist das Modell der Hybridsuchmaschinen dargestellt.

2.4.3 Metasuchmaschinen

Metasuchmaschinen sehen auf den ersten Blick aus wie andere Suchmaschinen auch. Sie bieten dem Nutzer auch das gleiche Angebot, nämlich potenziell einen Zugang zu allen Inhalten des World Wide Web. Allerdings unterscheiden sie sich von den „echten" Suchmaschinen dadurch, dass sie keinen eigenen Datenbestand haben, sondern, sobald eine

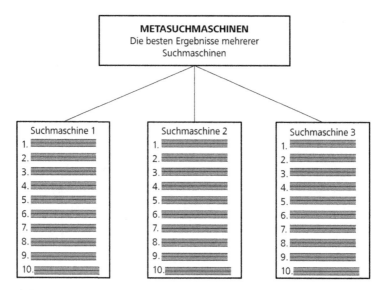

Abb. 2.6 Inhalte von Metasuchmaschinen

Suchanfrage gestellt wird, die Ergebnisse von mehreren anderen, „echten" Suchmaschinen holen, diese Ergebnisse zusammenführen und in einer eigenen Ergebnisdarstellung anzeigen (s. Abb. 2.6).

Die Idee hinter den Metasuchmaschinen ist, dass keine Suchmaschine das ganze Web abdecken kann. Daher würde es sich lohnen, die Ergebnisse mehrerer Suchmaschinen, die unterschiedliche Bereiche des Web abdecken, zusammenzufassen. Ein zweiter Vorteil soll in einer besseren Relevanzsortierung der Ergebnisse liegen, da ja von jeder der gebenden Suchmaschinen schon die besten Ergebnisse geholt werden, aus denen dann wiederum eine Reihung der besten erstellt wird.

Allerdings gibt es erhebliche Kritik an dem Konzept der Metasuchmaschinen, die sich vor allem darauf richtet, dass die vermeintlichen Vorteile der Metasuche zwar behauptet, nicht aber empirisch belegt worden sind (Thomas 2012). Man kann sagen, dass es sich bei der Metasuche um eine veraltete Idee handelt, da heutige Suchmaschinen nicht mehr die Abdeckungsprobleme haben, die die Suchmaschinen in den 90er-Jahren hatten, als die Idee der Metasuchmaschinen entstand. Zumindest spielen die Vorteile der Abdeckung heute nur in Einzelfällen eine Rolle.

Und auch der vermeintliche Vorteil des Rankings besteht so heute zumindest nicht mehr in dem Maße: Zum einen sind die normalen Suchmaschinen in dieser Hinsicht weit besser geworden, zum anderen haben Metasuchmaschinen ja gar keinen Zugriff auf alle *Dokumente* der gebenden Suchmaschinen (s. Abb. 2.6). Vielmehr bekommen sie von den gebenden Suchmaschinen nur jeweils die dort bereits auf den vordersten Plätzen stehenden Dokumente; allerdings auch nicht die Dokumente selbst, sondern nur die in der Trefferliste auftauchenden Titel, die kurzen Beschreibungstexte und die URLs. Es ist zumindest fraglich, ob sich da tatsächlich raus ein besseres Ranking machen lässt.

Beispiel:

Wie viele Dokumente gehen eigentlich in die Metasuche ein?

Die Metasuchmaschine Metager (www.metager.de) fragt eine Vielzahl von Suchmaschinen und Spezialsuchmaschinen ab; in der Standardeinstellung sind es mehr als 20. Wenn ein Nutzer nun eine Suchanfrage abschickt, werden alle diese Suchmaschinen angefragt und jeweils die ersten 10 bis 50 Ergebnisse (je nach Suchmaschine) zurückgeholt[2] und nach einem eigenen Rankingverfahren gereiht. Selbst wenn man nun davon ausgeht, dass die abgefragten Suchmaschinen keine doppelten Treffer (sog. Dubletten) liefern, bleiben Metager für das Ranking also weit weniger Treffer als einer konventionellen Suchmaschine, die auf alle Dokumente in ihrem Index zurückgreifen kann.

Gibt es nun aber Überschneidungen zwischen den gebenden Suchmaschinen (enthalten deren Trefferlisten also Dubletten), so reduziert sich die Gesamtmenge der durch die Metasuchmaschine verarbeitbaren Treffer weiter.

Nehmen wir als Beispiel die Suchanfrage Granularsynthese. Metager fragt die Suchmaschinen ab und holt von jeder dieser Suchmaschinen die entsprechende Anzahl von Treffern. Da die Trefferlisten aber Dubletten enthalten, werden insgesamt nur 36 Treffer zurückgegeben. Dieses Beispiel zeigt, dass eine Metasuchmaschine also keineswegs mehr Dokumente bieten kann als eine normale Suchmaschine, sondern zu den meisten Suchanfragen sogar weniger.

Liefert die Metasuchmaschine nun bessere Treffer? Das möge jeder selbst entscheiden. Jedenfalls gibt es bislang keine Studie, die zeigen konnte, dass Metasuchmaschinen im Durchschnitt tatsächlich bessere Treffer als konventionelle Suchmaschinen liefern (zur Messung der Qualität der Suchergebnisse s. Kap. 11).

2.4.4   Web-Verzeichnisse

Das Ziel von Web-Verzeichnissen (auch: Web-Katalogen) ist es, die besten *Websites* zu finden und in ein hierarchisch geordnetes Verzeichnis zu bringen. Es gibt sowohl universelle als auch spezialisierte Web-Verzeichnisse.

Der Ansatz der Web-Verzeichnisse unterscheidet sich fundamental von dem der Suchmaschinen. Während die Suchmaschinen ihre Inhalte automatisch auffinden und erfassen, werden die Web-Verzeichnisse von Menschen erstellt. Diese wählen die Websites aus, die in das Verzeichnis aufgenommen werden sollen (s. Abb. 2.7), sie wählen die passende Stellen im Klassifikationssystem aus und sie beschreiben die Websites.

Auch auf der Seite der Suche gibt es Unterschiede: Zwar lassen sich auch Verzeichnisse in der Regel mit Stichwörtern durchsuchen, ihre Stärke liegt aber gerade in der hierarchischen Anordnung und damit der Möglichkeit, vom Allgemeinen zum Speziellen

---

[2] Wolfgang Sander-Beuermann, persönliche Nachricht vom 29.8.2014.

Abb. 2.7 Inhalte von
Web-Verzeichnissen

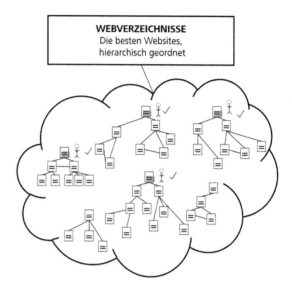

zu navigieren. Hat man eine passende Kategorie gefunden, so erhält man eine Übersicht ausgewählter Websites zum Thema. Dort kann man dann weiterstöbern.

Mit Web-Verzeichnissen gelangt man also nicht zu einzelnen Dokumenten, sondern zu Quellen (Websites). Dies kann sowohl ein Vor- als auch ein Nachteil sein.

Web-Verzeichnisse spielen für den Zugang zu den Inhalten des Webs heute keine Rolle mehr; sie wurden von den Suchmaschinen überrollt. Sie sollen hier trotzdem besprochen werden, da es sich einerseits um einen fundamental anderen Ansatz als den der Suchma-schinen handelt und die Web-Verzeichnisse andererseits vor allem in der Anfangszeit des Webs neben den Suchmaschinen der zweite wichtige Ansatz waren (s. Hamdorf 2001). So wurde Yahoo als Web-Verzeichnis gegründet und hat sich erst später zu einem Web-Portal, das heute selbstverständlich eine Suchmaschine enthält, ein Web-Verzeichnis allerdings nur noch in der US-Version.

Das heute bekannteste Verzeichnis ist das Open Directory Project (ODP; „DMOZ-Verzeichnis"; http://www.dmoz.org/World/Deutsch/), welches ähnlich wie Wikipedia von Freiwilligen gepflegt wird. Viele Jahre lang war dieses Verzeichnis auch in die Suchma-schine Google eingebunden; in Anbetracht des Niedergangs der Verzeichnisse entschied sich Google aber im Jahr 2011, ganz auf ein Verzeichnis zu verzichten (Heise Online 2011).

2.4.5   Social-Bookmarking-Dienste

Auch bei Social-Bookmarking-Diensten entscheiden Menschen, welche Dokumente in den Datenbestand aufgenommen werden. Während bei den Web-Verzeichnissen Men-schen allerdings in definierten Rollen als ehrenamtliche Redakteure agieren, so bauen Social-Bookmarking-Dienste darauf auf, dass prinzipiell jeder Nutzer Dokumente in den

Datenbestand aufnehmen kann, indem er diese als Bookmarks im System ablegt. Der Unterschied zu den Bookmarks, die ein Nutzer in seinem Browser ablegt, liegt darin, dass die Bookmarks eines Nutzers auch anderen Nutzern zugänglich sind und dass die Bookmarks mit sog. *Tags* verschlagwortet werden. Dadurch lassen sich die abgelegten Seiten auch unter Wörtern wiederfinden, die nicht auf der Seite selbst stehen, da sie erst von den Nutzern als relevant erachtet werden. Eine weitere Möglichkeit der Ausnutzung der Tags für die Suche besteht darin, über Häufigkeitsmessungen zu ermitteln, welche Dokumente von den Nutzern als besonders wichtig erachtet werden. Eine Zusammenstellung von Tags nennt man Folksonomy (von *folk* und *taxonomy*; s. Peters 2011).

Das bekannteste Beispiel eines Social-Bookmarking-Dienstes ist Delicious (http://delicious.com). Nach Anmeldung kann man dort seine eigenen Lesezeichen ablegen und in den Lesezeichen der anderen Nutzer recherchieren. Über die Anzahl der Nutzer, die eine bestimmte URL abgelegt haben, lässt sich deren Popularität ermitteln, die wiederum für die Reihung und Bewertung der Suchergebnisse eingesetzt werden kann.

2.4.6 Frage-Antwort-Dienste

Ein (community-basierter) Frage-Antwort-Dienst erlaubt es seinen Nutzern, konkrete Fragen zu stellen, die dann von Freiwilligen beantwortet werden können. Dabei kann prinzipiell jeder (registrierte) Nutzer auf Fragen antworten.

Der Vorteil für den Fragenden liegt darin, dass er – im Gegensatz etwa zu Formulierung von Suchanfragen in allgemeinen Suchmaschinen – sein Informationsbedürfnis detailliert beschreiben und ggf. auch mit den Antwortenden in Dialog treten kann, um zu einer detaillierten Antwort auf seine Frage zu kommen.

Neben der Frage nach der Qualität der gelieferten Antworten ist ein Hauptproblem bei diesem Ansatz allerdings darin zu sehen, dass es sich um eine asynchrone Recherche handelt. Das bedeutet, dass der Fragende nicht wie bei Suchmaschinen direkt eine Antwort bekommt, sondern warten muss, bis ein anderer Nutzer bereit (und fähig) ist, die Frage zu beantworten. Ein Ausweg besteht darin, im Archiv der bereits gestellten (und beantworteten) Fragen zu suchen. Auch die Fragen in Frage-Antwort-Diensten werden oft mit Tags verschlagwortet, was die Auffindbarkeit verbessern kann.

Ein bekanntes Beispiel eines Frage-Antwort-Diensts ist Yahoo Clever (http://de.answers.yahoo.com). Auch die ehemalige Suchmaschine Ask (http://de.ask.com) ist inzwischen in einen Frage-Antwort-Dienst umgewandelt worden.

2.5 Zusammenfassung

Suchmaschinen sind *der* Zugang zu Informationen im Netz. Während in der Nutzung die allgemeinen Suchmaschinen (Web-Suchmaschinen oder Universalsuchmaschinen) dominieren, haben sich zahlreiche Typen von Suchmaschinen herausgebildet. Daneben existieren andere Systeme, um an die Informationen im Web zu gelangen. Eine überzeugende Integration der verschiedenen Ansätze ist jedoch bislang nicht gelungen.

Web-Suchmaschinen haben den Anspruch, die Inhalte des Webs vollständig zu erfassen und durchsuchbar zu machen. Spezialsuchmaschinen beschränken sich dagegen bewusst auf bestimmte Bereiche des Webs, die sie vollständiger erfassen wollen. Sie bieten auch Vorteile durch eine auf das jeweilige Thema angepasste Ergebnisreihung und ggf. detailliertere Suchmöglichkeiten.

Hybridsuchmaschinen verbinden Inhalte aus dem Web mit Inhalten aus Datenbanken, die von allgemeinen Suchmaschinen nicht erfasst werden können. Bei Hybridsuchmaschinen handelt es sich um eine Untergruppe der Spezialsuchmaschinen.

Metasuchmaschinen haben keinen eigenen Datenbestand, sondern greifen auf die Ergebnisse mehrerer anderer Suchmaschinen zurück und führen diese in einem neuen Ranking zusammen.

In Web-Verzeichnissen werden Websites von Menschen in ein Klassifikationssystem eingeordnet und beschrieben. Die Recherche erfolgt vor allem über die Klassen; eine Suche in den Beschreibungen über Stichwörter ist auch möglich.

Social-Bookmarking-Dienste erlauben das Abspeichern und Teilen von Lesezeichen. Sowohl die eigenen als auch die Lesezeichen anderer Nutzer können durchsucht werden.

Bei Frage-Antwort-Diensten handelt es sich um community-basierte Dienste, die eine asynchrone Recherche erlauben: Der Suchende stellt eine Frage, die daraufhin (zeitversetzt) von Freiwilligen beantwortet wird. Ähnlich wie bei konventionellen Suchmaschinen, lässt sich allerdings das Archiv der in der Vergangenheit bereits gestellten Fragen durchsuchen.

Weiterführende Literatur

Einen Blick zurück in die Geschichte vor allem der deutschen Suchmaschinen findet sich bei (Dominikowski 2013). Einen guten Überblick über die Dienste des Social Web (wenn auch nicht mit dem Fokus auf die Suche bieten (Ebersbach et al. 2010).

Literatur

Dominikowski, T. (2013). Zur Geschichte der Websuchmaschinen in Deutschland. In D. Lewandowski (Hrsg.), *Handbuch Internet-Suchmaschinen 3: Suchmaschinen zwischen Technik und Gesellschaft* (S. 3–34). Berlin: Akademische Verlagsgesellschaft AKA.

Ebersbach, A., Glaser, M., & Heigl, R. (2010). *Social Web* (2. Aufl.). Stuttgart: UTB.

Griesbaum, J., Bekavac, B., & Rittberger, M. (2009). Typologie der Suchmaschine im Internet. In D. Lewandowski (Hrsg.), *Handbuch Internet-Suchmaschinen: Nutzerorientierung in Wissenschaft und Praxis* (S. 18–52). Heidelberg: Akademische Verlagsgesellschaft AKA.

Hamdorf, K. (2001). Wer katalogisiert das Web? Dokumentarische Arbeit als Big Business und Freiwilligen-Projekt. *Information Wissenschaft Und Praxis, 52*(5), 263–270.

Heise Online. (2011). Google schließt seine Labs. Heise Online. http://www.heise.de/newsticker/meldung/Google-schliesst-seine-Labs-1283374.html. Zugegriffen: 23. Sept. 2014

Lewandowski, D. (2009). Spezialsuchmaschinen. In D. Lewandowski (Hrsg.), *Handbuch Internet-Suchmaschinen: Nutzerorientierung in Wissenschaft und Praxis* (S. 53–69). Heidelberg: Akademische Verlagsgesellschaft AKA.

Peters, I. (2011). Folksonomies und Kollaborative Informationsdienste: Eine Alternative zur Websuche? In D. Lewandowski (Hrsg.), *Handbuch Internet-Suchmaschinen 2: Neue Entwicklungen in der Web-Suche* (S. 29–53). Heidelberg: Akademische Verlagsgesellschaft AKA.

Thomas, P. (2012). To What problem is distributed information retrieval the solution? *Journal of the American Society for Information Science & Technology, 63*(7), 1471–1476.

Wie Suchmaschinen funktionieren

In diesem Kapitel wird die technische Basis der Suchmaschinen beschrieben. Dabei geht es darum, wie die im Web vorhandenen Dokumente überhaupt in die Suchmaschine gelangen, wie sie durchsuchbar gemacht werden können und wie die Verbindung zwischen einer Suchanfrage und den Dokumenten hergestellt wird.

Während im vorangegangenen Kapitel bereits einige Eigenschaften von Suchmaschinen benannt wurden, um sie von den anderen Werkzeugen zum Zugang zu den Inhalten des Web abzugrenzen, brauchen wir nun, da wir uns im Detail mit den Suchmaschinen beschäftigen möchten, eine genaue Definition:

> Eine Suchmaschine (auch: Web-Suchmaschine; Universalsuchmaschine) ist ein Computersystem, das verteilte Inhalte aus dem World Wide Web mittels Crawling erfasst und über eine Benutzerschnittstelle durchsuchbar macht, wobei die Ergebnisse in einer nach systemseitig angenommener Relevanz geordneten Darstellung aufgeführt werden. (Lewandowski 2013)

Um diese Definition in ihren Einzelheiten verstehen zu können, werden im Folgenden die einzelnen Elemente erläutert:

1. Computersystem: Hier wird zunächst einmal festgelegt, dass es sich um ein computerbasiertes Suchsystem handelt. Das Wort „System" deutet schon an, dass es sich in der Regel um mehr als einen Computer handelt, nämlich um eine Vielzahl zusammengeschlossener Rechner, die unterschiedliche Funktionen erfüllen und gemeinsam die Suchmaschine bilden.
2. Verteilte Inhalte aus dem World Wide Web: Hier findet eine Beschränkung auf bestimmte Inhalte statt. Das World Wide Web ist ein Bestandteil des Internets, und Suchmaschinen beschränken sich eben auf diesen Teil. Hätten wir den Anspruch an Suchmaschinen, dass sie tatsächlich das ganze *Internet* absuchen, würde das beispiels-

© Springer-Verlag Berlin Heidelberg 2015
D. Lewandowski, *Suchmaschinen verstehen,* Xpert.press,
DOI 10.1007/978-3-662-44014-8_3

weise auch alle E-Mails enthalten, da die E-Mail-Dienste teil des Internets sind (aber eben nicht des World Wide Web).

Die Inhalte des World Wide Web liegen verteilt vor, d. h. es gibt keinen zentralen Speicher, in den diese abgelegt werden, sondern Dokumente werden auf Webservern abgelegt, die erst einmal unabhängig voneinander sind. Erst durch die Verlinkungen zwischen Dokumenten entsteht ein Netz, das dann sowohl für uns als Nutzer navigierbar (wir können uns über die Links von Dokument zu Dokument bewegen) als auch für Suchmaschinen erfassbar ist.

3. Crawling: Wir sprechen nur von Suchmaschinen, wenn sie die Inhalte des Web durch das Verfolgen von Links erfassen, dem sog. Crawling. Dabei wird von bekannten Dokumenten ausgegangen; die in diesen Dokumenten enthaltenen Links werden verfolgt und dadurch neue Dokumente entdeckt, deren Links wiederum verfolgt werden. So entsteht theoretisch – so unsere erste Annahme, die wir weiter unten noch ausführlich diskutieren werden – ein komplettes Abbild des World Wide Web, das dann schließlich durchsuchbar gemacht wird.

4. Benutzerschnittstelle: Um auf die Inhalte der Suchmaschine zugreifen zu können, ist eine Benutzerschnittstelle nötig, in der der Nutzer seine Suchanfragen eingeben und Ergebnisse ansehen kann.

5. Systemseitig angenommene Relevanz: Man spricht meist davon, dass die Ordnung der Ergebnisse nach Relevanz erfolgt. Genauer ist die Formulierung „nach systemseitig angenommener Relevanz", da es keine einzig richtige Anordnung der Suchergebnisse geben kann. Für unterschiedliche Nutzer können unterschiedliche Dokumente relevant sein. Wir werden sehen, dass es verschiedene Modelle und Ideen von Relevanz gibt, und dass ein großes Missverständnis über Suchmaschinen gerade darin liegt, dass oft davon ausgegangen wird, dass es bei der Anordnung der Suchergebnisse richtig und falsch gibt.

6. „Geordnete Darstellung" mag als Begriff erst einmal sperrig erscheinen, drückt aber aus, dass es sich bei der Ergebnisdarstellung einer Suchmaschine nicht notwendigerweise um eine einfache Liste handelt, sondern dass komplexe Formen der Ergebnisdarstellung möglich sind. In Kap. 6 wird die Ergebnispräsentation in Suchmaschinen ausführlich behandelt.

Welche Vor- und Nachteile hat die Definition, die wir in diesem Buch verwenden? Zunächst einmal ist sie relativ offen, was bedeutet, dass sich wohl auch zukünftige Systeme (wie immer sie dann aussehen mögen) nach dieser Definition als Suchmaschine einordnen lassen werden. Eine Beschränkung der Definition besteht jedoch darin, dass sie explizit auf das World Wide Web und das Crawling verweist. Genauer müssten wir also von Web-Suchmaschinen anstatt von Suchmaschinen sprechen, allerdings entspricht dies nicht dem allgemeinen Sprachgebrauch, in dem schlicht von Suchmaschinen gesprochen wird.

Exkurs: Ist YouTube eine Suchmaschine?
YouTube ist im Web abrufbar und erlaubt eine Suche nach Videos – man könnte
also erst einmal davon ausgehen, dass es sich um eine Suchmaschine handelt. Wenn
wir allerdings die sechs Kriterien aus der Definition abprüfen, erkennen wir, dass
YouTube keine Suchmaschine in unserem Sinn ist:

YouTube ist zwar eindeutig ein Computersystem, erfasst allerdings keine ver-
teiltem Inhalte aus dem World Wide Web mittels Crawling. Vielmehr werden die
Videos direkt von den Nutzern auf der YouTube-Plattform hochgeladen, auch wenn
sie dann auf der YouTube-Website in HTML-Dokumente eingebettet und damit
auch für andere Suchmaschinen crawlbar werden. Die anderen Punkte aus der Definition werden wiederum erfüllt.

Dagegen ist Google Videos (http://www.google.de/videohp) eine (Spezial-)Such-
maschine: Hier werden Videos aus unterschiedlichen Quellen aus dem Web mittels
Crawling aufgefunden und erschlossen. Damit bietet Google Videos eine deutlich
umfangreichere Auswahl an Videos als YouTube; vieles, was sich in YouTube nicht
gefunden werden kann, lässt sich mittels Google Videos finden.

Suchmaschinen bestehen aus mehreren Komponenten. Auch hier gibt es wiederum mehrere Varianten des grundlegenden Aufbaus, welche sich allerdings wesentlich ähneln. Wir
greifen hier auf die Einteilung der Komponenten nach Risvik und Michelsen (2002) zurück (Abb. 3.1). Hier wird die Suchmaschine in vier Komponenten unterteilt: Den *Crawler*, die Datenbasis der Suchmaschine (*local store*; im Idealfall eine vollständige und aktuelle Kopie des Web), den *Indexer* und den *Searcher*. Die Aufgabe dieser Komponenten
(und damit der Suchmaschine) ist die Vermittlung zwischen den Inhalten des World Wide
Web und dem Nutzer. Bevor in den kommenden Unterkapiteln die einzelnen Komponenten im Detail beschrieben werden, soll eine Übersicht der Komponenten gegeben werden.

Das World Wide Web ist als Wolke dargestellt, was verdeutlichen soll, dass es keine
klar definierbare Grenze hat und sich beständig verändert. Wir haben es also mit einer
ominösen Menge zu tun, die wir nie ganz fassen können. Und wie wir sehen werden, ist
es den Suchmaschinen auch nicht möglich, die Inhalte des Web vollständig abzubilden.

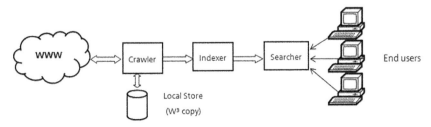

Abb. 3.1 Aufbau einer Suchmaschine. (aus Risvik und Michelsen 2002, S. 290)

Doch zunächst einmal ist zu betonen, dass wir, wenn wir mit einer Suchmaschine suchen, nie in den Inhalten des Web selbst, sondern immer nur in einer von der Suchmaschine aufbereiteten Kopie des World Wide Web suchen. Dabei ist es ein Merkmal für die Qualität von Suchmaschinen, dass diese Kopie stets möglichst vollständig und aktuell ist.

Um nun überhaupt an die Inhalte aus dem Web zu gelangen, hangelt sich ein Crawler (wie oben beschrieben) von Seite zu Seite, indem er den Links auf jeder Seite folgt. Die so gefundenen Seiten werden zunächst einmal gespeichert. Dieser Speicher ist der „Local Store" bzw. das Rohmaterial für den Index.

Dieser Index wird vom Indexer erstellt. Dabei werden die Dokumente so aufbereitet, dass sie effizient durchsuchbar sind. Das heißt, dass nicht mehr einfach Texte, Bilder, usw. gespeichert werden, sondern eine *Repräsentation* jedes Dokuments angefertigt wird und Verzeichnisse angelegt werden, um diese Repräsentationen schnell auffinden zu können. Die Repräsentation eines Dokuments ist also eine Datei, die alle für das Wiederauffinden des Dokuments relevanten Informationen enthält. Zusätzlich enthält die Dokumentrepräsentation weitere Informationen, die für das Ranking eingesetzt werden (ausführlich dazu in Abschn. 3.4.2).

Der Searcher schließlich vermittelt zwischen Nutzer und Inhalten. Hier werden die Dokumente nach angenommener Relevanz sortiert und dem Nutzer ausgegeben.

Exkurs: Warum wird überhaupt nur eine Kopie des Web durchsucht und nicht das Web selbst?

Würde in dem Moment, in dem eine Suchanfrage gestellt wird, direkt das Web durchsucht, wären doch alle Inhalte immer aktuell und vollständig vorhanden. Das ist allerdings nicht möglich, da die Suchmaschine in dem Moment, in dem eine Suchanfrage gestellt würde, erst einmal den Crawler losschicken müsste, der dann alle Seiten des Web abgrasen und auf jeder Seite nach dem gesuchten Wort suchen müsste, dann die gefundenen Treffer zusammenstellen und in ein Ranking bringen müssten. Auf der einen Seite würde das bei den vielen Milliarden Dokumenten im Web viel zu lange dauern, auf der anderen Seite können komplexe Berechnungen, die Dokumente bereits in der Indexierung für das Ranking aufbereiten, nicht durchgeführt werden. Eine solche Vorgehensweise wäre also schlicht nicht praktikabel.

3.1 Das World Wide Web und seine Erfassung durch Suchmaschinen

Wir hatten bereits zwischen dem Internet und dem World Wide Web, das ein Bestandteil des Internets ist, unterschieden. Wodurch zeichnet sich nun das Web aus? Es handelt sich um Dokumente vor allem im HTML-Format, welche eine eindeutige Adresse besitzen und die über Links miteinander verknüpft werden können. HTML ist ein Akronym für Hypertext Markup Language und stellt eine Sprache dar, mit deren Hilfe man eben Dokumente und ihre Verbindungen über Links darstellen kann. Jedes veröffentlichte Dokument erhält eine URL (Uniform Ressource Locator), welche die Adresse des Dokuments eindeutig festlegt.

Weitere Dokumente werden vor allem in HTML eingebettet. So sind beispielsweise die Videos, die bei Youtube zu finden sind, in HTML-Seiten eingebaut. Heutige Web-Browser können Videos und andere Nicht-HTML-Dokumente auch direkt darstellen, in der Regel finden wir diese Inhalte aber innerhalb von HTML-Seiten.

Das Ziel einer Suchmaschine ist es nun erst einmal, ein vollständiges Abbild des World Wide Web zu erstellen. Um feststellen zu können, wie gut dies gelungen ist, muss man aber erst einmal wissen, wie groß das Web überhaupt ist. Da das Web dynamisch ist (d. h. dass es sich ständig verändert) und es keine zentrale „Registrierung" gibt, sondern jeder einfach Dokumente hinzufügen oder löschen kann, ist diese Frage sehr schwer zu beantworten.

Dadurch, dass es keine zentrale Instanz gibt, die alle Webseiten verwaltet, wird auch die Größe des World Wide Web nicht zentral gemessen. Es gibt verschiedene Methoden, die Größe des World Wide Web zu messen. Sie alle basieren auf Hochrechnungen, sodass wir hier niemals mit exakten Zahlen rechnen können.

Die wichtigsten Berechnungsmethoden sind:

1. Überprüfung einer repräsentativen Stichprobe von Websites auf die Anzahl der dort vorhandenen Dokumente. Auf dieser Basis wird dann die Gesamtzahl der im Web vorhandenen Dokumente hochgerechnet. Steve Lawrence und C. Lee Giles (1999) gingen so vor und veröffentlichten 1999 eine bekannte Studie, in der sie auch feststellten, dass die damaligen Suchmaschinen nur einen geringen Teil des Web abdeckten.
2. Indexierung von Web-Dokumenten mittels Crawling, daraus Ermittlung der Gesamtzahl der gefundenen Dokumente. Das Problem hierbei liegt darin, dass mit dieser Methode nur die Anzahl der in diesem einzelnen Crawlingprozess gefundenen Dokumente ermitteln werden kann, nicht aber, wie viele Dokumente dabei nicht gefunden wurden. Also kann man so auch nicht die Größe des Web bestimmen, auch wenn Suchmaschinenbetreiber immer wieder aufgrund ihrer eigenen Datenerfassung Zahlen zur Größe des Web selbst veröffentlicht haben (u. a. Alpert und Hajaj 2008; s. a. Sullivan 2005).
3. Eine dritte Variante schließlich besteht darin, die Überschneidungen zwischen verschiedenen Suchmaschinen zu messen und auf dieser Basis eine Hochrechnung der Zahl der Dokumente im Web anzustellen. Bharat und Broder (1998) und später Gulli und Signorini (2005) haben diese Methode angewendet. Damit kann ermittelt werden, welche Menge von Dokumenten von Suchmaschinen insgesamt erfasst wird; alle Dokumente, die von keiner der untersuchten Suchmaschinen erfasst werden, bleiben jedoch außen vor.

Leider wurden in den letzten Jahren keine nennenswerten Studien mehr zur Größe des Web durchgeführt. Daher können hier keine verlässlichen Zahlen angegeben werden. Doch was können wir nun aus der Diskussion der Größe des World Wide Web schließen?

Zuerst einmal, dass wir es mit einem Gebilde zu tun haben, das wir nicht exakt greifen können. Für Suchmaschinen ist es daher auch schwierig, das Web vollständig zu erfassen. Das wiederum bedeutet, dass wir nicht nur nicht wissen, wie groß das Web ist, sondern dass wir auch nicht wissen, exakt welcher Teil des Web von Suchmaschinen abgedeckt wird.

Zum zweiten halten wir fest, dass das Web aus vielen Milliarden von Dokumenten besteht und seine Erfassung daher nicht nur technische Ressourcen erfordert, sondern auch einen hohen finanziellen Aufwand. Auf diesen Punkt werden wir im Kap. 7 detailliert eingehen.

Und drittens schließlich müssen wir uns fragen, was denn ein Dokument im Kontext des Web überhaupt ist. Mittlerweile werden so viele Dokumente im Web automatisch aus immer neuen Kombinationen von Informationen, dass es überhaupt fraglich ist, ob man Dokumente im Web überhaupt noch zählen sollte. Manche Experten sehen aufgrund der schieren Menge der Dokumente und der damit verbundenen Unmöglichkeit, alles zu erfassen, Suchmaschinen schon als gescheitert an in ihrem Anspruch, einen zumindest nahezu vollständigen Zugang zu den Inhalten des Web zu bieten.

Exkurs: Welche Seiten eines Blogs sind Dokumente?

Wenn man einen Text schreibt und diesen in einem Blog veröffentlicht, so handelt es sich sicher um ein neues Dokument. Was ist allerdings mit der Übersichtsseite, die von Ihrer Blog-Software automatisch generiert wird? Dort werden die Anreißer zu den aktuellen Artikeln aufgelistet, und die Hauptfunktion dieser Seite ist, Leser zu den einzelnen Artikeln zu leiten. Sollten Suchmaschinen diese Übersichtsseiten als eigene Dokumente behandeln und indexieren? Selbst wenn wir das bei den Übersichtsseiten noch als sinnvoll ansehen würden – was ist mit all den weiteren Übersichtsseiten, die die Artikel nach Datum, nach den vergebenen Tags, usw. anreißen und von der Blog-Software automatisch generiert werden?

Das Beispiel soll zeigen, wie ohne besonderes Zutun automatisch neue „Dokumente" zusammengestellt und veröffentlicht werden. Prinzipiell lassen sich alle im Web vorhandenen Inhalte in immer neuer Form kombinieren. Für Suchmaschinen, deren Kapazität beschränkt ist, ist es allerdings wichtig, diejenigen Dokumente zu identifizieren, die tatsächlich für die Nutzer relevante Inhalte enthalten.

Zur Illustration der Probleme, die aufgrund der Struktur des Web beim Crawling entstehen, soll uns das Modell von Broder et al. (2000) dienen. Dieses auch als Fliegen-Modell (*bowtie model*; Abb. 3.2) bekannte Modell zeigt auf der Basis einer umfangreichen empirischen Erhebung der Verlinkungen im Web, wie Dokument miteinander verbunden sind bzw. wie sie *nicht* miteinander verbunden sind. Nur ein Teil der im Web vorhandenen Dokumente ist untereinander stark vernetzt; es handelt sich hierbei um den Kern des Web (*strongly connected component*). Alle Dokumente im Kern lassen sich untereinander jeweils mit

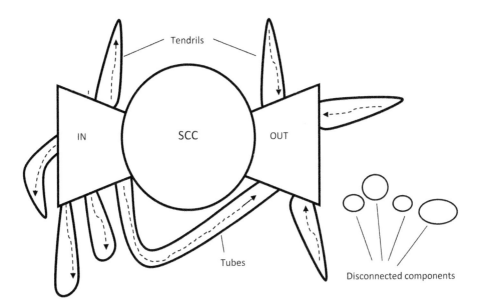

Abb. 3.2 Die Struktur des Web. (Broder et al. 2000, S. 318)

einem Link direkt erreichen (Broder et al. 2000, S. 310). Aus dem Kern heraus führen
Links in den sog. Out-Bereich; diese Links können von Suchmaschinen problemlos verfolgt werden. Im Gegensatz dazu können die Links im In-Bereich, die auf den Kern verweisen, auf die aber vom Kern aus nicht zurückverwiesen wird, von den Suchmaschinen
nur schwer erfasst werden, da sie von einer beliebigen Startseite im Kern nicht über Links
erreichbar sind. Verbindungen zwischen dem In- und dem Out-Bereich existieren nur ver-
einzelt (*tubes*). Neben den verbundenen Bereichen existieren sog. *tendrils* („Ranken"),
die zwar mit einem der drei großen Bereiche verbunden, jedoch insgesamt relativ isoliert
sind. In der empirischen Untersuchung von 200 Mio. Dokumenten ergaben sich ähnliche
Größenordnungen für die vier Bereiche Kern, In-Bereich, Out-Bereich und tendrils.

Natürlich sind die Zahlen aus dem Artikel von Broder et al. hoffnungslos veraltet. Auch
die Verhältnisse der Bereiche des Web mögen sich inzwischen verändert haben. Das Modell selbst allerdings kann uns zeigen, dass es für Suchmaschinen weiterhin schwierig ist,
das Web durch einfaches Verfolgen von Links zu erfassen. Es macht deutlich, dass es nicht
ausreicht, von einer Startseite aus einfach alle Links zu verfolgen und dies in den jeweils
gefundenen Dokumenten so lange zu wiederholen, bis keine neuen Dokumente mehr gefunden werden. Broder et al. konnten zeigen, dass diese idealtypische Vorstellung des Web
in der Realität nicht zutrifft und daher komplexere Verfahren anzuwenden sind, um das
Web möglichst vollständig zu erfassen.

3.2   Content Acquisition

Suchmaschinen sammeln die Inhalte des Web in ihren Datenbanken; man spricht hier von Content Acquisition (Beschaffung von Inhalten). Diese geschieht vor allem auf zwei Wegen: durch Feeds und durch Crawling.

Über sog. Feeds werden Informationen strukturiert an die Suchmaschine übermittelt. Dies ist beispielsweise bei Produktsuchmaschinen der Fall: Händler stellen den Suchmaschinen ihre Produktkataloge in Form von Tabellen bzw. XML-Dokumenten zur Verfügung (s. Abb. 3.3). Dabei gibt es festgelegte Felder, in die beispielsweise der Name des Produkts, die Größe und der Preis eingetragen werden. Der Vorteil dieser Methode ist, dass die einzelnen Informationen zu einer Einheit exakt bestimmt werden können. So ist es in diesem Fall zum Beispiel leicht, zu einem Produkt den Preis zu ermitteln. Außerdem liegen die Informationen der einzelnen Anbieter stets vollständig und aktuell vor (wenn der Anbieter seine Liste denn aktuell hält).

Der Nachteil dieser Methode ist, dass die Suchmaschinen darauf angewiesen sind, dass die Anbieter von Informationen ihnen diese in der entsprechenden Form zur Verfügung stellen.

Die zweite Methode ist das sog. Crawling (ausführlich dazu Baeza-Yates und Ribeiro-Neto 2011, S. 515 ff.), dem Erfassen von Inhalten im Web auf Basis des Verfolgens von Links. Im einfachsten Fall wird der Suchmaschine eine bekannte URL mitgeteilt. Der Crawler besucht dann dieses Dokument, erfasst seinen Inhalt für die spätere Aufbereitung (s. Abschn. 3.3), extrahiert alle im Dokument vorhandenen Links und arbeitet diese dann der Reihe nach in der beschriebenen Form ab. Dadurch entsteht im Idealfall nach und nach ein Netz, welches das World Wide Web vollständig abbildet. Dass dies in der Praxis so nicht funktioniert, haben wir bereits anhand des oben beschriebenen Modells von Broder et al. (2000) gesehen. Dennoch stellt das Crawling weiterhin die wichtigste Methode zum Auffinden von Inhalten durch Suchmaschinen dar, da es sich um eine gute Methode handelt, Inhalte aufzufinden, ohne dass sich Inhalteanbieter aktiv an diesem Prozess beteiligen müssen. Außerdem handelt es sich um die einzige Methode, mit der tatsächlich die Erfassung weiter Teile des World Wide Web möglich ist.

Produktname	Roomba 580
Preis	500€
Farbe	Schwarz
Gewicht	3,6kg
Zustand	neu

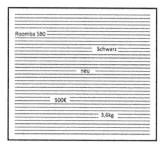

Abb. 3.3 Strukturierte Darstellung von Produktinformationen vs. unstrukturierte Informationen in (HTML-)Dokumenten

Einige der beschriebenen Probleme lassen sich auch schon dadurch lösen, dass nicht nur ein Startpunkt gewählt wird, sondern viele. Im nächsten Abschnitt werden wir uns ausführlich mit der Funktionsweise und Optimierung der Crawlings beschäftigen.

3.3 Web Crawling: Dokumente im Web aufspüren

Die Aufgabe des *Crawlers* (auch: *Spider*) ist es, neue Dokumente aufzufinden, indem Hyperlinks innerhalb bereits bekannter Dokumente verfolgt werden. Der Crawling-Vorgang findet kontinuierlich statt, da dem Web nicht nur beständig neue Dokumente hinzugefügt werden, sondern auch Dokumente gelöscht oder verändert werden. Dokument im Web haben oft nur eine geringe Lebensdauer, und die Inhalte, die sich unter derselben URL finden, ändern sich häufig (Ntoulasund et al. 2004).

Als Basis des Crawlings dient eine Ausgangsmenge (*seed set*) bekannter Webseiten. Die in dieser enthaltenen Links werden verfolgt, die so gefundenen Dokumente indexiert und wiederum die darin enthaltenen Links verfolgt. Auf diese Weise sollen möglichst alle im Web vorhandenen Dokumente gefunden werden. Durch die möglichst breite Streuung der im Seed Set enthaltenen Seiten soll erreicht werden, dass möglichst alle Dokumente im Web aufgefunden werden. Dass dies aus strukturellen Gründen nicht möglich ist, wurde bereits im letzten Abschnitt behandelt. Allerdings führt ein gut zusammengestelltes Seed Set zu einer weit besseren Abdeckung des Web als eine einzelne Startseite, von der aus das Crawling erfolgt.

Suchmaschinen, die bereits lange bestehen, haben bei der Erfassung der Web-Inhalte einen Vorteil gegenüber neuen Suchmaschinen: Sie können nicht nur die URLs erfassen, die sie im aktuellen Crawling-Vorgang finden, sondern auch jedes Dokument, das noch unter einer URL zu finden ist, die der Suchmaschine früher einmal bekannt war. Damit sind auch Dokumente auffindbar, die im Netz gar nicht mehr verlinkt sind.

Neben dem Auffinden neuer Dokumente ist es die Aufgabe des Crawlers, bereits bekannte Dokumente auf Aktualisierungen zu prüfen und sicherzustellen, dass die Dokumente zwischenzeitlich nicht gelöscht wurden. Würde keine Überprüfung erfolgen, ob bereits bekannte Dokumente noch vorhanden sind, würde das dazu führen, dass die Dokumente zwar noch in den Trefferlisten der Suchmaschine vorhanden wären, der Nutzer allerdings bei einem Klick auf den jeweiligen Treffer „ins Leere laufen" würde, d. h. eine Fehlermeldung angezeigt bekommen würde.

Crawling ist also auch in Bezug auf die bereits bekannten Dokumente kein abgeschlossener Vorgang, sondern muss kontinuierlich stattfinden.

Suchmaschinen priorisieren die zu besuchenden Dokumente (deren URLs bereits bekannt sind und in der Crawler Queue zwischengespeichert werden); vor allem nach

- Popularität (gemessen in der Regel anhand der Verlinkungsstruktur, aber auch anhand der Zahl der Zugriffe auf die Dokumente),
- Aktualisierungsintervall (häufig aktualisierte Websites wie beispielsweise Nachrichten-Websites werden häufiger auf Aktualisierungen und neue Dokumente geprüft).

Crawler können nur die Inhalte des Web erreichen, die über Links zugänglich sind. Dabei handelt es sich um das sog. Oberflächenweb (*surface web)*, im Gegensatz dazu bezeichnet das *Deep Web* (tiefes Web; auch: Unsichtbares Web; *Invisible Web*) diejenigen Inhalte, auf die die Suchmaschinencrawler nicht zugreifen können. Gründe hierfür sind vor allem die fehlende Verlinkung, die Abschottung der Inhalte hinter Passwort-Abfragen und dynamische Inhalte, die erst im Moment einer Abfrage aus Datenbanken generiert werden. Wir werden uns in Kap. 12 ausführlich mit dem Deep Web beschäftigen.

Exkurs: Welche Informationen kann ein Crawler „sehen"?

Wir sind daran gewöhnt, dass Webseiten nicht nur Text enthalten, sondern auch grafisch gestaltet sind. Sie können beispielsweise Bilder, Animationen und Videos enthalten. Ein Crawler „sieht" allerdings nur den Text eines Dokuments und die Strukturinformationen aus dem Quellcode der Seite. Seiten, die sehr stark grafisch aufbereitet sind und nur wenig Text enthalten, können von Suchmaschinen daher schwerer erfasst werden. Unter Umständen kann es sogar sein, dass Seiten überhaupt nicht erfasst werden können, wenn sie beispielsweise vollständig in Flash geschrieben sind.

Eine gute Möglichkeit, sich einmal anzusehen, wie Suchmaschinencrawler HTML-Seiten sehen, ist die Verwendung eines sog. Lynx-Viewers. Damit sieht man nur den Text und die Strukturinformationen auf der Seite, nicht aber die Bilder oder andere grafische Elemente.

Es gibt verschiedene Lynx-Viewer im Web, beispielsweise http://adresults.nl/tools/lynx-viewer. Wenn man nun dort beispielsweise die Startseite der ZDF-Mediathek (http://www.zdf.de/ZDFmediathek/) eingibt, erhält man eine textliche Darstellung der von dieser Seite für eine Suchmaschine auslesbaren Informationen. Es handelt sich dabei vor allem um die Kurztitel der dort angezeigten Sendungen mit den entsprechenden Links.

Wir haben die unvollständige Abdeckung des Web im Crawling bislang als theoretisches Problem behandelt und anhand des Fliegen-Modells erklärt, warum eine vollständige Abdeckung des Webs nicht möglich ist. Es gibt aber auch empirische Untersuchungen, in denen gemessen wurde, wie vollständig bestimmte Suchmaschinen Inhalte aus ausgewählten Ländern abdecken. Dabei fand man heraus, dass Seiten aus den USA zu einem höheren Anteil von den Suchmaschinen aufgefunden wurden als beispielsweise solche aus China oder Taiwan (Vaughan und Thelwall 2004; Vaughan und Zhang 2007). Man spricht hier von einem sog. *Country Bias*.

Außerdem deckten die verschiedenen Suchmaschinen die Dokumente aus den unterschiedlichen Ländern unterschiedlich stark ab. Auch wenn sich – wie bei vielen Studien, die zu einem bestimmten Zeitpunkt durchgeführt wurden und daher nur einen „Schnappschuss" des Web bzw. der Suchmaschinen bieten können – die konkreten Zahlen zur Abdeckung der verschiedenen Länder geändert haben dürfte, so bleibt doch als Erkenntnis, dass die Suchmaschinen bei weitem nicht alle Dokumente im Web erfassen und dass wir es auch nicht mit einer gleichmäßigen (Nicht-)Erfassung der Inhalte zu tun haben. Aus der Perspektive der Recherche bedeutet dies, dass wir nie wirklich wissen können, ob wir mit einer Suchmaschine tatsächlich alle vorhandenen Dokumente durchsuchen.

Neben dem grundsätzlichen Problem der unvollständigen Erfassung der Inhalte des World Wide Web haben es die Crawler der Suchmaschinen noch mit einigen anderen Problemen zu tun (s. a. Baeza-Yates und Ribeiro-Neto 2011, S. 522 ff.):

- Es gibt im Web zuhauf Dubletten, also gleiche Inhalte unter verschiedenen Adressen. Man spricht hier auch von *duplicate content*, der sowohl innerhalb der gleichen Website vorkommen kann (beispielsweise derselbe Text einmal in der Benutzeransicht, einmal einer entsprechend aufbereiteten Druckansicht) als auch verstreut über das Web. So finden sich beispielsweise zahllose Kopien von Wikipedia-Artikeln (oder gleich der ganzen Wikipedia) an den unterschiedlichsten Stellen im Web. Die Herausforderung für Suchmaschinen ist nun einerseits, jeweils das Original zu erkennen, andererseits aber auch, schon im Crawling Dubletten möglichst zu vermeiden. Jedes Aufrufen eines Dokuments durch den Crawler kostet Zeit, Rechenleistung und Geld (sowohl auf der Seite der Suchmaschine als auch auf der Seite der angefragten Website), daher ist es sinnvoll, bereits an dieser Stelle auszuschließen:
- *Spider Traps* sind Fallen, in die Crawler (absichtlich oder unabsichtlich) gebracht werden können. Oft entstehen solche Fallen durch automatisch generierte Inhalte; ein einfaches Beispiel zur Verdeutlichung sind Kalender im Web. Oft wird eine Monatsansicht zur Verfügung gestellt mit der Möglichkeit, einen Monat vor oder zurück zu blättern. Da diese Kalender automatisch erstellt werden, lässt sich im Prinzip unendlich weiterblättern. Wenn nun aber ein Crawler so eingestellt ist, dass er einfach immer wieder dem Link auf die nächste Seite folgt, so wird er den Kalender bis in alle Ewigkeit erfassen – er bleibt in diesem Angebot hängen, ist also in eine Falle geraten.
- Unter *Spam* versteht man von den Suchmaschinen nicht erwünschte Dokumente, vor allem um solche, die einzig und allein zu dem Zweck erstellt wurden, Suchmaschinen und Nutzer über ihre tatsächliche Intention zu täuschen. Es handelt sich meist um Dokumente werblicher Natur, die keine relevanten Inhalte enthalten und nur zu dem Zweck erstellt wurden, Nutzer auf eine Seite zu locken, auf der dann Werbung geschaltet oder ein vom Nutzer nicht gesuchtes Produkt verkauft wird. Spam ist ein Massenphänomen und macht einen großen Anteil der Inhalte im Web aus. Für Suchmaschinen ist es wichtig, dass Spam-Inhalte erst gar nicht in den Index geraten, sondern direkt im Crawling ausgeschlossen werden. Auch hier liegt der Grund wiederum in beschränkten Ressourcen: Jeder Suchmaschinen-Index, und sei er auch noch so groß, hat eine Grenze, und mit jedem Spam-Dokument, das in den Index aufgenommen wird, fehlt Platz für ein unter Umständen relevantes Dokument.

Diese drei Problembereiche verdeutlichen schon, dass es vielleicht gar nicht wünschenswert ist, dass Suchmaschinen das komplette Web erfassen. Doch nicht nur die genannten Inhalte, bei denen man sich wahrscheinlich schnell einigen kann, dass sie nicht in den Index aufgenommen werden sollen, spielen eine Rolle. Denn es gibt auch Inhalte, bei denen die Aufnahme in den Datenbestand von Suchmaschinen zumindest strittig ist. Dazu gehören Inhalte, die in einem bestimmten Land erlaubt sind, in anderen Ländern aber verboten (beispielsweise sind Dokumente, die den Holocaust leugnen, in Deutschland verboten, nicht jedoch in den USA) oder Inhalte, zu denen eine Person, die sich durch sie geschädigt sieht, beantragt hat, dass sie in Suchmaschinen nicht angezeigt werden („Recht auf Vergessen").

Exkurs: Wann hat eine Suchmaschine ein Dokument zuletzt besucht?

Möchte man wissen, wann ein Dokument zuletzt von einer Suchmaschine erfasst wurde bzw. ob es aktuell in der Suchmaschine vorhanden ist, kann man die Funktion „im Cache" nutzen. Diese findet sich sowohl bei Google als auch bei Bing direkt auf den Suchergebnisseiten in der Dokumentbeschreibung (s. Abb. 3.4). Ruft man nun diesen Link auf, erhält man das entsprechende Dokument in der Version, die die Suchmaschine zuletzt gesehen hat. Dazu findet man eine Angabe, wann die Suchmaschine das Dokument zuletzt besucht hat (s. Abb. 3.5). So lässt sich leicht sehen, dass viele Dokumente in den Suchmaschinen nicht in ihrer aktuellen Version vorhanden sind. Für die Recherche bedeutet dies auf der einen Seite, dass man unter Umständen ein bestimmtes Dokument nicht findet, weil es zwar für die Suchanfrage passend wäre, den passenden Text aber zu dem Zeitpunkt, als die Suchmaschine das Dokument abgefragt hat, noch gar nicht enthielt. Andererseits kann es sein, dass ein Dokument, das einer Suchmaschine zwar bekannt ist, jedoch seit dem letzten Besuch aktualisiert wurde, einen Link auf ein neues, der Suchmaschine noch nicht anderweitig bekanntes Dokument enthält, das dann wiederum in der Recherche nicht aufgefunden werden kann.

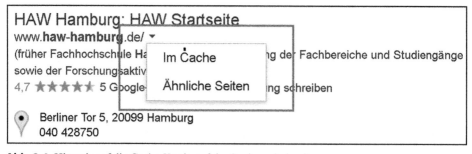

Abb. 3.4 Hinweis auf die Cache-Kopie auf der Suchergebnisseite

Abb. 3.5 Anzeige einer Cache-Kopie (Beispiel Google)

3.3.1 Suchmaschinen steuern und ausschließen

Erst einmal erfassen Suchmaschinen alles, was sie im Crawling finden. Wenn wir die Inhalte des Webs allerdings nicht aus der Perspektive der Suchmaschinen, sondern aus der Perspektive der Anbieter von Websites betrachten, dann sehen wir schnell, dass Suchmaschinen gar nicht jeden Inhalt auffinden sollen. So kann es innerhalb einer Website beispielsweise Bereiche geben, die nicht dafür geeignet sind, dass ein Nutzer direkt auf sie gelangt. Oder aber es gibt Bereiche, die über Suchmaschinen gar nicht auffindbar sein sollen. Bei sehr großen Websites kann es auch wichtig sein, den Suchmaschinen mitzuteilen, welche Inhalte *bevorzugt* erfasst werden sollen.

Um Suchmaschinen von bestimmten Inhalten auszuschließen, gibt es zwei Konventionen, die zusammen oft als *Robots Exclusion Standard* bezeichnet werden.

Als *Robots Exclusion Standard* werden von den allgemeinen Suchmaschinen akzeptierte Befehle bezeichnet, die die Steuerung der Suchmaschinen-Crawler und der Indexierung von Websites durch Suchmaschinen ermöglichen. Diese Befehle sind nicht verbindlich, sondern eine Übereinkunft zwischen den großen Suchmaschinenbetreibern. Das heißt allerdings nicht, dass sich auch alle anderen Suchmaschinen an diese Befehle halten. Wenn man also Inhalte auf einen Webspace hochlädt, sollte man damit rechnen, dass er von irgendeiner Suchmaschine (und damit mit einer gewissen Wahrscheinlichkeit auch von irgendeinem Menschen) gefunden wird.

Suchmaschinen lassen sich auf der einen Seite durch eine Datei namens *robots.txt* steuern, andererseits durch Metadaten, die einem einzelnen Dokument mitgegeben werden.

Bei Metadaten handelt es sich um Informationen, die einem Dokument beigegeben werden, beim Aufruf des Dokuments aber nicht direkt sichtbar sein müssen. So kann beispielsweise eine kurze Beschreibung des Dokumentinhalts in das Metatag <description>

```
User-agent: *
Disallow: /search
Disallow: /sdch              Sitemap: http://www.gstatic.com/culturalinstitute/sitemaps/www_google_com_culturalinstitute/sitemap-index.xml
Disallow: /groups            Sitemap: http://www.google.com/hostednews/sitemap_index.xml
Disallow: /images            Sitemap: http://www.google.com/sitemaps_webmasters.xml
Disallow: /catalogs          Sitemap: http://www.google.com/ventures/sitemap_ventures.xml
Allow: /catalogs/about       Sitemap: http://www.gstatic.com/dictionary/static/sitemaps/sitemap_index.xml
Allow: /catalogs/p?          Sitemap: http://www.gstatic.com/earth/gallery/sitemaps/sitemap.xml
Disallow: /catalogues        Sitemap: http://www.gstatic.com/s2/sitemaps/profiles-sitemap.xml
Disallow: /news              Sitemap: http://www.gstatic.com/trends/websites/sitemaps/sitemapindex.xml
Allow: /news/directory
```

Abb. 3.6 Ausschnitte aus einer robots.txt-Datei (Beispiel Google.de)

eingetragen werden. Diese Beschreibungen sind für einen Nutzer, der das Dokument aufruft, nicht sichtbar, werden aber beispielweise von Suchmaschinen verwendet, um die
Trefferbeschreibungen auf ihren Suchergebnisseiten zu erstellen (s. a. Kap. 6.3).

Da die Metainformationen jeweils auf der Ebene des Dokuments beigegeben werden,
gelten die darin enthaltenen Informationen natürlich auch nur für das jeweilige Dokument
und nicht für eine gesamte Website. Dies erlaubt es, genaue und unter Umständen für
jedes Dokument unterschiedliche Anweisungen an die Suchmaschinen zu geben. Auf der
anderen Seite ist es natürlich mühevoll, die Informationen für jedes einzelne Dokument
zu bestimmen, auch wenn vielen Dokumenten die gleichen Informationen mitgegeben
werden sollen.

Dafür eignet sich dann die robots.txt-Datei. Dabei handelt es sich um eine Datei, die auf
der obersten Verzeichnisebene einer Website abgelegt wird. In ihr sind Informationen für
Suchmaschinen-Crawler enthalten. Mittels der Anweisungen können bestimmte Bereiche
der Website von der Indexierung ausgeschlossen werden. Es können sowohl Anweisungen
für die Crawler bestimmter Suchmaschinen gegeben werden als auch für alle Crawler.

Die robots.txt-Dateien sind öffentlich. Man kann sich diese für jede beliebige Website
ansehen, wenn man die Domain eingibt und direkt dahinter/robots.txt. Wenn man also
zum Beispiel also die Crawler-Anweisungen von Spiegel Online sehen will, gibt man die
folgende URL ein: www.spiegel.de/robots.txt.

Abbildung 3.6 zeigt mehrere Ausschnitte aus der robots.txt-Datei von Google.de

Mit robots.txt ist es möglich, ganze Verzeichnisse von der Indexierung auszuschließen.
In Abb. 3.6 ist beispielsweise zu sehen, dass Google die Indexierung des kompletten Ver-
zeichnisses/search ausschließt. Damit wird verboten, die Inhalte, die erst auf Anfrage von
Google generiert werden (also die Suchergebnisseiten) zu erfassen.

Neben einigen anderen Steuerungsmöglichkeiten lassen sich auch bestimmte Suchmaschinen bzw. Crawler ausschließen. In Abb. 3.7 ist am Beispiel der Website stuttgart.de
zu sehen, dass bestimmte Crawler gar keine Inhalte der Website indexieren sollen (durch
den Befehl disallow:/).

Warum sollte man nun bestimmte Crawler komplett ausschließen wollen? Zunächst
einmal ist es doch im Interesse der Website-Anbieter, dass sie Besucher über Suchmaschinen erhält. Doch nicht nur Suchmaschinen betreiben Crawler, sondern auch zahlreiche
Angebote, die beispielsweise Inhalte für Analysezwecke sammeln oder auch E-Mail-Ad-
ressen, um hinterher Spam-Nachrichten an diese zu senden. Solche Anfragen verursachen
für den Websitebetreiber in erster Linie einmal Traffic, was zu Kosten führt, ohne einen
Gewinn (zum Beispiel in Form von Besuchern auf der Website) zu bekommen.

Abb. 3.7 Gezielter Ausschluss
von bestimmten Crawlern (Beispiel stuttgart.de)

```
User-agent: grub
Disallow: /

User-agent: looksmart
Disallow: /

User-agent: WebZip
Disallow: /

User-agent: larbin
Disallow: /

User-agent: b2w/0.1
Disallow: /

User-agent: psbot
Disallow: /

User-agent: Python-urllib
Disallow: /
```

Seit einigen Jahren unterstützen Suchmaschinen auch XML-Sitemaps, die eine gezielte
Steuerung der Suchmaschinen-Crawler ermöglichen. Hier geht es nicht nur um den Ausschluss bestimmter Dokumente oder Verzeichnisse, sondern um detaillierte Angaben, mit
denen die Crawler gesteuert werden können. Insbesondere bei größeren Websites ist das
Anlegen einer solchen Sitemap sinnvoll. Sie enthält dann eine vollständige Auflistung aller Seiten einer Website, was eventuelle Probleme im Crawling und die oben beschriebene
unvollständige Abdeckung einzelner Websites verhindern kann.

Es soll hier noch einmal betont werden, dass keine der beschriebenen Methoden eine
Garantie dafür bietet, dass Inhalte nicht doch von irgendeinem Crawler erschlossen werden. Daher sollte man Inhalte, von denen man nicht möchte, dass sie im Web auftauchen,
erst gar nicht offen auf einen Webspace hochladen.

Neben dem Auffinden von Informationen, die gar nicht aufgefunden werden sollen,
gibt es auch den gegenteiligen Fall, nämlich dass durch Fehler Inhalte für die Suchmaschinen, die sich an die Konventionen des Robots-Exclusion-Standards halten, gesperrt
werden. So sind eigentlich im Web zugänglich Inhalte dann nicht mehr durch Suchmaschinen auffindbar.

3.3.2   Willentlicher Ausschluss von Inhalten durch die Suchmaschinenbetreiber

Suchmaschinen schließen Inhalte nicht nur aufgrund technischer Beschränkungen aus
oder weil bestimmte Inhalte bzw. Quellen (automatisch oder manuell) als Spam klassifiziert wurden, sondern es erfolgt auch ein willentlicher Ausschluss bestimmter Inhalte.
Unter willentlich ist hier zu verstehen, dass die Suchmaschinenbetreiber von Hand ein-
greifen und bestimmte Ergebnisse in bestimmten Ländern filtern. Dies reicht von dem

Sich-Beugen vor staatlicher Zensur bis hin zur Filterung aus Gründen des Jugendschutzes oder aufgrund von Beschwerden von Inhabern von Urheberrechten.

Das Problem der Zensur betrifft vor allem Länder wie China, die generell versuchen, den Zugriff auf Internet-Inhalte zu beschränken. Hier passen sich Suchmaschinenbetreiber auf unterschiedliche Weise an.

Aber auch in demokratischen Staaten werden bestimmte Inhalte aus den Datenbeständen der Suchmaschinen ausgeschlossen. Allerdings handelt es sich hierbei um einen *demokratisch legitimierten Ausschluss von Inhalten*. In Deutschland schließen die Suchmaschinenbetreiber so Inhalte aus, die in Deutschland verboten sind (etwa Dokumente, die den Holocaust leugnen). Diese Inhalte werden allerdings nicht generell aus dem globalen Index der jeweiligen Suchmaschine gelöscht, sondern sind über andere Länderversionen der gleichen Suchmaschine durchaus auffindbar.

Weiterhin werden Inhalte aufgrund von Jugendschutzbestimmungen ausgeschlossen. So übermittelt etwa die Bundesprüfstelle für jugendgefährdende Medien (BPjM) den Suchmaschinenbetreibern Listen mit Websites, die als für Jugendliche ungeeignet eingestuft werden. Inhalte von diesen Websites werden von den Suchmaschinen dann aus den deutschen Suchergebnissen ausgeschlossen.

Ebenso besteht für Inhaber von urheberrechtlich geschützten Werken die Möglichkeit, bei den Suchmaschinen zu melden, wenn solche Werke unter bestimmten URLs erreichbar sind. Die Suchmaschinenbetreiber schließen diese URLs dann nach Prüfung aus den Suchergebnissen aus. Vor allem die Musik- und die Filmindustrie haben auf diese Weise für einen Ausschluss einer Vielzahl von Dokumenten aus den Suchmaschinen gesorgt.

Und schließlich werden Inhalte von den Suchmaschinenbetreibern auf der Basis des „Rechts auf Vergessen" aus den Suchergebnissen ausgeschlossen. Hierbei hat jeder, der sich durch die Darstellung seiner Person in Dokumenten, die durch Suchmaschinen vermittelt werden, in seinen Persönlichkeitsrechten verletzt fühlt, die Möglichkeit, bei einer Suchmaschine einen Antrag auf Nicht-Anzeigen dieses Dokuments in den Suchergebnissen zu stellen. Im Fall einer positiven Bewertung des Antrags wird das entsprechende Dokument dann aus den Suchergebnissen ausgeschlossen. Da sich das Recht auf Vergessen auf die Europäische Union beschränkt, werden die entsprechenden Dokumente aber durchaus in anderen Länderversionen der Suchmaschinen angezeigt.

Bei den beschriebenen „Löschungen" aus dem Index werden die Dokumente genau genommen nicht aus dem Index entfernt, sondern sie werden je nach Ort des anfragenden Nutzers nicht mit in die Treffermenge mit aufgenommen. Dies ist letztlich aus Nutzerperspektive dasselbe, als wenn diese Inhalte nicht im Index enthalten wären, auch wenn teils Hinweise auf den Ausschluss von Ergebnissen gegeben werden (die konkreten Dokumente werden dann natürlich nicht genannt).

3.3.3 Die Datenbasis der Suchmaschinen

Wir haben bislang über einen einzigen Datenbestand, der von einer Suchmaschine aufgebaut wird, gesprochen, den sog. Web-Index. Dieser enthält alle der Suchmaschine bekannten Dokumente und bildet die wichtigste Grundlage jeder Suchmaschine. Daneben bauen Suchmaschinen aber auch gesonderte Kollektionen für besondere Arten von Inhalten (beispielsweise Bilder) oder bestimmte Typen von Inhalten (beispielsweise wissenschaftliche Texte) auf. Für den Nutzer stellt sich die Suchmaschine in der Regel allerdings als einheitlich dar: Zwar kann er gezielt eine der Kollektionen anwählen und erhält dann auch ein gesondertes Suchformular, der Standardfall ist jedoch, dass eine Suchanfrage im allgemeinen Suchinterface eingegeben wird und dann eine Mischung von Ergebnissen aus dem Web-Index, die mit Ergebnissen aus speziellen Kollektionen angereichert werden, ausgegeben wird. Man spricht dann von der sog. Universal Search, die in Kapitel 6 genauer beschrieben wird.

Während es der Anspruch des Web-Index ist, das Web möglichst vollständig abzudecken, fokussieren die Spezialsuchen (auch vertikale Suchmaschinen) auf bestimmte Themen und werden aus begrenzten Quellenmengen zusammengestellt, welche vorab ausgesucht wurden. So basieren Nachrichtensuchmaschinen auf den Dokumenten aus zuvor intellektuell ausgewählten Nachrichtenquellen. Durch die Beschränkung der vertikalen Suchen auf klar umgrenzte Kollektionen lassen sich Indexierungsintervalle und -tiefe den entsprechenden Bedürfnissen anpassen. So ist zum Beispiel bei einer Nachrichtensuchmaschine aufgrund des hohen Aktualitätsanspruchs eine häufigere Indexierung nötig (und aufgrund der weit geringeren Dokumentenmenge auch möglich) als bei der Erstellung des allgemeinen Web-Index (zur genauen Funktionsweise von Nachrichtensuchmaschinen s. a. Kap. 13).

Abbildung 3.8 zeigt beispielhaft, wie eine Suchmaschine auf unterschiedliche Kollektionen zugreift, auch wenn sich die Suchmaschine für den Nutzer als eine Einheit darstellt. Die unterschiedlichen Größenverhältnisse in der Abbildung sollen verdeutlichen, dass es sich bei dem Web-Index um den weit größten Datenbestand handelt, der durch die anderen, weit kleineren Kollektionen ergänzt wird.

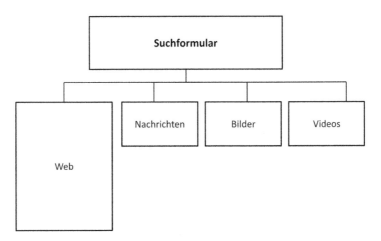

Abb. 3.8 Aufbau einer Suchmaschine: Verschiedene Kollektionen („vertikale Suchmaschinen") – beispielhaft ohne Anspruch auf Vollständigkeit

Tab. 3.1 Kollektionen am Beispiel von Google. (Auswahl; aus Lewandowski 2013, S. 499)

Bereich	URL	Erläuterung
Nachrichten	http://news.google.de	Durchsucht werden die Inhalte von manuell ausgewählten Nachrichtenquellen. Bei der Indexerstellung besonderer Schwerpunkt auf der Aktualisierung des Index
Bilder	http://www.google.de/imghp	Durchsucht Bilder, die im freien Web gefunden wurden
Maps	http://maps.google.de	Verbindet proprietäres Kartenmaterial mit Inhalten aus dem freien Web und Bewertungen aus dem eigenen Dienst Google Places
Bücher	http://books.google.de	Durchsucht eingescannte Bücher; Unterscheidung zwischen gemeinfreien Büchern, die im Volltext angepasst werden, und geschützten Werken, von denen ausgewählte Seiten angezeigt werden
Shopping	http://www.google.de/shopping	Produktsuche, die vor allem auf von den Händlern angelieferten strukturierten Daten beruht
Videos	http://www.google.de/videohp	Durchsucht Videos, die im Web auf verschiedenen Plattformen frei verfügbar sind.
Wissenschaft	http://scholar.google.de	Durchsucht wissenschaftliche Artikel und Bücher, die entweder in Repositories, auf den Websites von Wissenschaftlern und Hochschulen oder durch kooperierende Verlage zur Verfügung gestellt werden. Verbindung von kostenlosen Inhalten/Versionen und kostenpflichtigen Werken

In Tab. 3.1 werden beispielhaft einige Kollektionen der Suchmaschine Google aufgezählt und kurz erläutert. Selbstverständlich können alle diese Kollektionen direkt angesteuert werden (damit handelt es sich um Spezialsuchmaschinen), allerdings werden auch Treffer aus allen diesen Kollektionen in die Trefferlisten der Websuche eingebunden. Dadurch ergibt sich eine besondere Vielfalt, die durch die Verwendung eines einzigen Index nicht zu erreichen wäre.

Bei den vertikalen Kollektionen zeigt sich, dass nicht (nur) wie in der Websuche auf die allgemein im Web zugänglichen Inhalte zurückgegriffen wird (oder eine Auswahl daraus, s. Lewandowski 2009b, S. 57 f.), sondern auch Inhalte, die (noch) gar nicht im Web vorhanden sind, erschlossen werden können. Dies ist beispielsweise bei der Google Buchsuche der Fall, für die u. a. gedruckte Bücher eingescannt werden und so erst im Rahmen dieser Kollektion *als Inhalte des Web* verfügbar gemacht werden.

Wir greifen hier auf die bereits in Abschn. 1.1 erwähnte Unterteilung der Google-Dienste von Vaidhyanathan (2011) zurück. Er teilt die Dienste von Google in drei Bereiche ein: 1) Scan and link, 2) Host and serve, 3) Scan and serve.

Von den allgemeinen Suchmaschinen, die vordergründig nur den ersten Punkt bedienen, wird erwartet, dass sie in allen drei Bereichen aktiv sind. Aus dem eigenen Hosten von Inhalten (Punkt 2) ergibt sich der Vorteil, dass umfangreiche Metadaten (von der Autorenverifikation bis zu Nutzungsdaten) anfallen und die den Dienst betreibende Suchmaschine exklusiv über diese zusätzlichen Daten verfügt. Mit den unter Punkt 3 genannten Diensten werden vom Suchmaschinenbetreiber exklusive Kollektionen aufgebaut, die anderen Suchmaschinen nicht oder nur beschränkt zugänglich sind.

Aus dem Vorangegangenen wird deutlich, dass heute von einer Suchmaschine weit mehr verlangt wird, als Dokumente aus dem Web zu crawlen und einheitlich zu erfassen. Vielmehr handelt es sich um den komplexen Aufbau von Dokumentkollektionen, die dann in der Suche wieder zusammengeführt werden. Wie wir in Kap. 6 sehen werden, wird diese Erweiterung der Datenbestände, welche auch erhebliche Auswirkungen auf die Präsentation der Suchergebnisse hat, in ihren Auswirkungen von den Nutzern kaum bemerkt.

3.3.4 Crawling für spezielle Kollektionen

Im vorangegangenen Abschnitt wurde dargestellt, dass heutige Suchmaschinen weit mehr als nur die Inhalte aus dem allgemeinen Web-Crawl erfassen. Dabei sind die Ansprüche an die Erfassung der unterschiedlichen Inhalte verschieden, weshalb teils eigene bzw. zusätzliche Crawler eingesetzt werden, um bestimmte Kollektionen aufzubauen.

Man könnte sich vorstellen, dass eine Suchmaschine nur einen Crawler betreibt, der allerdings aufgrund der Priorisierungen nach Popularität oder Aktualität zusätzlich bestimmte Kollektionen gezielt aufbauen kann. Dann würden schlicht im allgemeinen Crawling bestimmte Dokumente (oder Dokumente aus bestimmten Quellen) bevorzugt. In der Praxis verwenden Suchmaschinen allerdings mehrere verschiedene Typen von Crawlern, die sich um bestimmte Inhalte kümmern. Ähnlich wie in Abb. 3.8 oben dargestellt, gibt es aber den Crawler für die Web-Inhalte, der die „Hauptaufgabe" übernimmt, während die spezialisierten Crawler kleinere Aufgaben mit besonderen Ansprüchen übernehmen (im Fall des Crawlings von ausgewählten Bereichen des Web spricht dann auch von fokussiertem Crawling bzw. *focused crawling*). Eine Übersicht der Crawler, die beispielsweise Google für die Erfassung der Web-Inhalte einsetzt, findet sich unter https://support.google.com/webmasters/answer/1061943?hl=de.

Wir hatten bereits festgehalten, dass es keiner Suchmaschine möglich ist, die Inhalte des Web vollständig und aktuell zu erfassen, und dass daher im Crawling Prioritäten gesetzt werden müssen. Dies lässt sich nun auf die speziellen Crawls übertragen. Diese wiederum können wir unterscheiden nach der Crawling-Frequenz und nach den zu erfassenden Inhalten:

- Es gibt Inhalte, bei denen Aktualität eine große Rolle spielt und die daher häufiger gecrawlt werden müssen. Dies trifft beispielsweise auf Nachrichten zu. Die Suchmaschinen gehen dabei so vor, dass zuerst einmal von Hand eine Liste aller Nachrichtenquellen (Websites) zusammengestellt wird und diese Quellen dann von einem speziellen Crawler besonders häufig besucht und auf neue Dokumente überprüft werden. Dies ist nur praktikabel, da die Anzahl der häufig zu überprüfenden Quellen gering ist: Google

News zum Beispiel durchsucht etwa 700 deutsche Nachrichtenquellen (Google Inc. 2014), im Gegensatz zu den vielen Millionen Websites des Web. Hier baut also der Crawler eine besonders aktuelle Kollektion aus Inhalten auf, die *theoretisch* auch vom allgemeinen Web-Crawler erfasst werden könnten. Wir werden in Kap. 13 u. a. ausführlich auf die Nachrichtensuche eingehen.

• Anders verhält es sich beispielsweise bei Bildern. Diese sind meist in HMTL-Dokumente eingebunden. Sie können daher im allgemeinen Crawling erkannt werden, müssen jedoch auf andere Weise indexiert werden, da sie selbst ja keine textuellen Informationen enthalten, die durchsuchbar gemacht werden können. Hier muss der Crawler dann vor allem sog. Metadaten erfassen, d. h. Daten, die nicht im Bild selbst enthalten sind, sondern dem Bild entweder vom Ersteller beigegeben wurden (wie das Datum der Aufnahme) oder die aus dem Zusammenhang generiert wurden. Auf die Erschließung von Bildern mittels Umgebungstexten werden wir in Abschn. 3.4.1 genauer eingehen.

Hat eine Suchmaschine nun mit Hilfe der verschiedenen Crawls verschiedene Kollektionen von Dokumenten aufgebaut, so kann man damit einerseits Spezialsuchmaschinen betreiben, andererseits kann man, wenn man die Kollektionen im Rahmen einer allgemeinen Websuche wieder zusammenführt (vgl. Abb. 3.8), dem Nutzer eine vollständigere und umfassendere Ergebnispräsentation bieten (s. dazu ausführlich Kap. 6).

3.4 Der Indexer: Dokumente für die Suche aufbereiten

Die Aufgabe des Indexers ist es, die vom Crawler gelieferten Dokumente so zu zerlegen und aufzubereiten, dass sie in der Suche effizient verarbeitet werden können. Bei der Indexierung werden Verfahren verwendet, die größtenteils nicht spezifisch für Suchmaschinen sind, sondern in allen Information-Retrieval-Systemen zum Einsatz kommen (s. Fuhr 2013; Lepsky 2013; Knorz 2004; eine gute Einführung findet sich auch in Croft et al. 2010).

Das System zur Syntaxanalyse (*parsing module*) zerlegt die gefundenen Dokumente in indexierbare Einheiten (einzelne Wörter, Wortstämme oder N-Gramme) und verzeichnet deren Vorkommen innerhalb des Dokuments. Dadurch wird ein invertierter Index erstellt, der für jede indexierte Einheit diejenigen Dokumente verzeichnet, in denen diese vorkommt.

Invertiert bedeutet, dass man von einzelnen Wörtern (Indexeinträgen) zu den Dokumenten gelangt und nicht umgekehrt. Wenn wir normalerweise im Web unterwegs sind, bewegen wir uns von Dokument zu Dokument. Wir lesen (oder überfliegen) Texte; häufig „scannen" wir die Texte auf für uns relevante Wörter, nach denen wir suchen. Ein Index besteht aus Einträgen für alle der Suchmaschine bekannten Wörter und verweist dazu auf die Dokumente, in denen das jeweilige Wort vorkommt. Wir können den invertierten Index mit dem Register eines Buchs vergleichen: Wenn wir wissen wollen, an welchen Stellen in einem Buch ein bestimmter Begriff vorkommt, so müssen wir nicht erst das ganze Buch durchlesen, um sicher zu sein, dass wir auch kein Vorkommen des Begriffs verpasst

Abb. 3.9 Buchregister als ein Beispiel für einen invertierten Index. (Ausschnitt aus Lewandowski 2009)

haben, sondern wir können im Register nachsehen, um von dem gesuchten Begriff auf die Seiten des Buchs, auf denen der Begriff behandelt wird, zu kommen (s. Abb. 3.9). Der Unterschied zwischen einem Buchregister und einem invertierten Index besteht allerdings darin, dass im Buchregister nicht alle im Buch vorkommenden Wörter indexiert werden, sondern nur die für den Inhalt sinntragenden Begriffe. Ein Begriff muss dabei nicht exakt dem Wort, das dann im Text vorkommt, entsprechen, sondern kann auch eine Vorzugsbenennung sein. Diese Unterscheidung wird in dem unten folgenden Beispiel deutlich.

Invertierte Indices ermöglichen einen schnellen Zugriff, da nicht alle Dokumente durchsucht werden müssen, sondern nur anhand der Suchbegriffe abgeglichen werden muss, in welchen Dokumenten diese vorkommen. Wir werden diesem Problem später beim Thema Ranking wieder begegnen: Da Suchmaschinen nicht nur effektiv, sondern auch schnell sein müssen, ist es sinnvoll, möglichst viele (Vor-)Verarbeitungsschritte so auszulagern, dass sie nicht erst in dem Moment durchgeführt werden müssen, wenn eine Suchanfrage gestellt wird.

Im Prozess der Indexierung wird aus den Dokumenten ein Index erstellt, der eine Repräsentation der Dokumente darstellt. Dies bedeutet aber auch, dass wir, wenn wir mit einer Suchmaschine suchen, nicht die Dokumente selbst durchsuchen, sondern deren Repräsentationen (also den Index).

Jede Suchmaschine erstellt eine eigene Repräsentation der Dokumente, was bedeutet, dass verschiedene Suchmaschinen nicht nur im Crawling unterschiedliche Dokumente erfassen, sondern dieselben Dokumente durch die unterschiedliche Indexierung auch verschieden repräsentieren. Dies wiederum hat Auswirkungen auf die Suche: Das, was in der Repräsentation nicht erfasst wird, kann hinterher auch nicht durchsucht werden. Wenn eine Suchmaschine also beispielsweise in der Indexierung aus den Dokumenten die Namen der Autoren des jeweiligen Dokuments extrahiert (s. Abschn. 13.4), dann kann hinterher auch nach diesen Namen gesucht werden. Tut sie das nicht, kann später zwar im Volltext der Dokumente nach den Namen gesucht werden, man kann aber nicht mehr auf den tatsächlichen Autorennamen einschränken, sondern sucht schlicht danach, ob der Name als Text irgendwo im Dokument vorkommt.

Beim Aufbau von Indices gibt es technische Probleme, die vor allem aus der Masse der zu indexierenden Dokumente resultieren. Daher arbeiten Suchmaschinen mit verteilten Indices, d. h. es gibt nicht einen Index, der zentral abgelegt wird, sondern es wird ein verteiltes System aufgebaut, um einerseits den Zugriff zu beschleunigen und andererseits eine kontinuierliche Aktualisierung zu ermöglichen. Denn ebenso wie das Crawling muss auch die Indexierung beständig durchgeführt werden; anderenfalls könnten die Indexeinträge auf Dokumente verweisen, die gar nicht mehr existieren oder sich so verändert haben, dass die im Index erfassten Informationen nicht mehr mit ihnen übereinstimmen.

Im Folgenden soll der Prozess der Indexerstellung an einigen Beispielen dargestellt werden. Ausgeklammert wird dabei die linguistische Vorverarbeitung der Dokumente. Die Beispiele und ihre Darstellung orientieren sich an Croft et al. (2010).

Wir betrachten als Beispiel vier „Dokumente" D1–D4 zum Thema Granularsynthese, die aus jeweils einem Satz bestehen[1]:

> **D1**: Granularsynthese ist eine in manchen Synthesizern und Programmen verwendete Methode, künstliche Klänge zu erzeugen.
>
> **D2**: Ähnlich wie bei einem Film, der durch Einzelbilder einen flüssigen Ablauf vortäuscht, wird bei der Granularsynthese ein kontinuierlicher Klang vorgetäuscht, der in Wahrheit aus vielen einzelnen Teilen besteht.
>
> **D3**: Theoretische Grundlage der Granularsynthese sind die Gabor-Transformation und die damit im Zusammenhang stehende Theorie der Klangquanten von Dennis Gábor.
>
> **D4**: Verbreitet ist die Anwendung der Granularen Synthese zur Resynthese gesampelten Materials.

Abbildung 3.10 zeigt einen aus diesen Dokumenten generierten invertierten Index. Anstelle der einzelnen Sätze werden nun die in allen Dokumenten enthaltenen Wörter alphabetisch aufgelistet; in den Kästen stehen die Nummern der Dokumente, in denen das jeweilige Wort vorkommt. Möchten wir also beispielsweise alle Dokumente identifizieren, in denen das Wort Granularsynthese vorkommt, können wir dies leicht mit einem Blick in die Liste tun, ohne die einzelnen Dokumente selbst durchgehen zu müssen. Auch Kombinationen von Wörtern lassen sich so leicht identifizieren: Möchte man beispielsweise alle Dokumente erhalten, in denen Granularsynthese und Klang gemeinsam vorkommen, schlägt man beide Wörter einzeln im Index nach und überprüft dann anhand der Dokumentnummern, in welchen Dokumenten beide gemeinsam enthalten sind. In dem Beispiel ist das Ergebnis Dokument 2.

Mit einem solchen einfachen Index lassen sich also schnell Dokumente identifizieren, die bestimmte Wörter oder Kombinationen von Wörtern enthalten. Allerdings kann mit

---

[1] Die Sätze stammen aus dem Wikipedia-Artikel zum Thema (http://de.wikipedia.org/wiki/Granularsynthese).

Ablauf	D2	Gabor-	D3	stehende	D3	
Ähnlich	D2	Transformation		Synthese	D4	
Anwendung	D4	gesampelten	D4	Synthesizern	D1	
aus	D2	granularen	D4	Teilen	D2	
bei	D2	Granular-	D1 D2 D3	theoretische	D3	
besteht	D2	synthese		Theorie	D3	
damit	D3	Grundlage	D3	und	D1 D3	
Dennis	D3	im	D3	Verbreitet	D4	
der	D2 D3 D4	in	D1 D2	verwendete	D1	
die	D3 D4	ist	D1 D4	vielen	D2	
durch	D2	Klang	D2	von	D3	
ein	D2	Klänge	D1	vorgetäuscht	D2	
eine	D1	Klangquanten	D3	vortäuscht	D2	
einem	D2	kontinuierlicher	D2	Wahrheit	D2	
einen	D2	künstliche	D1	wie	D2	
Einzelbilder	D2	manchen	D1	wird	D2	
einzelnen	D2	Materials	D4	zu	D1	
erzeugen	D1	Methode	D1	zur	D4	
Film	D2	Programmen	D1	Zusammenhang	D3	
flüssigen	D2	Resynthese	D4			
Gábor	D3	sind	D3			

Abb. 3.10 Einfacher invertierter Index

der Abfrage eines solchen Index nur festgestellt werden, ob ein Dokument in eine Treffermenge eingehen soll oder nicht. Für das Ranking ist es allerdings unter anderem auch von Bedeutung, Worthäufigkeiten und die Position der Wörter in den Dokumenten zu kennen.

Dazu werden komplexere invertierte Indices verwendet. In Abb. 3.11 ist ein Index mit Angaben zu den Worthäufigkeiten in den Dokumenten zu sehen. Man kann nun leicht identifizieren, in welchen Dokumenten ein Wort besonders häufig vorkommt, was Rückschlüsse auf die Relevanz dieses Dokuments für den entsprechenden Suchbegriff zulässt (vgl. Abschn. 5.2). Diese Möglichkeit kommt in unseren Beispielen allerdings nicht voll zum Tragen, da es sich nur um kurze Sätze handelt. Bei längeren Dokumenten lässt sich die Verteilung der Worthäufigkeiten in den Dokumenten besser ausnutzen.

In invertierte Indices lassen sich auch Informationen über die Position der Wörter in den Dokumenten integrieren (Abb. 3.12). Jedem Wort wird nun nicht mehr nur die Dokumentnummer, sondern auch seine Position innerhalb des Dokuments zugeordnet. Wir können nun also beispielsweise leicht sehen, dass das Wort Granularsynthese im ersten Dokument an erster Position vorkommt, während es im zweiten Dokument erst an sechzehnter Stelle genannt wird. Daraus kann man wiederum Rückschlüsse für das Ranking ziehen (vgl. Abschn. 5.2). Mit den Positionsangaben lässt sich auch leicht die Nähe von zwei oder mehreren Wörtern zueinander ermitteln. Nehmen wir an, ein Nutzer gibt die

Ablauf	D2:1	Gabor-	D3:1	stehende	D3:1	
Ähnlich	D2:1	Transformation		Synthese	D4:1	
Anwendung	D4:1	gesampelten	D4:1	Synthesizern	D1:1	
aus	D2:1	granularen	D4:1	Teilen	D2:1	
bei	D2:2	Granular-	D1:1 D2:1 D3:1	theoretische	D3:1	
besteht	D2:1	synthese		Theorie	D3:1	
damit	D3:1	Grundlage	D3:1	und	D1:1 D3:1	
Dennis	D3:1	im	D3:1	Verbreitet	D4 :1	
der	D2:3 D3:2 D4:1	in	D1:1 D2:1	verwendete	D1:1	
die	D3:2 D4:1	ist	D1:1 D4:1	vielen	D2:1	
durch	D2:1	Klang	D2:1	von	D3:1	
ein	D2:1	Klänge	D1:1	vorgetäuscht	D2:1	
eine	D1:1	Klangquanten	D3:1	vortäuscht	D2:1	
einem	D2:1	kontinuierlicher	D2:1	Wahrheit	D2:1	
einen	D2:1	künstliche	D1:1	wie	D2:1	
Einzelbilder	D2:1	manchen	D1:1	wird	D2:1	
einzelnen	D2:1	Materials	D4:1	zu	D1:1	
erzeugen	D1:1	Methode	D1:1	zur	D4:1	
Film	D2:1	Programmen	D1:1	Zusammenhang	D3:1	
flüssigen	D2:1	Resynthese	D4:1			
Gábor	D3:1	sind	D3:1			

Abb.3.11 Invertierter Index mit Angaben zu Worthäufigkeiten

Suchanfrage „kontinuierlicher Klang" ein. Wir nehmen an, dass Dokumente bevorzugt werden, die die beiden Wörter als Phrase (also in der eingegebenen Reihenfolge direkt nebeneinander) enthalten. Über den Index mit Worthäufigkeiten können wir schnell ermitteln, dass „kontinuierlicher" in Dokument 2 an Position 18 vorkommt und „Klang" ebenfalls in Dokument 2 an Position 19. Die beiden Wörter folgen also direkt aufeinander und erfüllen damit die Suchanfrage nach der entsprechenden Phrase.

Die drei genannten Indices stellen nur Beispiele für die Erschließung von Dokumenten mit Hilfe von Indices dar. Es gibt viele weitere Möglichkeiten der Erschließung von Dokumenttexten, die vor allem einem effizienten Zugriff auf die Dokumente dienen (vgl. Croft et al. 2010).

Invertierte Indices werden nicht nur für einen schnelleren Zugriff auf die Dokumente benötigt, sondern auch für das Ranking. In den Beispielen haben wir schon gesehen, dass wir aus statistischen Eigenschaften von Texten auf die Bedeutung eines Wortes in seinem Kontext schließen können. So können wir annehmen, dass ein Dokument, welches das gesuchte Wort am Anfang enthält, für den Suchenden relevanter ist als ein Dokument, in dem der Suchbegriff erst an späterer Stelle vorkommt.

Nach diesem einfachen Kriterium könnten wir bereits ein Ranking erstellen. In unserem Beispiel wäre die Reihenfolge der Dokumente nach der Position des Worts Granularsynthese dann Dokument 1, Dokument 3, Dokument 2. Natürlich genügt ein solches Ranking bei weitem nicht den Anforderungen an eine heutige Suchmaschine; das Beispiel

Ablauf	D2,10			Gábor	D3,19			sind	D3,5
Ähnlich	D2,1			Gabor-	D3,7			stehende	D3,13
Anwendung	D4,4			Transformation				Synthese	D4,7
aus	D2,24			gesampelten	D4,10			Synthesizern	D1,6
bei	D2,3	D2,14		granularen	D4,6			Teilen	D2,27
besteht	D2,28			Granular-	D1,1	D2,16	D3,4	theoretische	D3,1
damit	D3,10			synthese				Theorie	D3,14
Dennis	D3,18			Grundlage	D3,2			und	D1,7	D3,8
der	D2,6	D2,15	D2,21	im	D3,11			Verbreitet	D4,1
	D3,3	D3,15	D4,5	in	D1,4	D2,22		verwendete	D1,9
die	D3,6	D3,9	D4,3	ist	D1,2	D4,2		vielen	D2,25
durch	D2,7			Klang	D2,19			von	D3,17
ein	D2,17			Klänge	D1,12			vorgetäuscht	D2,20
eine	D1,3			Klangquanten	D3,16			vortäuscht	D2,12
einem	D2,4			kontinuierlicher	D2,18			Wahrheit	D2,23
einen	D2,9			künstliche	D1,11			wie	D2,2
Einzelbilder	D2,8			manchen	D1,5			wird	D2,13
einzelnen	D2,26			Materials	D4,11			zu	D1,13
erzeugen	D1,14			Methode	D1,10			zur	D4,8
Film	D2,5			Programmen	D1,8			Zusammenhang	D3,12
flüssigen	D2,10			Resynthese	D4,9				

Abb.3.12 Invertierter Index mit Positionsangaben

soll aber verdeutlichen, wie mit invertierten Indices schnell ein Ranking erstellt werden kann, ohne auf jedes Dokument selbst zugreifen zu müssen.

Bislang haben wir die zu indexierenden Dokumente als reine Fließtexte betrachtet, d. h. jedes Wort hat potenziell die gleiche Bedeutung. Aus unserem eigenen Leseverhalten wissen wir aber, dass das nicht so ist: Wir nehmen Wörter in Überschriften oder besonders hervorgehobene Wörter eher wahr und messen ihnen eine größere Bedeutung zu als Wörtern, die „einfach so" irgendwo im Text stehen.

Diese dem Text durch seine Strukturierung beigegebenen Informationen machen sich Suchmaschinen zunutze, indem sie in der Indexierung diesen Strukturinformationen besondere Gewichtungen geben. So könnte man beispielweise einfach bestimmen, dass ein Wort, welches in der Hauptüberschrift eines Texts vorkommt, doppelt so wichtig ist als wenn das gleiche Wort an einer beliebigen anderen Stelle des Textes vorkommen würde. Um allerdings solche Berechnungen durchführen zu können, müssen die zugrundeliegenden Informationen bereits im Index erfasst werden. Man kann hier zwischen der Indexierung von hervorgehobenen Wörtern (beispielsweise durch Fett- oder Kursivdruck) und der Indexierung von Informationen in Feldern unterscheiden.

Im letztgenannten Fall kann dann auch die Indexierung wiederum in Feldern erfolgen. So lassen sich beispielsweise Felder für den Titel von Dokumenten und für Überschriften innerhalb des Dokuments bestimmen. Diese Felder können dann entweder gezielt durchsucht (s. Kap. 10) oder für das Ranking eingesetzt werden (s. Kap. 5).

Abb. 3.13 Bild mit
Umgebungstexten

3.4.1 Indexierung von Bildern, Audiodateien und Videos

In der bisherigen Diskussion der Indexierung waren wir von Textdokumenten ausgegangen. Suchmaschinen haben es jedoch auch mit weiteren Dokumenttypen zu tun, vor allem Bildern und Videos. Es gibt umfangreiche Arbeiten zur Erschließung von Bildern auf der Basis ihres Inhalts, d. h. man versucht, automatisch zu erfassen, was auf den Bildern dargestellt ist (Jörgensen 2003). Allerdings erreichen die Ergebnisse dieser Indexierungsform noch nicht die Qualität, dass die Verfahren für das Web, wie es durch Suchmaschinen repräsentiert wird, eingesetzt werden können. Vielmehr extrahieren Suchmaschinen nur basale Informationen wie beispielsweise die in einem Bild dominierenden Farben direkt aus den Bildern. Andere Informationen werden aus Umgebungstexten gewonnen. Bei dieser Form der Indexierung werden die Bilder also nicht isoliert betrachtet, sondern im Kontext ihres Vorkommens im Web.

Meist sind Bilder in einen Text eingebunden. Diesen Sachverhalt machen sich Suchmaschinen zunutze und gehen davon aus, dass ein Text, der sich rund um ein Bild befindet, dieses Bild beschreibt. Dies ist in Abb. 3.13 dargestellt; der unterbrochen umrandete Bereich stellt dabei den von der Suchmaschine identifizierten Umgebungstext dar, welcher für die Indexierung des Bilds verwendet wird.

Erstaunlich ist, dass sich mit diesem recht einfachen Verfahren bessere Ergebnisse erreichen lassen als mit der weit elaborierteren inhaltsbasierten Indexierung. Es ist zwar davon auszugehen, dass die inhaltsbasierte Indexierung weiter Fortschritte machen wird; für Suchmaschinen wird aber weiterhin die Indexierung mittels Umgebungstexten eine entscheidende Rolle spielen.

Ein drittes Element der Indexierung von Bildern sind die den Bildern beigegebenen Metadaten. Dies können auf der einen Seite die von einer Kamera automatisch erzeugten Metadaten sein (wie etwa das Datum der Aufnahme, die verwendete Kamera oder das verwendete Objektiv), auf der anderen Seite aber auch intellektuell erstellte Metadaten wie Schlagwörter oder Tags.

Ähnlich wie bei der Indexierung von Bildern wird auch bei der Indexierung von Videos vorgegangen; auch hier bietet sich eine Extraktion von Basisinformationen aus den Videos selbst (wie beispielsweise Länge und Aufnahmequalität), kombiniert mit Metadaten und Umgebungstexten, an.

3.4.2   Repräsentation von Web-Dokumenten in Suchmaschinen

Suchmaschinen werden von Informationsfachleuten oft ein wenig abschätzig bewertet. Sie würden nur unstrukturierte Inhalte aus dem World Wide Web im Volltext erfassen und eben diese Volltexte durchsuchbar machen. Dabei würden ihnen wesentliche Informationen, die für die Erschließung von Dokumenten wichtig wären, entgehen. Damit wäre schließlich eine zielgenaue Recherche mit Suchmaschinen kaum möglich.

Auf die Recherchemöglichkeiten der Suchmaschinen werden wir vor allem in Kap. 10 eingehen. An dieser Stelle beschäftigen wir uns mit der Repräsentation der Dokumente, d. h. den Informationen, die Suchmaschinen zu einem bestimmten Dokument (also einer URL) erfassen. Wir werden sehen, dass diese Repräsentation weit über den Volltext des Dokuments hinausgeht.

Abbildung 3.14 zeigt die Aufteilung eines im Suchmaschinenindex repräsentierten Dokuments in drei Bereiche: Ankertexte, Dokumenttext und Metadaten.

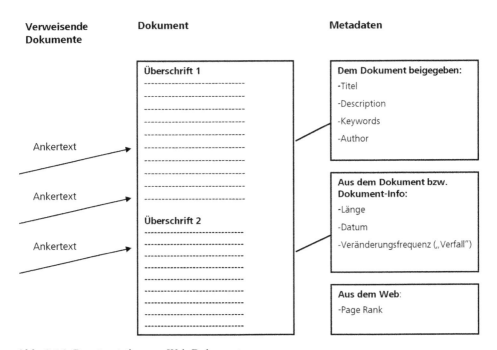

Abb. 3.14 Repräsentation von Web-Dokumenten

Betrachten wir zuerst den Dokumenttext. Dessen Repräsentation haben wir im vorangegangenen Abschnitt schon kennengelernt. Sie besteht auf der einen Seite aus den Wörtern des Textes; es werden u. a. Worthäufigkeiten und die Position der Wörter innerhalb des Textes erfasst. Außerdem gehört hier die Einteilung des Dokumentes in Felder dazu, beispielsweise die Zuordnung bestimmter Teile des Textes zu Überschriften. Zu der Repräsentation des Dokumentes gehören aber auch Informationen, die nicht aus dem Dokument selbst stammen oder direkt aus dem Dokumententext abgeleitet werden können.

Zum einen sind diese die sog. Ankertexte (in der Abbildung auf der linken Seite dargestellt). Ankertexte sind verlinkte Texte, die aus einem Dokument auf ein anderes verweisen. Sie können je nach Website und Browsereinstellungen unterschiedlich dargestellt sein, allerdings sind sie in den allermeisten Fällen innerhalb eines Textes in einer anderen Farbe als der nicht-klickbare Fließtext dargestellt. Wenn wir ein Dokument im Web lesen, können wir schnell erkennen, mit welchen Texten auf andere Dokumente verwiesen wird.

Aber erst durch die Kenntnis des „gesamten" Web (mittels Crawling) können Suchmaschinen die Ankertexte nicht nur dem verweisenden Dokument zuordnen, sondern auch dem Dokument, auf das verwiesen wird (vgl. Abb. 3.14). Die Dokumente werden also um Informationen aus externen Dokumenten angereichert, von denen aus verwiesen wird. Dabei wird angenommen, dass Autoren, die auf eine bestimmte Seite verweisen, für diese Verweise einen aussagekräftigen Text verwenden. Kommen nun durch viele Links viele aussagekräftige Texte zusammen, können diese als eine sinnvolle Beschreibung des Zieldokumentes gewertet werden (s. Beispielkasten).

Der dritte Bereich der Dokumentrepräsentationen in Suchmaschinen besteht aus Metadaten. Dabei handelt es sich um Daten über Daten. Sie beschreiben Dokumente, ohne dass diese Beschreibungen in den Dokumenten selbst vorkommen müssen. Betrachten wir ein Beispiel aus dem Alltag: Wenn man beispielsweise eine seiner CDs als „Partymusik" beschreibt, dann hat man ihr Metadaten mitgegeben. Weder die Musik selbst noch das zugehörige Booklet werden die CD wahrscheinlich als „Partymusik" einstufen. Dennoch eignet sich diese Bezeichnung, um die CD einzuordnen bzw. wiederzufinden.

Vor allem für Dokumente, die selbst keinen oder kaum Text enthalten, sind Metadaten das wichtigste Element der Dokumentrepräsentation. Im Fall von Textdokumenten dienen Metadaten den Suchmaschinen als *ergänzende* Informationen. Sie können aus unterschiedlichen Quellen gewonnen werden:

- *Dem Dokument beigegebene Metadaten*: Hier handelt es sich um Daten, die der Autor selbst dem Dokument beigegeben hat und die sich daher direkt aus dem HTML-Quelltext des Dokumentes extrahieren lassen. Es gibt innerhalb von HTML-Dokumenten beispielsweise Metadatenfelder für den Titel des Dokumentes (nicht zu verwechseln mit der für den Nutzer sichtbaren Überschrift, s. Kap. 8), für Schlagworte (die nicht unbedingt im Text selbst enthalten sein müssen) und für eine kurze Beschreibung des Dokumentinhalts.
- *Aus dem Dokument extrahierte Metadaten*: Solche Metadaten lassen sich direkt aus dem Dokument bzw. der Kenntnis der Suchmaschine von diesem Dokument ermitteln. Direkt aus dem Dokument ermitteln lässt sich beispielsweise seine Länge; dafür

müssen einfach nur die Wörter gezählt werden. Eine Angabe, die sich nur durch die Kenntnis der Suchmaschine von einem Dokument ermitteln lässt, ist beispielsweise die Veränderungsfrequenz: Nur wenn man weiß, zu welchen Zeitpunkten ein Dokument in der Vergangenheit verändert wurde, kann man eine typische Frequenz feststellen, die man dann wiederum für das Crawling und für das Ranking einsetzen kann.

- *Metadaten über die Website, in der das Dokument abgelegt ist*: Ähnlich wie bei den aus dem Dokument extrahierten Metadaten lassen sich solche Daten auch aus der gesamten Website, deren Bestandteil ein bestimmtes Dokument ist, ableiten. Dabei handelt es sich beispielsweise um den Umfang der Website oder die durchschnittliche Veränderungs-frequenz der Dokumente innerhalb dieser Website. Auch diese Informationen können sowohl zur Steuerung des Crawling als auch für das Ranking eingesetzt werden.
- *Metadaten aus dem Web*: Hierbei handelt es sich um Metadaten, die erst durch die Kenntnis des „gesamten" Webs errechenbar sind. Damit gleichen sie den Ankertexten; allerdings handelt es sich in diesem Fall nicht um Text, der einem Dokument zugeordnet wird, sondern um Zahlenwerte, die das Dokument hinsichtlich einer Eigenschaft einstu-fen. Das sicherlich prominenteste Beispiel eines solchen Zahlenwerts ist der PageRank (ausführlich in Abschn. 5.3.1.1), der für jedes Dokument aus nur einer einzigen Zahl be-steht und als Maß für die Qualität bzw. Popularität des Dokuments herangezogen wird.

Mit der Repräsentation des Dokumenttextes selbst, welche durch Ankertexte und Meta-daten angereichert ist, entsteht also eine komplexe Dokumentrepräsentation, die weit über den eigentlichen Text hinausgeht. Wie wir sehen werden, wird erst dadurch eine Suche, wie wir sie heute in Suchmaschinen gewöhnt sind, überhaupt möglich.

Exkurs: Wie können Informationen aus den Ankertexten bei der Recherche helfen?
Nehmen wir an, ein Nutzer aus Deutschland möchte die Website des Patentamts der USA finden. Er wird mit einer hohen Wahrscheinlichkeit eine Suchanfrage wie `Patentamt USA` eingeben, jedenfalls eher als `United States Patent and Trademark Office`, wie die offizielle Bezeichnung der Behörde lautet.

Alle gängigen Suchmaschinen finden aber auch für Suchanfragen wie `Patent-amt USA` die offizielle Seite http://www.uspto.gov und listen sie auf dem ersten Platz der Trefferliste. Dies ist nur möglich, wenn eine Suchmaschine auch die Anker-texte auswertet. Zwar enthält die Startseite des US-Patentamts nirgendwo das Wort „Patentamt", es gibt aber viele Seiten, die mit genau diesem Wort im Ankertext auf die Website des Patentamts verweisen. Dadurch kann dieses passende Dokument dann für die entsprechende Suchanfrage angezeigt werden.

Noch deutlicher wird die Auswertung der Ankertexte, wenn man das Beispiel ad absurdum führt. Gibt man die Suchanfrage `hier` ein, zeigt Google auf dem ersten Platz die offizielle Seite der Firma Adobe an, auf der man den Adobe Reader her-unterladen kann. Auch in diesem Fall ist das Wort „hier" im Dokument selbst gar nicht enthalten, wohl aber in vielen Texten, die auf die Seite verweisen (wie zum Beispiel „Adobe Reader hier kostenlos runterladen").

3.5 Der Searcher: Suchanfragen verstehen

Wir haben bereits gesehen, dass die Aufgabe einer Suchmaschine darin besteht, zwischen einem Nutzer und den Inhalten des Webs zu vermitteln. Man kann dies so allgemein fassen, in der Praxis spricht man aber auch oft einfach von dem Abgleich einer Suchanfrage mit dem Datenbestand der Suchmaschine. Wir werden uns mit diesem Abgleich und den dazu verwendeten Informationen in Kap. 5 noch ausführlich unter dem Gesichtspunkt des Rankings der Suchergebnisse beschäftigen. Auch dies ist eine Aufgabe des Searchers, allerdings soll es an dieser Stelle erst einmal darum gehen, wie Suchanfragen von der Suchmaschine „verstanden" werden können.

Warum aber müssen Suchanfragen überhaupt verstanden werden? Reicht es nicht aus, einfach den eingegebenen Text zu verwenden? In Kap. 4 werden wir uns ausführlich mit der Nutzung von Suchmaschinen beschäftigen und dabei auch sehen, dass die an die Suchmaschinen gestellten Suchanfragen in aller Regel kurz sind und in vielen Fällen aus der Suchanfrage allein auch gar nicht abgelesen werden kann, was ein Nutzer mit dieser Anfrage gemeint hat. Daher ist es auch schwierig, für solche Suchanfragen relevante Dokumente auszugeben, wenn man nicht feststellen kann, welche Art von Dokumenten überhaupt relevant sein könnten.

Einen Ausweg bietet die sog. Anfrageinterpretation (*query understanding*). Dabei wird die Suchanfrage mit Kontextinformationen angereichert, sodass es möglich ist, überhaupt zwischen relevanten und nicht relevanten Dokumenten zu unterscheiden. Man kann dabei Informationen über den aktuell suchenden Nutzer, aber auch Informationen darüber, was andere Nutzer in der Vergangenheit nach der Eingabe derselben Suchanfrage getan haben, verwenden.

Abbildung 3.15 zeigt die zeitliche Stellung einer Suchanfrage. Im linken Block stehen die Informationen, die man aus Suchvorgängen *vor* der aktuellen Suchanfrage gewinnen kann. Mit der Suchhistorie des Nutzers sind dabei schlicht alle Daten gemeint, die bei früheren Suchen desselben Nutzers angefallen sind, also beispielsweise welche Suchanfragen er eingegeben hat, welche Dokumente er daraufhin angeklickt und wie lange er diese Dokumente gelesen hat. Es können aber auch Informationen darüber gesammelt werden,

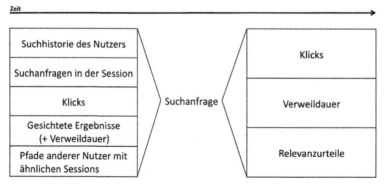

Abb. 3.15 Zeitliche Stellung einer Suchanfrage. (Lewandowski 2011b, S. 63)

welche Dokumente, die gar nicht durch eine Suche aufgefunden wurden, ein Nutzer angesehen hat. Wir werden auf diese umfassende Sammlung von Daten über individuelle Nutzer ausführlich in den Abschn. 5.3.2 und 5.6 zurückkommen.

Eine *Session* ist eine Abfolge von Suchanfragen und Dokumentsichtungen, die von einem bestimmten Nutzer innerhalb einer bestimmten Zeitspanne zu einem bestimmten Thema ausgeführt wurden. Befindet sich der Nutzer nun innerhalb einer Session (d. h. er hat bereits mindestens eine Suchanfrage vor der aktuellen Suchanfrage eingegeben), so lassen sich aus den bereits eingegebenen Suchanfragen Rückschlüsse auf die aktuellen Interessen des Nutzers ziehen. Sucht ein Nutzer beispielsweise nach „Jaguar" und hat in der aktuellen Session bereits einige Suchanfragen eingegeben, die sich eindeutig auf Tiere beziehen, so ist es für die Suchmaschinen nicht sinnvoll, dem Nutzer Dokumente zu der gleichnamigen Automarke anzubieten. Der Vorteil der Erfassung der Suchdaten *allein auf Sessionebene* liegt darin, dass, sofern die Session mehrere Suchanfragen umfasst, Rückschlüsse auf die Interessen des Nutzers gezogen werden können, ohne dass allzu viele Daten gespeichert werden müssen. Außerdem müssen die Daten, die gespeichert werden, nur für eine kurze Zeit (eben für die Dauer der Session) aufbewahrt werden.

Zusätzlich zu den Suchanfragen selbst können auch die Klicks in den Trefferlisten ausgewertet werden. Diese geben Aufschluss darüber, welches Suchergebnis von einem Nutzer bevorzugt wurde und es kann gemessen werden, wie lange der Nutzer auf diesem Suchergebnis verweilte. Ist die Verweildauer nur sehr kurz und der Nutzer kehrt auf die Suchergebnisseite zurück, so kann daraus geschlossen werden, dass das angeklickte Dokument für diesen Nutzer nicht relevant war. Ist die Verweildauer dagegen der Dokumentlänge angemessen, kann davon ausgegangen werden, dass der Nutzer das Dokument interessant fand und gelesen hat.

Betrachtet man nun die Pfade anderer Nutzer, die bei derselben Suchanfrage gelandet sind, um die es aktuell geht, so kann man aus diesen Pfaden Rückschlüsse auf das Interesse der Nutzer, die die Suchanfrage eingeben haben, ziehen. Man kann daraus Wahrscheinlichkeiten ableiten, mit denen der aktuelle Nutzer sich für bestimmte Inhalte/Dokumente interessiert; entsprechend kann die Suchanfrage angereichert werden.

Im rechten Teil der Abbildung sind die Aktivitäten dargestellt, die *nach* der Eingabe einer Suchanfrage anfallen können. Hier können wir nur die Aktivitäten auswerten, die *andere Nutzer* nach der Eingabe der betreffenden Suchanfrage ausgeführt haben, da wir schließlich ja noch nicht wissen können, was der aktuelle Nutzer als nächstes tun wird. Allerdings können wir Voraussagen darüber treffen, wenn wir die Klicks anderer Nutzer und die Verweildauer auf den Dokumenten kennen. Wir können dann die typischen Verläufe einer Suche ermitteln und dem aktuellen Nutzer entsprechende Ergebnisse und/oder Hilfestellungen anbieten.

Alles in allem ist die Anfrageinterpretation also eine komplexe Sache. Es geht schließlich darum, die Anfrage zu verstehen. Man spricht in diesem Zusammenhang auch von *Semantik* (Lehre von der Bedeutung der Zeichen). Wenn man allerdings von dem Semantic Web oder der Semantischen Suche spricht, meint man meist das Verstehen der Dokumente und nicht der Suchanfragen. Um jedoch optimale Ergebnisse liefern zu können, muss eine Suchmaschine beides verstehen. Ohne eine Interpretation der Suchanfragen geht es

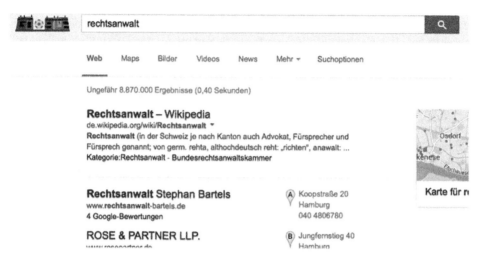

Abb. 3.16 Implizite Anfrageinterpretation (Beispiel Google; Ausschnitt)

also nicht; hier stellt sich weniger die Frage nach dem „ob", sondern die Frage nach dem „wie": Zum einen geht es dabei darum, wie viele Daten eigentlich über den Nutzer gespeichert werden müssen; zum anderen aber auch um die Frage, inwieweit den Nutzern bewusst gemacht wird, dass eine Anfrageinterpretation stattfindet und wie die Suchanfrage interpretiert wurde.

Man unterscheidet hier zwischen der impliziten und der expliziten Anfrageinterpretation.

Google interpretiert unsere Suchanfragen, ohne dass wir darüber aufgeklärt werden; man spricht hier von einer impliziten Anfrageinterpretation. Abbildung 3.16 zeigt einen Ausschnitt einer Suchergebnisseite für die Suchanfrage „Rechtsanwalt". Aufgrund des Standorts des Nutzers reichert Google hier die Suchanfrage an und gibt einen Block mit lokalen Suchergebnissen aus, die zum Standort des Nutzers passen.

Die Anfrageinterpretation bei der „Faktensuchmaschine" Wolfram Alpha (ausführlich dazu in Abschn. 13.5) dagegen zeigt uns explizit an, wie eine Suchanfrage interpretiert wurde. Abbildung 3.17 zeigt die Interpretation der Suchanfrage London. Es wurde (auf-

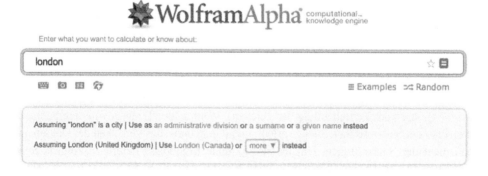

Abb. 3.17 Explizite Anfrageinterpretation (Beispiel Wolfram Alpha)

grund der Popularität) angenommen, dass die Stadt London gemeint ist (im Gegensatz zum administrativen Bezirk oder dem Namen), und dass es sich um London in Großbritannien handelt (im Gegensatz etwa zu der Stadt London in Kanada).

Die Beispiele zeigen schon, dass eine Anfrageinterpretation immer nur eine von vielen möglichen Interpretationen darstellt. Dies deutet schon auf ein Thema hin, das uns in späteren Kapiteln noch ausführlich beschäftigen wird: Es gibt zu den meisten Suchanfragen keine richtige und keine falsche Ergebnismenge. Sowohl das Ranking der Ergebnisse als auch die Verarbeitung der Suchanfragen beruhen auf Annahmen, die von Menschen getroffen wurden. Man könnte Suchmaschinen auch auf ganz anderen Annahmen als denen von Google oder Bing aufbauen und könnte trotzdem relevante Ergebnisse erreichen.

3.6   Zusammenfassung

Bei Suchmaschinen handelt es sich um Computersysteme, die verteilte Inhalte aus dem World Wide Web mittels Crawling erfassen und über eine Benutzerschnittstelle durchsuchbar machen. Die Ergebnisse werden in einer nach systemseitig angenommener Relevanz geordneten Darstellung aufgeführt.

Die Aufgabe einer Suchmaschine ist die Vermittlung zwischen Nutzern und den Inhalten des World Wide Web. Um Suchanfragen überhaupt effizient mit den Daten abgleichen zu können, erstellen Suchmaschinen eine Kopie des Web (die Datenbasis), die durch den Indexer so aufbereitet wird, dass sie effizient durchsuchbar wird.

Die Inhalte des Web werden durch die Suchmaschinen vor allem mittels Crawling erfasst. Dabei werden in bereits bekannten Dokumenten Links verfolgt und so neue Dokumente aufgespürt. Daneben werden teils Datenbestände in strukturierter Form mittels sog. Feeds in die Datenbestände eingespielt.

Probleme beim Crawling ergeben sich aus der Größe, der Struktur und der beständigen Veränderung des Web. Zunächst einmal ist die Größe des Web ungewiss; ebenso der Anteil, der tatsächlich von Suchmaschinen erfasst wird. Die dem Web inhärente Struktur sorgt für eine ungleichmäßige Erfassung der, was unter anderem dazu führt, dass die Inhalte aus unterschiedlichen Ländern von den Suchmaschinen ungleichmäßig erfasst werden. Aus der beständigen Aktualisierung und Veränderung der Inhalte ergibt sich die Schwierigkeit, die Datenbestände der Suchmaschinen stets aktuell zu halten. Da Suchmaschinen nicht in der Lage sind, ihre Kopie des Web stets vollständig und aktuell zu halten, steuern sie das Crawling aufgrund der Popularität und Aktualisierungsfrequenz der bereits bekannten Dokumente.

Websitebetreiber können die Crawler der Suchmaschinen teilweise steuern oder ihre Inhalte ganz von der Indexierung ausschließen. Ein Ausschluss bestimmter Inhalte erfolgt auch durch die Suchmaschinenbetreiber selbst; es werden vor allem Spam-Inhalte ausgeschlossen, aber auch Dokumente, die aufgrund gesetzlicher Bestimmungen in bestimmten Ländern verboten sind, unter Bestimmungen des Jugendschutzes fallen oder als urheberrechtsverletzend gemeldet wurden.

Neben dem Web-Index betreiben die gängigen Suchmaschinen auch spezielle Kollektionen (beispielsweise für Nachrichten und Videos), die teils von speziellen Crawlern aufgebaut werden.

Die Indexierung der Dokumente in Suchmaschinen erfolgt durch invertierte Indices. Dabei werden die Dokumente in Wörter zerlegt und von den Wörtern auf die Dokumente verwiesen. Dabei können u. a. Worthäufigkeiten, Wortpositionen und Informationen, die in bestimmten Feldern des Dokuments stehen, berücksichtigt werden.

Bei der Erfassung von nicht-textuellen Informationen (z. B. Bildern) verwenden Suchmaschinen neben in den Bildern selbst enthaltenen Informationen auch Metadaten und Umgebungstexte.

Für alle Arten von Inhalten erstellen Suchmaschinen komplexe Dokumentrepräsentationen, die weit über die Erschließung der Dokumentinhalte selbst hinausgehen. Verwendet werden u. a. Ankertexte aus verweisenden Dokumenten und Metadaten aus unterschiedlichen Quellen.

Weiterführende Literatur

Eine gute englischsprachige Einführung in die Technologie hinter den Suchmaschinen bietet Levene (2010). Hilfreich sind auch allgemeine Lehrbücher zum Information Retrieval: Im deutschsprachigen Bereich dürfte das Buch von Stock (2007) die am leichtesten verständliche Einführung darstellen; im englischsprachigen Bereich sind Manning et al. (2009) und wegen des besonderen Fokus auf die Websuche Croft et al. (2010) zu empfehlen. Ein sehr ausführliches Werk zu allen Aspekten des Information Retrieval ist Baeza-Yates und Ribeiro-Neto (2011), welches sich auch gut als Nachschlagewerk eignet.

Literatur

Alpert, J., & Hajaj, N. (2008). We knew the web was big… *Google Official Blog*. http://googleblog.blogspot.de/2008/07/we-knew-web-was-big.html. Zugegriffen: 23. Sept. 2014

Baeza-Yates, R., & Ribeiro-Neto, B. (2011). *Modern information retrieval: The concepts and technology behind search*. Harlow: Addison Wesley.

Bharat, K., & Broder, A. (1998). A technique for measuring the relative size and overlap of public Web search engines. *Computer Networks and ISDN Systems, 30*(1–7), 379–388.

Broder, A., Kumar, R., Maghoul, F., Raghavan, P., Rajagopalan, S., Stata, R., & Wiener, J. (2000). Graph structure in the web. *Computer Networks, 33*(1–6), 309–320.

Croft, W. B., Metzler, D., & Strohman, T. (2010). *Search engines: Information retrieval in practice*. Boston: Pearson.

Fuhr, N. (2013). Modelle im Information Retrieval. In R. Kuhlen, W. Semar, & D. Strauch (Hrsg.), *Grundlagen der praktischen Information und Dokumentation, 6. Ausgabe* (S. 322–335). Berlin: De Gruyter Saur.

Google Inc. (2014). Alles über Google News. http://news.google.de/intl/de_de/about_google_news.html. Zugegriffen: 23. Sept. 2014

Gulli, A., & Signorini, A. (2005). The indexable web is more than 11.5 billion pages. In E. Allan & H. Tatsuya (Hrsg.), *Proceedings of the 14th international conference on World Wide Web, Chiba, Japan, May 10–14, 2005* (S. 902–903). New York: ACM.

Jörgensen, C. (2003). *Image retrieval: Theory and research*. Lanham: Scarecrow Press.

Knorz, G. (2004). Informationsaufbereitung II: Indexieren. In R. Kuhlen, T. Seeger, & D. Strauch (Hrsg.), *Grundlagen der praktischen Information und Dokumentation* (S. 179–188). München: K.G. Saur.

Lawrence, S., & Giles, C. L. (1999). Accessibility of information on the web. *Nature, 400*(8):107–109.

Lepsky, K. (2013). Automatische Indexierung. In R. Kuhlen, W. Semar, & D. Strauch (Hrsg.), *Grundlagen der praktischen Information und Dokumentation, 6. Ausgabe* (S. 272–285). Berlin: De Gruyter Saur.

Levene, M. (2010). *An Introduction to Search Engines and Web Navigation* (2. Aufl.). Hoboken: Wiley.

Lewandowski, D. (2009a). *Handbuch Internet-Suchmaschinen: Nutzerorientierung in Wissenschaft und Praxis*. Heidelberg: Akademische Verlagsgesellschaft AKA.

Lewandowski, D. (2009b). Spezialsuchmaschinen. In D. Lewandowski (Hrsg.), *Handbuch Internet-Suchmaschinen: Nutzerorientierung in Wissenschaft und Praxis* (S. 53–69). Heidelberg: Akademische Verlagsgesellschaft AKA.

Lewandowski, D. (2011). Query Understanding. In D. Lewandowski (Hrsg.), *Handbuch Internet-Suchmaschinen 2: Neue Entwicklungen in der Web-Suche* (S. 55–75). Heidelberg: Akademische Verlagsgesellschaft AKA.

Lewandowski, D. (2013). Suchmaschinen. In R. Kuhlen, W. Semar, & D. Strauch (Hrsg.), *Grundlagen der praktischen Information und Dokumentation. 6. Ausgabe* (S. 495–508). Berlin: De Gruyter Saur.

Manning, C. D., Raghavan, P., & Schütze, H. (2008). *Introduction to information retrieval*. Cambridge: Cambridge University Press.

Ntoulas, A., Cho, J., & Olston, C. (2004). What's new on the web? The evolution of the web from a search engine perspective. In S. I. Feldman, M. Uretsky, M. Najork, & C. E. Wills (Hrsg.), *Proceedings of the 13th international conference on World Wide Web, New York, NY, USA, May 17–20, 2004* (S. 1–12). New York: ACM.

Risvik, K. M., & Michelsen, R. (2002). Search engines and web dynamics. *Computer Networks, 39*(3), 289–302.

Stock, W. G. (2007). *Information Retrieval: Informationen suchen und finden*. München: Oldenbourg.

Sullivan, D. (2005). Search Engine Sizes. *Search Engine Watch*. http://searchenginewatch.com/showPage.html?page=2156481. Zugegriffen: 23. Sept. 2014

Vaidhyanathan, S. (2011). *The Googlization of Everything (and why we should worry)*. Berkeley: University of California Press.

Vaughan, L., & Thelwall, M. (2004). Search engine coverage bias: evidence and possible causes. *Information Processing & Management, 40*, 693–707.

Vaughan, L., & Zhang, Y. (2007). Equal representation by search engines? A comparison of websites across countries and domains. *Journal of Computer-Mediated Communication, 12*, 888–909.

Zhang, M. & Alhaji, R. (2010). Skyline queries with constraints: Integrating skyline and traditional query operators. *Data & Knowledge Engineering, 69*(1), 153–168.

Wie Suchmaschinen genutzt werden

4

Nachdem wir im vorangegangenen Kapitel den technischen Aufbau von Suchmaschinen behandelt haben, wenden wir uns nun der Nutzerseite zu und schauen uns an, was und wie in Suchmaschinen gesucht wird. Die Kenntnis des Nutzerverhaltens hilft uns nicht nur, tatsächliche Suchmaschinennutzer zu verstehen, sondern auch, Kernpunkte dieses Verhaltens auf andere Informationssysteme zu übertragen und ggf. bei der Erstellung unserer eigenen Systeme zu berücksichtigen. Auf der einen Seite haben Suchmaschinen das Verhalten ihrer Nutzer geprägt durch die Suchfunktionen, die sie anbieten und die Art der Ergebnispräsentation (s. Kap. 6). Auf der anderen Seite prägen wir als Nutzer aber auch den Aufbau von Suchmaschinen, die sich unserem Verhalten anpassen.

Um den gegenwärtigen Aufbau der Benutzerschnittstellen der Suchmaschinen zu verstehen, und auch, warum es alternative Suchmaschinen oder Suchansätze oft schwer haben, muss man verstehen, wie sich die Nutzer, die mittlerweile über viele Jahre hinweg an eine bestimmte „Such-Art" gewöhnt sind, verhalten. Dabei ist das Ziel dieses Kapiteln nicht, in die allgemeinen Theorien des Informationsverhaltens einzuführen, die sich auch auf die Suche mittels Suchmaschinen anwenden lassen. Einführungen bzw. Überblicke dazu finden sich u. a. bei Case (2012) und Fisher et al. (2005); eine Übertragung auf den Kontext der Websuche bei Burghardt et al. (2013).

4.1 Der Suchprozess

Der Ablauf einer Suche in einer Suchmaschine lässt sich als einfacher Prozess darstellen (Abb. 4.1). Dieser beginnt mit der Auswahl einer Suchmaschine. Dort erfolgt die Eingabe der Suchanfrage. Schon während der Eingabe der Suchanfrage bieten Suchmaschinen meist Vorschläge zur Formulierung der Suchanfrage an (Abb. 4.2; s. a. Lewandowski und Quirmbach 2013), welche vom Nutzer optional ausgewählt werden können. Im nächsten

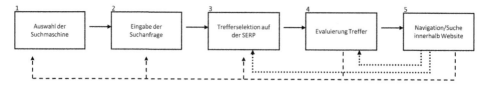

Abb. 4.1 Der Suchprozess in der Websuche. (Lewandowski 2012, S. 104)

Abb. 4.2 Suchvorschläge
während der Eingabe (Beispiel
Google)

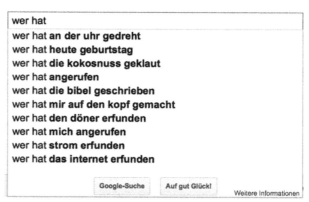

Schritt erfolgt die Sichtung der Suchergebnisseite und die Auswahl eines Treffers. Wenn
der Nutzer dann zu einem Ergebnisdokument gelangt ist, überprüft er dieses auf seine
Eignung für sein Informationsbedürfnis. An dieser Stelle kann der Suchprozess schon abgeschlossen sein; optional navigiert der Nutzer innerhalb der Struktur der Website, auf der
das von der Suchmaschine vorgeschlagene Dokument liegt oder nutzt die websiteinterne
Suchfunktion.

Die unterbrochenen Pfeile in Abb. 4.1 verdeutlichen, dass ein Nutzer innerhalb des
Suchprozesses immer wieder zu einem der vorigen Schritte zurückspringen kann. Insbesondere zwischen Trefferdokumenten und den Suchergebnisseiten wird häufig hin- und
hergesprungen, wenn ein Nutzer mehrere Dokumente ansieht, bis sein Informationsbedürfnis schließlich erfüllt ist.

Man kann den Suchprozess auch als eine Reihe von Entscheidungen, die ein Nutzer
treffen muss, betrachten. Zuerst muss sich ein Nutzer für eine Suchmaschine entscheiden,
dann muss er entscheiden, wie er sein Informationsbedürfnis in eine Suchanfrage umset-
zen möchten. Es folgt die Entscheidung für einen Treffer auf der Suchergebnisseite, dann
die Entscheidung, ob es sich lohnt, sich näher mit dem Trefferdokument zu beschäftigen,
ob es sich lohnt, auf der Website weiter zu navigieren oder dort zu suchen. Schließlich

muss der Nutzer entscheiden, ob er weitere Dokumente auf der Suchergebnisseite auswählen möchte, seine Suchanfrage verändern oder durch eine neue Suchanfrage ersetzen
möchten.

Wir sehen, dass hinter der vermeintlich einfachen Suche in einer Suchmaschine eine
Reihe von Entscheidungen stehen, die jeweils auch durch die Suchmaschine beeinflusst
werden können. Ein einfaches Beispiel dafür ist die Reihung der Ergebnisse: Es ist viel
wahrscheinlicher, dass ein Nutzer das erste Ergebnis in einer Trefferliste auswählt als
eines auf einem später folgenden Rang. Man kann die Reihung der Treffer als einen Vorschlag der Suchmaschine betrachten, dem wir folgen können oder auch nicht. In Kap. 15
werden wir die Beeinflussung der Nutzer durch Suchmaschinen ausführlich diskutieren;
in diesem Kapitel werden wir das Nutzerverhalten erst einmal beschreiben, ohne weiter
auf das komplexe Verhältnis zwischen den Interessen der Suchmaschinenbetreiber, der
Inhalteanbieter und den Nutzern einzugehen. Die komplexen Trefferdarstellungen auf den
Suchergebnisseiten und das damit verbundene Auswahlverhalten werden dann in einem
eigenen Kapitel behandelt (Kap. 6). Im Folgenden soll es vor allem um den ersten Teil des
Suchprozesses gehen, nämlich um die Eingabe von Suchanfragen.

Die während der Eingabe einer Suchanfrage angezeigten Suchvorschläge basieren vor
allem auf Suchanfragen, die in der Vergangenheit von anderen Nutzern eingegeben wurden. Wenn man diese Anfragen sammelt und nach ihrer Popularität ordnet, kann man gut
wahrscheinliche Eingaben eines Nutzers voraussehen (unter der Annahme, dass der Nutzer mit einer gewissen Wahrscheinlichkeit etwas sucht, das in der Vergangenheit bereits
häufig gesucht wurde). Allerdings können sich Informationsbedürfnisse und damit auch
Suchanfragen schnell verändern, sodass es nicht sinnvoll ist, die Anfragen aus der Vergangenheit allein nach ihrer Popularität zu reihen, sondern der Zeitraum der Suchanfragen,
die überhaupt in die Auswertung eingehen, muss beschränkt werden. Man kann dabei
davon ausgehen, dass der Zeitraum je nachdem, wie häufig eine Suchanfrage gestellt wird,
kleiner oder größer gewählt werden kann bzw. muss.

Allerdings handelt es sich bei der Ausgabe von Suchvorschlägen während der Eingabe
nicht um ein vollständig automatisches Verfahren, das rein auf den von den Nutzern tatsächlich eingegebenen Suchanfragen beruht, auch wenn dies von den Suchmaschinenbetreibern immer wieder so dargestellt wird. Für manche Suchbegriffe werden schlicht keine
Suchvorschläge angezeigt (bei Google zum Beispiel zu dem Suchwort Mädchen), um
zu verhindern, dass schon die Suchvorschläge auf anstößige oder anderweitig von dem
Suchmaschinenbetreiber als unerwünscht angesehene Inhalte hindeuten (vgl. Lewandowski und Quirmbach 2013).

4.2   Erfassung von Nutzungsdaten

In diesem Kapitel wird das Verhalten der Suchmaschinennutzer beschrieben. Doch zunächst einmal ist die Frage zu klären, wie man überhaupt Informationen über dieses Verhalten gewinnen kann. Im Wesentlichen kann zwischen drei Methoden unterschieden werden: Befragungen, Laborstudien und Logfileanalysen.

In Befragungen werden Nutzer mittels Fragebögen o.ä. zu ihrem Verhalten befragt. Dabei können neben den eigentlichen Fragen zum Verhalten auch soziodemographische Merkmale (wie Alter und Geschlecht) erfasst werden, was eine detaillierte Auswertung ermöglicht. Der Nachteil der Erfassung von *Verhalten* über Befragungen liegt allerdings darin, dass man sich darauf verlassen muss, dass das, was Nutzer sagen (bzw. in einen Fragebogen eintragen) auch tatsächlich dem entspricht, was sie tun. Verfälschungen kann es beispielsweise geben, wenn Nutzer sich nicht explizit an bestimmte Verhaltensweisen erinnern bzw. diese nicht ausreichend reflektieren können, oder wenn Nutzer bestimmte Verhaltensweisen nicht preisgeben möchten. So wird es beispielsweise kaum möglich sein, valide Daten zu der Frage zu erhalten, ob und ggf. wie häufig Nutzer im Internet nach Pornografie suchen.

In Laborstudien werden Nutzer in ein Labor eingeladen und dort beobachtet sowie ergänzend befragt. Der Vorteil dieser Methode liegt darin, dass man Nutzer bei tatsächlichem Verhalten beobachten kann und auch komplexe Verhaltensweisen und solche, die man noch gar nicht vorhergesehen hat, beobachtet werden können. Durch eine ergänzende Abfrage soziodemographischer Merkmale können wieder Gruppen gebildet werden, sodass eine detaillierte Auswertung möglich wird. Ein gravierender Nachteil der Methode liegt allerdings zum einen in der Beschränkung auf eine relativ geringe Zahl von Teilnehmern wegen des hohen Aufwands der Rekrutierung der Probanden und für die Durchführung der Untersuchungen. Ein zweiter wesentlicher Nachteil ist, dass in der Laborsituation zwar Verhalten beobachtet werden kann, dieses jedoch nicht unbedingt mit dem tatsächlichen Verhalten der Probanden in echten Suchsituationen übereinstimmen muss.

In Logfileuntersuchungen werden tatsächlich von Nutzern ausgeführte Suchanfragen betrachtet, wobei auf die automatisch erstellten Protokolle aller Interaktionen zwischen Suchenden und Suchmaschine, die von den Suchmaschinen angefertigt werden, genutzt werden. Die zwei großen Vorteile dieser Erhebungsmethode sind die Beobachtung des Nutzerverhaltens, ohne dass sich die Nutzer dieser Beobachtung bewusst sind (es handelt sich also um ein *nicht reaktives Verfahren*) und die durch die automatische Erfassung vorhandene Möglichkeit, *sämtliche* Interaktionen in einem bestimmten Zeitraum zu erfassen. Dadurch können sehr umfangreiche Datensätze verwendet werden. Der Nachteil dieser Methode liegt allerdings zum einen darin, dass man keine weiteren Daten über die Nutzer kennt, da diese ja keine Daten explizit angeben. Zum anderen benötigt man, um Logfileuntersuchungen durchführen zu können, Zugriff auf die Daten einer bestimmten Suchmaschine. Während Suchmaschinenbetreiber früher teils Datensätze für Forschungszwecke bereitgestellt haben, ist dies heute kaum noch der Fall, sodass solche Studien inzwischen entweder direkt von den Suchmaschinenanbietern durchgeführt werden (dann werden sie oft allerdings nicht veröffentlicht) oder zumindest in Kooperation mit diesen. In Logfilestudien können auch immer nur die Daten der aktuell untersuchten Suchmaschine abgefragt werden; ein Vergleich des Verhaltens in unterschiedlichen Suchmaschinen ist nicht direkt möglich.

Eine genauere Erläuterung der Methoden zur Erhebung des Nutzerverhaltens in der Websuche findet sich bei Höchstötter (2007). An dieser Stelle soll genügen, dass die ein-

zelnen Methoden ihre Vor- und Nachteile haben und wir daher auf Ergebnisse aus Studien
mit unterschiedlicher Methodik angewiesen sind. So werden in den folgenden Abschnitten
die Ergebnisse nach einzelnen Aspekten des Nutzerverhaltens, unabhängig von den verwendeten Methoden, zusammengefasst.

4.3 Anfragetypen

Eine der grundlegenden Unterscheidungen, anhand derer man die Suche der Nutzer mittels
Suchmaschinen verstehen kann, ist die Unterscheidung nach Anfragetypen. Wir schauen
hier nicht auf das Thema einer Suchanfrage, sondern auf ihr Ziel. Was also erwartet ein
Nutzer bzw. will er erreichen, wenn er eine Suchanfrage eingibt?

Eine erste Unterscheidung ist die zwischen einem konkreten und einem problemorien-
tierten Informationsbedarf (Frants et al. 1997, S. 38). Betrachten wir zwei beispielhafte
Fragen:

1. Wie viele Einwohner hat Hamburg?
2. Welchen Einfluss hat der Schriftsteller Kyril Bonfiglioli auf die englische Literatur
   gehabt?

Schon auf den ersten Blick wird ein fundamentaler Unterschied sichtbar: Im ersten Fall
erwarten wir eine konkrete Zahl; dabei gibt es eine einzige richtige Lösung. Es handelt
sich hier also um einen konkreten Informationsbedarf.

Der zweite Fall ist anders gelagert: Hier gibt es nicht die eine richtige Lösung, sondern
eine Vielzahl von Bausteinen, die uns zu einer Lösung führen. Und diese Lösung kann je
nach Informationslage, Interesse, Interpretation und Betrachtungsweise ganz unterschiedlich ausfallen.

Während die Recherche beim konkreten Informationsbedarf ein klar definiertes Ende
hat (nämlich dann, wenn der gesuchte Fakt gefunden wurde), wissen wir beim problem-
orientieren Informationsbedarf eigentlich nie, wann wir fertig sind. Wir können uns zu
unserer Beispielfrage ein Dokument ansehen, das uns einen ersten groben Überblick zum
Thema liefert. Wir können uns aber auch entscheiden, einige weitere Dokumente anzusehen, um noch mehr Aspekte zum Thema zu finden und stärker in die Tiefe zu gehen.
Das lässt sich nahezu beliebig fortsetzen – ob wir die Frage mit einem Satz oder mit dem
Verfassen einer Doktorarbeit beantworten wollen, bleibt uns überlassen (Tab. 4.1).

Der beschriebene Unterschied zwischen konkretem und problemorientiertem Informationsbedarf hat zunächst einmal nichts mit der Suche im Web zu tun, sondern beschreibt
allgemein unterschiedliche Arten von Informationsbedürfnissen. Allerdings lässt sich der
Ansatz auf die Suche im Web übertragen; dort wird er allerdings entsprechend den Umständen angepasst.

Tab. 4.1 Unterscheidung zwischen konkretem und problemorientiertem Informationsbedarf (angepasst nach Frants et al. 1997, S. 38, deutsch aus Stock 2007, S. 51 f.)

Konkreter Informationsbedarf	Problemorientierter Informationsbedarf
Thematische Grenzen sind klar abgesteckt	Thematische Grenzen sind *nicht* exakt bestimmbar
Die Suchanfrageformulierung ist durch exakte Terme ausdrückbar	Die Suchanfrageformulierung lässt mehrere terminologische Varianten zu
Eine Fakteninformation reicht i.d. R. aus, um den Bedarf zu decken	In der Regel müssen diverse Dokumente gesichtet werden. Ob der Informationsbedarf abschließend gedeckt ist, bleibt offen
Mit der Übermittlung der Fakteninformation ist das Informationsproblem erledigt	Mit der Übermittlung der Information wird ggf. das Informationsbedürfnis modifiziert oder ein neuer Bedarf geweckt

Von Andrei Broder (2002) stammt die maßgebliche Unterscheidung nach informationsorientierten (*informational*), navigationsorientierten (*navigational*) und transaktionsorientierten (*transactional*) Suchanfragen.

Mit navigationsorientierten Anfragen soll eine Seite (wieder)gefunden werden, die dem Benutzer bereits bekannt ist oder von der er annimmt, dass sie existiert. Beispiele sind die Suche nach Homepages von Unternehmen (Microsoft) oder nach Personen (Heidi Klum). Solche Anfragen haben in der Regel *ein* richtiges Ergebnis. Das Informationsbedürfnis ist befriedigt, sobald die gewünschte Seite gefunden wird. Navigationsorientierte Suchanfragen decken damit einen konkreten Informationsbedarf ab, allerdings mit der Besonderheit, dass der Nutzer ein bestimmtes Ziel ansteuern möchte.

Bei informationsorientierten Anfragen ist das Informationsbedürfnis meist nicht durch ein einziges Dokument zu befriedigen. Der Nutzer möchte sich stattdessen über ein Thema informieren und liest deshalb mehrere Dokumente. Informationsorientierte Anfragen zielen auf jeden Fall auf statische Dokumente. Nach dem Aufruf des Dokuments ist also keine weitere Interaktion auf der Website nötig, um an die gewünschten Informationen zu gelangen. Hinter informationsorientierten Suchanfragen steht ein problemorientierter Informationsbedarf. Allerdings sollte man berücksichtigen, dass Suchmaschinen nicht in allen Fällen Fragen nach Fakteninformationen mit einer konkreten Antwort beantworten, sondern auch für diese oft eine Liste von Dokumenten ausgeben, aus denen man sich dann die konkrete Antwort heraussuchen muss.

In den Fällen, in denen es sich tatsächlich um eine problemorientierte Suche handelt, kann die gewünschte Ergebnismenge von nur einem Dokument hin zu einer Vielzahl von Dokumenten reichen.

Mit transaktionsorientierten Anfragen schließlich wird eine *Website* gesucht, auf der anschließend eine Transaktion stattfindet, etwa der Kauf eines Produkts, der Download einer Datei oder die Recherche in einer Datenbank. Es wird also nach einer Quelle recherchiert, mit der dann interagiert wird. Dabei kann man wiederum unterscheiden, ob nach einer *bestimmten* Quelle gesucht wird (Hamburger Sparkasse Online-Banking; es gibt nur eine Website, auf der man als Kunde der Hamburger Sparkasse Online-Banking

Tab. 4.2 Anfrageintentionen in der Websuche. (Modell von Broder 2002; die Leitfragen stammen aus Thurow und Musica 2009)

Anfragetyp	Leitfrage	Beispiele
Navigationsorientiert	Wohin kann ich gehen?	Ebay – Nutzer möchte zur Homepage von Ebay navigieren
		Pierce Brosnan – Nutzer möchte auf die Homepage des Schauspielers gelangen
Informationsorientiert	Was kann ich lernen?	Goethe Faust – Nutzer möchte Informationen über das Drama von Goethe
		Pierce Brosnan – Nutzer möchte sich über den Schauspieler informieren, beispielsweise in welchen Filmen er mitgespielt hat und wie diese von den Kritikern bewertet wurden
Transaktionsorientiert	Was kann ich tun?	Bubble Shooter spielen – Nutzer möchte auf eine Website gelangen, auf der er das Spiel spielen kann (mehrere Websites bieten das gewünschte Ergebnis)
		Hamburger Sparkasse Online-Banking – Nutzer möchte auf die Website der Hamburger Sparkasse gelangen, wo er Online-Banking betreiben möchte (nur eine Website bietet das gewünschte Ergebnis)

betreiben kann) oder nach einer bestimmten Art von Transaktion, ohne dass dabei die konkrete Website eine Rolle spielen würde (Homeland Staffel 2 DVD kaufen; die DVD ist auf vielen verschiedenen Websites erhältlich).

Tabelle 4.2 zeigt noch einmal die drei Anfragetypen nach Broder mit ihren Leitfragen und einigen Beispielen.

Aus der Tabelle wird schon ersichtlich, dass sich aus den Suchanfragen alleine oft nicht herauslesen lässt, was ein Nutzer damit erreichen will. So kann die Suchanfrage Pierce Brosnan sowohl navigationsorientiert als auch informationsorientiert sein; ein Nutzer kann auf die Homepage des Schauspielers gelangen wollen, er kann aber auch das Bedürfnis haben, sich ausführlich in einer Vielzahl von Dokumenten über den Schauspieler zu informieren.

Auch aus diesem Grund ist es schwierig, eine Aussage darüber zu treffen, welchen Anteil nun die einzelnen Anfragetypen am Gesamt der Suchanfragen ausmachen. Ein Problem ist auch, dass Studien, die sich mit diesem Thema beschäftigen, nicht auf einer gemeinsamen Datenbasis beruhen und sich hinsichtlich verwendeter Suchmaschine, Zeitraum und Klassifikationsmethode unterscheiden (vgl. Lewandowski et al. 2012, S. 1775 f.). Allerdings sind sich die Studien einig, dass alle drei Anfragetypen einen nennenswerten Anteil der Anfragen ausmachen. In Tab. 4.3 sind – zugegebenermaßen recht grob – die ungefähren Anteile der Anfragetypen angegeben.

Tab. 4.3 Anteil der Suchanfragen nach Anfragetyp (aus
Lewandowski 2014b, S. 48)

Anfragetyp	Spanne (eindeutig bewertbar; nicht eindeutig bewertbar) (%)
Navigationsorientiert	27–42
Informationsorientiert	11–39
Transaktionsorientiert	22

Insbesondere der hohe Anteil der navigationsorientierten und der einfachen informationsorientierten Anfragen legt die Vermutung nahe, dass sich die Zufriedenheit der Nutzer mit den Suchmaschinen zu einem großen Teil durch die erfolgreiche Beantwortung
dieser Suchanfragen erklären lässt (Lewandowski 2014b).

Man kann sich nun natürlich berechtigt fragen, wie gut denn die Einteilung nach Broder ist, wenn sich viele Suchanfragen gar nicht eindeutig zuordnen lassen. Es sollte ja
gerade das Wesen eines Klassifikationssystems sein, dass sich alle Items eindeutig einer
Klasse zuordnen lassen.

In dieser Hinsicht ist die Einteilung nach Broder sicherlich nicht optimal. Einige Autoren haben versucht, die Einteilung entsprechend zu erweitern bzw. zu spezifizieren (u. a.
Calderon-Benavides et al. 2010; Kang und Kim 2003; Rose und Levinson 2004). Befriedigend gelungen ist dies jedoch nicht.

Dennoch: Das Bestechende an Broders Klassifikation liegt gerade in ihrer Einfachheit
und dem Verständnis der Websuche als einer Suche mit mehreren möglichen Intentionen.
Und nur Suchmaschinen, die mit diesen verschiedenen Intentionen umgehen können, können für uns Nutzer zufriedenstellende Ergebnisse ausgeben (s. a. Kap. 11).

4.4 Sessions

Bei einer Session handelt es sich um eine Abfolge von Suchanfragen und Dokumentsichtungen, die von einem bestimmten Nutzer innerhalb einer bestimmten Zeitspanne
zu einem bestimmten Thema ausgeführt wurden. Das Ende einer Session wird entweder
durch den Abschluss der Recherche, durch den Abbruch auf Nutzerseite oder durch den
Ablauf einer bestimmten Zeit definiert.

Eine Session ist damit etwas anderes als der oben dargestellte Suchprozess. Eine Session kann einen oder mehrere Suchprozesse beinhalten oder auch nur Teile davon. Gibt ein
Nutzer beispielsweise eine Suchanfrage ein, schaut sich die Suchergebnisseite an, bricht
dann aber seine Recherche ab, so wurde nur ein Teil eines Suchprozesses durchlaufen, es
handelt sich aber um eine vollständige Session.

Umgekehrt kann eine Session aus einer Vielzahl von Suchanfragen, die jeweils einen
Suchprozess mit der Sichtung mehrerer Dokumente auslösen, handeln. Dies ist der Fall
bei einer tiefergehenden Recherche, bei der immer neue oder modifizierte Suchanfragen
gestellt werden, bis ein Nutzer schließlich die Recherche abbricht, weil er meint, genug zu
seinem Thema gefunden zu haben.

Nimmt ein Nutzer eine bereits früher begonnene Recherche nach einiger Zeit wieder auf, so handelt es sich nicht mehr um dieselbe Session. Sessions zeichnen sich dadurch aus, dass es sich um einen ununterbrochenen (oder nur relativ kurz unterbrochenen) Recherchevorgang handelt.

Anfragetypen können bestimmte Session-Typen implizieren, aus einer Suchanfrage alleine kann man aber noch nicht ablesen, um was für eine Art von Session es sich handelt. Wir können Sessions allerdings nach ihrer Länge unterscheiden:

Die wohl kürzeste Form einer Session sind sog. *lookup searches*, bei denen eine Fakteninformation gesucht wird. Es handelt sich hier also um eine Anfrage, hinter der ein konkreter Informationsbedarf steht, der in der Regel schnell beantwortet ist. Weitere kurze Sessions werden durch Suchanfragen gebildet, die zwar einen problembasierten Informationsbedarf als Hintergrund haben, bei denen sich der Suchende aber nur einen schnellen Überblick zu einem Thema durch Informationen aus einem einzigen Dokument verschaffen will. Das typische Beispiel hier sind Suchen, die mit dem Überfliegen oder Lesen eines Wikipedia-Artikels beendet werden.

Ebenfalls kurze Sessions entstehen bei navigationsorientierten Suchen: Auch hier wird ja auf der Ergebnisseite nur schnell der passende Treffer ausgewählt und die Session damit beendet.

Typische Sessions, die mit informationsorientierten Suchanfragen beginnen, variieren in ihrer Länge erheblich und reichen von der Sichtung eines oder von ein paar Dokumenten hin zu langen Sessions, die die Eingabe mehrerer Suchanfragen und die Sichtung einer Vielzahl von Dokumenten umfassen. Die Sessionlängen reichen entsprechend von deutlich unter einer Minute bis hin zu mehreren Stunden.[1]

Ähnliches gilt für Sessions, die mit einer transaktionsorientierten Suchanfrage beginnen. Allerdings ist zumindest zu vermuten, dass die Spannbreite hier nicht ganz so groß ist.

Innerhalb von Sessions mischen sich aber auch häufig unterschiedliche Anfragetypen. So ist häufig zu beobachten, dass ein Nutzer zuerst informationsorientiert sucht, um sich einen Überblick zu einem Thema zu verschaffen, und dann navigationsorientierte und/ oder transaktionsorientierte Suchanfragen folgen.

Die Grenze der Betrachtung des Suchverhaltens auf Sessionbasis zeigt sich bei den sog. explorativen Suchen (*exploratory search*; White und Roth 2009). Hier ist das Informationsbedürfnis am Anfang oft noch unklar und innerhalb solcher Suchen findet häufig eine Kombination von Suche und Browsing statt. Solche Suchvorgänge können auch über mehrere Sessions reichen – die Arbeit wird immer wieder aufgenommen, oft über einen Zeitraum von mehreren Tagen oder Wochen hinweg. Ein typisches Beispiel dafür ist die Planung einer Urlaubsreise: Am Anfang möchte sich ein Nutzer vielleicht nur grundsätzlich über verschiedene Reiseziele informieren, die ihm interessant erscheinen. In den nächsten Schritten konkretisieren sich seine Pläne, und entsprechend verändern sich sei-

---

[1] Werden Sessions aus Logfiles identifiziert, wird in der Regel eine längere Inaktivität als Zeichen des Sessionendes herangezogen.

ne Suchanfragen hin zur konkreten Suche nach Hotels, Flügen und Sehenswürdigkeiten. Dabei werden immer wieder neue Sessions gestartet – es ist nicht anzunehmen, dass ein Nutzer, der das grobe Ziel hat, seinen Jahresurlaub zu planen, innerhalb nur einer Session alle relevanten Suchen durchführt und die Aufgabe abschließt.

4.5 Suchanfragen

Die kleinste Ebene innerhalb des Suchvorgangs ist die Eingabe einer Suchanfrage. Wenn wir Suchanfragen alleine betrachten, entfallen alle Kontextinformationen; wir wissen also nicht, wann ein Nutzer gesucht hat, was er davor oder danach getan hat und wie die Suchanfrage in einen Suchprozess eingebunden war. Allerdings können wir anhand der Suchanfragen viel lernen über die Art, wie Nutzer Suchanfragen formulieren und wie komplex diese Anfragen sind.

Bei der Charakterisierung von Suchanfragen vergessen wir oft, dass unser eigenes gewohntes Anfrageverhalten zwar trainiert ist und uns daher selbstverständlich erscheinen mag, es sich dabei aber bei weitem nicht um die einzige Möglichkeit handelt, wie man Suchanfragen eingeben kann. Es hat sich bei der Nutzung von Suchmaschinen etabliert, einfach sinntragende Wörter (Suchwörter bzw. *keywords*) aneinanderzureihen; man könnte aber beispielsweise auch Fragen stellen oder komplexe Suchargumente mit Hilfe von speziellen Befehlen formulieren.

4.5.1 Formulierung der Suchanfragen

Letztlich geht es bei der Formulierung von Suchanfragen darum, dass ein Nutzer sein (subjektives) Informationsbedürfnis in Worte fasst, damit diese von der Suchmaschine verarbeitet werden können, um schließlich ein Ergebnis auszugeben, welches das Informationsbedürfnis befriedigt. Wir werden im Kapitel zum Relevanzranking der Suchergebnisse auf dieses Thema zurückkommen; an dieser Stelle soll es erst einmal um das „Übersetzungsproblem" bei der Formulierung von Suchanfragen gehen.

In einer großangelegten Studie im Jahr 2003 haben Machill et al. (2003) das Verhalten der deutschen Suchmaschinennutzer untersucht. Ihre Erkenntnisse zur Formulierung der Suchanfragen bringen sie folgendermaßen auf den Punkt: „Die meisten Nutzer sind nicht willens, bei der Formulierung ihres Suchziels allzu viel kognitive und zeitliche Energie aufzuwenden" (Machill et al. 2003, S. 169).

Zunächst einmal mag es bedauerlich erscheinen, dass sich Nutzer bei der Formulierung von Suchanfragen anscheinend keine allzu große Mühe geben. Allerdings muss man sich auch fragen, ob bzw. in welchen Fällen sich die Mühe überhaupt lohnen würde. Wir haben bei der Diskussion der Anfragetypen gesehen, dass es eine Vielzahl von Suchanfragen gibt, die sich eindeutig beantworten lassen. In diesen Fällen kann eine Suchmaschine vor allem durch eine Auswertung von Klickdaten früherer Suchvorgänge erreichen, dass das eindeutig richtige Ergebnis zuvorderst gelistet wird. Aber auch bei Anfragen, die sich

Meinten Sie: dirk *lewandowski*

Dirk Lewandowsky - Deutschland | LinkedIn
de.linkedin.com/pub/**dirk-lewandowsky**/2/6a/987
Sehen Sie sich das Karriere-Profil von **Dirk Lewandowsky** (Deutschland) auf LinkedIn
an. LinkedIn ist das weltweit größte professionelle Netzwerk, das Fach- ...

Suchmaschinen-Buch: Inhaltsverzeichnis aus: Dr. **Dirk ...**
www.durchdenken.de/**lewandowski**/web-ir/ ▾

a

Ergebnisse für robert *lewandowski*
Stattdessen suchen nach: robert lewandowsky

News zu **robert lewandowski**

FC Bayern: **Robert Lewandowski** hat
Ladehemmung ...
tz online - vor 1 Tag
München - Der amtierende Torschützenkönig **Robert Lewandowski**
hat im Bayern-Trikot noch etwas Ladehemmung. Erste Kritik am

b

Abb. 4.3 Korrekturvorschlag (*oben*) und durchgeführte Korrektur (*unten*) auf der Suchergebnisseite (Beispiel Google)

nicht eindeutig beantworten lassen, lässt sich aus den Klickdaten oft genug herauslesen,
um zumindest (irgendwie) relevante Ergebnisse zu produzieren. Daraus ergibt sich für den
Nutzer die Frage, warum er viel Aufwand in die Formulierung einer Suchanfrage stecken
sollte, wenn er auch mit einfacheren Mitteln sein Ziel erreichen kann.

Ähnliches gilt für die Zeit, die für die Formulierung einer Suchanfrage aufgewendet
wird; hier stellt sich die Frage, warum man lange überlegen sollte, wenn man doch ohne
viel Aufwand und ohne Kosten einfach ausprobieren kann, was für Ergebnisse heraus-
kommen, wenn man eine Suchanfrage eingibt (und diese dann ggf. leicht modifizieren
oder durch eine andere Anfrage ersetzen kann).

Zur Sorgfalt bei der Formulierung der Suchanfragen gehört auch die Überprüfung auf
korrekte Rechtschreibung. Nutzer prüfen ihre Anfragen in der Regel vor dem Abschicken
nicht. Suchmaschinen haben schon seit langem darauf reagiert, indem sie Korrekturvor-
schläge auf den Suchergebnisseiten machen bzw. die Suchanfrage, sofern eine hohe statistische Wahrscheinlichkeit für eine Fehleingabe vorliegt, automatisch korrigieren mit
der Möglichkeit, durch einen Klick zu den Ergebnissen zu der ursprünglich gestellten
Suchanfrage zu gelangen. Abbildung 4.3 zeigt die beiden Formen der Eingabekorrektur.

Aus dem Beschriebenen ergibt sich also eine Verschiebung gegenüber „klassischen"
Systemen des Information Retrieval: Dort wurde davon ausgegangen, dass vor der Eingabe einer Suchanfrage ausgiebig und kompetent das Informationsbedürfnis eines Nutzers in
die Sprache des Systems übersetzt wird und damit optimale Suchergebnisse erzielt werden

können. Das Thema Ranking spielte damit keine besonders große Rolle, da angenommen wurde, dass schon durch die Formulierung der Suchanfrage die Ergebnismenge so weit eingegrenzt wird, dass eine intellektuelle Durchsicht möglich ist.

Die Aussage von Machill et al. hat bis heute Bestand. Man kann sehen, dass sich seit ihrer Studie (die immerhin vor mehr als zehn Jahren durchgeführt wurde) auf der Seite der Nutzer wenig geändert hat (vgl. etwa Stark et al. 2014), wohl aber auf der Seite der Suchmaschinen: Um einen besseren Abgleich zwischen den Informationsbedürfnissen der Nutzer und den von der Suchmaschine indexierten Dokumenten zu erreichen, werden vor allem Kontextinformationen des Nutzers abgefragt (beispielsweise sein aktueller Standort oder seine in der Vergangenheit gestellten Suchanfragen; s. Kap. 5). Diese Informationen werden in das Ranking der Suchergebnisse einbezogen, ebenso wie die gesammelten Verhaltensdaten (sowohl Suchanfragen als auch Klickverhalten) *aller* Nutzer einer Suchmaschine. Dies hat dazu geführt, dass Suchmaschinen Ergebnisse heute wesentlich „treffsicherer" ranken können, allerdings um den Preis, dass wir als Nutzer weniger Einfluss darauf haben, welche Ergebnisse angezeigt werden. Dies schließt allerdings nicht aus, dass wir durch die kompetente Formulierung unserer Suchanfragen bessere Ergebnisse erhalten können (s. Kap. 10), und dass eine gezielte Förderung der *Informationskompetenz* der Nutzer dringend nötig ist.

4.5.2 Länge der Suchanfragen

Eine einfache Möglichkeit, die Komplexität von Suchanfragen zu beschreiben, ist, ihre Länge zu messen. Zwar muss eine lange Suchanfrage nicht in jedem Fall komplex sein, man kann aber doch annehmen, dass mit der Länge der Suchanfrage ihr Spezifizierungsgrad steigt. Einfache Suchanfragen, die aus nur einem Wort bestehen, mögen in manchen Fällen durchaus ein komplexes Informationsbedürfnis als Hintergrund haben, sie zeigen aber nur eine geringe Spezialisierung und lassen – sofern es sich nicht um einen konkreten Informationsbedarf handelt – oft viele Interpretationen zu. Im Gegensatz dazu kann angenommen werden, dass das Hinzufügen weiterer Suchwörter zu einer Spezifizierung der Suchanfrage führt.

Großangelegte Studien, die das Suchverhalten auf der Ebene der Suchanfrage beschreiben, gibt es leider in den letzten Jahren kaum noch. Zum einen benötigt man, um solche deskriptiven Studien durchzuführen, Daten von den Suchmaschinenbetreibern selbst. Zum anderen mag es für Forscher wenig attraktiv erscheinen, Wiederholungsstudien durchzuführen, die die bekannten Studien wahrscheinlich vor allem bestätigen dürften.

Aus diesen Gründen finden sich in den letzten Jahren eher Studien, die das Nutzerverhalten auf Suchanfragenebene eher „nebenher" beschreiben, zuvorderst aber einer anderen Fragestellung nachgehen. Daher werden im Folgenden die „klassischen" Studien zum Nutzerverhalten in der Websuche behandelt und dort um aktuellere Daten ergänzt, wo diese zum einen vorliegen und zum anderen die grundlegenden Daten sinnvoll ergänzen.

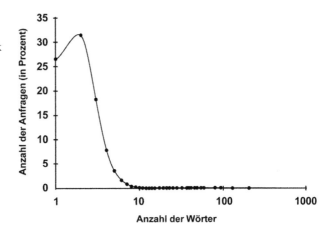

Abb. 4.4 Typische Verteilung der Suchanfragen nach ihrer Länge in Wörtern. (Nach Spink et al. 2001, S. 230)

Zunächst einmal ist festzustellen, dass Suchanfragen im Durchschnitt sehr kurz sind. So werden in Studien, die das Anfrageverhalten von US-amerikanischen Nutzern untersuchen, Durchschnittswerte zwischen 1,7 und 2,9 Termen pro Anfrage genannt; die Werte bei deutschen Suchanfragen liegen zwischen 1,6 und 1,8 Termen (Höchstötter und Koch 2009).

Der Unterschied zwischen der Länge der englischsprachigen und der deutschsprachigen Anfragen lässt sich vor allem durch die Verwendung zusammengesetzter Begriffe im Deutschen erklären: Während im Englischen Mehrwortbegriffe durch Leerzeichen getrennt werden („granular synthesis"), werden im Deutschen zum einen diese Wörter zusammengeschrieben („Granularsynthese"), zum anderen lassen sich Wörter von nahezu beliebiger Länge bilden.

Es ist aber auch gar nicht so wichtig, wo der genaue Durchschnittswert der Anfragenlänge liegt. Interessant ist vielmehr das übereinstimmende Ergebnis, dass die Anfragen an Suchmaschinen im Durchschnitt sehr kurz sind, und dass sich auch keine Entwicklung hin zu längeren Suchanfragen, die direkt von den Nutzern formuliert werden, sehen lässt. Zwar haben die automatisch generierten Suchvorschläge (s. Abschn. 4.1) sicherlich zu längeren Suchanfragen geführt (es werden ja gerade nicht nur einzelne Wörter während der Eingabe vorgeschlagen, sondern längere Suchanfragen), dies unterstreicht allerdings vor allem die zunehmende Lenkung der Nutzer durch die Suchmaschine, nicht jedoch ein „verbessertes" Anfrageverhalten.

Nicht nur die durchschnittliche Länge der Suchanfragen ist jedoch ausschlaggebend, sondern auch ihre Verteilung. Abbildung 4.4 zeigt die Verteilung der Suchanfragen nach Anzahl der verwendeten Wörter. Es ist zu sehen, dass etwa die Hälfte der Anfragen aus nur einem einzigen Wort besteht (Höchstötter und Koch 2009, S. 55). Auch dies ist ein Hinweis darauf, dass Suchmaschinen eine hohe Interpretationsleistung an den Tag legen müssen, um die Anfragen ihrer Nutzer befriedigend beantworten zu können.

Längere Suchanfragen entstehen beispielsweise, wenn Nutzer ganze Sätze eingeben. Das können zum einen Zitate sein, um bestimmte Texte wiederzufinden. Zum anderen kann es sich um Fragesätze handelt. Schmidt-Mänz hat deutsche Suchanfragen nach Fragesätzen untersucht und kam zu dem Ergebnis, dass nur zwischen 0,1 und 0,2 % der Suchanfragen als Fragesätze formuliert werden (Schmidt-Mänz 2007, S. 141 f.). Allerdings liegt es auch nahe, dass man mit der Eingabe von Keywords durch weniger Suchbegriffe zu einem ähnlichen Ergebnis gelangen kann wie durch die Eingabe eines ganzen Fragesatzes. Es ist allerdings anzunehmen, dass sich das Anfrageverhalten durch die (zukünftig wohl bedeutende) Möglichkeit, Suchanfragen in gesprochener Sprache zu stellen, zugunsten der Fragesätze verändern wird.

4.5.3   Verteilung der Suchanfragen nach Häufigkeiten

Wir haben gesehen, dass Suchanfragen auf verschiedene Weisen gestellt werden und dass sie nur eine geringe durchschnittliche Länge aufweisen. Doch wie steht es um die Verteilung der Suchanfragen, d. h. wie individuell sind sie?

Man könnte nun annehmen, dass bei der Unzahl an Formulierungsmöglichkeiten verschiedene Suchanfragen unterschiedlich häufig vorkommen, und dass es dabei eine relativ gleichmäßige Verteilung der Suchanfragen nach ihrer Häufigkeit gibt. Allerdings zeigen alle empirischen Untersuchungen zu diesem Thema, dass die Verteilung der Suchanfragehäufigkeiten extrem *linksschief* ist. Dies bedeutet, dass es wenige Suchanfragen gibt, die sehr häufig gestellt werden, und sehr viele, die nur selten gestellt werden. Solche Verteilungen werden auch *informetrisch* genannt (Stock 2007, S. 77). Man findet solche Verteilungen auch bei vielen anderen Sachverhalten, beispielsweise bei der Verteilung von Einkommen in der Bevölkerung, allerdings sind die Verteilungen in Informationskontexten in der Regel noch deutlich extremer. Die Bezeichnungen für informetrische Verteilungen variieren; so ist je nach Kontext u. a. die Rede von *Power Laws* (s. Huberman 2001) oder dem *Long Tail* (Anderson 2006). In unserem Kontext spielt die informetrische Verteilung u. a. auch eine Rolle bei der Verteilung von Wörtern innerhalb von Dokumenten (s. Abschn. 5.2) und bei der Verteilung von Links auf Dokumente (s. Abschn. 5.3.1).

In Abb. 4.5 ist die typische Verteilung der Suchanfragen einer Suchmaschine zu sehen. Wenige Anfragen werden sehr häufig gestellt; viele Anfragen nur selten. Die Kurve fällt daher am Anfang sehr stark ab und verläuft am Ende sehr flach und lang. Das Ende der Verteilung ist in der Abbildung schon nicht mehr darstellbar, da es zu viele Suchanfragen mit nur geringem Suchvolumen sind. Eine solche Verteilung der Suchanfragen wurde in zahlreichen Studien an den Datensätzen verschiedener Suchmaschinen nachgewiesen (u. a. Jansen und Spink 2006; Schmidt-Mänz 2007).

Eine tatsächliche Verteilung von Suchanfragen, die in Lewandowski (2014b) als Basis für eine Studie verwendet wurde, soll als Beispiel dienen: Es wurden insgesamt 30,46 Mio. Suchanfragen nach der Anfragehäufigkeit sortiert und gemessen, wie viele *verschiedene* Suchanfragen eingegeben werden müssen, um jeweils 10 % des *Suchvolumens* zu erhalten. Dabei kam heraus, dass nur 16 Suchanfragen bereits 10 % des Suchvolumens ausmachen. Diese 16 Suchanfragen sind ausnahmslos navigationsorientierte Anfragen (zum Beispiel

Abb. 4.5 Verteilung von
Suchanfragehäufigkeiten
(beispielhaft)

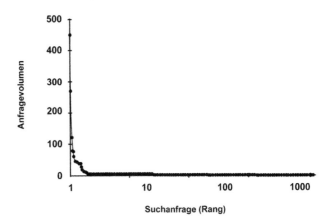

Tab. 4.4 Suchanfragen nach Segmenten von jeweils 10 %. (Modifiziert aus Lewandowski 2014b)

Segment	Kumulierte Anzahl von Suchanfragen	Anzahl der unterschiedlichen Suchanfragen im Segment
1	3.049.764	16
2	6.099.528	134
3	9.149.293	687
4	12.199.057	3028
5	15.248.821	10.989
6	18.298.585	33.197
7	21.348.349	85.311
8	24.398.114	189.544
9	27.447.878	365.608
10	30.497.642	643.393

facebook und *ebay*). Betrachten wir hingegen das letzte Segment, also die seltenen Such-
anfragen, die wiederum 10 % des Suchvolumens ausmachen, so kommen wir auf 643.393
Suchanfragen. Die vollständigen Daten, aufgeteilt auf 10 Segmente mit jeweils 10 % des
Suchvolumens, sind in Tab. 4.4 dargestellt.

An diesem Beispiel lässt sich also leicht erkennen, dass das Suchanfragevolumen sehr
ungleich auf die Suchanfragen verteilt ist (zu den Konsequenzen für Inhalteanbieter s.
Kap. 8) und dass man, wenn man für eine populäre Suchanfrage auf einem der vordersten
Plätze der Ergebnisliste auftaucht, mit einer enormen Anzahl von Besuchern auf der eigenen Website rechnen kann.

Exkurs: Wie häufig werden bestimmte Suchanfragen gestellt?

Viele Suchmaschinenbetreiber präsentieren zum Jahresende Listen mit den jeweils populärsten Suchanfragen des Jahres. So findet sich die Liste von Google unter www.google.com/zeitgeist und die von Bing unter http://news.de.msn.com/jahres-rueckblick2013/suchtrends. Allerdings bieten diese Listen nur eine Auswahl von Suchanfragen, oft nach Themen sortiert. Dabei fehlen allerdings die „gewöhnlichen" navigationsorientierten Suchanfragen, bei denen sich auch von Jahr zu Jahr kaum etwas ändert. Diese Anfragen mögen zu langweilig für die „Jahresbestenlisten" sein, sie stellen aber nach wie vor einen sehr großen Teil der Suchanfragen.

Möchte man ein genaueres Bild des Suchvolumens erhalten, eignet sich daher ein Werkzeug wie Google Trends (http://www.google.de/trends/) erheblich besser. Hier kann man eine oder mehrere Suchanfragen eingeben und erhält dann das relative Suchvolumen im Laufe der Zeit. Damit lässt sich gut das Suchvolumen zu unterschiedlichen Begriffen vergleichen, genaue Zahlen bekommt man allerdings nicht.

4.5.4 Suchanfragen-Trends

Betrachtet man Suchanfragen in ihrem zeitlichen Verlauf, so lassen sich aufgrund des Trendverhaltens unterschiedliche Anfragetypen unterscheiden (Schmidt-Mänz 2007, S. 148 ff.): Dauerbrenner, Impulse, Eintagsfliegen, Events.

Nach wiederkehrenden Ereignissen (Events) wird regelmäßig gesucht, allerdings bevorzugt zu bestimmten Zeitpunkten. Abbildung 4.6 zeigt den Verlauf des Suchvolumens für die beiden Suchanfragen „weihnachten" und „ostern". Es ist zum einen zu sehen, dass die beiden Suchanfragen ein unterschiedlich hohes Suchvolumen haben (nach Weihnachten wird häufiger gesucht als nach Ostern), zum anderen aber auch, dass die beiden

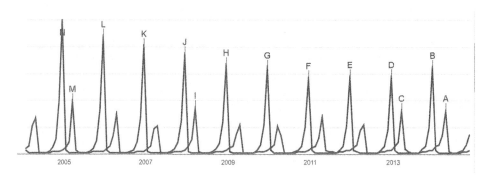

Abb. 4.6 Wiederkehrendes Ereignis. (Suchbegriffe „weihnachten" und „ostern" (Grafik aus Google Trends)

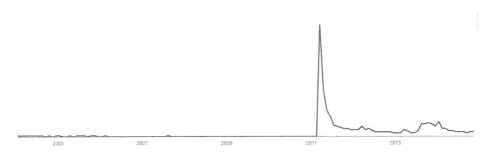

Abb. 4.7 Impuls (Suchbegriff „fukushima" (Grafik aus Google Trends)

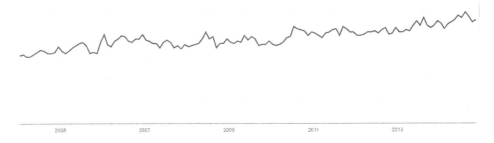

Abb. 4.8 Evergreen (Suchbegriff „sex" (Grafik aus Google Trends)

Suchanfragen zu bestimmten Zeitpunkten innerhalb des Jahres besonders häufig gesucht werden. Die Spitze des Suchvolumens fällt jeweils mit dem Ereignis selbst zusammen.

Abbildung 4.7 zeigt dagegen ein auslösendes Ereignis (Impuls), in diesem Fall die Suchanfrage „fukushima". Vor der Atomkatastrophe von Fukushima im Jahr 2011 wurde nur wenig nach diesem Wort gesucht; mit der Berichterstattung in der Presse entsteht auch bei den Suchenden ein großes Interesse, welches relativ schnell wieder abfällt. Aber auch nach diesem Abflauen wird der Suchbegriff regelmäßig eingegeben; das Suchvolumen pendelt sich allerdings auf einem vergleichsweise niedrigen Niveau ein.

Abbildung 4.8 zeigt als Beispiel für einen Dauerbrenner (Evergreen) die Suchanfrage „sex". Das Suchvolumen ist auf einem relativ konstanten Niveau, auch wenn es im Lauf der Zeit Schwankungen gibt.

Diese Trends im Suchverhalten zeigen uns, dass sich nicht nur das Interesse der Suchenden wandelt, sondern dass die Suchmaschinenbetreiber mit der Masse der eingegebenen Suchanfragen erstens ein enormes Wissen über die Wünsche und Intentionen der Suchenden haben (John Battelle spricht hier von der „database of intentions"; Batelle 2005, S. 1 ff.) und zweitens Suchmaschinen im Ranking auf das *momentane* Interesse der Nutzer reagieren müssen. Abbildung 4.9 zeigt den zeitlichen Verlauf der Suchanfrage „basteln" für die Jahre 2012 und 2013. Es zeigen sich jeweils zwei Spitzen (von unterschiedlicher Größe) im Suchverlauf; einmal vor Ostern und einmal vor Weihnachten. Al-

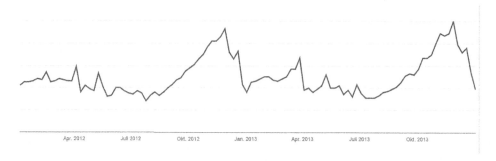

Abb. 4.9 Suchbegriff mit zwei Spitzen im Suchverlauf pro Jahr (Suchbegriff „basteln" (Grafik aus Google Trends)

lerdings wird ein Nutzer, der diese Suchanfrage eingibt, vor dem jeweiligen Fest zu recht grundlegend verschiedene Ergebnisse erwarten.

4.5.5 Verwendung von Operatoren und Befehlen zur gezielten Suche

Wir haben die durchschnittlichen Suchanfragen an Suchmaschinen bereits als relativ einfach charakterisiert, wobei uns vor allem die Länge der Suchanfragen als Anhaltspunkt gedient hat.

Nun lassen sich Suchanfragen aber auch qualifizieren (d. h. „besser machen"), indem bestimmte Befehle verwendet werden, die der Suchmaschine genaue Anweisungen zur Verarbeitung der Suchanfrage geben. Es geht also nicht allein darum, die richtigen Worte (Suchbegriffe) in der richtigen Kombination zu finden, sondern auch um die Kenntnis der Möglichkeiten, gezielte Suchanfragen zu stellen. Von der Seite der Recherche aus werden wir dieses Thema in Kap. 10 betrachten; in diesem Abschnitt geht es erst einmal um die *tatsächliche* Nutzung solcher Funktionen.

Suchanfragen lassen sich auf der einen Seite mittels *Operatoren*, auf der anderen Seite mittels *Befehlen* qualifizieren.

Operatoren werden zur Verbindung von Suchbegriffen eingesetzt; damit lässt sich die Größe der Treffermenge steuern. Die „klassischen" Operatoren sind die *Booleschen Operatoren* AND, OR und NOT (ausführlich in Kap. 10.3). Mit ihrer Hilfe lässt sich nach Dokumenten suchen, in denen bestimmte Suchbegriffe gemeinsam vorkommen, in denen mindestens einer von mehreren Suchbegriffen vorkommt und/oder in denen bestimmte Suchbegriffe nicht vorkommen.

Befehle dagegen dienen der Qualifizierung einer Suchanfrage, indem die Treffermenge auf eine bestimmte Art von Ergebnissen beschränkt wird. So dient der Befehl *filetype:* beispielsweise dazu, nur nach Dokumenten im PDF-Format zu suchen. Die Treffermenge wird hier also gegenüber einer Suche innerhalb aller Dateiformate eingeschränkt.

Wiederum sind die Logfiles der Suchmaschinen die verlässlichste Quelle, um die Nutzung von Operatoren und Befehlen zu ermitteln (vgl. Höchstötter 2007). Zwar wird auch häufig in Umfragen abgefragt, welche Operatoren bekannt sind und genutzt werden (so zum Beispiel in Machill et al. 2003, S. 167; Stark et al. 2014); die Befragten tendieren allerdings dazu, sich selbst in ein besseres Licht zu rücken und ihre Nutzung von Operatoren entsprechend höher anzugeben – in vielen Fällen sicher auch unbewusst. Doch selbst wenn man sich die Daten aus den Befragungen ansieht, merkt man schnell, dass vielen Nutzern überhaupt nicht bewusst ist, dass die Suchmaschinen zahlreiche Recherchemöglichkeiten bieten, die nur über Befehle bzw. die erweiterten Suchformulare möglich sind. So weiß etwa nur die Hälfte der Nutzer, dass es überhaupt Operatoren gibt (Machill et al. 2003, S. 167), und nur 20 % geben an, dass sie sie öfter verwenden (Machill et al. 2003, S. 167). Ähnlich verhält es sich bei der Nutzung der erweiterten Suche („Profisuche"), die nach der Studie von Machill et al. 59 % der Nutzer bekannt ist und von 14 % der Nutzer öfter genutzt wird (Machill et al. 2003, S. 168 f.).

Betrachtet man nun die tatsächliche Nutzung von Operatoren und Befehlen, so ergibt sich ein noch klareres Bild: Der Anteil der mit Operatoren gestellten Suchanfragen liegt im geringen einstelligen Prozentbereich; wenn man (Spink und Jansen 2004, S. 85), in neueren Studien zeigen sich sogar noch geringere Werte (Höchstötter und Koch 2009). Bezeichnend ist auch, dass in einer der frühen Studien (Spink et al. 2001, S. 229 f.) festgestellt wurde, dass ein großer Anteil der Anfragen mit Operatoren Fehler enthielt.

Auch die Phrasensuche (also die Suche nach Wörtern in einer vorgegebenen Reihenfolge, gekennzeichnet durch Anführungszeichen) wird nur in weniger als 3 % der Suchanfragen genutzt (Höchstötter und Koch 2009, S. 57).

Aus den Daten lässt sich ablesen, dass Operatoren für normale Suchende kaum von Bedeutung sind. Dies ist auch verständlich, wenn man bedenkt, welche Arten von Suchanfragen gestellt werden und welche Leistungen Suchmaschinen in der Interpretation der Suchanfragen erbringen. Bei navigations- und transaktionsorientierten Suchanfragen kann man davon ausgehen, dass Operatoren und Befehle nur in seltenen Fällen nötig sind; sie helfen vor allem bei informationsorientierten Anfragen. Und auch dort sind es nur bestimmte Fälle, in denen sich der Einsatz lohnt. Ist es also schlimm, dass Operatoren und Befehle *selten* genutzt werden? Nicht, solange man weiß, *wann* es sinnvoll ist, sie zu benutzen. Auch Profis benutzen bei vielen Suchanfragen keine Operatoren, da auch sie wissen, dass die Suchmaschinen auf ein einfaches Rechercheverhalten eingestellt sind und in vielen Fällen gute Ergebnisse ohne viel Aufwand erreicht werden können.

4.6 Themen

Wir haben in den letzten Abschnitten die formalen Eigenschaften von Suchanfragen betrachtet. Sowohl die Anfragetypen, die Sessions, als auch die Formulierung der Suchanfrage sagen etwas darüber aus, *wie* gesucht wird, allerdings nicht darüber, *was* gesucht wird.

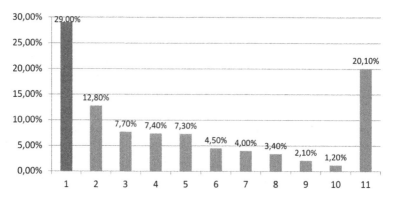

1=Handel, Reise, Arbeit und Wirtschaft, 2=Personen, Orte und Dinge, 3=Unterhaltung
und Freizeit, 4=Computer und Internet, 5=Gesundheit und (Natur-)Wissenschaft,
6=Sex und Pornographie, 7=Gesellschaft, Kultur, Ethnizität und Religion,
8=Regierung und Verwaltung, 9=Bildung und Geisteswissenschaften, 10=Kunst,
11=nicht bestimmbar und sonstige

Abb. 4.10 Themenverteilung bei Suchanfragen. (Daten aus Lewandowski 2006)

Es gibt nur wenige Studien, die sich mit den konkreten Themen der Suchenden beschäftigen. Ein einfacher Grund dafür mag sein, dass schlicht nach allen möglichen Themen
gesucht wird und die Websuche im Prinzip keine thematischen Grenzen hat. So wurde
gezeigt, dass, wenn man Suchanfragen beispielsweise den obersten Kategorien aus einem
Web-Verzeichnis zuordnet, jede dieser Kategorien in einem nennenswerten Umfang besetzt wird, d. h. nach allen dort aufgeführten Themen gesucht wird (Lewandowski 2006;
Spink et al. 2001; vgl. Abb. 4.10).

Ansonsten wird hauptsächlich das Suchverhalten bei der Recherche innerhalb bestimmter Themenfelder untersucht. Hier lassen sich Unterschiede finden, vor allem auch
in Hinsicht auf das Rechercheverhalten von Laien und Profis im jeweiligen Themenfeld
(die klassische Studie dazu ist die von Hölscher 2002). Eine detaillierte Darstellung des
Suchverhaltens in einzelnen Bereichen geht allerdings über das Ziel dieses Buchs hinaus;
eine umfassende Darstellung findet sich bei Case (2012).

4.7 Zusammenfassung

Die Recherchemöglichkeiten der Suchmaschinen werden von den allgemeinen Nutzern
kaum ausgenutzt; vielmehr zeichnet sich das Rechercheverhalten in der Mehrheit durch
recht simple Suchanfragen aus. Suchmaschinen haben auf dieses Verhalten reagiert, indem sie im Suchprozess eine technische Unterstützung anbieten, etwa durch Suchvorschläge während der Eingabe („Autocomplete"), durch Rechtschreibkorrekturen bzw.
Rechtschreibvorschläge und nicht zuletzt durch die bereits in Kap. 3 beschriebene Interpretation bzw. Kontextualisierung der eingegebenen Suchanfragen.

Die an die Suchmaschinen gestellten Anfragen lassen sich nach ihrer Intention in navigationsorientierte, informationsorientierte und transaktionsorientierte Suchanfragen klassifizieren. Es werden je nach Anfragetyp unterschiedliche Ziele verfolgt, und die gewünschten Ergebnisse müssen jeweils anders zusammengestellt werden. Auch die Länge bzw. die Komplexität der Suchanfragen unterscheidet sich je nach Anfragetyp.

Suchanfragen sind Bestandteil von Sessions, d. h. einer Abfolge von Suchanfragen und Dokumentsichtungen, die von einem bestimmten Nutzer innerhalb einer bestimmten Zeitspanne zu einem bestimmten Thema ausgeführt werden. Die Länge der Sessions kann von der Eingabe einer einzigen Suchanfrage ohne eine Dokumentsichtung bis hin zu einer Kombination einer Vielzahl von Suchanfragen und Dokumentsichtungen reichen.

Die kleinste Ebene im Suchprozess wird durch die einzelnen Suchanfragen gebildet. Zunächst einmal zeigt sich bei einer Analyse der Suchanfragen, dass Suchmaschinen für die Suche nach allen möglichen Themen genutzt werden.

Die Suchanfragen zeichnen sich im Durchschnitt durch eine wenig komplexe Formulierung (Aneinanderreihung von wenigen Suchbegriffen) aus; diese drückt sich auch in ihrer durchschnittlichen Länge aus. Suchanfragen werden nur selten mit Operatoren und Befehlen qualifiziert, obwohl damit die Qualität der Suchergebnisse in vielen Fällen wesentlich erhöht werden könnte. Allerdings sind diese Möglichkeiten einem Großteil der Nutzer nicht bekannt, und sie werden nur selten genutzt.

Suchanfragen sind nach ihrer Häufigkeit informetrisch verteilt, d. h. es gibt wenige sehr populäre und eine riesige Menge selten gestellter Suchanfragen. Dies hat sowohl Auswirkungen auf den Einfluss, den Suchmaschinen durch ihre Ergebnispräsentation haben, als auch auf die Suchmaschinenoptimierung durch Inhalteanbieter.

Die Häufigkeit, mit der bestimmte Suchanfragen gestellt werden, ist auch von zeitlichen Faktoren abhängig. So gibt es zwar Suchanfragen, die ein relativ gleichmäßiges Suchvolumen erreichen (sog. Evergreens), allerdings auch viele Suchanfragen, die nur in Reaktion auf ein Ereignis oder saisonal nachgefragt werden.

Weiterführende Literatur

Eine umfassende Darstellung des Forschungsstands zur Informationssuche findet sich bei Case (2012). Darin werden auch die wesentlichen Theorien und Modelle des Informationsverhaltens erklärt. Bei Thurow und Musica (2009) findet sich u. a. eine gute und ausführliche Darstellung des Nutzerverhaltens in Suchmaschinen, welche sich auf die drei Anfragetypen nach Broder bezieht.

Schmidt-Mänz (2007) gibt eine umfangreiche Analyse des Suchanfrageverhaltens auf der Basis einer umfassenden Sammlung deutschsprachiger Suchanfragen. Einen guten und teils recht unterhaltsamen Einblick in die Möglichkeiten der Suchanfragenanalyse und ihrer kommerziellen Anwendung findet sich bei (Tancer 2008). Und schließlich geben Jansen et al. (2008) eine gute Basis für alle, die selbst das Suchverhalten auf der Basis von Logfileanalysen erforschen wollen.

Literatur

Anderson, C. (2006). *The long tail: Why the future of business is selling less of more*. New York: Hyperion.

Batelle, J. (2005). *The search: How google and its rivals rewrote the rules of business and transformed our culture*. London: Portfolio.

Broder, A. (2002). A taxonomy of web search. *ACM Sigir Forum, 36*(2), 3–10.

Burghardt, M., Elsweiler, D., Meier, F., & Wolff, C. (2013). Modelle der Informationsverhaltens bei der Websuche. In D. Lewandowski (Hrsg.), *Handbuch Internet-Suchmaschinen 3: Suchmaschinen zwischen Technik und Gesellschaft* (S. 111–141). Berlin: Akademische Verlagsgesellschaft AKA.

Calderon-Benavides, L., Gonzalez-Caro, C., & Baeza-Yates, R. (2010). Towards a Deeper Understanding of the User's Query Intent. In B. Croft, M. Bendersky, H. Li, & G. Xu (Eds.), *SIGIR 2010 Workshop on Query Representation and Understanding* (pp. 21–24). New York: ACM.

Case, D. O. (2012). *Looking for information: A survey of research on information seeking, needs, and behavior*. Bingley: Emerald Group Publishing.

Fisher, K. E., Erdelez, S., & McKechnie, L. (E. F.) (2005). *Theories of information behavior*. Medford: Information Today.

Frants, V. I., Shapiro, J., & Voiskunskii, V. G. (1997). *Automated information retrieval: Theory and methods*. San Diego: Academic.

Höchstötter, N. (2007). Suchverhalten im Web – Erhebung, Analyse und Möglichkeiten. *Information Wissenschaft Und Praxis, 58*(3), 135–140.

Höchstötter, N., & Koch, M. (2009). Standard parameters for searching behaviour in search engines and their empirical evaluation. *Journal of Information Science, 35*(1), 45–65.

Hölscher, C. (2002). *Die Rolle des Wissens im Internet: Gezielt suchen und kompetent auswählen*. Stuttgart: Klett-Cotta.

Huberman, B. A. (2001). *The laws of the web – Patterns in the ecology of information* (S. 105). Cambridge: MIT Press.

Jansen, B. J., & Spink, A. (2006). How are we searching the World Wide Web? A comparison of nine search engine transaction logs. *Information Processing & Management, 42*(1), 248–263.

Jansen, B. J., Spink, A., & Taksa, I. (Hrsg.). (2008). *Handbook of research on web log analysis*. Hershey: Information Science Reference.

Kang, I. H., & Kim, G. C. (2003). Query type classification for web document retrieval. In *Proceedings of the 26th annual international ACM SIGIR conference on Research and development in informaion retrieval* (S. 64–71). New York: ACM.

Lewandowski, D. (2006). Query types and search topics of German Web search engine users. *Information Services & Use, 26*, 261–269.

Lewandowski, D. (2012). Informationskompetenz und das Potenzial der Internetsuchmaschinen. In W. Sühl-Strohmenger (Hrsg.), *Handbuch Informationskompetenz* (S. 101–109). Berlin: De Gruyter.

Lewandowski, D. (2014a). Evaluating the retrieval effectiveness of Web search engines using a representative query sample. *Journal of the Association of Information Science and Technology*.

Lewandowski, D. (2014b). Wie lässt sich die Zufriedenheit der Suchmaschinennutzer mit ihren Suchergebnissen erklären? In H. Krah & R. Müller-Terpitz (Hrsg.), *Suchmaschinen* (S. 35–52). Münster: LIT.

Lewandowski, D., & Quirmbach, S. (2013). Suchvorschläge während der Eingabe. In D. Lewandowski (Hrsg.), *Handbuch Internet-Suchmaschinen 3: Suchmaschinen zwischen Technik und Gesellschaft* (S. 273–298). Berlin: Akademische Verlagsgesellschaft AKA.

Lewandowski, D., Drechsler, J., & von Mach, S. (2012). Deriving query intents from web search engine queries. *Journal of the American Society for Information Science and Technology, 63*(9), 1773–1788.

Machill, M., Neuberger, C., Schweiger, W., & Wirth, W. (2003). Wegweiser im Netz: Qualität und Nutzung von Suchmaschinen. In M. Machill & C. Welp (Hrsg.), *Wegweiser im Netz* (S. 13–490). Gütersloh: Bertelsmann Stiftung.

Rose, D. E., & Levinson, D. (2004). Understanding user goals in web search. In S. I. Feldman, M. Uretsky, M. Najork, & C. E. Wills (Hrsg.), *Proceedings of the 13th international conference on World Wide Web* (S. 13–19). New York: ACM.

Schmidt-Mänz, N. (2007). *Untersuchung des Suchverhaltens im Web: Interaktion von Internetnutzern mit Suchmaschinen.* Hamburg: Verlag Dr. Kovac.

Spink, A., & Jansen, B. J. (2004). *Web search: public searching on the Web.* Dordrecht: Kluwer Academic Publishers.

Spink, A., Wolfram, D., Jansen, B. J., & Saracevic, T. (2001). Searching the web: The public and their queries. *Journal of the American Society for Information Science and Technology, 52*(3), 226–234.

Stark, B., Magin, M., & Jürgens, P. (2014). Navigieren im Netz – Befunde einer qualitativen und quantitativen Nutzerbefragung. In B. Stark, D. Dörr, & S. Aufenanger (Hrsg.), *Die Googleisierung der Informationssuche – Suchmaschinen im Spannungsfeld zwischen Nutzung und Regulierung* (S. 20–74). Berlin: De Gruyter.

Stock, W. G. (2007). *Information Retrieval: Informationen suchen und finden.* München: Oldenbourg.

Tancer, B. (2008). *Click – What millions of people are doing online and why it matters.* New York: Hyperion.

Thurow, S., & Musica, N. (2009). *When search meets web usability.* Berkeley: New Riders.

White, R. W., & Roth, R. A. (2009). Exploratory search: Beyond the query-response paradigm. *Synthesis Lectures on Information Concepts Retrieval and Services, 1*(1), 1–98.

Das Ranking der Suchergebnisse

5

Beim Ranking geht es darum, die gefundenen Suchergebnisse in eine sinnvolle Reihenfolge zu bringen, sodass die relevanten Ergebnisse zuerst angezeigt werden und die weniger relevanten Ergebnisse weiter hinten. Dabei wird nach absteigender Relevanz sortiert, d. h. je weiter oben ein Treffer in der Liste steht, desto relevanter ist er. Es gibt eine langanhaltende Diskussion um die Bestimmung des Begriffs Relevanz (s. Mizzaro 1997; Saracevic 2007a, b), die an dieser Stelle nicht vertieft werden soll. Wir werden jedoch im Folgenden sehen, dass es eine objektive Bestimmung der Relevanz eines Treffers zumindest bei informationsorientierten Suchanfragen nicht gibt. Was für den einen Nutzer relevant ist, kann für jemanden anderes vollkommen nutzlos sein. Ein Beispiel: Ein Student im ersten Semester sucht nach Information Retrieval. Wahrscheinlich möchte er zuerst grundlegende Informationen angezeigt bekommen, die ihm den Begriff erklären und in das Thema einführen. Wenn sein Professor dagegen die gleiche Suchanfrage eingibt, möchte er wahrscheinlich vollkommen andere Ergebnisse sehen, nämlich beispielsweise aktuelle Beiträge aus der Forschung zu diesem Thema. Grundlegendes, das für den Studenten hoch relevant ist, ist für ihn dagegen nicht interessant, da ihm diese Inhalte ja schon bekannt sind.

Damit wird schon deutlich, dass es *das* richtige Ranking nicht gibt, sondern das Ranking immer nur eine von vielen möglichen algorithmischen Sichten auf die Inhalte des World Wide Webs ist. Auch wenn die Ausführung des Rankings natürlich durch Computer erfolgt, so muss man sich doch klarmachen, dass die Grundannahmen, auf denen die Rankings der Suchmaschinen beruhen, Annahmen sind, die von Menschen getroffen wurden. So mag es intuitiv einleuchten, dass man Dokumente so anordnet, dass das, was andere Nutzer bereits für gut befunden haben (beispielsweise, indem sie es angeklickt haben), bevorzugt angezeigt wird. Man könnte ein Ranking aber auch unter ganz anderen Annahmen erstellen, ohne dass man dabei notwendigerweise zu einem schlechteren Ergebnis käme. Viele der Faktoren, die im weiteren Verlauf besprochen werden, werden eben verwendet,

© Springer-Verlag Berlin Heidelberg 2015
D. Lewandowski, *Suchmaschinen verstehen,* Xpert.press,
DOI 10.1007/978-3-662-44014-8_5

weil sie sich in der Praxis bewährt haben und nicht, weil sie auf einer theoretischen Ebene überlegen wären.

Die Anordnung der Treffer in Suchmaschinen beruht also grundsätzlich auf Annahmen. Es geht darum, die Relevanz der gefundenen Dokumente maschinell einzuschätzen. Wir werden sehen, dass dies dazu führen kann, dass das zuvorderst angezeigt wird, was für die meisten Nutzer relevant ist (Popularität). Auf der anderen Seite wird mittels sog. Personalisierung dafür gesorgt, dass eben nicht jeder Nutzer die gleichen Ergebnisse zu einer Suchanfrage angezeigt bekommt, sondern diese individuell auf ihn zugeschnitten werden.

Die genauen Verfahren, nach denen die Treffer auf der Suchergebnisseite angeordnet werden, sind das große Geheimnis der Suchmaschinenanbieter und bilden den Kern der Suchmaschine, der sie zu etwas Besonderem macht: Jede Suchmaschine ist hier individuell und keine zwei Suchmaschinen liefern die gleichen Treffer. Man spricht auch von der „Black Box" Suchmaschine, d. h. dass wir Suchmaschinen zwar nutzen, aber nicht sehen können, was innerhalb der Suchmaschine passiert, wenn wir suchen.

Anscheinend gibt es eine unüberschaubare Zahl von Faktoren, die das Ranking letztendlich bestimmen (s. Abb. 5.1). Auch ein Blick auf die Hilfeseiten der Suchmaschinen macht nicht schlauer: Google gibt an, dass mehr als 200 Faktoren für das Ranking verwendet werden (Google Inc. 2014a); Microsoft gibt sogar 1000 Faktoren an, die in das Ranking der Suchmaschine Bing eingehen (Nadella 2010).

Daraus folgt, dass wir das genaue Ranking einer bestimmten Suchmaschine nicht nachvollziehen können, d. h. wir können nicht vorhersagen, wie die Anordnung einer Trefferliste aussehen wird, bevor wir die Ergebnisse sehen. Was wir aber können: Das Ranking grundsätzlich verstehen lernen, sodass wir, wenn wir die Trefferliste zu einer Suchanfrage sehen, nachvollziehen können, warum diese Treffer in der gegebenen Reihenfolge angezeigt werden.

Exkurs: Was soll als Rankingfaktor zählen?

In diesem Kapitel werden vor allem die *Gruppen von Rankingfaktoren*, also das „Große Ganze", behandelt. Allerdings werden auch einzelne Faktoren als Beispiele erläutert, ohne dass dabei allerdings Vollständigkeit angestrebt wird.

Was nun einen zählbaren Rankingfaktor ausmacht, ist Definitionssache. Eine Suchmaschine könnte beispielsweise ein Dokument, in dem der Suchbegriff fett gedruckt ist, höher bewerten als ein Dokument, in dem dies nicht der Fall ist. Ebenso könnte mit anderen Hervorhebungen (kursiv, unterstrichen) verfahren werden. Nun könnte man jede einzelne Hervorhebungsart als einen Rankingfaktor betrachten oder aber Hervorhebungen allgemein als einen einzigen Faktor ansehen. In dem einen Fall hätten wir also drei Rankingfaktoren, in dem anderen nur einen.

Die Zählung von Rankingfaktoren ergibt also wenig Sinn, wenn es um den Vergleich verschiedener Suchmaschinen geht (s. a. Sullivan 2010). Wir können davon ausgehen, dass alle nennenswerten Suchmaschinen eine Vielzahl von Faktoren einsetzen. Ein gutes Ranking entsteht allerdings nicht durch den Einsatz möglichst vieler Faktoren, sondern durch ihre geschickte Kombination und Gewichtung.

Inside the Search Algorithm

ELLIANCE

Abb. 5.1 Rankingfaktoren (beispielhaft; http://www.elliance.com/media/61259/inside_the_ search_algorithm.pdf)

5.1 Gruppen von Rankingfaktoren

Auch wenn die Rankingverfahren der Suchmaschinen nicht offengelegt werden und es sich, wenn man jeden einzelnen Faktor berücksichtigt, um ein Zusammenspiel von hunderten von Faktoren handelt, so haben sich doch sechs Bereiche herausgebildet, die für das Ranking der Ergebnisse bestimmend sind.

1. Mittels *textspezifischer Faktoren* wird abgeglichen, welche Wörter der Suchanfrage in den zu durchsuchenden Dokumenten vorkommen und daher in die Treffermenge mit aufgenommen werden sollen. Das Vorkommen der Suchbegriffe kann sich auch auf im Dokument vorkommende Varianten der Suchbegriffe oder aus Wörtern aus Dokumenten, die auf auf das Zieldokument verweisen,(sog. *Ankertexte*), beziehen. Neben dem Vorkommen der Suchbegriffe wird mittels Textstatistik ein Vorkommen an exponierter Stelle (z. B. Überschrift, Beginn des Dokuments, besondere Hervorhebung) höher gewichtet.

2. Zweiter bestimmender Bereich im Ranking ist die *Popularität* von Dokumenten, vor allem durch deren Verlinkung (sog. linktopologische Verfahren) gemessen, aber auch durch das Klickverhalten der Nutzer (Erfassung über Logfiles, Toolbars). Die Popularitätsmessung ist ein bestimmender Bereich der *Qualitäts*messung durch Suchmaschinen; auch der berühmte PageRank-Algorithmus von Google (s. Kap. 5.3.1.1) misst die Popularität von Dokumenten.

3. Dritter Rankingbereich ist die *Aktualität*. Je nach Zweck der Anfrage kann es sinnvoll sein, entweder besonders aktuelle Dokumente oder statische, dafür aber populäre Dokumente anzuzeigen. Da linktopologische Algorithmen tendenziell ältere Dokumente bevorzugen, wird Aktualität auch als Ausgleichsfaktor herangezogen. In der Praxis sind meist durchmischte Trefferlisten zu finden, in die einige besonders aktuelle Dokumente eingestreut werden.

4. *Lokalität* berücksichtigt den Standort des Nutzers. Ein einfaches Beispiel ist die Bevorzugung von Dokumenten aus Deutschland, wenn der Standort des Nutzers dort identifiziert wird. Zunehmend wird aber auch eine genaue Standortbestimmung des Nutzers vorgenommen; vor allem auch in Hinblick auf die Suche von mobilen Endgeräten aus.

5. *Personalisierung*: „Mit Personalisierung wird allgemein das Anpassen eines Objekts an die Bedürfnisse eines Subjekts bezeichnet" (Riemer und Brüggemann 2009, S. 153). Beim personalisierten Ranking geht es darum, einem individuellen Nutzer auf ihn maßgeschneiderte Ergebnisse auszugeben. Dazu werden vor allem die Suchanfragen, die dieser Nutzer in der Vergangenheit gestellt hat, herangezogen.

6. Unter *technischen Rankingfaktoren* versteht man grundlegende technische Eigenschaften von Websites bzw. Servern, die für das Ranking ausgenutzt werden. Beispielsweise kann die Geschwindigkeit, mit der eine Seite vom Server geladen wird, eine Rolle spielen. Hier wird davon ausgegangen, dass Nutzer, die länger auf ein Dokument warten müssen, eher unzufrieden sind und ihre Suche abbrechen. Daher sollten bevorzugt Dokumente angezeigt werden, die auch schnell geladen werden.

In den folgenden Abschnitten werden die einzelnen Bereiche ausführlich betrachtet und anhand von Beispielen erläutert.

5.2   Textstatistik

Mittels der Textstatistik werden Suchanfrage und Dokumente verglichen. Wir nehmen intuitiv an, dass unsere eingegebenen Suchbegriffe auch in den Dokumenten, die von der Suchmaschine ausgegeben werden, vorkommen werden. Dies ist auch in den weit meisten Fällen der Fall, auch wenn es Ausnahmen gibt, beispielsweise, wenn in der Vorverarbeitung der Suchanfrage Synonyme ermittelt oder die Rechtschreibung der Suchanfrage verbessert wurde (vgl. Abschn. 3.5 und 4.5.1).

Textstatistische Verfahren dienen dazu, die Dokumente aufgrund ihres Textes zu analysieren und auszuwerten. „Gute" Dokumente sind dann beispielweise solche, die den eingegebenen Suchbegriff häufig und an exponierter Stelle (beispielweise in der Überschrift) enthalten. Die anderen Rankingfaktoren bauen dann auf der Textstatistik auf und dienen vor allem der Qualitätsbewertung.

Um eine Suchanfrage mit der Masse der Dokumente überhaupt vergleichbar zu machen, müssen die Dokumente durch invertierte Indices aufbereitet werden (s. Kap. 3.4). Das „Nachschlagen" in den Indices ermöglicht einen schnellen Abgleich zwischen Suchanfragen und Dokumenten, ohne dass auf die Dokumente selbst zugegriffen werden muss. Für die Verfahren der Textstatistik werden die Dokumente in unterschiedlichen Indices erfasst; um textstatistische Verfahren sinnvoll einsetzen zu können, müssen die Dokumente bereits in der Phase der Indexierung tief erschlossen werden.

Textstatistische Verfahren sind der „Klassiker" des Information Retrieval und wurden lange vor der Zeit der Suchmaschinen entwickelt. Sie funktionieren sehr gut in Datenbeständen, die einerseits pro Dokument eine ausreichende Textmenge enthalten und bei denen andererseits bereits bei der Aufnahme in den Datenbestand eine Qualitätskontrolle stattfindet. Ein Beispiel ist die Pressedatenbank der Frankfurter Allgemeinen Zeitung (http://fazarchiv.faz.net): Jeder Artikel enthält eine genügende Textmenge für statistische Auswertungen, und es gelangen nur Artikel in die Datenbank, die auch in der Zeitung erschienen sind, d. h. es wurde vorab für jeden Artikel eine Qualitätskontrolle durchgeführt.

Bei Suchmaschinen verhält sich das anders: Zwar findet auch hier bei der Aufnahme in den Index eine Qualitätskontrolle in Form des Ausschlusses von Spam statt (s. Kap. 3.3), allerdings ist dieser nicht mit einer echten inhaltlichen Qualitätskontrolle vergleichbar. Außerdem kann ja jeder ein Dokument ins Web stellen; auch mit der Idee, gerade die Rankings der Suchmaschinen zu seinen Gunsten zu manipulieren (s. Kap. 8). Wie wir sehen werden, lassen sich textstatistische Verfahren recht leicht überlisten, und daher können sie in Suchmaschinen nur in Verbindung mit den qualitätsbestimmenden Verfahren eingesetzt werden.

5.2.1   Ermittlung potenziell relevanter Dokumente

Die Textstatistik dient zuerst einmal dazu, Dokumente aus dem Index aufzufinden, die für den Nutzer *potenziell* relevant sein könnten. Es geht also zunächst einmal darum, überhaupt Dokumente zu identifizieren, die zu einer Suchanfrage passen. Damit wird die

Menge der zu rankenden Treffer eingegrenzt von der Basis aller Dokumente im Index der Suchmaschine hin zu einer Auswahl derjenigen Dokumente, die für eine Suchanfrage relevant sein *könnten*.

Dabei entsteht das Problem, dass die Suchanfrage in der Regel aus nur recht wenig Text besteht, meist nur aus einem bis zu wenigen Wörtern (s. Kap. 4.5.2). Eine Lösung besteht in der Anreicherung der Suchanfrage (s. Kap. 3.5). Doch zunächst soll beschrieben werden, welche Faktoren für den Abgleich der Suchanfrage mit den Dokumenten, die sich im Index der Suchmaschine befinden, in Frage kommen.

Die allererste – vielleicht trivial erscheinende – Annahme im textstatistischen Ranking ist, dass der eingegebene Suchbegriff im Dokument vorkommt. Man geht davon aus, dass der Suchende den eingegebenen Begriff im Dokument wiederfinden will. Mit diesem ersten Schritt schließt man alle anderen Dokumente aus, d. h. es findet eine erste Eingrenzung des Suchergebnisses statt. Während erst einmal der ganze Index (mit Milliarden von Dokumenten) durchsucht werden muss, ist nun eine Basismenge, auf die die weiteren Rankingfaktoren angewendet werden, festgelegt. Alle weiteren Operationen erfolgen nur noch auf dieser kleineren Menge. Insofern ist der textliche Abgleich der Suchanfrage mit den Dokumenten erst einmal eine Einschränkung der potenziellen Menge von Dokumenten. Im Folgenden geht es dann „nur" noch darum, diese bereits ermittelte Menge so zu reihen, dass „die besten" Dokumente oben stehen. Dabei kommen dann zum einen die textstatistischen Faktoren zum Einsatz, zum anderen aber auch die weiteren, vor allem qualitätsbestimmenden Faktoren. Die Textstatistik bildet damit die Basis, auf der die anderen Faktoren aufsetzen (s. Abb. 5.2).

In welchen Fällen nun kann es vorkommen, dass eine Suchmaschine Dokumente ausgibt, die den eingegebenen Suchbegriff *nicht* enthalten bzw. nicht alle der eingegebenen Suchbegriffe enthalten sind?

Es geht hier vor allem um Synonyme bzw. Quasisynonyme. Unter einem Synonym versteht man zwei Wörter, die dasselbe ausdrücken. So meinen beispielsweise Samstag und Sonnabend das gleiche, auch wenn jeweils ein anderes Wort verwendet wird. Für einen Nutzer, der als Suchanfrage Sonnabend eingibt, dürften auch Dokumente relevant sind, in denen ausschließlich das Wort Samstag verwendet wird. Es ist dem Suchenden also

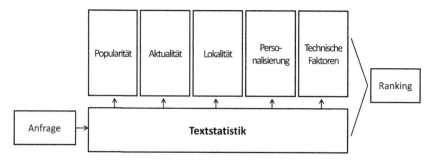

Abb. 5.2 Bedeutung der Textstatistik für das Ranking

Granulator | Ableton
ableton.de/de/library/granulator/ ▾
Granulator ist ein auf Granularsynthese basierendes Instrument zur Sample-
Wiedergabe. Den ultimativen **Granular-Synthesizer** zu entwickeln ist ein Projekt, ...

Abb. 5.3 (Quasi-)Synonyme in der Trefferliste. (Beispiel Google; Suchanfrage `granularsyn-`
`these`)

vielleicht gar nicht so wichtig, dass sein Suchbegriff genau in der von ihm geschriebenen Form vorkommt. Abbildung 5.3 zeigt beispielhaft eine Trefferbeschreibung aus einer
Trefferliste von Google, in der ein statistisch ermitteltes Quasisynonym hervorgehoben
ist; auch das Dokument selbst enthält das ursprünglich gesuchte Wort nicht.

5.2.2 Berechnung von Häufigkeiten

Hat man nun mittels des Abgleichs von Suchanfrage und Index die potenziell relevanten
Dokumente ermittelt, so können in einem ersten Schritt mittels der textstatistischen Verfahren die Texte nach ihrer *inhaltlichen Passung* zu den Suchbegriffen sortiert werden.
Dazu werden Wörter in den Dokumenten gezählt und statistisch gewichtet. In diesem Abschnitt werden beispielhaft einige der wichtigsten textstatistischen Faktoren dargestellt,
ohne dass es sich um eine vollständige Aufzählung handelt.

Zunächst einmal könnte man annehmen, dass ein Dokument, in dem der Suchbegriff
besonders häufig vorkommt, relevanter ist als eines, in dem der Suchbegriff weniger häufig vorkommt. Es würde dann dasjenige Dokument zuerst in der Liste erscheinen, welches
den Suchbegriff am häufigsten enthält. Dass ein solch einfaches Verfahren aber keine
guten Ergebnisse bringt, wird schnell ersichtlich: Es wird weder die Länge der Dokumente berücksichtigt (lange Dokumente haben eine bessere Chance, ein Wort häufig zu
enthalten), noch wird berücksichtigt, dass im Web Dokumente keine Qualitätskontrolle
durchlaufen müssen, bevor sie veröffentlicht werden. So könnten Autoren einfach in ihren
Texten ein bestimmtes Wort besonders häufig aneinanderreihen, um für dieses Suchwort
dann auf der vordersten Position gelistet zu werden. Solche Manipulationen lassen sich
jedoch leicht feststellen und haben bei den aktuellen Suchmaschinen keine Chance mehr.

Die Lösung liegt auf der einen Seite in der Festlegung einer maximalen Keyworddichte
(*keyword density*), d. h. wenn ein Wort in einem Dokument zu häufig verwendet wird,
wird der Text als „unnatürlich" identifiziert und im Ranking herabgestuft. Dabei ist allerdings zu beachten, dass verschiedene Wörter innerhalb der Sprache unterschiedlich häufig
vorkommen: Artikel wie *der*, *die*, *das* und verbindende Wörter wie *und* und *oder* werden
sehr häufig gebraucht, während andere Wörter sehr selten vorkommen. Wir haben es hier
wieder mit der bereits aus Abschn. 5.2.2 bekannten informetrischen Verteilung zu tun. In
Abb. 5.4 ist zu sehen, wie sich Worthäufigkeiten typischerweise verteilen. Bereits im Jahr
1958 stellte Hans Peter Luhn fest, dass die für die Erschließung bedeutungtragenden
Wörter diejenigen mit mittlerer Häufigkeit sind. Die zu häufig vorkommenden Wörter
sagen nichts über die Bedeutung eines Dokuments aus, und die sehr selten vorkommenden

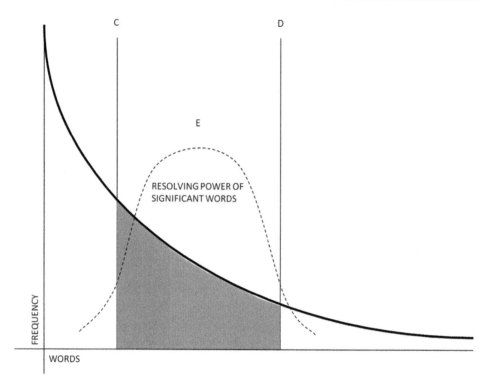

Abb. 5.4 Wortverteilungen in Dokumenten. (Luhn 1958, S. 161)

Wörter eignen sich auch nicht für die Beschreibung des Inhalts der Dokumente, da sie von den Suchenden nicht bzw. kaum verwendet werden.

Man könnte nun alle nicht sinntragenden Wörter bereits in der Indexierung ausschließen. Und dies wäre in der Tat sinnvoll, wenn man nicht die Volltexte erschließen könnte oder wollte, sondern sich nur auf relevante Stichwörter, die aus dem Text generiert werden, beschränken wollte. Im Kontext der Websuche haben wir es allerdings mit so leistungsstarken Systemen zu tun, dass alle Dokumente im Volltext indexiert werden und auch die besonders häufig vorkommenden Wörter, die in anderen Systemen oft als sog. Stoppwörter behandelt werden, mit durchsucht werden können. Anderenfalls wäre eine Suchanfrage wie to be or not to be nicht zu verarbeiten, da sie ausschließlich aus Stoppwörtern besteht.

Möchte man nun dem Problem der einfachen Zählung von Wörtern in Dokumenten begegnen, bietet sich eine Normalisierung nach Dokumentenlänge an. Wir hatten gesehen, dass bei einer einfachen Wortzählung längere Dokumente mit einer größeren Wahrscheinlichkeit hoch gerankt werden als kürzere. Wenn wir nun die Häufigkeit eines Wortes in Bezug zur Textlänge setzen, erhalten wir eine normalisierte Termfrequenz (*term frequency; TF*) und können so Dokumente unterschiedlicher Länge tatsächlich hinsichtlich ihrer *relativen* Worthäufigkeiten vergleichen.

Dabei haben wir allerdings angenommen, dass auch im Falle des Abgleichs zwischen Dokumenten und einer Suchanfrage, die aus mehreren Suchbegriffen besteht, jeder Suchbegriff „gleich viel wert ist". Dies muss aber nicht der Fall sein. Nehmen wir an, ein Nutzer gibt eine aus zwei Suchbegriffen bestehende Suchanfrage ein, wobei es sich bei dem einen Suchbegriff um ein im Datenbestand sehr häufig vorkommendes Wort handelt, bei dem anderen aber um ein nur selten vorkommendes. Indem man nicht nur die Worthäufigkeiten innerhalb der einzelnen Dokumente, sondern auch ihre Häufigkeit innerhalb des gesamten Datenbestands berücksichtigt, kann man den seltenen Suchbegriffen ein höheres Gewicht geben, was das Ranking der Suchergebnisse weiter verfeinert. Man spricht hier von der Inversen Dokumenthäufigkeit. In der Praxis werden Termfrequenz und Inverse Dokumenthäufigkeit kombiniert; die dafür gebräuchliche Bezeichnung lautet TF*IDF.

5.2.3 Berücksichtigung von Strukturinformationen in Dokumenten

Ein wichtiges textstatistisches Kriterium ist das Vorkommen eines Suchbegriffs im Titel und in den Überschriften des Dokumentes. Der Titel ist dabei nicht die sichtbare Hauptüberschrift im Dokument, sondern der Text, der im Metatag <title> im Dokumentenquelltext angegeben ist. Die Überschriften (im Quelltext gekennzeichnet durch die Tags <h1>, <h2>, <h3>, usw.) erscheinen auch im Dokumententext selbst und strukturieren diesen. Da sie in der Regel auffälliger dargestellt werden als der Haupttext, fallen sie beim Nutzer schneller ins Auge und erlauben eine schnelle Orientierung. Daher erscheint die Annahme plausibel, dass Dokumente, in denen der Suchbegriff in einer der Überschriften vorkommt, höher bewertet werden sollen.

Unabhängig von den Überschriften spielt auch die Position des Suchbegriffs innerhalb der Dokumente eine Rolle. Dokumente, in denen der Suchbegriff am Anfang vorkommt, werden höher gewichtet als solche, in denen der Suchbegriff erst an einer späteren Stelle erscheint. Auch dies lässt sich leicht erklären: Nutzer möchten in der Regel schnell erfahren, ob ein Dokument für sie relevant ist oder nicht. Taucht nun der Suchbegriff schon am Beginn des Dokumentes auf, so kann man schnell sehen, ob er in einem passenden Kontext steht und ob man weiterlesen möchte.

Werden mehrere Suchwörter eingegeben, spielt auch die Nähe der Suchbegriffe zueinander eine Rolle. Dokumente, in denen die Suchbegriffe nahe beieinander stehen, werden höher gewichtet. Besonders deutlich wird dies bei Namen, die aus Vor- und Nachname bestehen: Natürlich möchte ein Nutzer, der eine solche Kombination eingibt, auch Dokumente erhalten, in denen Vor- und Nachname möglichst nah beieinander stehen bzw. direkt nebeneinander. Aber auch in anderen Fällen drückt die Nähe der Suchbegriffe innerhalb des Dokumentes aus, dass diese Begriffe innerhalb des Sinnzusammenhangs stehen.

Doch nicht nur die Nähe, sondern auch die Reihenfolge der Suchbegriffe innerhalb der Dokumente spielt eine Rolle. Dokumente, in denen die Suchbegriffe in der Reihenfolge, in der sie eingegeben wurden, vorkommen, werden höher gewichtet. Ein bekanntes Beispiel dafür sind die beiden Suchanfragen `Paris Hilton` und `Hilton Paris`. Es leuchtet

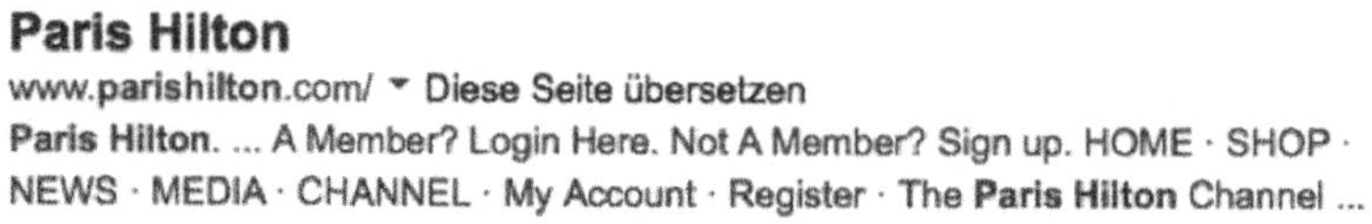

Paris Hilton
www.parishilton.com/ ▾ Diese Seite übersetzen
Paris Hilton. ... A Member? Login Here. Not A Member? Sign up. HOME · SHOP ·
NEWS · MEDIA · CHANNEL · My Account · Register · The **Paris Hilton** Channel ...

Abb. 5.5 Erster Treffer für die Suchanfrage „Paris Hilton" (Beispiel Google)

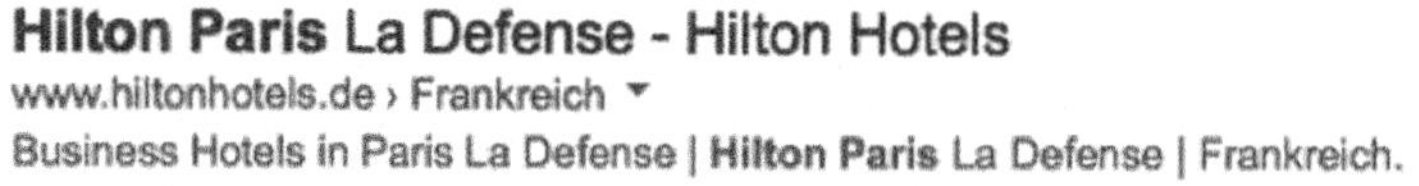

Hilton Paris La Defense - Hilton Hotels
www.hiltonhotels.de › Frankreich ▾
Business Hotels in Paris La Defense | **Hilton Paris** La Defense | Frankreich.

Abb. 5.6 Erster Treffer für die Suchanfrage „Hilton Paris" (Beispiel Google)

ein, dass ein Nutzer im ersten Fall wahrscheinlich nach der Person Paris Hilton sucht, während ein Nutzer im zweiten Fall wohl eher Informationen zum Hilton-Hotel in Paris erhalten möchte. In den Abb. 5.5 und 5.6 wird dies am Beispiel des jeweils ersten Treffers bei Google verdeutlicht: Die beiden Suchanfragen ergeben zwar die gleiche Treffermenge, diese wir jedoch unterschiedlich sortiert.

Die genannten Faktoren stellen nur eine Auswahl aus den vielfältigen textstatistischen Faktoren dar. In den gängigen Lehrbüchern zum Information Retrieval (z. B. Croft et al. 2010; Ferber 2003; Manning et al. 2008; Stock 2007) finden sich noch weitere Faktoren, auf die hier nicht eingegangen werden soll. Deutlich wird jedoch bereits hier, dass sich schon allein mit der Textstatistik Dokumente in eine sinnvolle Ordnung bringen lassen. Die Voraussetzung hierfür ist allerdings, dass alle Dokumente potenziell die gleiche Qualität haben, d. h. dass im Ranking der Dokumente nicht mit einbezogen werden muss, ob sich diese Dokumente überhaupt für den Nutzer eignen. Textstatistische Verfahren können nur aufgrund der Texte selbst unterscheiden, welche Dokumente sich wohl besonders gut für die Suchanfrage eignen.

Wir sehen auch bei den textstatistischen Verfahren schon, dass das Ranking auf Annahmen beruht, die von Menschen getroffen werden. So mag es einleuchtend erscheinen, dass Dokumente, in denen die Suchbegriffe in den Überschriften stehen, besonders gut zu einer Suchanfrage passen – wirklich bewiesen ist dies jedoch nicht. Man könnte sich auch ganz andere Annahmen vorstellen, die vielleicht auch ein gutes – wenn auch ein anderes – Ranking hervorbringen würden. Bei der Vielzahl der Dokumente, die überhaupt in die nähere Auswahl gelangen, wären sicher auch gute Rankings durch andere Faktoren zu erreichen.

Textstatistische Verfahren lassen sich natürlich nicht nur auf den Text aus den Dokumenten selbst anwenden, sondern auch auf die das Dokument beschreibenden Ankertexte (vgl. Abschn. 3.4.2) oder auf eine Kombination aus Dokumententext und Ankertexten.

Frühe Suchmaschinen wie Excite, Lycos und AltaVista waren noch stark an konventionellen Information-Retrieval-Systemen orientiert und setzten demnach das dort übliche textstatistische Ranking ein. Unter der Annahme, dass alle Dokumente, die in einen Datenbestand aufgenommen werden, potenziell von gleicher Qualität sind, kann ein solches Ranking (vor allem verbunden mit der Annahme, dass Nutzer bereit und in der Lage sind, treffsichere Suchanfragen zu formulieren) zu guten Ergebnissen führen. Im Kontext des Web, wo die Dokumente von einer Vielzahl von Autoren mit unterschiedlichsten Motiven erstellt werden, muss jedoch zusätzlich die Zuverlässigkeit der Dokumente bestimmt werden. Frühe Suchmaschinen litten unter einer Vielzahl von Spam-Dokumenten, also nicht relevanten Dokumenten, die erstellt wurden, um die Suchmaschinen zu täuschen. So listeten etwa zahlreiche Suchmaschinen zur Suchanfrage white house die Website whitehouse.com, ein Pornoangebot. Erst die linktopologischen Verfahren (ab etwa 1997; hier allen voran: Google) konnten dieses Problem lösen.

5.3 Popularität

Ein zentrales Verfahren zur Messung der Qualität von Dokumenten durch Suchmaschinen liegt in der Messung ihrer Popularität. Die grundlegende Annahme ist, dass das, was andere Nutzer zumindest implizit für gut befunden haben, einem aktuell suchenden Nutzer auch nützlich sein wird. Dabei kann die Popularität auf unterschiedlichen Ebenden gemessen werden: Zum einen kann unterschieden werden zwischen der Popularität bei allen Nutzern, bei bestimmten Gruppen von Nutzern und bei einem einzelnen Nutzer (dann spricht man von Personalisierung, s. Kap. 5.6). Zum anderen ist aber auch eine Unterscheidung nach der Art der Datenerhebung möglich:

1. Erfassung über die Verlinkungen im Web (Linktopologische Verfahren): Aus der Verlinkungsstruktur im Web lässt sich ableiten, welche Dokumente besonders beliebt sind (auf sie wird häufig von anderen Dokumenten aus verlinkt). Man misst hier also, was bei den Autoren *anderer Dokumente* besonders beliebt ist; es wird also nur die Meinung derjenigen berücksichtigt, die auch selbst Dokumente erstellen bzw. Links setzen.
2. Erfassung über die Klicks der Nutzer (Nutzungsstatistische Verfahren): Durch die Messung dessen, was sich Nutzer tatsächlich ansehen, lässt sich bestimmen, welche Dokumente besonders populär sind. Der Unterschied zu den linktopologischen Verfahren ist, dass hier das tatsächliche *Verhalten der Nutzer* ausgewertet wird, nicht nur die Wertungen derjenigen, die selbst Inhalte erstellen.

In den folgenden Abschnitten werden beide Verfahrensarten im Detail mit ihren Vor- und Nachteilen erläutert. Es soll allerdings schon an dieser Stelle betont werden, dass es sich bei der Messung von Popularität nicht um eine direkte Abbildung von Qualität handelt. Vielmehr handelt es sich um die *Annahme*, dass Qualität durch Popularität zum Ausdruck kommt (vgl. Lewandowski 2012). Und man muss eingestehen, dass der Erfolg vor allem der linktopologischen Verfahren dieser Annahme recht gibt; für die Praxis ist es auch nicht von großer Bedeutung, ob dieser Ansatz der Qualitätsmessung auf einer theoretischen Ebene fundiert ist, sondern dass damit für die Nutzer zufriedenstellende Ergebnisse erzielt werden.

Die Simulation von Qualität durch Popularität kann uns allerdings gut erklären, warum bestimmte Dokumente von den Suchmaschinen bevorzugt werden und andere eher auf den hinteren Plätzen der Trefferlisten zu finden sind. Allen voran steht hier Wikipedia:

Der Erfolg der Dokumente von dieser Website in den Suchmaschinen lässt sich durch das Ranking nach Popularität erklären. Und dabei kommen wiederum Wikipedia die gute Platzierungen vor allem in Google zugute: Wenn mehr Nutzer auf die Website kommen, werden sich auch mehr an dem Verfassen und der Verbesserung von Artikeln beteiligen. Wir haben es hier also mit einem selbstverstärkenden Effekt zu tun.

5.3.1   Linktopologische Verfahren

Linktopologische Verfahren machen sich zunutze, dass Dokumente im World Wide Web nicht für sich stehen, sondern untereinander mittels Links verbunden sind. Wir hatten schon beim Crawling (Abschn. 3.3) gesehen, wie sich die Verlinkungen für die Erfassung der Inhalte ausnutzen lassen.

In Abb. 5.7 ist die Stellung eines Dokuments (D) innerhalb des Web zu sehen. Das Dokument verweist auf anderen Dokumente (man spricht hier von den Out-Links des Dokuments); es gibt aber auch andere Dokumente, die auf das Dokument verweisen (sog. In-Links).

Die Out-Links von D können leicht festgestellt werden; man muss dazu nur die Links aus dem Quelltext des Dokumentes extrahieren. Auch wir als Nutzer können die Out-Links eines Dokuments leicht sehen, da sie im Text hervorgehoben und anklickbar sind.

Anders verhält es sich mit den In-Links eines Dokumentes: Nur wenn wir *alle* Dokumente des World Wide Web kennen, können wir sicher benennen, wie viele und welche Links auf ein bestimmtes Dokument führen. Links zeigen immer nur in eine Richtung (sie sind „gerichtet") und es gibt keine Möglichkeit, von einem Dokument aus direkt auf die Dokumente, die auf es verlinken, zu kommen.

Um also überhaupt Linkanalysen betreiben zu können, müssen Suchmaschinen erst einmal einen umfangreichen Datenbestand des Webs anlegen. Dies geschieht im Crawling, und die dabei anfallenden Informationen zu den Verlinkungen können quasi als Nebenprodukt des Crawlings aufgefasst werden.

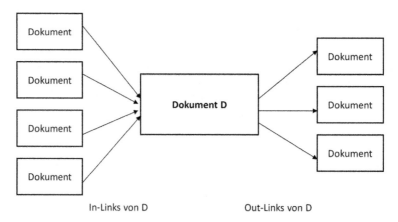

Abb. 5.7 In-Links/Out-Links. (Lewandowski, 2005, S. 118)

Die generelle Annahme hinter linktopologischen Verfahren ist, dass mit dem Setzen eines Links durch einen Autor eines Dokumentes eine Stimme für das verlinkte Dokument abgegeben wird. Man verlinkt nur auf das, was man zumindest interessant findet.

Wir werden allerdings in den folgenden Abschnitten sehen, dass nicht jede Stimme gleich viel zählt. Vielmehr ist es gerade eine Stärke der linktopologischen Verfahren, dass sie zwischen der Wertigkeit der einzelnen Links differenzieren. Dies wiederum ist wieder dadurch nötig, dass im Web prinzipiell jeder Dokumente erstellen und Links setzen kann. Ähnlich wie bei der Qualität der Dokumente, die erheblich variiert, variiert auch die Qualität bzw. Aussagekraft von Links. Links lassen sich auch in großer Zahl automatisch generieren, und solche Links sollten natürlich nicht das gleiche Gewicht bekommen wie Links, die von Menschen gesetzt werden, um auf interessante Dokumente hinzuweisen. Im Kapitel zur Suchmaschinenoptimierung (Kap. 8) werden wir auch sehen, dass es für Betreiber von Websites so attraktiv sein kann, wertvolle Links zu bekommen, dass sie diese kaufen. Auch wenn diese Praxis von den Suchmaschinenbetreibern in ihren Nutzungsbedingungen explizit ausgeschlossen wird, so zeigt sie doch, welche enorme Rolle die linktopologischen Verfahren für das Ranking in den Suchmaschinen (und damit auch für den Erfolg von Webangeboten, die über Suchmaschinen auffindbar sein sollen) spielen.

5.3.1.1 PageRank

Das wohl bekannteste linktopologische Verfahren ist der PageRank von Google. Das Verfahren wurde ursprünglich im Jahr 1998 vorgestellt (Brin und Page 1998; Page et al. 1999) und direkt in der lauffähigen Suchmaschine Google implementiert. Damit gewann es einen Vorsprung gegenüber anderen linktopologischen Verfahren, die vielleicht auf einer theoretischen Ebene ausgereifter waren (vor allem Jon Kleinbergs *HITS*; Kleinberg 1999), allerdings noch nicht in einer lauffähigen Suchmaschine verfügbar waren.

Oft wird irrtümlich behauptet, dass Google die Dokumente „nach dem PageRank" sortiert. Das ist falsch. Der PageRank ist vielmehr eines von vielen Verfahren, das Google dafür einsetzt (bzw. in der hier beschriebenen Form eingesetzt hat), um Dokumente nach ihrer Beliebtheit im Web zu sortieren. Wir werden sehen, was im Kontext dieses Verfahrens unter Beliebtheit zu verstehen ist.

Im Folgenden wird der PageRank dargestellt, weil es sich zum einen um das bekannteste linktopologische Verfahren handelt und sich zum anderen an diesem Verfahren gut die grundlegenden Vor- und Nachteile linktopologischer Verfahren erklären lassen. Es kommt also nicht darauf an, ob und wie Google dieses Verfahren heute noch einsetzt, sondern vielmehr darauf zu verstehen, welche zentrale Rolle linktopologische Verfahren für das Ranking in Suchmaschinen spielen. Auch wenn das konkrete Verfahren heute nicht mehr eingesetzt wird und andere Suchmaschinen sowieso anders arbeiten, so verwenden doch alle Verfahren zur Messung der Qualität von Dokumenten mittels Links.

Wie nun funktioniert das PageRank-Verfahren? Zunächst einmal wird das grundlegende Ziel festgelegt: Es soll für jedes Dokument im Web bestimmt werden, wie wahrscheinlich es ist, dass jemand, der sich über die Links im Web zufällig von Dokument zu Dokument hangelt, auf genau dieses Dokument stößt. Der PageRank einer Seite ist dann nichts anderes als der Wert, der diese Wahrscheinlichkeit angibt. Ein großer Vorteil eines solchen Verfahrens ist, dass der PageRank-Wert jeder Seite zugeordnet wird, bevor überhaupt eine Suchanfrage ausgeführt wird. Jedes Dokument erhält also schon im Rahmen der Indexierung einen Wert zugewiesen. Auch wenn also die Berechnung der Werte selbst sehr kompliziert und rechenintensiv sein mag, so wird in dem Moment des Rankings unmittelbar nach der Eingabe einer Suchanfrage nur mittels der bereits vorher bekannten PageRank-Werte eine einfache Berechnung durchgeführt. Dadurch kann das Ranking schnell erfolgen und die Suchanfragen können so schnell bearbeitet werden.

Wenn wir das Modell etwas technischer betrachten, so wird erst einmal das Web als gerichteter Graph aufgefasst, d. h. das Web ist eine Menge von Dokumenten, die durch Links, welche jeweils nur in einer Richtung zeigen. Zwar können Links auch gegenseitig sein, d. h. zwei Dokumente enthalten jeweils einen Link auf das andere Dokument, allerdings ist dies nicht notwendig. Das bedeutet auch, dass man, wenn man einen Link setzen möchte, niemanden um Erlaubnis fragen muss. Dies ist ein Unterschied beispielsweise zu dem gängigen Verlinkungsmodell in Sozialen Netzwerken: Möchte man etwa bei Facebook mit jemandem „befreundet" sein, so müssen sich beide gegenseitig bestätigen – die Verbindung (der „Link") kommt also nur zustande, wenn beide ihr zustimmen.

Das dem PageRank zugrunde liegende Modell des Zufallssurfers (*random surfer*) besagt, dass ein hypothetischer Nutzer ein Dokument aufruft, dort zufällig einem der angebotenen Links folgt, im nächsten Dokument wiederum zufällig einem der Links folgt, usw. Die einzige Ausnahme ist wiederum zufällig festgelegt: Mit einer gewissen (geringen) Wahrscheinlichkeit hat der Nutzer keine Lust mehr, weiteren Links zu folgen und beginnt daher auf einer zufällig ausgewählten Seite im Web von neuem mit dem Verfolgen von Links.

Betrachtet man nun dieses Modell, so erhält ein Dokument einen hohen PageRank, wenn

- viele andere Dokumente auf es verlinken, und/oder
- wenn Dokumente, die ihrerseits einen hohen PageRank haben, auf es verlinken.

Warum reicht nun die erste Bedingung nicht aus? Es wäre doch einleuchtend, dass ein Dokument, auf das viele Links verweisen, als wichtiger erachtet wird als ein Dokument, auf das nur wenige Links zeigen.

Doch das Zufallssurfer-Modell beschreibt gerade, dass es Knoten im Netz geben kann, die man bei einem zufälligen Aufruf von Links häufiger erreicht als andere Dokumente. Betrachten wir als Beispiel einen solchen Knoten, nämlich die Startseite von Spiegel.de. Nehmen wir an, dass diese Startseite bereits einen hohen PageRank hat, was dafür sorgt, dass allein über die Verlinkungen schon viele Besucher auf diese Seite kommen. Wenn nun dort ein Link auf eine andere Seite gesetzt wird, so ist intuitiv klar, dass dieser höher gewichtet werden sollte als ein Link beispielsweise von einer privaten Homepage, die ihrerseits kaum Links erhält und daher auch nur mit einer geringen Wahrscheinlichkeit von Nutzern besucht wird.

Wie wird nun diese unterschiedliche Wertigkeit von Links errechnet? In Gl. 5.1 wird die Berechnung des Werts für ein Dokument A beschrieben. Dabei ist PR der PageRank eines bestimmten Dokumentes und C die Anzahl der von einem Dokument ausgehenden Links. Bei d handelt es sich um einen Dämpfungsfaktor, der den oben beschriebenen Vorgang des nicht mehr Weiterverfolgens von Links und den an diese Stelle tretenden Neustart auf einer zufälligen Seite beschreibt.

In der Formel wird nun für jede der auf Dokument A verweisenden Seiten ihr jeweiliger PageRank durch die Anzahl der ausgehenden Links geteilt. Die so errechneten Werte werden addiert und mit dem Dämpfungsfaktor (der zwischen 0 und 1 liegt) multipliziert. Dann wird noch die Differenz zwischen 1 und dem Dämpfungsfaktor addiert.

$$PR(A) = (1-d) + d\left(\frac{PR(T1)}{C(T1)} + \cdots + \frac{PR(Tn)}{C(Tn)}\right) \tag{5.1}$$

Betrachten wir nun ein Beispiel: Abb. 5.8 zeigt einen kleinen Ausschnitt aus dem Web mit verlinkten Dokumenten. Jedes Dokument hat bereits einen PageRank-Wert, der innerhalb des Dokumentes dargestellt ist. Ebenso ist bereits ausgerechnet, welchen Wert jedes Dokument an diejenigen Dokumente, auf die es verlinkt, „vererbt" (neben den Pfeilen dargestellt).

Das Dokument links oben hat einen PageRank-Wert von 100 und zwei ausgehende Links. Mit jedem Link werden also 100/2 = 50 Punkte vererbt. Davon profitieren beide Dokumente auf der rechten Seite gleichermaßen.

Betrachten wir nun das Dokument links unten. Es hat selbst nur einen PageRank von 9 und drei ausgehende Links. Das Dokument rechts oben erhält durch diesen Link also 9/3 = 3 weitere Punkte.

Damit zeigt sich, dass die Links der beiden unterschiedlichen Dokumente einen sehr unterschiedlichen Wert haben. Betrachten wir die Formel aus der Perspektive eines Inhal-

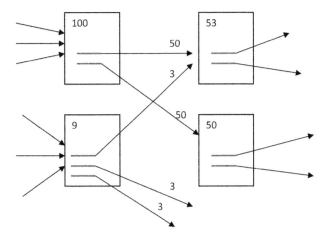

Abb. 5.8 Darstellung von Dokumenten mit Gewichtungen innerhalb des Linkgraphen. (aus Page et al. 1999, S. 4)

teanbieters, der seine Sichtbarkeit in Suchmaschinen durch das Sammeln von Links erhöhen möchte, ergibt sich daraus der Schluss, nicht unbedingt auf Masse zu setzen, sondern sich lieber um einige Links von ihrerseits wertvollen Seiten zu bemühen.

Als letzte Frage bleibt nun noch, wie man eigentlich die PageRank-Werte ausrechnen soll, wenn man dazu die PageRank-Werte der anderen Dokumente braucht, die man ja noch gar nicht kennt. Es scheint sich um eine Art Henne-Ei-Problem zu handeln. Die Lösung liegt in einem sog. *iterativen Verfahren*, bei dem in einem ersten Schritt allen Dokumenten der gleiche Wert zugewiesen wird. Auf dieser Basis werden alle PageRank-Werte vorläufig ausgerechnet. Ist dies für alle Dokumente geschehen, erfolgt eine neue Runde (Iteration), bei der nun auf der Basis der in der ersten Runde errechneten Werte wieder für alle Dokumente neue Werte ausgerechnet werden. In der dritten Runde werden dann die PageRank-Werte neu auf der Basis der Werte aus der zweiten Runde ausgerechnet, usw.

Doch wann ist die Berechnung beendet? Dies lässt sich nicht genau bestimmen. Allerdings gleichen sich die Werte eines einzelnen Dokumentes zwischen den einzelnen Iterationen immer weiter an, d. h. zwischen einer Iteration und der ihr folgenden Iteration werden die Unterschiede immer geringer. Es gibt zwar keinen fest definierten Punkt für den Abbruch der Berechnung, wenn allerdings festgestellt wird, dass sich die Werte kaum mehr verändern, kann die Berechnung abgebrochen werden.

Der PageRank-Algorithmus war zu seiner Zeit Ende der 1990er-Jahre, vor allem auch durch seine Implementierung in der damals neuen Suchmaschine Google, revolutionär. Mit seiner Hilfe konnte Google sichtbar bessere Ergebnisse hervorbringen als die Konkurrenz. Man kann sagen, dass die Konkurrenz sich von diesem Schlag bis heute nicht erholt hat, auch wenn der PageRank nur ein wichtiges Merkmal des Erfolgs von Google war (vgl. Kap. 7).

Der PageRank weist jedem einzelnen Dokument einen statischen Wert zu. Es wird also nicht eine Website (eine Quelle) bewertet, sondern jedes einzelne Dokument. Dass der PageRank ein statischer Wert ist, ist zugleich ein Vor- wie auch ein Nachteil. Der Vorteil besteht darin, dass der PageRank nicht in dem Moment, in dem eine Suchanfrage gestellt wird, berechnet werden muss, was aufgrund der komplexen Berechnung auch gar nicht möglich wäre. Der Nachteil besteht allerdings darin, dass für von der Suchmaschine neu aufgefundene Dokumente noch keine PageRank-Werte bekannt sind und daher ein Ausgleichsfaktor geschaffen werden muss.

Betrachten wir zum Abschluss noch einmal das im letzten Abschnitt über die Textstatistik erwähnte Beispiel der Suchanfrage white house. Nehmen wir vereinfachend an, dass eine Suchmaschine nur über die Platzierung zweier Seiten entscheiden muss, nämlich zwischen den Startseiten von whitehouse.com (dem Pornoangebot) und whitehouse.gov (dem Original). Wenn der Text auf beiden Seiten identisch ist (was eine Zeit lang tatsächlich der Fall war) und sich nur die Bilder unterscheiden, kann mittels der textstatistischen Verfahren keine Rankingentscheidung getroffen werden, wohl aber über ein Verfahren wie PageRank: Viel mehr (und hochwertigere) Seiten werden auf die Original-Seite des Weißen Hauses verweisen als auf das Pornoangebot. Mit einem linktopologischen Verfahren ist es also relativ leicht, zwischen einem Original und einer Fälschung zu unterscheiden.

Sie helfen aber auch dabei, hochwertige Dokumente innerhalb einer Menge von potenziell relevanten Dokumenten zu identifizieren. Damit ergänzen sie die textstatistischen Verfahren.

Für sich alleine sind Verfahren wie PageRank allerdings nicht zu gebrauchen. Würde man die Dokumente alleine nach dem PageRank anordnen, so ergäbe sich für jede Suchanfrage die gleiche Ergebnisreihung, da ja jedem Dokument unabhängig von seinem Inhalt und der aktuell gestellten Suchanfrage ein statischer Wert zugeordnet wird.

5.3.1.2 Weiterentwicklung der linktopologischen Verfahren

Wie bereits erwähnt, ist der PageRank weder das einzige linktopologische Verfahren, noch ist es heute in dieser Form noch bei Google als wesentlicher Faktor des Rankings im Einsatz. Er ist zu einer Art Mythos geworden, der auf der einen Seite als Begründung für Googles überragende Marktdominanz angerufen wird, auf der anderen Seite aber auch den Suchmaschinenoptimierern dient, um ihre Dienste mit einem Hauch von Genialität zu umgeben: Sie haben den PageRank durchschaut und können daher die Seiten ihrer Kunden bei Google auf die vorderen Plätze bringen.

Auch heute setzen alle Suchmaschinen linktopologische Verfahren ein, auch wenn immer wieder an der Bedeutung der Verlinkungen für das Ranking gezweifelt wird bzw. postuliert wird, dass ihre Bedeutung zurückgeht. Letzteres mag der Fall sein, es ist jedoch nicht zu leugnen, dass Links weiterhin eine große Rolle spielen, da sie sich gut als ein Ausdruck der Qualität interpretieren lassen. Und letztlich geht es im Ranking vor allem darum: Qualität (wie sie von den Nutzern empfunden wird) abzubilden.

5.3.2 Nutzungsstatistische Verfahren

Linktopologische Verfahren orientieren sich an den *Autoren* des Web; in die Berechnungen gehen die Links ein, die von den Autoren innerhalb von Dokumenten gesetzt werden. Es ist offensichtlich, dass mit solchen autorenzentrierten Verfahren nur ein Teil der Nutzerschaft des Web abgebildet werden kann, allerdings all diejenigen Nutzer, die in erster Linie Inhalte des Web konsumieren, außen vor gelassen werden.

Im Kontext von Social Media („Web 2.0") spricht man oft davon, dass Nutzer, die bislang nur Konsumenten von Informationen im Web gewesen wären, nun gleichzeitig Autoren würden. Sie würden damit zum „prosumer" (gebildet auch *consumer* und *producer*). Dies mag insofern stimmen, als Nutzer nun die einfache Möglichkeit haben, selbst Inhalte zu erstellen und im Web zu publizieren (ausführlich zu Suche und Social Media s. Kap. 14). Allerdings machen bei weitem nicht alle Nutzer von dieser Möglichkeit Gebrauch, d. h. es besteht weiterhin ein großer Unterschied zwischen denjenigen, die Inhalte im Web erstellen und denjenigen, die die Inhalte konsumieren.

Nutzungsstatistische Verfahren werten nun das Interaktionsverhalten der Nutzer mit einer Suchmaschine aus und versuchen, daraus Rückschlüsse auf die Qualität der von den Nutzern angesehenen Dokumente zu gewinnen, vor allem durch die Zählung von Klicks auf Suchergebnisse und die Messung der Verweildauer auf diesen Ergebnissen. Diese Informationen gehen dann wiederum in das Ranking ein.

Nutzungsstatistische Verfahren sind heute ein Standard für die Bestimmung der Qualität von Dokumenten durch Suchmaschinen. Ihr wesentlicher Vorteil liegt in der Masse der Daten, die als „Nebenprodukt" der Suchvorgänge der Nutzer ausgewertet werden können. Ihr gravierender Nachteil aus Nutzersicht liegt allerdings darin, dass zumindest bei den Verfahren, die die Daten individueller Nutzer auswerten, umfangreiche Datensätze über den jeweiligen Nutzer angelegt werden.

Man kann die nutzungsstatistischen Verfahren nach der Ebene der Datenerhebung unterscheiden:

• *Verwendung der Daten aller Nutzer*: Hier werden schlicht alle bei der Suchmaschine anfallenden Interaktionen erfasst. Ähnlich wie bei den linktopologischen Verfahren lassen sich damit die Ergebnisse für alle Nutzer verbessern; allerdings ist eine Differenzierung bzw. Anpassung an individuelle Bedürfnisse nicht möglich. Ein großer Vorteil aus Nutzersicht besteht darin, dass die Daten weitgehend anonym erfasst werden können und nicht den individuellen Nutzern zugeordnet werden müssen.

• *Verwendung der Daten bestimmter Nutzergruppen*: Eine automatische Segmentierung der Interaktionen nach Nutzergruppen erlaubt eine genauere Anpassung der Suchergebnisse auf die Bedürfnisse der jeweiligen Gruppe. Je tiefer der Differenzierungsgrad, desto eher lassen sich die erhobenen Daten einzelnen Nutzern zuordnen.

• *Verwendung der Daten jedes einzelnen Nutzers*: Werden die Daten einzelner Nutzer ausgewertet, wobei diese Daten dem einzelnen Nutzer zugeordnet bleiben (d. h. es ist nachvollziehbar, wann welcher Nutzer welche Suchanfrage gestellt hat), so spricht man von Personalisierung. Dieses Thema wird in Abschn. 5.6 ausführlich behandelt; im Folgenden werden wir erst einmal auf die grundlegenden nutzungsstatistischen Verfahren eingehen.

Den von den Suchmaschinen verwendeten nutzungsstatistischen Verfahren ist gemeinsam, dass sie die Daten in erster Linie implizit erheben. Dies bedeutet, dass aus dem allgemeinen Nutzerverhalten Schlüsse auf Qualitätsbewertungen gezogen werden. Klickt beispielsweise ein Nutzer ein bestimmtes Suchergebnis auf der Suchergebnisseite an, so wird dies als positive Bewertung dieses Ergebnisses gesehen. Explizite Bewertungen dagegen kennen wir vor allem aus Social-Media-Angeboten (beispielsweise „Likes" bei Facebook) oder aus dem E-Commerce-Bereich (beispielsweise Produktbewertungen mittels Sternchen bei Amazon). Auch solche Bewertungen können natürlich für das Ranking verwendet werden.

5.3.2.1 Auswertung der Klicks auf den Suchergebnisseiten

Betrachten wir ein Beispiel für die implizite Erhebung von Nutzungsdaten und ihrer Ausnutzung für das Ranking. Abbildung 5.9 zeigt eine fiktive Trefferliste mit vier Ergebnissen, dazu werden die gesammelten Klicks auf die einzelnen Treffer angegeben. Würde

Pos. 1: 1081 Klicks

122 Nudelauflauf Rezepte ⚲
122 **Nudelauflauf** Rezepte von **Nudelauflauf** mit Brokkoli bis **Nudelauflauf** mit Putenfleisch.
www.kochrezepte.de/rs.a1.**nudelauflauf**.html - Im Cache - Ähnliche Seiten

Pos. 2: 861 Klicks

Suchergebnis für "**Nudelauflauf**" - [ESSEN & TRINKEN] ⚲
40 Treffer in Rezepte für "**Nudelauflauf**". Rezepte ... **Nudelauflauf** mit Schinken und
Bergkäse von essen & trinken · 467 · **Nudelauflauf** mit Schinken und ...
www.essen-und-trinken.de/.../1?...**Nudelauflauf** - Im Cache - Ähnliche Seiten

Pos. 3: 1213 Klicks

Nudelauflauf / Marions Kochbuch ⚲
Nudelauflauf in der kombinierten Mikrowelle, untere Schiene, 6-7 Min., Grill Stufe 2 / 600 W
überbacken. Man kann den **Nudelauflauf** aber auch kurz im ...
www.marions-kochbuch.de/rezept/0081.htm - Im Cache - Ähnliche Seiten

Pos. 4: 643 Klicks

Rezepte für **Nudelauflauf** - LECKER.de ⚲
Was kann es schöneres geben, als eine Riesenportion Nudeln mit reichlich Käse aus dem
Backofen? Wir präsentieren die besten Rezepte für **Nudelauflauf**.
www.lecker.de › Rezepte › Rezept-Register - Im Cache - Ähnliche Seiten

Abb. 5.9 Auswertung der Klicks auf der Suchergebnisseite (fiktives Beispiel)

die Suchmaschine ein Ranking erstellen, das genau den Nutzererwartungen entspricht, würden wir annehmen, dass der erste Treffer am häufigsten angeklickt wird, dann der zweite, usw. In dem Beispiel sehen wir aber, dass zwar der erste Treffer tatsächlich am häufigsten angeklickt wurde, allerdings der dritte Treffer häufiger als der zweite. Was sagt das nun aus?

Wenn wir annehmen, dass die Nutzer die Trefferliste von oben nach unten lesen (s. dazu Abschn. 6.5), bedeuten die häufigeren Klicks auf den dritten Treffer, dass viele Nutzer den zweiten Treffer übersprungen haben, weil er ihnen nicht relevant erschien. Wir müssen hierbei allerdings beachten, dass es sich ja nicht um den Treffer selbst handelt, der bewertet wurde, sondern um die von der Suchmaschine generierte Trefferbeschreibung auf der Suchergebnisseite. Es könnte also unter Umständen sein, dass der Treffer zwar relevant zur Suchanfrage ist, die Trefferbeschreibung den Nutzern aber als nicht relevant erscheint (vgl. Lewandowski 2008).

Weiterhin ist zu beachten, dass die Klicks der Nutzer einen starken Reihungseffekt aufweisen (s. Abschn. 6.5). Dies bedeutet, dass die Wahrscheinlichkeit, dass ein Nutzer den ersten Treffer anklickt, schon durch seine Position bedingt ist und keineswegs allein vom Inhalt der Trefferbeschreibung abhängt. Dies bedeutet, dass die Klickzahlen in Relation zu den auf der jeweiligen Position erwarteten Klickzahlen gesetzt werden müssen. Wenn also beispielsweise die Treffer auf den Positionen 3 und 4 die gleiche Anzahl von Klicks bekommen würden, so würde dies, da Treffer auf Position 4 generell seltener geklickt werden als die auf Position 3, bedeuten, dass die Nutzer aufgrund der Beschreibung Treffer 4 bevorzugen. Für das Ranking würde dies bedeuten, dass es angebracht wäre, Treffer 4 weiter oben in der Liste zu platzieren.

Durch die Klicks kommt in unserem Beispiel eine klare Präferenz der Nutzer zum Ausdruck, und eine Suchmaschine könnte den aktuell auf der dritten Position stehenden Treffer auf die zweite Position setzen (vgl. Joachims et al. 2005). Der Vorteil dieses Verfahrens liegt darin, dass die Suchmaschine ihr Ranking sehr schnell an die aktuellen Bedürfnisse ihrer Nutzer anpassen kann. Der Nachteil besteht allerdings darin, dass nur Dokumente in die Auswertung eingehen, die bereits auf den vorderen Positionen der Trefferlisten zu finden sind, da sich Nutzer in der Regel sehr stark an der vorgegebenen Trefferreihung orientieren (s. Abschn. 6.5). Es ist also nicht zu erwarten, dass ein relevanter Treffer, der auf einer hinteren Position der Trefferliste steht, durch ein solches nutzungsstatistisches Verfahren nach vorne rückt. Für diese Fälle eignen sich andere Verfahren, vor allem die Messung der Aktualität (s. Abschn. 5.4), besser.

In Hinblick auf die Aktualität ist auch die Frage zu stellen, welcher Zeitraum der Klicks in die Messung eingehen sollte. Würde man einfach alle jemals angefallenen Klicks messen, würde dies im Ranking etablierte Dokumente bevorzugen und auf Dauer das Ranking „zementieren". Daher sind kürzere Zeiträume zu wählen, um Veränderungen im Klickverhalten der Nutzer tatsächlich schnell abbilden zu können.

Neben den Klicks in den Trefferlisten wird auch die Verweildauer (*dwell time*) auf den angeklickten Dokumenten erfasst und für das Ranking ausgenutzt. Dies dient zur Unterscheidung zwischen Dokumenten, die aufgrund ihrer Trefferbeschreibung zwar angeklickt wurden, allerdings von den Nutzern als nicht relevant betrachtet wurden, und tatsächlich relevanten Dokumenten. Dabei wird angenommen, dass ein Nutzer, der ein Dokument in der Trefferliste anklickt, aber schon nach kurzer Zeit wieder auf die Suchergebnisseite zurückkehrt, um ein neues Dokument auszuwählen, mit dem zuerst angeklickten Dokument nicht zufrieden war. Sein Klick wird dann nicht als eine Stimme *für* das angeklickte Dokument gewertet, sondern als eine Stimme *gegen* dieses Dokument. Klickt ein Nutzer allerdings ein Dokument an und kehrt entweder nicht auf die Suchergebnisseite zurück, so wird dies als ein positives Signal gewertet; ebenso, wenn der Nutzer nach einer angemessenen Lesezeit (Verweildauer) wieder auf die Suchergebnisseite zurückkehrt. Dann kann angenommen werden, dass das gelesene Dokument zwar relevant war, der Nutzer allerdings noch nach weiteren Informationen sucht.

Prinzipiell lässt sich das hier für die Auswertung des Interaktionsverhaltens aller Nutzer Gesagte auch auf einzelne Nutzergruppen übertragen. Auch hier gilt wiederum, dass zwar eine explizite Einteilung der Nutzergruppen möglich wäre (etwa dadurch, dass sich ein Nutzer selbst bestimmten thematischen Interessen zuordnet), in der Praxis eine solche Einteilung aber aufgrund des Suchverhaltens implizit erfolgt.

Auch die nutzungsstatistischen Verfahren werden stets als *Ergänzung* der textstatistischen Verfahren eingesetzt. Für sich alleine wären sie wertlos, da auch sie keine Aussage über den Inhalt von Dokumenten treffen, sondern nur über deren Popularität.

Ein großer Vorteil der nutzungsstatistischen Verfahren liegt darin, dass schnell große Datenmengen anfallen. Suchmaschinen können auf diese Weise schnell auf aktuelle Ereignisse reagieren, beispielsweise, wenn sich das dominierende Informationsbedürfnis zu einer Suchanfrage durch ein aktuelles Ereignis verändert und dadurch andere Dokumente bevorzugt werden (vgl. Abschn. 4.5.4). Beispielsweise erhielt die Suchanfrage Japan mit dem Reaktorunglück von Fukushima im März 2011 eine neue Bedeutung: Nutzer waren nun plötzlich nicht mehr vor allem an grundlegenden Informationen über das Land interessiert, sondern an Informationen zum aktuellen Ereignis; entsprechende Dokumente wurden in den Trefferlisten bevorzugt ausgewählt. Durch die Auswertung der Klickdaten war es den Suchmaschinen schnell möglich, die passenden Dokumente nach oben zu ranken.

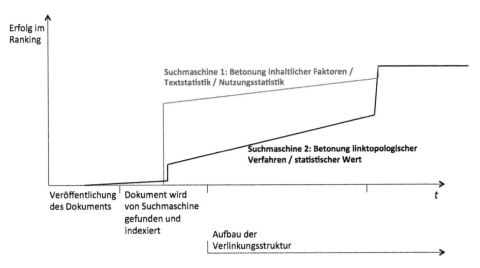

Abb. 5.10 Zusammenspiel von Rankingkomponenten im zeitlichen Verlauf (Modifiziert nach Lewandowski 2005, S. 183)

Als sich die Interessen der Nutzer zu der Suchanfrage später wieder veränderten, konnten die Suchmaschinen ebenso schnell entsprechend reagieren.

Abbildung 5.10 verdeutlicht noch einmal, wo der Vorteil der nutzungsstatistischen Verfahren vor allem gegenüber den linktopologischen Verfahren, die ja ebenso die Qualität von Dokumenten messen, liegt. Wird ein neues Dokument von einer Suchmaschine gefunden, so liegen erst einmal keine Informationen zu seiner Popularität vor. Die Suchmaschine muss sich also erst einmal mit der Textstatistik begnügen; meist erhalten neue Dokumente allerdings einen „Bonus" (s. Abschn. 5.4), damit sie gegenüber bereits etablierten Dokumenten eine Chance haben. Die linktopologischen Verfahren kommen zwar auch bei neuen Dokumenten zum Einsatz, da es allerdings in der Regel eine gewisse Zeit dauert, bis neue Dokumente eine nennenswerte Zahl von Links erhalten, können diese Verfahren bei neuen Dokumenten oft nicht sinnvoll eingesetzt werden. Vorausgesetzt, dass ein neues Dokument aber durch textstatistische und aktualitätsbezogene Faktoren bereits in den Trefferlisten auftaucht, können nutzungsstatistische Verfahren dafür sorgen, dass schnell Popularitätsinformationen zu dem Dokument gewonnen werden. Später, wenn genug Zeit vergangen ist, in der das Dokument Links ansammeln konnte, können die Faktoren untereinander wieder anders gewichtet werden.

5.3.2.2 Erhebung der Daten für nutzungsstatistische Verfahren

Nutzungsstatistische Verfahren basieren zunächst einmal auf den Daten, die bei der Verarbeitung der Suchanfragen sowieso anfallen. Jeder Webserver protokolliert die an ihn gestellten Anfragen; dabei werden u. a. das aufgerufene Dokument, die IP-Adresse des anfragenden Rechners, der Zeitpunkt des Aufrufs und auch eine ggf. eingegebene Suchanfrage erfasst. Diese Daten werden nun in ihrer Masse für die nutzungsstatistischen Verfahren ausgewertet. Es gibt jedoch auch zahlreiche Erweiterungen, die eine weit umfas-

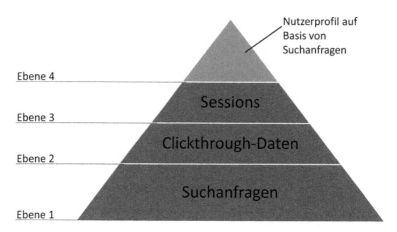

Abb. 5.11 Ebenen der Suchanfragenanalyse. (aus Lewandowski 2011, S. 62)

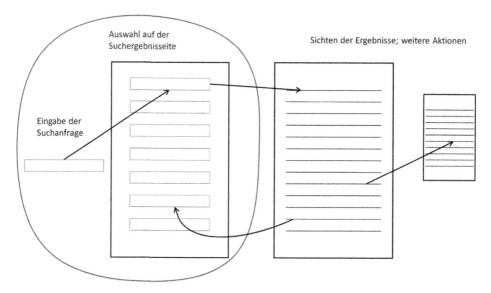

Abb. 5.12 Für die Suchmaschine erfassbare Daten im Suchverlauf

sendere Datenerfassung erlauben. Auch hier können wir zwischen verschiedenen Ebenen der Datenerfassung unterscheiden (Abb. 5.11).

Werden schlicht die Logfiles, also die Protokolle der Nutzerinteraktionen mit den Servern der Suchmaschine, ausgewertet, so können neben den Suchanfragen nur diejenigen Interaktionen erfasst werden, die auf den Seiten der Suchmaschine stattfinden. Alle weiteren Interaktionen, die stattfinden, sobald der Nutzer das Angebot der Suchmaschine verlassen hat, können nicht mehr erfasst werden. Abbildung 5.12 verdeutlicht dies: Interaktionen innerhalb des Kreises können erfasst werden; dazu zählen die eingegebenen Suchanfragen, das Sichten von Suchergebnisseiten und die Auswahl eines Treffers auf der Suchergebnisseite.

Alles, was *nach* der Auswahl eines Ergebnisses geschieht, wird durch die Logfiles nicht mehr erfasst, da der Nutzer ja nun nicht mehr mit der Suchmaschine interagiert, sondern auf einen anderen Server weitergeleitet wird. Erst, wenn ein Nutzer wieder auf die Ergebnisseite der Suchmaschine zurückkehrt, kann eine neue Interaktion erfasst werden. Dabei kann allerdings nicht festgestellt werden, was der Nutzer inzwischen gemacht hat: Hat er das vorgeschlagene Dokument intensiv gelesen? Oder hat er ein weiteres Dokument angeklickt, ist dann auf das ursprüngliche Dokument und schließlich auf die Suchergebnisseite zurückgekehrt?

Die Suchmaschinenanbieter haben schnell erkannt, dass ihnen bei der Erfassung der Nutzungsdaten allein über die Logfiles viele relevante Daten entgehen. Dies betrifft nicht nur die direkt aus den Suchanfragen resultierenden Interaktionen; vielmehr können auch Interaktionen, die erst einmal nichts mit Suchanfragen zu tun haben, für die Suche aufschlussreich sein. Wenn man beispielsweise feststellen kann, auf welche Dokumente innerhalb einer Website Nutzer bevorzugt navigieren, kann man diesen Seiten im Ranking einen *boost* geben.

Es sind vor allem vier Tools, die den Suchmaschinen zur Erhebung komplexer Interaktionsdaten dienen:

- Toolbars
- Eigene Browser
- Personalisierungstools („Webprotokoll")
- Analysedienste für Websitebetreiber

Toolbars sind Zusatzprogramme für Browser, die im Falle von Suchmaschinen eine leichte Suche ermöglichen, indem ein Suchfeld und einige Zusatzfunktionen fest in den Browser verankert werden. Zur Eingabe einer Suchanfrage muss dann nicht mehr die Website der Suchmaschine aufgerufen werden. Manchmal werden auch – unabhängig von einer Suchanfrage – zusätzliche Informationen zu dem gerade aufgerufenen Dokument angeboten. Im Fall der Google-Toolbar war dies lange der PageRank-Wert jeder einzelnen Seite. Um diesen aber überhaupt anzeigen zu können, wurden sämtliche aufgerufenen URLs an Google übermittelt. Somit konnte Google das *komplette* Interaktionsverhalten aller Nutzer, die die Toolbar installiert hatten, auswerten.

Eigene Browser von Suchmaschinen (wie etwa Google Chrome), die eine Erfassung der Nutzungsdaten vorsehen, ermöglichen Suchmaschinen prinzipiell die gleichen Auswertungen wie die Toolbars.

Personalisierungstools („Webprotokoll") sollen den Nutzern bessere Ergebnisse liefern (s. a. Abschn. 5.6). Dazu werden alle Interaktionen mit der Suchmaschine erfasst. Google selbst gibt folgende Hinweise, welche Daten dort erfasst (Google Inc. 2014):

Im Google-Suchverlauf werden Informationen zu Ihren Suchanfragen und Ihrem Browser gespeichert. Hierzu zählt Folgendes:

- Google-Suchanfragen über Browser und Apps, einschließlich des Ursprungs der Suchanfrage
- Angezeigte Ergebnisse, einschließlich Ergebnisse aus Gerätedaten und privater Ergebnisse von Google-Produkten wie Google +, Gmail und Google Kalender
- Ihre Interaktion mit den Suchergebnissen, einschließlich der von Ihnen aufgerufenen Ergebnisse
- Ihre Interaktion mit eingeblendeten Anzeigen – einschließlich Klicks auf die jeweilige Anzeige sowie Transaktionen auf der Website des Werbetreibenden
- Ihre IP-Adresse
- Typ und Spracheinstellung Ihres Browsers
- Ihre Suchanfragen und sonstigen Aktivitäten auf Google Maps, einschließlich Karten aus dem Web

In der Beschreibung werden die Daten nur beispielhaft aufgeführt. Google behält sich mit dieser Art der Beschreibung also vor, noch weitere Daten zu erfassen, ohne seine Nutzer explizit darüber zu informieren.

Ein Ausschnitt aus dem für den Nutzer sichtbaren Webprotokoll von Google ist in Abb. 5.13 zu sehen. Dabei sind die gestellten Suchanfragen mit den jeweils angeklickten Ergebnissen zu sehen. Alle Eintragungen sind mit einem Zeitstempel versehen.

Sobald ein Nutzer ein Google-Konto erstellt (welches beispielsweise für die Nutzung von Gmail oder Google+ nötig ist), wird der Suchverlauf automatisch aktiviert (https:// support.google.com/accounts/answer/54068?hl=de). Zwar lässt er sich manuell deaktivieren, es ist allerdings nicht klar, wie vielen Nutzern überhaupt bewusst ist, dass ihre Daten in dieser Weise erfasst werden.

Analysedienste für Websitebetreiber wie Google Analytics erlauben den Anbietern von Websites eine einfache Analyse der Interaktionen ihrer Benutzer. Dazu gehören u. a. die aufgerufenen Seiten, typische Benutzungspfade und die Herkunft der Nutzer (direkter Aufruf der Website, Aufruf über eine Suchmaschine, usw.). Die Funktionen von Google Analytics gehen dabei weit über die üblichen Analysetools für Websites, welche oft von Domainhostern „mitgeliefert" werden, hinaus. Der Preis für die umfangreichen Analysemethoden ist allerdings, dass der Websitebetreiber seine Daten mit der Suchmaschine teilt: Diese kann dann ebenso nachvollziehen, wie sich Nutzer auf der entsprechenden Website verhalten und daraus Schlüsse ziehen.

Gesucht nach Von Kunhardtstraße, Hamburg nach AsiaQuick, Hudtwalckerstraße 30, 22299 Hamburg	13:14
Gesucht nach asia	13:13
Raw Like Sushi & More - google.de	13:12
AsiaQuick - google.de	13:13
https://www.google.de/maps/preview#!q=Kunhard...	13:12
Gesucht nach Kunhardtstraße, Hamburg	13:12
Gesucht nach dropbox benachrichtigungen auf dem desktop abschalten	11:48

Abb. 5.13 Ausschnitt aus dem Webprotokoll von Google

Google führt die Daten aus der Nutzung seiner unterschiedlichen Dienste je Nutzer zusammen (einsehbar unter https://www.google.com/settings/dashboard), sodass umfassende Nutzerprofile erstellt werden können, die sich für eine Verbesserung der Suchergebnisse, aber beispielsweise auch für die genauere Ausspielung von Werbung eignen.

5.3.2.3   Bewertung der nutzungsstatistischen Verfahren

Aus einer technischen Sicht sind nutzungsstatistische Verfahren sehr gut geeignet, die Suchergebnisse zu verbessern. Gerade die Möglichkeit, schnell auf aktuelle Entwicklungen im Suchanfrageaufkommen und im Klickverhalten zu reagieren, machen diese Verfahren zu einer idealen Ergänzung zur Messung der Popularität durch linktopologische Verfahren.

Eine Grundannahme der nutzungsstatistischen Verfahren ist allerdings, dass sich Nutzer soweit ähnlich sind, dass sie die gleichen Ergebnisse wie andere Nutzer bzw. wie eine bestimmte Nutzergruppe bevorzugen. Der Ausweg aus dieser „Gleichmacherei" besteht in der Personalisierung (s. Abschn. 5.6), die allerdings vor allem hinsichtlich des Datenschutzes Probleme aufwirft. Nutzungsstatistische Verfahren erfordern grundsätzlich eine umfassende Sammlung von Daten, die zuerst einmal auf individuelle Nutzer zurückgeführt werden *können* (bei der Erfassung werden automatisch Daten zur Herkunft der Anfrage erhoben). Es ist für nutzungsstatistische Verfahren allerdings nicht unbedingt notwendig, diese Daten auch so zu speichern, dass sie auf einzelne Nutzer zurückzuführen sind.

5.4   Aktualität

Schon bei der Diskussion der nutzungsstatistischen Verfahren wurde als eine ihrer wesentlichen Eigenschaften beschrieben, dass sie auch für neue Dokumente schnell Popularitätsinformationen liefern können und so den Nachteil der linktopologischen Verfahren, welche strukturell ältere Dokumente bevorzugen, ausgleichen können. Allerdings kann auch direkt die Aktualität von Dokumenten für das Ranking eingesetzt werden; dann besteht das wesentliche Problem darin, das tatsächliche Erstellungs- bzw. Aktualisierungsdatum der Dokumente festzustellen.

Ein plastisches Beispiel dafür, dass ein Ranking allein auf der Basis textstatistischer und linktopologischer Verfahren nicht ausreicht, lieferte Google im Jahr 2001. Nach den Terroranschlägen auf das World Trade Center in New York am 11. September war die Nachfrage nach aktuellen Informationen in den Suchmaschinen riesig. Allerdings gelang es der Suchmaschine nicht, entsprechend aktuelle Dokumente anzuzeigen. Abbildung 5.14 zeigt die Startseite von Google am Tag der Anschläge; unterhalb des Suchfelds sind *manuell eingefügte Links* auf Nachrichten zu sehen. Aus dieser „Niederlage" der Suchmaschinen wurden zwei Konsequenzen gezogen: Zum einen wurde Aktualität zu einem wichtigen Rankingfaktor gemacht, und zum anderen wurden verstärkt Nachrichtensuchmaschinen entwickelt (zu Nachrichtensuchmaschinen s. Kap. 13).

Search 1,610,476,000 web pages

· Advanced Search
· Preferences

[Google Search]   [I'm Feeling Lucky]

Google Web Directory
the web organized by topic

Google Groups
usenet discussion forum

Breaking news: Attacks hit US

Many online news services are not available because of high demand.
Below are links to news sites, including cached copies as they appeared earlier.

Current: Washington Post - Yahoo! News - CNN - ABC News - Yahoo! News Photos - NY Times
Earlier: CNN.com - NY Times (1) - NY Times (2) - Washington Post

Abb. 5.14 Die Google.com-Startseite am 11. September 2001 (http://blogoscoped.com/files/google-on-911-large.png)

Wie können Suchmaschinen nun Aktualitätsinformationen für sich nutzen? Zum einen kann das Wissen über das Erstellungs- und Aktualisierungsdatum sowie die Aktualisierungsfrequenz eines Dokuments dafür eingesetzt werden, das Crawling effizient zu steuern (s. Abschn. 3.3). Zum anderen lassen sich diese Informationen für das Ranking ausnutzen. Dazu muss erst einmal festgestellt werden, ob es für eine gegebene Suchanfrage überhaupt *sinnvoll* ist, aktuelle Dokumente anzuzeigen (sog. *need for freshness*). Anschließend kann die Aktualität der Dokumente in das Ranking einbezogen werden.

Doch wie lässt sich die Aktualität eines Dokuments feststellen? Zunächst einmal enthalten HTML-Dateien nicht notwendigerweise ein Erstellungs- bzw. Aktualisierungsdatum. Die einfachste Möglichkeit scheint daher, das auf dem Server abgelegte Aktualisierungsdatum der jeweiligen *Datei* zu verwenden. Dass dieses aber nicht geeignet ist, lässt sich leicht feststellen: Bei jeder Aktualisierung, auch wenn es sich nur um den Austausch eines einzelnen Buchstabens handeln sollte, wird die Datei mit einem neuen Datum versehen.

Erstellungs- und Aktualisierungsdaten lassen sich daher nur relativ bestimmen. Das *Erstellungsdatum* eines Dokumentes wird dabei in der Regel mit dem ersten Auffinden durch die Suchmaschine gleichgesetzt (was Suchmaschinen, die bereits länger am Markt sind, einen gewissen Vorteil verschafft). Das *Aktualisierungsdatum* eines Dokumentes lässt sich auf vielfältige Weise bzw. durch eine Kombination unterschiedlicher Faktoren näherungsweise ermitteln (Acharya et al. 2005): Auch hier kann wieder das Datum des ersten Auffindens des aktualisierten Dokumentes herangezogen werden (im Idealfall müsste man, um ein zuverlässiges Datum zu erhalten, *alle Dokumente* in möglichst kurzen Abständen überprüfen), allerdings ist dies nicht ausreichend. Weitere Indikatoren sind die inhaltliche Aktualisierung bzw. Veränderung des Dokumentes (d. h. es finden tatsächlich signifikante Änderungen im Dokumententext, nicht nur in Umgebungstexten, wie Werbung und Verweisen auf weitere Artikel, statt), eine Veränderung in der Verlinkung des Dokumentes (wenn aktuell viele Links auf ein Dokument gesetzt werden, so deutet das darauf hin, dass es zumindest aktuell eine bestimmte Bedeutung hat) sowie der *Traffic*, den ein Dokument erhält.

Auch wenn es schwierig ist, das exakte Erstellungs- bzw. Aktualisierungsdatum eines Dokumentes zu ermitteln, so ist mit diesem Datum – ggf. ergänzt um einen Faktor zur Aktualisierungs*frequenz* des Dokumentes, der aus vergangenen Aktualisierungen errechnet wird –, eine sinnvolle und einfach einzusetzende Ergänzung zu den oben beschriebenen Rankingfaktoren zu erreichen. Denn auch bei der Datumsangabe handelt es sich um einen statischen Wert, d. h. im Moment des Rankings muss nur dieser Wert herangezogen werden, ohne dass komplexe Berechnungen durchgeführt werden müssen. Das wiederum sorgt für eine schnelle Verarbeitung und beeinflusst die Zeit für die Erstellung der Ergebnisseiten nicht negativ.

5.5 Lokalität

Unter Lokalität versteht man die Anpassung der Suchergebnisse (bzw. deren Reihung) an den momentanen Standort des Nutzers. Die zugrundeliegende Annahme dabei ist, dass ein Nutzer Dokumente bevorzugt, die sich in seiner Nähe befinden.

Ein übliches Beispiel ist die Suche nach einem Restaurant: Angenommen, ein Nutzer gibt als Suchbegriff nur `Restaurant` ein. Welche Ergebnisse sollten ihm bevorzugt angezeigt werden? Es spricht einiges dafür, Ergebnisse in der Nähe des momentanen Standortes dieses Nutzers anzuzeigen. Mit einer gewissen Wahrscheinlichkeit möchte dieser Nutzer ein Restaurant besuchen, und da würde es natürlich wenig Sinn ergeben, wenn die vorgeschlagenen Restaurants zu weit entfernt wären, um sie in vertretbarer Zeit zu erreichen.

Während Suchmaschinen schon früh ihre Rankingverfahren an das benutzte Länderinterface angepasst haben und für die aus unterschiedlichen Ländern gestellte gleiche Suchanfrage die Ergebnisse in unterschiedlicher Reihung ausgaben, erfolgt seit etwa 2008 eine Anpassung der Ergebnisse auf den konkreten Standort des Nutzers.

Die Abb. 5.15 und 5.16 zeigen den Beginn der Suchergebnisseiten von Google.de und Google.ch für die Suchanfrage `bundesrat`. Die Suchanfrage ergibt zwar die gleiche Ergebnismenge, die Reihung unterscheidet sich aber schon auf der ersten Position: Während Google.de den Deutschen Bundesrat listet, findet sich bei Google.ch der Schweizer Bundesrat auf Platz 1. Dies leuchtet unmittelbar ein, da es wahrscheinlich ist, dass ein Nutzer aus dem jeweiligen Land auch zuvorderst nach „seinem" Bundesrat sucht. Eine solche

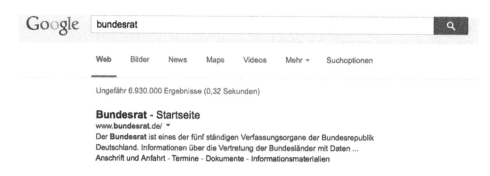

Abb. 5.15 Erstes Ergebnis für Bundesrat auf Google Deutschland (Google.de)

Abb. 5.16 Erstes Ergebnis für Bundesrat auf Google Schweiz (Google.ch)

Anpassung wäre, wie wir oben gesehen haben, auch durch die Auswertung des Nutzerverhaltens möglich. Ein einfacherer Weg ist hier allerdings die Bevorzugung von Dokumenten, die einerseits in der Sprache des verwendeten Nutzerinterfaces abgefasst sind und andererseits ihren „Standort" im Land des anfragenden Nutzers haben.

Doch was ist nun der „Standort" eines Dokumentes? Gemeint ist hier nicht der physische Standort des Dokumentes, also der Ort, an dem der Server steht, auf dem das Dokument abgelegt ist, sondern der Standort, der im Dokument behandelt wird. So kann ein Dokument auf einem Server in den USA abgelegt sein, sich jedoch explizit auf einen genauen Standort in Deutschland beziehen (beispielsweise die Websites eines Cafés um die Ecke). Die Herausforderung für die Suchmaschinen besteht nun darin, den korrekten Standort zu ermitteln. Dies lässt sich u. a. über auf der jeweiligen Website vorhandene Informationen (beispielsweise Adresse im Impressum) oder aber über nutzungsstatistische Verfahren (Von wo wird am meisten auf das Dokument zugegriffen?) erreichen.

Die Ermittlung des Standortes eines Nutzers ist wesentlich einfacher als die Ermittlung des „Standortes" eines Dokumentes. Im Falle stationärer Rechner kann die jeweilige IP-Adresse verwendet werden, um den ungefähren Standort des Nutzers zu ermitteln. Im Fall von mobilen Endgeräten (Smartphones, Tablets, usw.) ist die Ermittlung noch wesentlich einfacher und genauer: Hier können die vom Gerät über GPS gesendeten Stand-

Abb. 5.17 Suchergebnisseite (Ausschnitt) in der mobilen Suche von Google (Suchanfrage restaurant)

ortdaten verwendet werden, was eine sehr genaue Ermittlung des Standortes ermöglicht. Abbildung 5.17 zeigt einen Ausschnitt aus einer Suchergebnisseite von Google auf einem Smartphone; die Suchanfrage lautete restaurants. Die Suchergebnisse sind sehr stark auf den aktuellen Standort des Nutzers angepasst; die empfohlenen Restaurants befinden sich in den umliegenden Straßen. Zu dieser Anpassung war wiederum keine zusätzliche Standorteingabe des Nutzers nötig, sondern die Suchanfrage wurde um die Standortdaten erweitert.

Neben dem Feststellen des Standortes von Dokumenten liegt die Herausforderung der lokalen Anpassung vor allem in der Frage, wann lokalisierte Ergebnisse angezeigt werden sollen und wenn ja, in welcher Entfernung sie zum Nutzer liegen sollen.

Wir haben bereits gesehen, dass lokalisierte Suchergebnisse auch ohne Eingabe eines sog. *trigger words*, welche den Standort angeben, angezeigt werden. In dem Restaurant-Beispiel war auch evident, dass lokalisierte Suchergebnisse nützlich sein können. Dies ist aber nicht bei allen Suchanfragen so offensichtlich. Sucht ein Nutzer beispielsweise nach Rechtsanwalt, so scheint diese Suchanfrage erst einmal nur wenig lokalen Bezug zu haben. Betrachtet man jedoch die Informationsbedarfe der Nutzer näher, so stellt sich heraus, dass eine Rechtsberatung eine Dienstleistung ist, die vornehmlich im Umkreis des Nutzers gesucht wird, auch wenn dieser Umkreis natürlich ein weiterer ist als der bei der Suchanfrage Restaurants, die von einem Nutzer auf der Straße mobil eingegeben wird.

Jones et al. (2008) haben untersucht, in welchem Radius lokalisierte Suchergebnisse liegen sollten. Sie fanden heraus, dass sich der gewünschte Radius je nach Suchanfrage erheblich unterscheidet und dass er auch abhängig vom Standort des Nutzers ist. So sind Nutzer in einem weitläufigen US-Bundesstaat eher bereit, größere Distanzen zurückzulegen als Nutzer in dicht besiedelten Gebieten. Die lokalen Suchergebnisse müssen als entsprechend angepasst werden.

Die Berücksichtigung des Standortes der Nutzer führte dazu, dass nicht mehr alle Nutzer dieselbe Ergebnisreihung sahen, auch wenn sich u. U. an der Gesamtmenge der Ergebnisse nichts veränderte. Solange die Anpassung allein auf der Basis der Länderinterfaces erfolgte, konnte man einfach zwischen den verschiedenen lokalen Sichten wechseln, indem man ein anderes Länderinterface der Suchmaschine auswählte (also etwa Google.fr anstatt von Google.de). Seit jedoch die Anpassung auf der Basis des echten Standorts des Nutzers erfolgt (unter Umständen kombiniert mit Standortdaten, die bereits in der Vergangenheit erfasst wurden), lässt sich nicht mehr leicht nachvollziehen, ob bei der Ergebnisreihung der Standort eine Rolle gespielt hat und wenn ja, welche. Dies macht die Ergebnisreihung für den Nutzer noch weniger nachvollziehbar als ohnehin schon. Allerdings sind die Vorteile der lokalen Anpassung evident: Sie sorgt nicht nur für einen besseren Abgleich zwischen Suchanfragen und Dokumenten, sondern erspart den Nutzern auch die zusätzliche, explizite Eingabe des gewünschten Standortes.

5.6 Personalisierung der Suchergebnisse

Unter Personalisierung wird allgemein die Anpassung eines Objektes an die Bedürfnisse eines Subjektes verstanden (Riemer und Brüggemann 2009, S. 153). Bezogen auf Suchmaschinen sind unterschiedliche Formen der Personalisierung möglich; sie reichen von der individuellen Anpassung des Benutzerinterfaces bis hin zur Personalisierung der Suchergebnisse, um die es im Folgenden gehen soll. Diese kann in den Bereich der nutzungsstatistischen Verfahren eingeordnet werden: Die Personalisierung aufgrund des Verhaltens eines einzigen Nutzers erfolgt anhand impliziter Daten aus seinem Surfverhalten; explizite Daten können zusätzlich über Bewertungen (entweder durch den Nutzer selbst oder durch seine Kontakte in einem sozialen Netzwerk) gewonnen werden.

Das Wesen der personalisierten Suchergebnisse ist, dass jedem Nutzer auf Basis seines Profils *unterschiedliche Ergebnisse* bzw. eine *unterschiedliche Ergebnisreihung* angezeigt werden. Damit soll eine bessere Qualität der Ergebnisse erreicht werden, da die Reihenfolge der Ergebnisse ja so verändert wird, dass diejenigen Ergebnisse, die für den individuellen Nutzer als besonders relevant ermittelt wurden, bevorzugt angezeigt werden. Das können Treffer sein, die in der Vergangenheit von diesem Nutzer bereits angesehen wurden (unter der Annahme, dass ein Treffer, der früher einmal nützlich war, dies auch wieder sein wird) oder Treffer, die zu einem, auf dem vergangenen Verhalten des Nutzers ermittelten, thematischen Suchprofil gut passen. So würden etwa einem Nutzer, der in der Vergangenheit häufig nach Tieren gesucht hat, zu der Suchanfrage Jaguar bevorzugt Ergebnisse zu dem Tier und nicht zu der gleichnamigen Automarke angezeigt.

In der Diskussion um die Personalisierung taucht oft das Missverständnis auf, dass Suchmaschinen bestimmte Treffer bestimmten Nutzern nicht mehr anzeigen würden. Allerdings wird auch hier die Treffermenge nur *neu angeordnet*, potenziell bleiben alle Treffer weiterhin sichtbar. Aber natürlich werden Treffer, die erst weit hinten in der Trefferliste auftauchen, von den Nutzern in der Regel kaum mehr wahrgenommen. Dies ist jedoch ein Effekt, der bei allen Rankings auftritt und kein Spezifikum der Personalisierung ist.

In Abschn. 5.3.2 haben wir schon gesehen, wie die Daten für die nutzungsstatistischen Verfahren gewonnen werden können. Dieselben Daten lassen sich natürlich auch für die Personalisierung verwenden. Ein frühes Patent aus dem Jahr 2003 (Culliss 2001) beschreibt, welche expliziten (also vom Nutzer selbst angegebenen) und impliziten Daten für die Personalisierung eingesetzt werden können. Natürlich bedeutet die Nennung in einer Patentschrift noch lange nicht, dass all diese Daten auch tatsächlich von einer Suchmaschine erfasst und verarbeitet werden; um zu verdeutlichen, welch detaillierte Profile aber von den Suchmaschinen erstellt werden können, soll hier einmal die komplette Auflistung wiedergegeben werden:

> Demographic data includes, but is not limited to, items such as age, gender, geographic location, country, city, state, zip code, income level, height, weight, race, creed, religion, sexual orientation, political orientation, country of origin, education level, criminal history, or health.
>
> Psychographic data is any data about attitudes, values, lifestyles, and opinions derived from demographic or other data about users.
>
> Personal interest data includes items such as interests, hobbies, sports, profession or employment, areas of skill, areas of expert opinion, areas of deficiency, political orientation, or habits.
>
> Personal activity data includes data about past actions of the user, such as reading habits, viewing habits, searching habits, previous articles displayed or selected, previous search requests entered, previous or current site visits, previous key terms utilized within previous search requests, and time or date of any previous activity (Culliss 2001, S. 3).

Die Personalisierung der Suchergebnisse wird vielfach kritisch gesehen. Neben der Erstellung von Persönlichkeitsprofilen führe sie dazu, dass die Ergebnisse der Suchmaschinen vor allem die eigene Meinung bestätigen und andere Meinungen unterdrückt würden. Außerdem wären Entdeckungen, wie sie in nicht-personalisierten Suchergebnissen möglich gewesen wären, nun nicht mehr möglich oder doch zumindest unwahrscheinlicher. Die Kritik von Eli Pariser in seinem Buch *The Filter Bubble* (Pariser 2011) berücksichtigt, dass Nutzer schon immer Medien nach ihrem Geschmack ausgewählt hätten, allerdings würde durch die Personalisierung durch Suchmaschinen (und Soziale Netzwerke) eine neue Dimension erreicht: So wäre die Filterblase erstens dadurch gekennzeichnet, dass sie auf jeden Nutzer individuell angepasst sei und jeder Nutzer eben unterschiedliche Ergebnisse zu sehen bekäme, zweitens dadurch, dass sie für den Nutzer unsichtbar bleibe, und drittens, dass sich Nutzer nicht für oder gegen die Personalisierung ihrer Ergebnisse entscheiden könnten, sondern die Verfahren ohne Rückfrage von den Suchmaschinen angewendet werden würden.

Unstrittig ist allerdings, dass die Personalisierung von Suchergebnissen zu einer weit besseren Ergebnisqualität führen *kann*, da eben gerade die individuelle Anpassung auf den einzelnen Nutzer viele Ergebnisse, die für die Masse relevant sein können, für den einzelnen Nutzer jedoch nicht, ausgefiltert werden können. Die Debatte hat sich hier mit der Diskussion der Filterblase verlagert von einer Kritik an den Suchmaschinen dafür, dass sie auf die Masse ausgerichtete, oberflächliche Ergebnisse anzeigen würden hin zu einer Kritik an der (zu starken) Anpassung an den einzelnen Nutzer. Wenig berücksichtigt wird allerdings, dass es auch andere Formen der Personalisierung geben könnte, die nicht notwendigerweise auf der Erfassung möglichst aller Daten jedes Nutzers beruhen, sondern nur ausgewählte Daten für einen eng begrenzten Zeitraum verwenden. Ebenso ließen sich Algorithmen erstellen, die gerade dafür sorgen, dass Nutzer *nicht* das immer Gleiche, sondern im Gegenteil neue und inspirierende Ergebnisse angezeigt werden.

5.7   Technische Rankingfaktoren

Neben den beschriebenen inhaltlichen Faktoren spielen auch sog. technische Faktoren eine Rolle im Ranking der Suchergebnisse. Da die Dokumente verteilt im Web vorliegen und die Suchmaschinen ja auf „fremde" Dokumente verweisen, haben sie keinen Einfluss darauf, wie Dokumente gestaltet sind und wie schnell sie abgerufen werden können. Daher werden solche Faktoren gemessen und gehen in das Ranking ein.

Der wichtigste technische Faktor ist die Ladegeschwindigkeit. Hier wird gemessen, wie schnell das Dokument geladen wird, wenn es von einem Nutzer in der Trefferliste angeklickt wird. Inzwischen sind wir es gewöhnt, dass Seiten innerhalb von Sekunden laden, und eine längere Ladezeit führt häufig zum Abbruch des Suchvorgangs bzw. zur Rückkehr zur Trefferliste. Daher werden von den Suchmaschinen Dokumente bevorzugt, die schnell geladen werden können.

Ein weiterer technischer Faktor ist die Adaptierbarkeit der Dokumente für mobile Endgeräte. Suchmaschinen werden ja bei weitem nicht nur auf statischen Rechnern bzw. Laptops verwendet, und daher ist es wichtig, dass die durch sie vermittelten Dokumente auch auf dem gerade genutzten Endgerät gut lesbar sind. Auch dies kann gemessen werden und geht in das Ranking ein, und die Trefferlisten der Suchmaschinen können sich daher für dieselbe Suchanfrage schlicht aufgrund des verwendeten Endgeräts unterscheiden.

Die Verbesserung von Websites hinsichtlich technischer Rankingfaktoren ist auch ein Thema der Suchmaschinenoptimierung (s. Kap. 8); dort bilden sie die Basis der „technischen Funktionstüchtigkeit", auf der andere Maßnahmen dann aufsetzen können.

5.8 Ranking und Spam

Der Begriff *Spam* ist vor allem im Kontext von E-Mails bekannt und bezeichnet dort unerwünschte Nachrichten mit werblichem Inhalt, oft von unseriösen Händlern. Bei Suchmaschinen-Spam handelt es sich um alle Versuche, nicht relevante Inhalte in den Trefferlisten so zu platzieren, dass sie von Nutzern tatsächlich ausgewählt werden.

Praktisch schon seit dem Bestehen der Suchmaschinen gibt es auch Versuche, Dokumente so zu manipulieren, dass sie von den Suchmaschinen auf den vorderen Positionen gelistet werden. Das reicht von der einfachen Verbesserung eines Dokumentes, indem relevante Suchbegriffe im Text verwendet werden, über technische Maßnahmen, die die Auffindbarkeit des Dokumentes in Suchmaschinen überhaupt ermöglichen (s. Abschn. 5.7 und Kap. 8.) bis hin zum Aufbereiten von offensichtlich nicht relevanten Dokumenten, um die Suchmaschinen zu täuschen. Während die ersten beiden Fälle zur Suchmaschinenoptimierung (s. Kap. 8) gehören, spricht man im letztgenannten Fall von Spam.

In der Diskussion der textstatistischen Verfahren haben wir bereits gesehen, dass sich diese leicht spammen lassen, indem relevante Suchwörter im Text häufig wiederholt bzw. an prominenter Stelle platziert werden. Ein gängiges Verfahren in der Frühzeit der Suchmaschinen war das sog. *keyword stuffing*, d. h. des übermäßigen Gebrauchs eines bestimmten Worts, um ein hohes Ranking bei den Suchmaschinen zu erreichen. Heute funktionieren solche einfachen Methoden natürlich nicht mehr, und man kann die Entwicklung der oben beschriebenen Rankingfaktoren auch als eine Reaktion auf Spamming-Versuche interpretieren. Alle Faktoren zielen darauf ab, die Qualität bzw. Zuverlässigkeit der Suchergebnisse zu verbessern. Damit sollte es immer schwieriger werden, Suchmaschinen zu spammen. Und in der Tat mag die „goldene Zeit" des Suchmaschinen-Spams vorbei sein (vgl. Brunton 2013). Allerdings sind auch die Methoden der Spammer elaborierter geworden, und so gibt es weiterhin massenhafte Spam-Versuche.

Suchmaschinen schließen Dokumente, die als Spam klassifiziert werden, bereits im Crawling bzw. in der Indexierung aus (s. Kap. 3.3). In diesem Fall geraten die Dokumente erst gar nicht in den durchsuchbaren Index, und es ist möglich, eine Vielzahl von Dokumenten erst gar nicht zu crawlen, wenn eine komplette *Website* als Spam klassifiziert wurde. Dies macht die Suchmaschinen effizienter und spart enorme Kosten im Crawling-Prozess.

Allerdings hat dies auch zur Folge, dass irrtümlich als Spam klassifizierte Dokumente vom Nutzer nicht aufgefunden werden können. Es lässt sich allerdings von außen nur schwer feststellen, welche Dokumente irrtümlich ausgeschlossen werden, da die Grenzen zwischen noch zumindest potenziell relevanten Dokumenten und Spam fließend sind und von den Suchmaschinen nicht transparent gemacht werden.

Gegenüber dem Ausschluss von Spam-Dokumenten in der Phase des Crawlings bzw. der Indexierung steht der Umgang mit Spam innerhalb des Rankings. Es ist zum einen nicht auszuschließen, dass Spam-Dokumente doch in den Index gelangt sind, und zum anderen können Dokumente, die Spam-verdächtig sind, in manchen Fällen doch relevante Suchergebnisse sein. Für das Ranking bedeutet dies, dass (aufgrund der oben beschriebenen Faktoren) möglichst hochwertige Dokumente nach oben gerankt werden und nur in den Fällen, in denen keine hochwertigen Dokumente vorliegen (bzw. das allgemeine Qualitätsniveau einer Treffermenge gering ist) entsprechende Dokumente angezeigt werden. Es gibt also im Ranking keinen gesonderten Umgang mit Spam-Dokumenten, da zuerst einmal angenommen wird, dass solche Dokumente bereits in der Indexierung ausgeschlossen wurden. Sobald Dokumente in den Index aufgenommen wurden, werden alle nach den gleichen Qualitätsfaktoren behandelt.

Die Bekämpfung von Spam erfolgt bei allen Suchmaschinen sowohl durch maschinelle Verfahren als auch durch menschliche Qualitätsprüfer. Eine vollständige Automatisierung der Spam-Bekämpfung lässt sich wohl kaum erreichen.

5.9 Zusammenfassung

Das Ranking bildet ein zentrales Element von Suchmaschinen und erfolgt nach einer Vielzahl von Kriterien, die sich in sechs Bereiche einteilen lassen: Textspezifische Faktoren, Popularität, Aktualität, Lokalität, Personalisierung und technische Rankingfaktoren. Suchmaschinen bilden durch die Gewichtung der Faktoren das jeweils für die Suchmaschine individuelle Ranking.

Zur Ermittlung potenziell relevanter Dokumente dient vor allem die Textstatistik. Die anderen Gruppen von Rankingfaktoren dienen darauf aufbauend vor allem der Qualitätsbewertung, welche nötig ist, da sich die Dokumente im Web hinsichtlich ihrer Qualität erheblich unterscheiden.

Mittels der Textstatistik werden die Texte selbst danach beurteilt, inwieweit sie zu einer gestellten Suchanfrage passen. Linktopologische Verfahren dagegen versuchen, aus der Struktur des Web, die sich in der Verlinkung der Dokumente untereinander ausdrückt, auf die Qualität der einzelnen Dokumente zu schließen. Das bekannteste Verfahren in diesem Bereich ist Googles PageRank, welches jedem Dokument einen statischen Wert zuweist.

Ebenso wie die linktopologischen Verfahren messen die nutzungsstatistischen Verfahren die Popularität von Dokumenten, allerdings wird hier nicht die Popularität bei den *Autoren* des Web, sondern die bei den *Nutzern* gemessen. Eine Sonderform der nutzungsstatistischen Verfahren ist die Personalisierung, bei der die Daten jedes einzelnen Nutzers erfasst und ausgewertet werden, um die Suchergebnisse zu verbessern.

Die Aktualität der Dokumente bildet einen eigenen Rankingfaktor. Da sich die Inhalte des Web und die Interessen der Nutzer schnell ändern, müssen Suchmaschinen entsprechend reagieren können. Ebenso spielt der Standort eines anfragenden Nutzers und der Standort der Dokumente (im Sinne des Standorts der beschriebenen Inhalte) eine Rolle. Insbesondere im Kontext der Suche von mobilen Endgeräten aus hat die Lokalität als Rankingfaktor eine wichtige Rolle erhalten. Technische Rankingfaktoren schließlich berücksichtigen, ob sich Dokumente schnell und einwandfrei abrufen lassen.

Weiterführende Literatur

Ausführliche Informationen zu den Rankingverfahren finden sich in allen bekannten Information-Retrieval-Lehrbüchern, zum Beispiel Stock (2007), Manning et al. (2008) und Croft et al. (2010). Hilfreich sind hier auch die gängigen Bücher zur Suchmaschinenoptimierung, z. B. Enge et al. (2012).

Obwohl der Aufsatz, in dem die Suchmaschine Google erstmals vorgestellt wurde (Brin und Page 1998), etwas in die Jahre gekommen ist, ist er weiterhin lesenswert.

Wer sich tiefergehend mit den Grundlagen des Themas Relevanz beschäftigen möchte, dem seien die Aufsätze von Mizzaro (1997) und Saracevic (2007a, b) empfohlen: Sie machen deutlich, dass unter Relevanz im Kontext des Information Retrieval ganz unterschiedliche Dinge verstanden werden können und dass Suchmaschinen stets auf einem bestimmten Relevanzmodell begründet sind.

Literatur

Acharya, A., Cutts, M., Dean, J., Haahr, P., Henzinger, M., Hoelzle, U., Lawrence, S., Pfleger, K., Sercinoglu, O., & Tong, S. (2005). Information retrieval based on historical data. US Patent No. US 7,346,839 B2.

Brin, S., & Page, L. (1998). The anatomy of a large-scale hypertextual Web search engine. *Computer Networks and ISDN Systems, 30*(1–7), 107–117.

Brunton, F. (2013). *Spam: A shadow history of the internet*. Cambridge: MIT Press.

Croft, W. B., Metzler, D., & Strohman, T. (2010). *Search engines: Information retrieval in practice*. Boston: Pearson.

Culliss, G. (2001): Personalized Search Methods / Ask Jeeves, Inc. Patent Nr. US 6,539,377 B1 vom 25.3.2003

Enge, E., Spencer, S., Stricchiola, J., & Fishkin, R. (2012). *Die Kunst des SEO: Strategie und Praxis erfolgreicher Suchmaschinenoptimierung*. Köln: O'Reilly.

Ferber, R. (2003). *Information Retrieval: Suchmodelle und Data-Mining-Verfahren für Textsammlungen und das Web*. Heidelberg: d.punkt.

Google Inc. (2014a). Algorithms. http://www.google.com/intl/en/insidesearch/howsearchworks/algorithms.html. Zugegriffen: 25. Sept. 2014

Google Inc. (2014b). Über den Google-Suchverlauf. https://support.google.com/accounts/answer/54068?hl=de. Zugegriffen: 30. Sept. 2014

Joachims, T., Granka, L., Pan, B., Hembrooke, H., & Gay, G. (2005). Accurately interpreting clickthrough data as implicit feedback. In *Proceedings of the 28th annual international ACM SIGIR conference on Research and development in information retrieval* (S. 154–161). Salvador, Brazil: ACM.

Jones, R., Zhang, W., Rey, B., Jhala, P., & Stipp, E. (2008). Geographic intention and modification in web search. *International Journal of Geographical Information Science, 22*(3), 1–20.

Kleinberg, J. (1999). Authoritative sources in a hyperlinked environment. *Journal of the ACM, 46*(5), 604–632.

Lewandowski, D. (2005). *Web Information Retrieval: Technologien zur Informationssuche im Internet* (S. 1–248). Frankfurt a. M.: Deutsche Gesellschaft für Informationswissenschaft und Informationspraxis.

Lewandowski, D. (2008). The retrieval effectiveness of web search engines: considering results descriptions. *Journal of Documentation, 64*(6), 915–937.

Lewandowski, D. (2011). Query Understanding. In D. Lewandowski (Hrsg.), *Handbuch Internet-Suchmaschinen 2: Neue Entwicklungen in der Web-Suche* (S. 55–75). Heidelberg: Akademische Verlagsgesellschaft AKA.

Lewandowski, D. (2012). Credibility in Web Search Engines. In M. Folk & S. Apostel (Hrsg.), *Online credibility and digital ethos: Evaluating computer-mediated communication* (S. 131–146). Hershey: IGI Global.

Luhn, H. P. (1958). The automatic creation of literature abstracts. *IBM Journal of Research and Development, 2*(2), 159–165.

Manning, C. D., Raghavan, P., & Schütze, H. (2008). *Introduction to information retrieval.* Cambridge: Cambridge University Press.

Mizzaro, S. (1997). Relevance: The whole history. *Journal of the American Society for Information Science, 48*(9), 810–832.

Nadella, S. (2010). New Signals in Search: The Bing Social Layer. http://blogs.bing.com/search/2010/10/13/new-signals-in-search-the-bing-social-layer/. Zugegriffen: 25. Sept. 2014.

Page, L., Brin, S., Motwani, R., & Winograd, T. (1999). *The PageRank citation ranking: Bringing order to the web* (S. 1–17). Stanford InfoLab. http://ilpubs.stanford.edu:8090/422. Zugegriffen: 25. Sept. 2014

Pariser, E. (2011). *The filter bubble: What the internet is hiding from you.* London: Viking.

Riemer, K., & Brüggemann, F. (2009). Personalisierung der Internetsuche – Lösungstechniken und Marktüberblick. In D. Lewandowski (Hrsg.), *Handbuch Internet-Suchmaschinen Nutzerorientierung in Wissenschaft und Praxis* (S. 148–171). Heidelberg: Akademische Verlagsgesellschaft AKA.

Saracevic, T. (2007a). Relevance: A review of the literature and a framework for thinking on the notion in information science. Part II. *Journal of the American Society for Information Science and Technology, 58*(13), 1915–1933.

Saracevic, T. (2007b). Relevance: A review of the literature and a framework for thinking on the notion in information science. Part III: Behavior and effects of relevance. *Journal of the American Society for Information Science and Technology, 58*(13), 2126–2144.

Stock, W. G. (2007). *Information retrieval: Informationen suchen und finden.* München: Oldenbourg.

Sullivan, D. (2010). Dear Bing, We Have 10,000 Ranking Signals To Your 1,000. Love, Google. Search Engine Land. http://searchengineland.com/bing-10000-ranking-signals-google-55473. Zugegriffen: 25. Sept. 2014

Die Präsentation der Suchergebnisse 6

Wenn wir eine Anfrage bei einer Suchmaschine eingeben, erhalten wir oft Trefferlisten, die vermeintlich viele Tausend oder gar Millionen von Treffern enthalten. Wir sehen dies an der Trefferanzeige auf den Suchergebnisseiten: „Treffer 1-10 von 1.900.000". Dass man mit 1,9 Mio. Treffern wenig anfangen kann, ist offensichtlich. Im Kapitel über das Ranking haben wir gesehen, wie Suchmaschinen versuchen, aus den oft sehr großen Treffermengen die besten Treffer nach oben zu bringen. Damit geht einher, dass Nutzer sich in der Regel nur wenige Treffer ansehen und dabei die ersten Treffer in der Liste bevorzugen (vgl. Kap. 6.5). Allerdings ist es nicht allein die Position in der Trefferliste, die die Nutzer einen bestimmten Treffer auswählen lässt, sondern die Selektion wird durch den Aufbau der Suchergebnisseiten geleitet.

Bei einer Suchergebnisseite (*search engine results page*; SERP) handelt es sich um die von einer Suchmaschine generierte HTML-Seite, auf der die Ergebnisse zu einer Suchanfrage präsentiert werden. Die SERP besteht aus den angezeigten Treffern, aber auch aus den sie umgebenden Elementen wie beispielsweise Werbung und Navigationselementen.

Die Trefferliste hingegen ist die Liste mit den Suchergebnissen, die von der Suchmaschine automatisch mittels des Rankings in eine bestimmte Reihenfolge gebracht wird. Die Trefferliste kann über mehrere Suchergebnisseiten gehen; wenn wir von Suchergebnisseite zu Suchergebnisseite weiterblättern, erhalten wir jeweils die Fortsetzung der Trefferliste.

Im vorangegangenen Kapitel haben wir Treffermengen als gereihte Trefferlisten betrachtet. Und in der Tat waren die Suchergebnisseiten der Suchmaschinen früher nicht viel mehr als eine Liste mit gerankten Suchergebnissen, die vielleicht noch mit Werbung umrandet waren. Doch die Trefferpräsentation hat sich im Lauf der Jahre erheblich gewandelt und wir haben es auf den Suchergebnisseiten mittlerweile mit einer komplexen Zusammenstellung von unterschiedlich gestalteten Elementen zu tun. Dabei kommen auch die

D. Lewandowski, *Suchmaschinen verstehen,* Xpert.press,
DOI 10.1007/978-3-662-44014-8_6

Suchergebnisse nicht mehr nur aus einem einzigen Index, sondern sie werden aus unterschiedlichen Indexen generiert (vgl. Abschn. 3.3.3).

Im Folgenden wird der typische Aufbau der Suchergebnisseiten am Beispiel von Google beschrieben. Auch hier gilt, dass sich Google und die anderen bekannten Suchmaschinen
nicht besonders stark unterscheiden: Es haben sich gewisse Standards für die Präsentation
von Suchergebnissen herausgebildet, sodass sich die Suchergebnisseiten unterschiedlicher
Suchmaschinen recht ähnlich sehen. Natürlich werden die Suchergebnisseiten ständig angepasst und verändern sich entsprechend. Allerdings sind diese Veränderungen oft nur
marginal; größere Veränderungen der Trefferseiten finden nur selten statt.

6.1 Der Aufbau der Suchergebnisseiten

Abbildung 6.1 zeigt die Suchergebnisseite von Google für die Suchanfrage `Angela`
`Merkel`. Im oberen Bereich finden wir nochmals das Suchfenster mit unserer Suchanfrage sowie einige Optionen zur Auswahl unterschiedlicher Suchbereiche bzw. zur Verfeinerung der Suchanfrage. Darunter folgen dann die Ergebnisse, die in unterschiedlicher Form
dargestellt werden. Wir finden auf dieser Suchergebnisseite folgende Ergebnistypen:

- *Organische Ergebnisse*: Dabei handelt es sich um die echten Suchergebnisse, d. h. um
  aus dem Web-Index mittels Algorithmen generierte und durch die Rankingverfahren in
  eine Reihenfolge gebrachten Ergebnisse, wobei die Algorithmen alle Dokumente im
  Index gleich behandeln.
- *Werbung* (nach Googles Bezeichnung auch *AdWords*): Hierbei handelt es sich um kontextbasierte Textanzeigen, die passend zu einer Suchanfrage angezeigt werden und in
  ihrer Darstellung organischen Treffern ähneln (Titel, Beschreibung, URL-Angabe). Die
  Textanzeigen können daher auch als eine besondere Form von Suchergebnissen angesehen werden.
- *Universal-Search-Ergebnisse*: Hierunter sind Treffer zu verstehen, die nicht aus dem
  allgemeinen Web-Index kommen, sondern aus gesondert aufgebauten Kollektionen
  (vgl. Abschn. 3.3.3). Solche Treffer werden in der Regel innerhalb der Liste der organischen Treffer platziert; die Blöcke mit solchen Ergebnissen unterbrechen die Liste der
  organischen Suchergebnisse. Die Trefferdarstellung weicht in der Regel von der der
  organischen Ergebnisse ab und ist auf die jeweilige Kollektion angepasst. So werden
  beispielsweise Video-Ergebnisse mit einem Vorschaubild (anstatt der üblichen textuellen Beschreibung) präsentiert.
- *Fakteninformationen*: Suchmaschinen zeigen zunehmend direkte Antworten zu geeigneten Suchanfragen an. Diese reichen von der simplen Beantwortung von Faktenfragen
  („Wie hoch ist die Zugspitze?", Abb. 6.2) über die Einbindung von Faktencontainern
  („Wetter Hamburg", Abb. 6.3) bis hin zu Zusammenstellung aggregierter Informationen zu Entitäten wie Städten oder Personen (s. Abb. 6.1, rechter Teil). Im letztgenannten Fall wird auch von dem *Knowledge Graph* gesprochen.

Abb. 6.1 Suchergebnisseite (Beispiel Google)

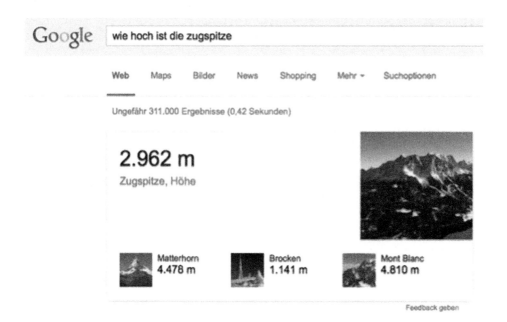

Abb. 6.2 Beantwortung einer Faktenfrage auf der Suchergebnisseite (Beispiel Google)

Bevor wir nun die einzelnen Treffertypen im Detail betrachten, soll der Aufbau typischer Suchergebnisseiten anhand der schematischen Darstellungen in Abb. 6.4 erläutert werden.

Die Ergebnispräsentation in Suchmaschinen hat sich im Lauf der Jahre gewandelt. Links in der Abbildung (a) ist eine Suchergebnisseite zu sehen, die neben dem Suchfenster und den Optionen oben allein eine Trefferliste mit organischen Treffern enthält. Dies ist die ursprüngliche Form der Suchergebnisseite, die allerdings zunehmend durch komplexere Darstellungen verdrängt wurde, vor allem aber bei selteneren Suchanfragen auch heute noch zu sehen ist.

Die zweite Suchergebnisseite (b) unterscheidet sich von der ersten durch die hinzugefügte Werbung. Diese steht in der Regel oberhalb und/oder rechts der Liste der organischen Treffer. Eine wesentliche Veränderung der Suchergebnisdarstellung ergibt sich einerseits aus dem Hinzufügen einer weiteren Spalte, auf der anderen Seite dadurch, dass nun die organischen Treffer nicht mehr unmittelbar nach dem Suchfeld stehen, die Suchergebnisdarstellungen also nicht mehr mit den organischen Treffern beginnen (müssen), sondern mit der Werbung. Werbetreffer und organische Treffer werden unabhängig voneinander generiert, d. h. wir haben es nun mit zwei unabhängig voneinander erstellten gerankten Listen zu tun.

Die dritte Suchergebnisseite (c) besteht weiterhin aus Werbung und organischen Treffern, allerdings wird die Liste der organischen Treffer nun durch Universal-Search-Ergebnisse unterbrochen. Da die Universal-Search-Ergebnisse auch anders dargestellt werden als die organischen Treffer (beispielsweise durch Bilder), wird hier erstmals von der reinen Listendarstellung der Suchergebnisse abgewichen.

Abb. 6.3 Einbindung eines Faktencontainers auf der Suchergebnisseite (Beispiel Google)

Die vierte Suchergebnisseite (d) schließlich zeigt neben allen bereits genannten Elementen auch den *Knowledge Graph*, der Fakten bzw. direkten Antworten präsentiert. Die Darstellung der Suchergebnisse wird hier weiter aufgebrochen und es wird von der üblichen Form der Ergebnisse, bei denen die Suchmaschine zu fremden Dokumenten verweist, abgewichen. Informationsbedürfnisse können hier direkt auf der Suchergebnisseite befriedigt werden; ein Verlassen der Suchmaschine ist nicht mehr unbedingt notwendig.

Die beschriebenen Layouts zeigen die heute typischen Ergebnisdarstellungen. Dabei handelt es sich keineswegs um eine vollständige Darstellung; in der Praxis finden sich oft Darstellungen, in denen Elemente aus den beschriebenen Darstellungen neu kombiniert werden, wobei nicht notwendigerweise alle der genannten Elemente vorkommen müssen. Auch finden sich die „einfachen" Darstellungen (Bsp. organische Treffer und Werbung) weiterhin; nicht zu jeder Suchanfrage werden alle Elemente angezeigt. Als Trend ist jedoch zu erkennen, dass die einfache listenbasierte Darstellung zunehmend in den Hintergrund rückt (Tober et al. 2014). Die komplexeren Suchergebnisseiten sind auf der einen Seite attraktiver und bieten mehr Auswahlmöglichkeiten, auf der anderen Seite rücken

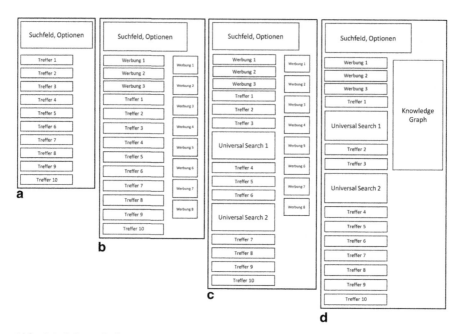

Abb. 6.4 Schematische Darstellungen der wichtigsten Layouts von Suchergebnisseiten

Suchmaschinen damit immer weiter von einer Gleichbehandlung aller Dokumente im Index ab, da kein einheitliches Ranking mehr erfolgt, sondern erst innerhalb der einzelnen
Kollektionen (Web, News, Videos, usw.) nach jeweils unterschiedlichen Verfahren gerankt wird und dann erst aus den unterschiedlichen Containern die Suchergebnisseite zu-
sammengefügt wird. Auch dieser letzte Schritt ist wieder als ein Ranking aufzufassen, bei
dem die verschiedenen Container an bestimmten Stellen angeordnet werden.

In der Entwicklung der Suchergebnisseiten ist zu sehen, dass immer mehr Treffer auf
einer einzelnen Ergebnisseite angezeigt werden. Während die Liste der organischen Treffer weiterhin aus zehn Treffern pro Seite besteht, werden die anderen Trefferarten ergänzt,
d. h. sie ersetzen keine organischen Treffer. Dies bedeutet allerdings nicht, dass auch alle
Treffer von den Nutzern wahrgenommen werden: Gesehen werden vor allem diejenigen
Treffer, die im „sichtbaren Bereich" stehen. Damit ist der Bereich der Suchergebnisseite
gemeint, der direkt, d. h. ohne Scrollen, sichtbar ist. Demgegenüber steht der „unsichtbare
Bereich", der sich erst durch Scrollen erreichen lässt. Man spricht oft auch analog zu gedruckten Zeitungen von „über dem Knick" und „unter dem Knick".

Wie viele und welche Treffer nun im sichtbaren Bereich einer Suchergebnisseite stehen, hängt stark vom benutzten Endgerät bzw. dessen Bildschirmgröße und der eingestell-
ten Fenstergröße im Browser ab. Da sich Suchmaschinen zum weit überwiegenden Teil
durch Werbung finanzieren (s. Kap. 7), ist die Ergebnispräsentation so gestaltet, dass auch
bei einer relativ geringen Bildschirmgröße weiterhin die Anzeigen dargestellt werden,
während den organischen Treffern weniger Platz eingeräumt wird.

Studien haben gezeigt, dass ein großer Teil der Nutzer auf den Ergebnisseiten nicht
scrollt, und dass der wesentliche Teil der Klicks auf Ergebnisse im sichtbaren Bereich

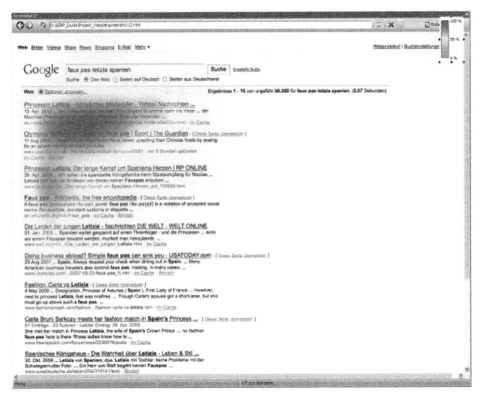

Abb. 6.5 Typische Blickhäufungen bei einer listenbasierten Trefferdarstellung

entfällt (Höchstötter und Koch 2009). Dies ist nicht weiter verwunderlich, wenn man beobachtet, wo die Blicke der Nutzer auf den Suchergebnisseiten hinfallen. Um das herauszufinden, können Methoden des Eyetrackings verwendet werden. Dabei werden mittels Infrarotkameras die Pupillenbewegungen von Probanden im Labor beobachtet, während sie eine Suchmaschine benutzen. Man kann dann die Daten aller Probanden aggregieren und erhält eine sog. *Heatmap*, die zeigt, in welchen Bereichen sich die Fixationen (Blicke) der Nutzer häufen. In Abb. 6.5 ist eine Heatmap mit den typischen Blickhäufungen bei einer listenbasierten Darstellung zu sehen: Die Nutzer betrachten vor allem die ersten Ergebnisse; je weiter unten ein Treffer steht, desto seltener wird er betrachtet und desto weniger Aufmerksamkeit wird auch seiner Trefferbeschreibung geschenkt. Dieser Befund wurde durch zahlreiche Studien bestätigt, und man spricht aufgrund dieser Blickhäufungen auch vom „Goldenen Dreieck" (*golden triangle*).

Diese Verteilung gilt allerdings nur für nicht unterbrochene Listen. Wird beispielsweise oberhalb der Trefferliste Werbung angezeigt, setzen die Blicke meist zweimal an: Einmal bei der Werbung, dann nochmals bei den organischen Treffern, die dann wie gewohnt gelesen werden. Bei einem solchen Blickverlauf spricht man dann vom sog. F-Muster (*F pattern*).

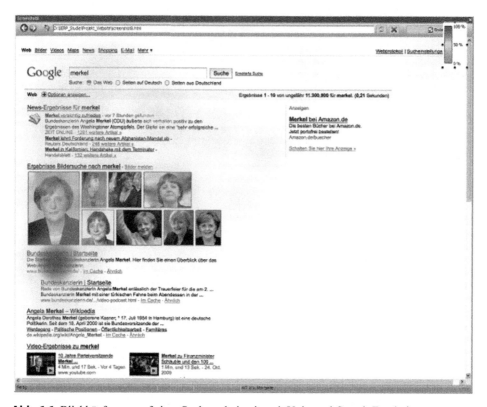

Abb. 6.6 Blickhäufungen auf einer Suchergebnisseite mit Universal-Search-Ergebnissen

Die Integration von Universal-Search-Ergebnissen führt allerdings zu vollkommen anderen Blickverläufen und -häufungen. In Abb. 6.6. ist zu sehen, wie ein eingebundener Nachrichtencontainer und ein eingebundener Bildercontainer die Blickhäufungen verändern. Zwar erhält weiterhin das erste organische Ergebnis die höchste Aufmerksamkeit (dargestellt durch den roten Punkt), allerdings verteilen sich die Blicke ansonsten vor allem innerhalb des Bilderblocks, teils auch im Nachrichtenblock. Eine solche Blickverteilung zieht natürlich auch ein anderes Klickverhalten der Nutzer nach sich: Nur was gesehen wurde, wird schließlich auch geklickt. Dies bedeutet u. a., dass es für Inhalteanbieter gar nicht mehr in jedem Fall lohnend ist, auf einer der vorderen Positionen der organischen Trefferliste zu stehen, wenn die Darstellung dergestalt ist, dass diese kaum mehr wahrgenommen werden.

6.2 Elemente auf den Suchergebnisseiten

Nach der Betrachtung der Suchergebnisseite als Ganzes sollen nun die einzelnen Elemente, die auf den Suchergebnisseiten präsentiert werden, genauer erläutert werden. Dabei handelt es sich vor allem um Suchergebnisse unterschiedlichen Typs, aber auch um ergänzende Elemente.

6.2.1 Organische Ergebnisse

Bei den organischen Suchergebnissen handelt es sich um die aus dem Web-Index automatisch generierten Suchergebnisse (zum Verfahren vgl. Kap. 5). Das Ranking der organischen Ergebnisse erfolgt für alle Dokumente zu gleichen Bedingungen, d. h. jedes
Dokument, das in den Web-Index der Suchmaschine aufgenommen wurde, hat potenziell
die gleiche Chance, als Ergebnis zu einer Suchanfrage angezeigt zu werden.

Wichtig ist hier die Unterscheidung nach den verschiedenen Kollektionen (Indexen)
einer Suchmaschine: Nur die Ergebnisse aus dem allgemeinen Web-Index (dem grundlegenden Datenbestand der Suchmaschine; vgl. Abschn. 3.3.3) werden als organische
Ergebnisse bezeichnet; Ergebnisse aus speziellen Kollektionen wie Nachrichten, Videos,
usw. werden als Universal-Search-Ergebnisse bezeichnet, s. Abschn. 6.2.3).

Die organischen Ergebnisse bilden den Kern der Suchergebnisseiten der Suchmaschinen. Es handelt sich bei diesen Ergebnissen um so etwas wie die „Haupt-Ergebnisse",
die im Rahmen der Ergebnispräsentation von anderen Ergebnistypen „umrandet" werden.
Ihre Bedeutung nimmt allerdings beständig ab, da andere Ergebnistypen zunehmend in
das Blickfeld des Nutzers gebracht werden (vgl. Abschn. 6.1).

Zwar wird Suchmaschinen immer wieder die Beeinflussung der organischen Ergebnisse zu ihren eignen Gunsten vorgeworfen (etwa in Edelman 2010), allerdings konnte
bislang keiner der großen Suchmaschinen eine solche Manipulation tatsächlich wissen-
schaftlich nachgewiesen werden. Ein solcher Nachweis würde sich auch schwierig gestalten, da es kaum möglich ist, eine solche Manipulation als Faktor gegenüber anderen,
„echten" Rankingfaktoren zu isolieren und so auszuschließen, dass sich der Effekt nicht
durch diese erklären lässt.

Dies bedeutet allerdings nicht, dass die organischen Suchergebnisse frei von Manipulationen sind. Allerdings finden diese Manipulationen nicht durch die Suchmaschinenbetreiber, sondern vielmehr von außen durch Suchmaschinenoptimierer statt (dazu ausführlich Kap. 8). Das grundlegende Wesen der Suchmaschinenoptimierung ist es ja gerade,
Dokumente so zu erstellen, dass sie eine hohe Sichtbarkeit in den Suchergebnisseiten der
Suchmaschinen erreichen. Suchmaschinenoptimierung bezieht sich inzwischen zwar auch
auf andere Ergebnistypen, der Schwerpunkt liegt aber nach wie vor bei den organischen
Suchergebnissen.

Ein Problem der Suchmaschinenoptimierung ist, dass man den so aufbereiteten Dokumenten nicht ansehen kann, ob bzw. inwieweit sie optimiert wurden. Mittlerweile ist
allerdings davon auszugehen, dass sich zu allen Suchanfragen, die ein kommerzielles Interesse des Suchenden vermuten lassen, vor allem optimierte Ergebnisse auf den vorderen
Rängen der organischen Ergebnisliste finden.

Während man also als Inhalteanbieter seine Dokumente so manipulieren (lassen) kann,
dass sie von den Suchmaschinen bevorzugt angezeigt werden, ist es nicht möglich, sich
direkt in die organischen Trefferlisten einzukaufen, d. h. für eine bessere Platzierung Geld
an eine Suchmaschine zu bezahlen.

6.2.2   Werbung

Suchmaschinen zeigen Werbung in Form von *Textanzeigen* an, d. h. es handelt sich bei dieser Werbung nicht um bunte Banner, wie sie von vielen Angeboten im Web bekannt ist, sondern um eine eher unauffällige Art der Werbung.

Textanzeigen sind kontextbasiert, d. h. sie beziehen sich auf die vom Nutzer eingegebene Suchanfrage. So werden nur zu den eingegebenen Suchanfragen passende Anzeigen angezeigt; es erfolgt ähnlich wie bei den organischen Ergebnissen ein Ranking, das allerdings von dem der organischen Ergebnisse unabhängig ist. Es entstehen auf diese Weise also zwei gerankte Trefferlisten, die beide auf der Suchergebnisseite angezeigt werden.

Die Tatsache, dass die Anzeigen gezielt passend zu Suchanfragen angezeigt werden, macht ihren Erfolg aus: In dem Moment, in dem ein Nutzer eine Suchanfrage eingibt, offenbart er sein (Kauf-)Interesse. Dies kann unterschiedlich intensiv ausfallen: So wird ein Nutzer, der „DVD Player" eingibt, noch keine so konkrete Kaufabsicht haben wie ein Nutzer, der DVD Player kaufen eingibt. Werbetreibende können in dem System der Textanzeigen sehr genau bestimmen, welche Nutzer sie erreichen möchten, da die Buchung auf Basis der konkreten Suchanfragen erfolgt.

Werbung, die auf eingegebenen Suchanfragen basiert, kann für den Nutzer relevante Ergebnisse liefern. Im einfachsten Fall wird eine Seite, die auch in den organischen Ergebnissen auftauchen würde, ebenfalls in der Liste der Werbetreffer angezeigt. An der Tatsache, dass eine solche Seite doppelt auf der Suchergebnisseite auftaucht, lässt sich die Unabhängigkeit der beiden Listen ersehen; es erfolgt also keine Dublettenfilterung.

Unternehmen bezahlen für die Textanzeigen auf der Basis von Klicks, d. h. dass im Gegensatz zu anderen Werbeformen erst bei einem tatsächlichen Interesse eines Nutzers (ausgedrückt durch einen Klick auf die Anzeige) bezahlt werden muss, nicht schon für das Einblenden der Anzeige selbst. Die Buchung der Anzeigen erfolgt über ein Online-System, welches es auch Kleinstunternehmen möglich macht, schnell (und ohne großes Budget) Anzeigen zu schalten, aber auch sehr umfangreiche und komplexe Anzeigenkampagnen möglich macht. Der Text der Anzeige kann dort vom Werbetreibenden festgelegt werden; der Aufbau der Anzeigen besteht analog zu den Trefferbeschreibungen der organischen Suchergebnisse aus Überschrift, Beschreibungstext und URL.

Die Reihung der Anzeigen auf den Suchergebnisseiten erfolgt nach einem Versteigerungsverfahren, wobei derjenige, der den höchsten Betrag pro Klick auf die Anzeige zu einem bestimmten Suchwort bietet, die beste Position erreicht. Allerdings gibt es Einschränkungen durch sog. Qualitätsfaktoren, die die Attraktivität jeder Anzeige durch nutzungsstatistische Verfahren messen und sich ebenfalls auf die Anzeigenplatzierung auswirken.

Der Erfolg der Suchmaschinenwerbung liegt auf der einen Seite in der Möglichkeit der sehr detaillierten Aussteuerung auf die Interessen der Nutzer (und damit auch in ihrer *Relevanz* zu den Suchanfragen der Nutzer), auf der anderen Seite in ihrer Gestaltung als einer Form von Suchergebnissen.

Dadurch, dass Textanzeigen in Suchmaschinen nach Klicks bezahlt werden und nicht etwa nach der Zahl der Einblendungen), besteht für die Suchmaschinenbetreiber das Interesse, möglichst viele Klicks zu erzielen. Dies kann beispielsweise dadurch erreicht werden, dass den Anzeigen besonders viel Raum im typischen Blickfeld der Nutzer auf den Suchergebnisseiten eingeräumt wird (s. Abschn. 6.1) oder durch eine Gestaltung der Anzeigen, die der Gestaltung der organischen Ergebnisse möglichst ähnlich ist.

Werbung ist auch in Suchmaschinen kennzeichnungspflichtig, d. h. Nutzer müssen klar unterscheiden können, in welchen Fällen es sich um Werbung handelt und in welchen Fällen sie es mit „redaktionellen Inhalten", im Fall von Suchmaschinen also mit organischen Treffern, zu tun haben. In den großen Suchmaschinen wird Werbung durch eine oder mehrere der folgenden Maßnahmen gekennzeichnet:

1. Trennung zwischen organischen Ergebnissen und Werbung: Wie in Kap. 6 beschrieben, werden die beiden Ergebnistypen nicht vermischt. Allerdings besteht nicht immer eine deutlich erkennbare Trennlinie zwischen den Blöcken, sodass beim Nutzer der Eindruck entstehen kann, dass er eine fortlaufende Liste lesen würde, wo es sich in Wahrheit um zwei Blöcke handelt.
2. Farbliche Unterlegung: Die Anzeigenblöcke werden farblich unterlegt, um darzustellen, dass es sich um eine andere Art von Suchergebnissen handelt.
3. Markierung mit dem Wort „Anzeige" o. ä.: Die Anzeigen bzw. Anzeigenblöcke werden explizit als solche bezeichnet.
4. Info-Button: Ein Klick auf den Info-Button liefert Erklärungen zum Zustandekommen der Anzeigen.

Es ist allerdings umstritten, ob die in der Praxis verwendeten Kennzeichnungen ausreichend sind. Studien (Bundesverband Digitale Wirtschaft 2009; Fallows 2005; Marable 2003) deuten darauf hin, dass Nutzer nur unzureichend in der Lage sind, Textanzeigen von den organischen Suchergebnissen zu unterscheiden und häufig kaum Kenntnisse darüber haben, wie sich Suchmaschinen finanzieren.

Betrachtet man die Trefferbeschreibungen der organischen Ergebnisse und die der Anzeigen, so sieht man auch deutliche Parallelen (s. Abb. 6.7): Zunächst einmal sind die Trefferbeschreibungen der beiden Ergebnistypen in ihrer Grundstruktur gleich; sie bestehen

Abb. 6.7 Trefferbeschreibung eines organischen Treffers (*oben*) und eines Werbetreffers (*unten*) für die gleiche Website zur gleichen Suchanfrage (Beispiel Google)

aus einer Überschrift, einem Beschreibungstext und einer URL. Auch in der farblichen und grafischen Gestaltung sind sie einander ähnlich. Aus der Perspektive eines Nutzers, der die Hintergründe der Anzeigenschaltung bei Suchmaschinen nicht kennt, differenziert also einzig das Wort „Anzeigen" die beiden Ergebnistypen.

Die Bedeutung der Textanzeigen ergibt sich daraus, dass sie *die* Einnahmequelle der Suchmaschinen sind. Textanzeigen sind nicht nur eine der erfolgreichsten Werbeformen im Web (vgl. *OVK Online-Report 2013/02* 2013, s. a. Abschn. 7.2), sondern Suchmaschinen finanzieren sich zu einem Großteil aus den Einnahmen aus diesen Anzeigen.

6.2.3   Universal-Search-Ergebnisse

Bei den Universal-Search-Ergebnissen handelt es sich um Ergebnisse, die aus speziellen *Kollektionen* generiert werden. Bei den Kollektionen handelt es sich um Datenbanken spezieller Inhalte, die entweder einen Teilbereich des Web abdecken oder gesondert zusammengestellt werden. Die Kollektionen sind meist auch einzeln durchsuchbar; dann spricht man von Spezialsuchmaschinen. Oft wird auch der Begriff *vertikale Suchmaschine* verwendet, da im Gegensatz zu den allgemeinen Suchmaschinen bestimmte Inhalte vollständiger und tiefer erschlossen werden (s. Kap. 13). Die Idee der Universal Search als Zusammenführung von Ergebnissen aus unterschiedlichen Kollektionen ist u. a. daraus entstanden, dass Nutzer die zahlreichen von den Suchmaschinen angebotenen Spezialsuchmaschinen in der Navigation kaum wahrnehmen; man spricht auch von der sog. *tab blindness* (Sullivan 2003).

Ein Beispiel für eine Kollektion, die aus einem Teilbereich des Web besteht, ist die Nachrichten-Kollektion. Zwar liegen die Nachrichten aus dem Web als normale HTML-Seiten vor und können daher problemlos in den regulären Web-Index aufgenommen werden, aufgrund der häufigen Aktualisierung ist es jedoch sinnvoll, eine eigene Nachrichtenkollektion aufzubauen, die in sehr kurzen Abständen auf neue Inhalte überprüft werden kann (s. Kap. 13). Dazu erfolgt erst einmal eine Festlegung der relevanten *Quellen*, d. h. Mitarbeiter der Suchmaschine wählen Nachrichtenwebsites aus, die dann regelmäßig indexiert werden. Nur Nachrichten, die auf einer dieser Websites publiziert werden, haben überhaupt die Möglichkeit, als Universal-Search-Ergebnis angezeigt zu werden.

Ein Beispiel für eine Kollektion, die aus Inhalten, die über die HTML-Seiten aus dem Web hinausgehen, aufgebaut ist, ist die Datenbank der lokalen Suchergebnisse. Hierbei handelt es sich um das „Branchenbuch" der Suchmaschinen; die Einträge werden nicht allein aus dem Web generiert, sondern basieren auf strukturierten Daten, die dann um Daten aus dem Web angereichert werden. Auf den Suchergebnisseiten werden diese Einträge dann meist mit einem Kartenausschnitt kombiniert, auf dem die Standorte der lokalen Ergebnisse dargestellt sind.

Innerhalb jeder Kollektion findet ein eigenes Ranking statt; bei der Zusammenführung von organischen Ergebnissen, Werbung und Universal-Search-Ergebnissen auf der Suchergebnisseite wird kein gemeinsames Ranking erstellt, sondern es wird lediglich die Platzierung der einzelnen Container festgelegt. Die Universal-Search-Ergebnisse können

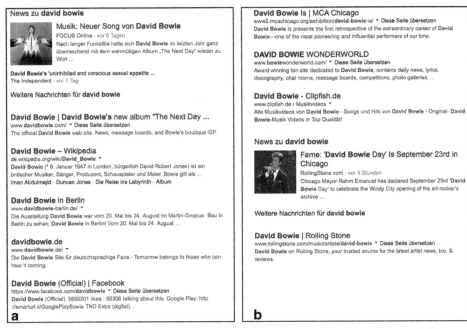

Abb. 6.8 Platzierung des News-Containers nach Nachrichtenaufkommen. (Ausschnitte von Google-Suchergebnisseiten vom 17.8.2014 und 18.8.2014)

dabei oberhalb oder inmitten der organischen Ergebnisse platziert werden. Die Platzierung erfolgt je nach algorithmisch eingeschätzter Bedeutung des jeweiligen Ergebnistyps. In Abb. 6.8 ist die Platzierung des Nachrichtencontainers zur Suchanfrage „*David Bowie*" an zwei unterschiedlichen Tagen zu sehen. Je nach Nachrichtenaufkommen (Zahl der neuen Dokumente) und Nutzerinteresse (Zahl der Suchanfragen; Klicks auf die Nachrichten) erfolgt eine Platzierung an unterschiedlicher Stelle.

Suchmaschinen treffen bei der Zusammenstellung der Suchergebnisseiten also zwei Entscheidungen: Zum einen wird entschieden, ob bzw. welche Universal-Search-Container für die Suchanfrage relevant sind und daher eingebunden werden sollen. Zum anderen muss entschieden werden, auf welchen Positionen die Container angezeigt werden.

Im Lauf der Jahre haben die bekannten Suchmaschinen immer mehr spezielle Kollektionen zu ihrem Fundus hinzugefügt und mittels Universal Search in die Suchergebnisseiten eingebunden. Die wichtigsten Kollektionen sind:

- Nachrichten,
- Bilder,
- Videos,
- Lokale Suchergebnisse,
- Blogs.

Mit der Einbindung von Universal-Search-Ergebnissen haben die Suchmaschinen die Gleichbehandlung aller Dokumente aufgegeben. Während bei den organischen Ergebnissen alle Dokumente aufgrund der gleichen Rankingfaktoren in die Trefferlisten gelangen können, sind die Kriterien bei den Universal-Search-Ergebnissen komplexer. Zuerst einmal geht es darum, ob ein Dokument überhaupt in eine Kollektion gelangen kann. Dabei geht es um die Anforderungen, die es (bzw. seine Quelle) erfüllen muss, um in die Kollektion aufgenommen zu werden. Wir haben bereits am Beispiel der Nachrichtenkollektion gesehen, dass hier von Menschen entschieden wird, bei welcher individuellen Quelle es sich um eine Nachrichtenquelle handelt und bei welcher nicht.

Eine zweite Veränderung ergibt sich aus der Gestaltung der Universal-Search-Ergebnisse. Während die Trefferbeschreibungen der organischen Ergebnisse weitgehend gleich gestaltet sind, werden die Universal-Search-Ergebnisse je nach Ergebnistyp unterschiedlich dargestellt. So enthalten beispielsweise Videoergebnisse Vorschaubilder, welche die Blicke der Nutzer auf den Suchergebnisseiten lenken.

Eine dritte Veränderung ergibt sich schließlich daraus, dass Suchmaschinenbetreiber mittlerweile auch zu Anbietern von Inhalten geworden sind, während sie früher nur Vermittler zwischen Suchenden und Dokumenten, die von Inhalteanbietern, die mit dem Suchmaschinenbetreiber nicht verbunden waren, waren. Google beispielsweise bietet selbst Inhalte über seine Videoplattform Youtube und über seine lokale Suche an. Zu diesen Angeboten besteht durchaus Konkurrenz, und ein Problem ergibt sich nun daraus, dass Google in seiner Suchmaschine auch auf seine eigenen Angebote verweist. Dadurch hat sich schnell der Vorwurf ergeben, dass Google seine eigenen Angebote gegenüber denen der Konkurrenten bevorzuge, was schließlich zu einem Kartellverfahren der Europäischen Kommission (European Commision 2014) geführt hat.

6.2.4 Knowledge-Graph-Ergebnisse

Bei den Knowledge-Graph-Ergebnissen handelt es sich um auf den Suchergebnisseiten in einer eigenen Spalte eingeblendete Kästen, die die wichtigsten Informationen zu einer Person, einem Bauwerk, einem Unternehmen, o. ä. zusammenstellen. Diese Informationen werden von der Suchmaschine automatisiert zusammengestellt; im Gegensatz zu anderen Ergebnistypen muss ein Nutzer nicht auf das Ergebnis klicken, um zu einem Dokument auf einer externen Seite zu gelangen, sondern bekommt die Informationen direkt auf der Suchergebnisseite angezeigt.

Abbildung 6.9 zeigt zwei Beispiele für Knowledge-Graph-Ergebniskästen von Google: Links ist das Ergebnis zur Suchanfrage *Joachim Gauck* zu sehen; links das zu *Rheinturm*. In beiden Fällen ist der Kasten aus denselben Elementen aufgebaut: Bildern, einem Auszug aus dem Wikipedia-Artikel zum Thema, einigen als besonders wichtig identifizierten Fakten (ebenfalls aus dem Wikipedia-Artikel) sowie einigen verwandten Suchanfragen, welche aus Googles Logfiles gewonnen werden. Je nachdem, um was für eine Art von Suchanfrage bzw. Ergebnis es sich handelt, werden allerdings unterschiedliche Informationen angezeigt. Bei Personen sind dies Basisdaten wie Geburtsdatum, Funktion, usw.; bei Bauwerken der Standort, der Architekt, usw.

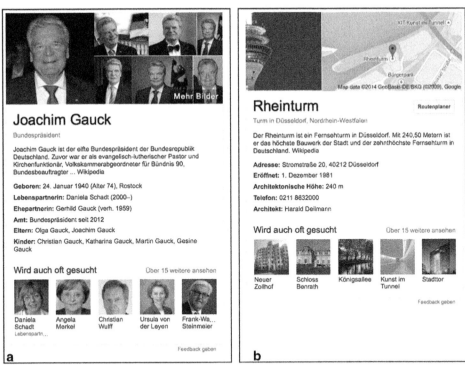

Abb. 6.9 Knowledge-Graph-Ergebnisse (Beispiel Google)

Die Knowledge-Graph-Ergebnisse geben einen ersten Einblick in die Möglichkeiten der Faktenextraktion und der Anzeige von Fakten anstelle von Dokumenten auf den Suchergebnisseiten. Es ist damit zu rechnen, dass sich Suchmaschinen immer weiter in die Richtung der Beantwortung von Suchanfragen direkt auf den Ergebnisseiten verändern werden (s. Kap. 16).

6.2.5 Navigationselemente

Um eine Suchergebnisseite funktional zu machen, enthält sie auch Navigationselemente. Darunter sind Elemente zu verstehen, die durch einen Klick auf bestimmte Bereiche innerhalb der Suchmaschine führen, beispielsweise direkt zu einer speziellen Kollektion. Sie ermöglichen damit dem Suchenden, der nicht bereits vor Beginn seiner Recherche entschieden hat, in einem bestimmten Datenbestand zu suchen, auf der Suchergebnisseite eine passende Kollektion auszuwählen (s. auch Abschn. 13.6). Dazu kommen alle Links zu persönlichen Einstellungen, die vom Nutzer vorgenommen werden können und Verweise auf statische Dokumente (beispielsweise Hilfe- und Impressumsseiten).

| Web | Maps | Bilder | News | Videos | Mehr ▾ | Suchoptionen |

| Beliebiges Land ▾ | Beliebige Sprache ▾ | Beliebige Zeit ▾ | Alle Ergebnisse ▾ | Hamburg ▾ |

Abb. 6.10 Suchoptionen auf der Suchergebnisseite bei Google

6.2.6 Optionen auf der Suchergebnisseite

Auf den Suchergebnisseiten werden zahlreiche Möglichkeiten zur Verfeinerung der Such-anfrage bzw. zur allgemeinen Einstellung von Präferenzen geboten. Abbildung 6.10 zeigt die Leiste mit den Suchoptionen oberhalb der Suchergebnisse bei Google. In der oberen Zeile findet sich die Auswahl der Kollektionen, die je nach Suchanfrage variieren kann. Unter „Mehr" finden sich weitere Kollektionen. Wird auf einen Link zu einer Kollektion geklickt, wird die Suchanfrage übernommen und die Suche in der entsprechenden Kol-lektion ausgeführt.

Klickt man das Feld „Suchoptionen" an, öffnet sich eine zweite Zeile, in der Möglich-keiten zur Verfeinerung der Suchergebnisse nach Land, Sprache und Zeitraum geboten werden. Außerdem ist eine Beschränkung der Ergebnisse auf bereits von dem anfragenden Nutzer selbst besuchte Dokumente möglich (s. Abschn. 5.6 zur Personalisierung der Such-ergebnisse). Zuletzt lässt sich noch der eigene Standort festlegen, der in der Standardein-stellung automatisch ermittelt wird.

Die Suchoptionen auf den Suchergebnisseiten deuten schon an, dass mit Suchmaschi-nen weit mehr als einfache Suchanfragen möglich sind. In Kap. 10 werden wir ausführlich auf die Möglichkeiten der Qualifizierung von Suchanfragen eingehen.

6.3 Der Aufbau der Trefferbeschreibungen

Nach der Betrachtung der Suchergebnisseite als Ganzes und der Betrachtung der einzel-nen Ergebnistypen wollen wir nun auf die Mikroebene, also die Darstellung der einzelnen Treffer, schauen. Es ist bereits angeklungen, dass sich die Trefferbeschreibungen der ein-zelnen Ergebnistypen zwar ähnlich sind, jedoch nicht identisch.

Eine Trefferbeschreibung (*snippet*) besteht aus den Informationen, die zu einem ein-zelnen Treffer auf der Suchergebnisseite angezeigt werden. Die Trefferbeschreibungen dienen den Nutzern dazu, sich für oder gegen das Ansehen eines Trefferdokuments zu ent-scheiden bzw. sich schon vor dem Ansehen eines Dokuments ein Bild von diesem machen zu können. Dabei repräsentiert die Trefferbeschreibung lediglich das Dokument und stellt eine weitere (algorithmische) Interpretation durch die Suchmaschine dar.

Im Ergebnis kann es vorkommen, dass wir einen Treffer auf der Basis der Treffer-beschreibung als relevant erachten, er sich bei näherem Ansehen (nach dem Klick) aber als irrelevant herausstellt. Umgekehrt kann es aber natürlich auch sein, dass eine Treffer-

Angela **Merkel**
www.angela-**merkel**.de/ ▾
Die persönliche Internetseite der Vorsitzenden der CDU Deutschlands, Angela **Merkel**.

Abb. 6.11 Trefferbeschreibung

beschreibung darauf hindeutet, dass der Treffer nicht relevant ist, er sich aber als relevant herausstellen würde, wenn wir ihn nur ansehen würden. Im Idealfall allerdings passen die Trefferbeschreibung und das zugehörige Dokument zusammen, d. h. einer relevanten Trefferbeschreibung folgt ein relevantes Dokument. Auch eine nicht relevante Trefferbeschreibung und ein nicht relevantes Dokument passen allerdings zueinander; die Darstellung eines solchen Treffers auf der Suchergebnisseite stellt allerdings unnötigen Ballast dar.

Abbildung 6.11 zeigt den typischen Aufbau einer Trefferbeschreibung, welche aus einer anklickbaren Überschrift, der URL des Dokumentes und einer kurzen Beschreibung besteht. Inzwischen haben sich für die Trefferbeschreibungen auf Gewohnheiten beruhende Standards herausgebildet, die bis hin zur Farbgestaltung der einzelnen Elemente reichen. Bei Google und Bing findet sich neben den URLs jeweils ein kleines Dreieck, welches beim Anklicken ein Kontextmenü mit weiteren Optionen öffnet. Die damit verbundenen Funktionen werden in Abschn. 6.4 beschrieben.

Die Basisinformationen der Trefferbeschreibungen (Überschrift, Beschreibungstext, URL) werden zunächst einmal aus den zu beschreibenden Dokumenten selbst extrahiert. Die Überschrift wird schlicht aus dem <title> Tag aus dem HTML-Code des Dokuments übernommen und evtl. auf die maximal Länge, die für die Beschreibung innerhalb der Suchergebnisseite festgelegt wurde, gekürzt (s. Abb. 6.14). Die URL ist schlicht die Adresse des Dokumentes; auch diese wird ggf. für die Trefferbeschreibung gekürzt.

Der *Beschreibungstext* kann aus unterschiedlichen Quellen kommen:

- *Meta Description*: Hierbei handelt es sich um einen Metatag innerhalb des Dokumentes, in dem der Autor eine kurze Beschreibung des Dokumenteninhalts geben kann. Die Beschreibungen aus den Meta Descriptions werden von den Suchmaschinen allerdings nur übernommen, wenn das Dokument (bzw. die Website, zu der es gehört) zuvor als vertrauenswürdig eingestuft wurde. Der große Vorteil der Meta Descriptions ist, dass sie meist vollständige Sätze enthalten, in denen der Inhalt des Dokumentes auf den Punkt gebracht wird, was den Bedürfnissen der Nutzer entgegen kommt (s. Abb. 6.11).
- *Externe Quellen*: Auch externe Quellen, die andere Dokumente oder Websites beschreiben, können verwendet werden. Zu nennen sind hier vor allem Web-Verzeichnisse, bei denen zu jeder erfassten Website ein Beschreibungstext angelegt wird. Dieser wird ebenso wie die Meta Description von Menschen geschrieben und besteht aus einem oder mehreren vollständigen Sätzen. Suchmaschinen greifen für diese Beschreibungen in der Regel auf das Open Directory Project zurück. Der Nachteil bei den Verzeichnistexten liegt darin, dass in den Verzeichnissen nur ganze Websites beschrieben werden und keine Einzelseiten. Weiterhin sind die Verzeichnisse bei weitem nicht vollständig

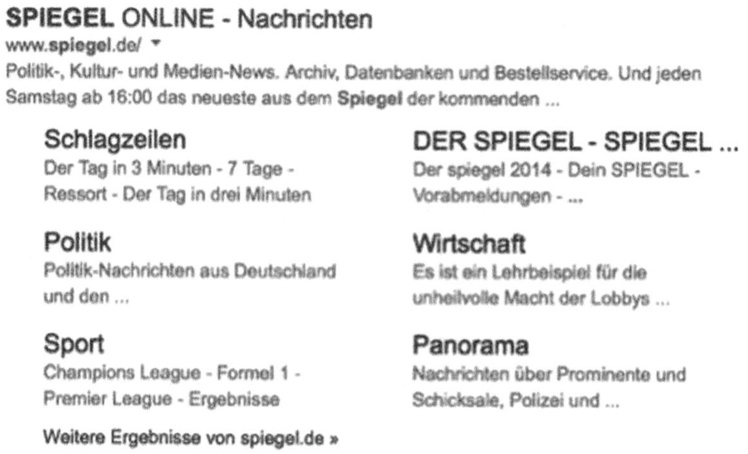

SPIEGEL ONLINE - Nachrichten
www.**spiegel**.de/ ▾
Politik-, Kultur- und Medien-News. Archiv, Datenbanken und Bestellservice. Und jeden
Samstag ab 16:00 das neueste aus dem **Spiegel** der kommenden ...

Schlagzeilen	DER SPIEGEL - SPIEGEL ...
Der Tag in 3 Minuten - 7 Tage -	Der spiegel 2014 - Dein SPIEGEL -
Ressort - Der Tag in drei Minuten	Vorabmeldungen - ...
Politik	**Wirtschaft**
Politik-Nachrichten aus Deutschland	Es ist ein Lehrbeispiel für die
und den ...	unheilvolle Macht der Lobbys ...
Sport	**Panorama**
Champions League - Formel 1 -	Nachrichten über Prominente und
Premier League - Ergebnisse	Schicksale, Polizei und ...

Weitere Ergebnisse von spiegel.de »

Abb. 6.12 Erweiterte Trefferbeschreibung mit Sitelinks

und werden auch nur unzureichend aktualisiert. Die Bedeutung der Beschreibungstexte
aus diesen Quellen nimmt daher beständig ab.

- *Dokumentenquelltext*: Die meisten Trefferbeschreibungen werden automatisch aus
  dem Seiteninhalt generiert. Das liegt daran, dass nur zu einem relativ geringen Teil
  aller Dokumente eine der anderen Formen von Beschreibungen vorliegt. Die automatisch generierten Beschreibungen zeigen *Keywords in Context* (KWIC), d. h. es werden
  Stellen aus dem Dokumententext angezeigt, in denen die Suchwörter vorkommen. Die
  Suchmaschinen verwenden bei solchen Beschreibungen in der Regel keine vollständigen Sätze, sondern zeigen die Suchwörter in ihrer Wortumgebung an (s. Abb. 6.14). Bei
  dieser Art der Generierung des Beschreibungstextes kann die Suchmaschine also nicht
  auf von Menschen vorgefertigte Beschreibungen zurückgreifen, sondern muss einen
  sinnvollen Kontext maschinell generieren.

Nicht nur die Suchergebnisseiten als Ganzes, sondern auch die Trefferbeschreibungen
haben sich in den letzten Jahren erheblich verändert. Die Suchmaschinen haben teils zusätzliche Informationen zu den Treffern hinzugefügt und in manchen Fällen auch die Gestaltung der Trefferbeschreibungen durch grafische Elemente verändert.

Besonders zu navigationsorientierten Suchanfragen finden sich häufig komplexere
Darstellungen, die mehrere Ergebnisse von einer Website zeigen. So zeigt Google für die
Suchanfrage „Spiegel" zum ersten Ergebnis (spiegel.de) nicht nur die übliche Beschrei-
bung, sondern auch populäre Unterseiten der Website (sog. *rich snippets*; Abb. 6.12).
Diese populären Unterseiten können anhand der Verlinkungen und vor allem anhand der
Klicks derjenigen Nutzer, die von der Startseite des Angebots aus weitergeklickt haben,
ermittelt werden.

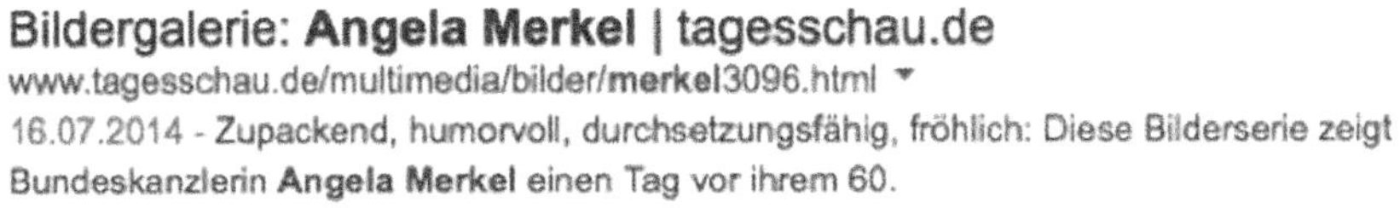

Bildergalerie: Angela Merkel | tagesschau.de
www.tagesschau.de/multimedia/bilder/merkel3096.html ▼
16.07.2014 - Zupackend, humorvoll, durchsetzungsfähig, fröhlich: Diese Bilderserie zeigt
Bundeskanzlerin **Angela Merkel** einen Tag vor ihrem 60.

Abb. 6.13 Aktualitätshinweis in der Trefferbeschreibung

[PDF] A New **Evaluation Measure** for **Information Retrieval** Sy...
https://www.dai-labor.de/fileadmin/.../mehlitz07c.pd... ▼ Diese Seite übersetzen
von M Mehlitz - **Zitiert von: 4** - Ähnliche Artikel
ing text clustering algorithms for **information retrieval** show theoretical flaws. In this
paper, we analyze these flaws and introduce a new **evaluation measure** to ...

Abb. 6.14 Autorenangabe, Zitationshinweis und Link auf eine maschinelle Übersetzung in der
Trefferbeschreibung

iRobot Roomba 780 Reinigungsroboter - Heise Online
www.heise.de › ... › Haushalt › Haushaltsgeräte › Reinigungsroboter ▼
★★★★⚝ Bewertung: 94 % - 1 Erfahrungsbericht - Ab 455,00 €
sofortüberweisung.de kostenfrei. Finanzierung möglich. Lieferung in weitere Länder auf
Anfrage. Expressversand möglich. iRobot 13848 iRobot **Roomba 780** ...

Abb. 6.15 Navigationspfad, Nutzerbewertung und Preisangabe in der Trefferbeschreibung

Doch es gibt auch eine Vielzahl von weniger auffälligen Ergänzungen zu den Trefferbeschreibungen. Diese sollen hier nicht vollständig, sondern nur beispielhaft dargestellt
werden. Abbildung 6.13 zeigt eine Trefferbeschreibung, die um eine Datumsangabe ergänzt wurde. Hierbei wird das Datum des letzten Besuchs durch den Crawler verwendet.

In Abb. 6.14 ist eine Trefferbeschreibung eines wissenschaftlichen Aufsatzes zu sehen,
die um mehrere, teils für wissenschaftliche Dokumente spezifische Angaben ergänzt wurde: Vor dem Titel des Dokumentes ist das Dateiformat (hier: PDF) angegeben, weiterhin
findet sich ein Link auf Google Übersetzer, den maschinellen Übersetzungsdienst von
Google. Zwischen der URL-Zeile und dem Beschreibungstext wurde eine Zeile eingefügt,
die den automatisch aus dem Dokument extrahierten Namen des Autors enthält. Weiterhin
findet sich in dieser Zeile die Angabe, wie häufig dieser Artikel bereits in anderen wissenschaftlichen Werken zitiert wurde (s. Abschn. 13.4) und ein Link auf ebenfalls maschinell
ermittelte ähnliche Artikel.

Wie verschieden die Ergänzungen der Trefferbeschreibungen sein können, lässt sich
am Unterschied der Beschreibung des wissenschaftlichen Aufsatzes und der Beschreibung eines Produktes (Abb. 6.15) sehen. Dort wird produktspezifisch eine Angabe zu den
Bewertungen, die das Produkt erhalten hat, sowie eine Preisangabe gemacht. In dieser
Trefferbeschreibung ist weiterhin die Stellung des Dokumentes innerhalb der Gliederung
durch Links innerhalb der Website zu sehen. Damit wird es einem Nutzer, der in diesem

Fall nach einem spezifischen Produkt gesucht hat, möglich, direkt von der Suchergebnisseite aus nicht nur zu diesem Produkt, sondern beispielsweise auch zu einer Übersicht
verwandter Produkte zu gelangen.

Die erweiterten Trefferbeschreibungen werden auch als *rich snippets* bezeichnet. Die
zusätzlichen Informationen können teils auch aus dem Dokumententext selbst extrahiert
werden (beispielsweise Autorennamen), teils werden sie aus anderen Dokumenten bzw.
dem Kontext des fraglichen Dokumentes extrahiert (beispielsweise Zitationsangaben; für
diese müssen die zitierenden Dokumente bekannt sein), teils werden weitere Metadaten,
die den Dokumenten von den Inhalteanbietern beigefügt werden, verwendet. Die großen
Suchmaschinen haben sich zu der gemeinsamen Initiative „schema.org" zusammenge-
schlossen, die zum Ziel hat, Metadaten-Schemata für die unterschiedlichsten Arten von
Inhalten zu erstellen und Inhalteanbieter dazu zu motivieren, ihre Inhalte entsprechend
dieser Schemata zu erschließen. Neben der besseren Auffindbarkeit und der Ausnutzung
der Angaben im Ranking lassen sich damit auch passendere Trefferbeschreibungen generieren.

6.4 Optionen zu den einzelnen Ergebnissen

Mittels eines Kontextmenüs, welches sich innerhalb der Trefferbeschreibungen aufrufen
lässt (Abb. 6.16), lassen sich mehrere Optionen auswählen. Bei Google sind dies „Im
Cache", „Ähnliche Seiten" und „Teilen"; andere Suchmaschinen bieten ähnliche Funktionen.

Unter „im Cache" findet sich die bereits in Abschn. 3.3 beschriebene Funktion, mit der
die zuletzt von der Suchmaschine aufgefundene Version eines Dokumentes aufgerufen
wird. In diesem Fall leitet die Suchmaschine also nicht zur aktuellen Originalversion eines
Dokumentes weiter (wie dies bei einem normen Klick auf den Treffer in der Trefferliste
der Fall ist), sondern zu einer Kopie, die sie während des Crawlings erstellt hat.

Mit der Option „Ähnliche Seiten" werden *Websites* gefunden, die der Website, auf der
sich das in der Trefferliste beschriebene Dokument befindet, ähnlich sind. Diese Funktion
wird zurzeit nur von Google angeboten und ermittelt Ähnlichkeiten aufgrund von Verlinkungen. Dabei wird ermittelt, auf welche Websites besonders häufig zusammen mit der
in der Trefferliste aufgeführten Website verlinkt wird. In Abb. 6.17 ist das Ergebnis für

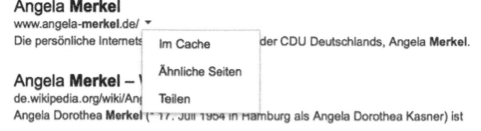

Abb. 6.16 Trefferbeschreibung mit aufgeklapptem Kontextmenü

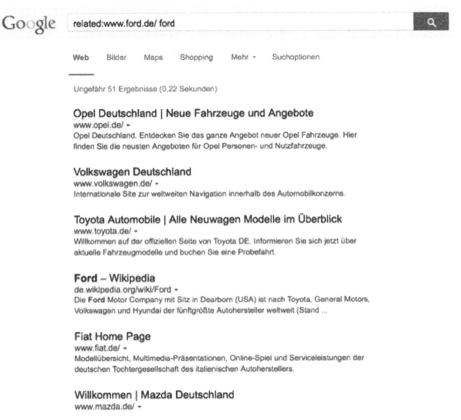

Abb. 6.17 Anzeige ähnlicher Websites auf Basis einer bereits bekannten Site

„Ähnliche Seiten" zur Website „ford.de" zu sehen: Es werden weitere Automobilhersteller angezeigt, da es viele Dokumente gibt, die sowohl auf Ford als auch auf einen oder mehrere der anderen Autohersteller gemeinsam verweisen. Es handelt sich hierbei also auch um ein linktopologisches Verfahren, das zur Ähnlichkeitserkennung eingesetzt wird. Der große Vorteil eines solchen Verfahrens liegt darin, dass es vollkommen unabhängig von der auf den verschiedenen Websites verwendeten Wortwahl ist und auch keine Verlinkung der Seiten untereinander nötig ist (die Automobil-Konkurrenten würden beispielsweise wohl kaum aufeinander verlinken). Der gravierende Nachteil ist allerdings, dass mit dem von Google verwendeten Verfahren nur Ähnlichkeiten zwischen *Websites*, nicht zwischen einzelnen Dokumenten festgestellt werden.

6.5   Auswahl von geeigneten Treffern auf den Suchergebnisseiten

Wie nun wählen Nutzer aus den Elementen auf einer Suchergebnisseite aus? In den vorangegangenen Abschnitten wurden die Komplexität der aktuellen Ergebnispräsentation und die Vielzahl der Auswahlmöglichkeiten dargestellt, und natürlich werden alle der beschriebenen Elemente auch regelmäßig ausgewählt. Nichtsdestotrotz haben sich bestimmte Faktoren herausgebildet, die die Auswahl eines bestimmten Elements auf der Suchergebnisseite begünstigen.

In Abschn. 6.1 haben wir schon gesehen, wie die Blicke der Nutzer durch die Ergebnispräsentation beeinflusst werden, und es wurde festgestellt, dass nur das, was von den Nutzern wahrgenommen wird, auch angeklickt wird. Nun ist es jedoch falsch anzunehmen, dass diejenigen Bereiche, die in den Heatmaps im Eyetracking nicht hervorgehoben sind, überhaupt nicht wahrgenommen werden. Vielmehr konzentrieren sich die Blicke dort nicht, was aber nicht bedeutet, dass diese Bereich nicht doch von einer geringeren Anzahl von Nutzern wahrgenommen werden.

Zunächst einmal hängt die Auswahl eines Elements von seiner Position auf der Suchergebnisseite ab. Zahlreiche Studien haben gezeigt, dass die Position nicht nur im Zusammenhang mit der Auflistung besonders relevanter Ergebnisse auf den vorderen Positionen der Trefferliste einen besonderen Effekt hat, sondern schon *allein* die Position einen erheblichen Effekt erreicht. Dies konnte in Studien gezeigt werden, in denen die Reihenfolge der Suchergebnisse künstlich verändert und dann der Effekt auf das Auswahlverhalten der Nutzer gemessen wurde (Keane et al. 2008; Bar-Ilan et al. 2009).

Einen weiteren Effekt auf das Selektionsverhalten hat die Positionierung eines Elements im sichtbaren gegenüber dem unsichtbaren Bereich der Suchergebnisseite (u. a. Cutrell und Guan 2007; Granka et al. 2006). Die Treffer im sichtbaren Bereich werden weit häufiger wahrgenommen und in Folge auch wesentlich häufiger ausgewählt.

Schließlich spielen aussagekräftige Trefferbeschreibungen und hervorgehobene Suchwörter innerhalb der Trefferbeschreibungen eine Rolle.

Es zeigt sich also, dass die Ergebnispräsentation einen erheblichen Einfluss auf die Selektionsentscheidungen der Nutzer hat. Damit können Suchmaschinenbetreiber durch die Verwendung bzw. Modifikation von Suchergebnisseiten-Layouts erheblichen Einfluss darauf nehmen, was Nutzer tatsächlich wahrnehmen bzw. auswählen. Darauf ergeben sich dann Einflussmöglichkeiten, die jenseits von technischen Gegebenheiten liegen und auch der gezielten Beeinflussung der Nutzer im Sinne des Suchmaschinenbetreibers dienen können (vgl. Kap. 15 sowie (Lewandowski et al. 2014).

6.6 Zusammenfassung

Suchmaschinen haben komplexe Ergebnispräsentationen aufgebaut, die sich aus verschiedenen Elementen zusammensetzen. Die gerankte Ergebnisliste bildet weiterhin das zentrale Element der Suchergebnisseite, allerdings wird sie zunehmend mit Ergebnissen aus anderen Kollektionen, Werbung und Faktenantworten angereichert.

Die organischen Ergebnisse werden aus dem Web-Index generiert und in einer geordneten Liste angezeigt. Meist oberhalb und rechts der Ergebnisliste werden Textanzeigen eingeblendet, die ähnlich wie die Trefferbeschreibungen der organischen Suchergebnisse aufgebaut sind und kontextbezogen, d. h. auf die gerade gestellte Suchanfrage angepasst sind. Dadurch können Anzeigen als Ergebnistyp betrachtet werden, die zur Suchanfrage relevant sein können.

Bei Universal-Search-Ergebnissen handelt es sich um Ergebnisse aus speziellen Kollektionen (Datenbeständen) der Suchmaschinen, die zusätzlich zum Web-Index aufgebaut werden. Beispiele sind der Nachrichten-, der Bilder- und der Video-Index. Universal-Search-Ergebnisse werden oberhalb oder innerhalb der Liste der organischen Suchergebnisse eingeblendet; sie durchbrechen damit die reguläre Ergebnisdarstellung. Die Trefferbeschreibungen der Universal-Search-Ergebnisse sind auf die Inhalte der jeweiligen Kollektion angepasst und enthalten oft Bilder, welche die Blickverläufe auf den Suchergebnisseiten gegenüber der traditionellen Listendarstellung verändern.

Neben den unterschiedlichen Typen von Suchergebnissen finden sich auf den Suchergebnisseiten auch Navigationselemente sowie Optionen zu den einzelnen Treffern. Die Trefferbeschreibungen bestehen mindestens aus einem Titel, einer URL und einem kurzen Beschreibungstext. In den letzten Jahren haben sich aber auch hier Entwicklungen hin zu komplexeren Präsentationen ergeben.

Die Trefferpräsentation hat einen erheblichen Einfluss darauf, welche Treffer von den Nutzern gesehen und ausgewählt werden. Dabei spielt die Reihung der Treffer eine erhebliche Rolle, durch die Anreicherung der Suchergebnisseiten vor allem um Bilder und grafische Elemente wird dieser Einfluss jedoch verringert und die Nutzer werden zu anderen Elementen gelenkt.

Weiterführende Literatur
Eine interessante Eyetracking-Studie zu den Google-Suchergebnisseiten und ihrer Veränderung im Lauf der Zeit kann bei dem Marktforschungsunternehmen Mediative heruntergeladen werden (unter http://pages.mediative.com/SERP-Research).

Einige Bücher beschäftigen sich grundlegend mit der Gestaltung von Benutzerschnittstellen in Suchanwendungen; hier ist vor allem Hearst (2009) zu nennen. Auch Werke, die sich generell mit der Gestaltung der User Experience in Suchanwendungen beschäftigen, bieten interessante Einblicke, auch wenn sie sich nicht primär auf die Websuche beziehen. Empfohlen werden können hier vor allem die Bücher von Quirmbach (2012), Russell-Rose und Tate (2012) und Nudelman (2011).

Literatur

Bar-Ilan, J., Keenoy, K., Levene, M., & Yaari, E. (2009). Presentation bias is significant in determining user preference for search results – A user study. *Journal of the American Society for Information Science and Technology, 60*(1), 135–149.

Bundesverband Digitale Wirtschaft. (2009). Nutzerverhalten auf Google-Suchergebnisseiten: Eine Eyetracking-Studie im Auftrag des Arbeitskreises Suchmaschinen-Marketing des Bundesverbandes Digitale Wirtschaft (BVDW) e. V. http://www.hottracker.de/whitepaper/Eyetracking-Studie_2008_Ergebnisbericht.pdf. Zugegriffen: 25. Sept. 2014

Cutrell, E., & Guan, Z. (2007). What are you looking for? An eye-tracking study of information usage in Web search. In *Proceedings of the SIGCHI Conference on Human Factors in Computing Systems (CHI 2007)* (S. 407–416). New York: ACM.

Edelman, B. (2010). Hard-Coding Bias in Google „Algorithmic" Search Results. benedelman.org. http://www.benedelman.org/hardcoding/. Zugegriffen: 25. Sept. 2014

European Commision. (2014). EU competition investigation AT. 39740-Google. http://ec.europa.eu/competition/elojade/isef/case_details.cfm?proc_code=1_39740. Zugegriffen: 25. Sept. 2014

Fallows, D. (2005). *Search engine users: Internet searchers are confident, satisfied and trusting–but they are also unaware and naive. Pew Internet & American Life Project*. Washington, DC: Pew Internet & American Life Project.

Granka, L., Hembrooke, H., & Gay, G. (2006). Location location location: Viewing patterns on WWW pages. In *Proceedings of the 2006 Symposium on Eye Tracking Research & Applications* (Jg. 2005, S. 43–43). New York: ACM.

Hearst, M. A. (2009). *Search User Interfaces*. Cambridge: Cambridge University Press.

Höchstötter, N., & Koch, M. (2009). Standard parameters for searching behaviour in search engines and their empirical evaluation. *Journal of Information Science, 35*(1), 45–65.

Keane, M. T., O'Brien, M., & Smyth, B. (2008). Are people biased in their use of search engines? *Communications of the ACM, 51*(2), 49–52.

Lewandowski, D., Kerkmann, F., & Sünkler, S. (2014). Wie Nutzer im Suchprozess gelenkt werden: Zwischen technischer Unterstützung und interessengeleiteter Darstellung. In B. Stark, D. Dörr, & S. Aufenanger (Hrsg.), *Die Googleisierung der Informationssuche – Suchmaschinen im Spannungsfeld zwischen Nutzung und Regulierung*. Berlin: De Gruyter.

Marable, L. (2003). False oracles: consumer reaction to learning the truth about how search engines work. Research Report, 30 (June), 1–66. http://www.consumerwebwatch.org/dynamic/search-report-false-oracles.cfm. Zugegriffen: 25. Sept. 2014.

Nudelman, G. (2011). *Designing search: UX Strategies for eCommerce Success*. Indianapolis: Wiley.

OVK Online-Report 2013/02. (2013) Zahlen und Trends im Überblick. Düsseldorf.

Quirmbach, S. M. (2012). *Suchmaschinen: User Experience, Usability und nutzerzentrierte Website-Gestaltung*. Heidelberg: Springer.

Russell-Rose, T., & Tate, T. (2012). *Designing the search experience: The information architecture of discovery*. Amsterdam: Morgan Kaufmann.

Sullivan, D. (2003). Searching With Invisible Tabs. *Search Engine Watch*. http://searchenginewatch.com/showPage.html?page=3115131. Zugegriffen: 25. Sept. 2014

Tober, M., Hennig, L., & Furch, D. (2014). *Universal-Search-Integrationen in den Suchergebnissen – Jahresanalyse Google Deutschland 2013*. Berlin: Searchmetrics.

Suchmaschinen werden von kommerziellen Unternehmen betrieben und müssen sich daher nicht nur refinanzieren, sondern auch Gewinne erwirtschaften. In diesem Kapitel wird erläutert, welche Suchmaschinen kommerziell eine wichtige Rolle spielen, wie Geld mit Suchmaschinen verdient wird und welche Partnerschaften zwischen Unternehmen auf dem Suchmaschinenmarkt bestehen.

Es ist kein Geheimnis, dass Nutzer sich bei ihren Recherchen hauptsächlich auf eine einzige Suchmaschine, nämlich Google, verlassen. Wir werden in diesem Kapitel sehen, welchen Anteil andere Suchmaschinen auf dem Suchmaschinenmarkt erreichen und durch welche wirtschaftlichen Faktoren die marktbeherrschende Stellung von Google begünstigt wird. Um verstehen zu können, warum die Menschen vor allem mit Google suchen und warum es so gut wie keine Alternativen gibt, die auch tatsächlich genutzt werden, muss man den Suchmaschinenmarkt kennen und verstehen.

Wir betrachten Google, Bing und die anderen Suchmaschinen hier zwar als Unternehmen, allerdings auf den Kontext „Suche" beschränkt, d. h. das Interesse liegt nicht auf Anbietern wie Google und Microsoft *als Unternehmen* (die ja weit mehr als Suchmaschinen anbieten), sondern allein auf ihrer Rolle als Suchmaschinenanbieter. Ebenfalls ausgeklammert bleibt der Markt für Suchanwendungen, die sich an Unternehmen richten, um beispielsweise deren Websites oder interne Anwendungen zu durchsuchen.

7.1 Das Geschäftsmodell der Suchmaschinen

Das dominierende Geschäftsmodell der Suchmaschinen ist die kontextbezogene Werbung, die bereits in Abschn. 6.2.2 als Ergebnistyp auf der Suchergebnisseite erläutert wurde. Der Erfolg des Modells liegt in unterschiedlichen Faktoren begründet:

© Springer-Verlag Berlin Heidelberg 2015
D. Lewandowski, *Suchmaschinen verstehen,* Xpert.press,
DOI 10.1007/978-3-662-44014-8_7

- Die Werbung wird in einem Moment angezeigt, in dem ein Suchender durch seine Suchanfrage sein Interesse bereits „offenbart" hat. Dadurch werden die bei anderen Werbeformen üblichen Streuverluste erheblich eingedämmt bzw. entfallen.
- Durch die Abrechnung nach Klicks (anstatt nach Impressions) kann der Erfolg der Werbung durch den einzelnen Werbetreibenden exakt gemessen werden. Die Abrechnung nach Klicks sorgt wiederum dafür, dass Streuverluste minimiert werden können.
- Die Werbung ist wenig störend, da sie textbasiert ist und im Gegensatz etwa zu Bannerwerbung wenig aufdringlich gestaltet ist.
- Durch die Versteigerung entstehen transparente Klickpreise, die sich nach der tatsächlichen Konkurrenz zu einer Suchanfrage richten.
- Die Selbstbuchung erlaubt auch Kleinstunternehmen, eigenständig Werbung zu schalten, selbst wenn nur geringe Budgets vorhanden sind. Die Anzeigen können vom Werbetreibenden leicht selbst gestaltet werden; verschiedene Versionen einer Anzeige können leicht ausprobiert werden, Änderungen sind jederzeit unproblematisch möglich.

Es ist bislang keiner Suchmaschine im Web gelungen, sich mit einem anderen Geschäftsmodell zu finanzieren. Alle anderen Einnahmen der Suchmaschinenbetreiber, die im weiteren Umfeld der Suche erwirtschaftet werden, sind als *ergänzende Einnahmen* zu betrachten, die nur zu einem geringen Teil zu den Gesamtumsätzen beitragen.

Vor allem die folgenden drei Modelle wurden in der Vergangenheit ausprobiert bzw. werden noch verwendet:

- Verkauf von Suchmaschinentechnologie an Unternehmen, die damit ihre eigenen Datenbestände durchsuchbar machen können. Hieraus hat sich ein gesonderter Markt entwickelt, welcher weitgehend unabhängig von den Anbietern in der Websuche ist. Zwar bietet beispielsweise Google mit seiner *Google Search Appliance* auch eine Lösung in diesem Bereich an, für die Umsätze des Unternehmens spielt sie aber nur eine untergeordnete Rolle.
- *Paid Inclusion*: In diesem Geschäftsmodell bezahlen Inhalteanbieter dafür, dass ihre Websites besonders tief oder besonders häufig von einer Suchmaschine indexiert werden. Frühere Ansätze etwa von Yahoo wurden wieder aufgegeben; es gab auch erhebliche Kritik an diesem Modell, da im Rahmen von *paid inclusion* nicht mehr alle Dokumente von der Suchmaschine gleich behandelt werden. Als letzter Suchmaschinenanbieter hat Google mit dem Paid-Inclusion-Modell experimentiert, als es die Aufnahme in den Shopping-Index kostenpflichtig machte (Sullivan 2012). Inzwischen werden die Shoppingergebnisse als Anzeigen geführt und die Ergebnisliste entsprechend gekennzeichnet.
- Dienstleistungen über *Application Programming Interfaces* (APIs): Suchmaschinen lassen sich teils automatisiert über sog. APIs abfragen, was es den Entwicklern anderer Anwendungen ermöglicht, eine Dienstleistung der Suchmaschine, etwa eine bestimmte Menge von Suchergebnissen, in ihre eigenen Anwendungen einzubauen. Die Abrechnung erfolgt in der Regel pro Tausend Suchanfragen; die Anwendungsmöglichkeiten

reichen von direkt auf die Suche bezogenen APIs (beispielsweise Bings API für Suchergebnisse) bis hin zu Diensten aus dem Umfeld der Suchmaschinen (beispielsweise
Google Translate API).

7.2   Die Bedeutung der Suchmaschinen für die Online-Werbung

Dass suchbasierte Werbung attraktiv ist, zeigt sich nicht nur an den bereits oben genann-
ten Faktoren, sondern vor allem auch an dem wirtschaftlichen Erfolg dieser Werbeform.
In Deutschland entfallen mehr als ein Drittel der Werbeerlöse im Online-Bereich auf die
Suchwortvermarktung.

Der Online-Vermarkter-Kreis im Bundesverband Digitale Wirtschaft unterteilt die Online-Werbung in drei Segmente:

1. Klassische Online-Werbung: Hierunter fallen Bannerwerbungen, Anzeigen innerhalb
   von Online-Videos und sonstige Platzierungen innerhalb von Webseiten. Diese Werbeform macht in Deutschland 58,5 % der Online-Werbeerlöse aus (Prognose für 2013;
   OVK Online-Report 2013/02 2013).
2. Suchwortvermarktung: Hierbei handelt es sich um die Werbung in Suchmaschinen, die
   auf dem Abgleich zwischen Suchanfragen und gebuchten Suchwörtern zu Anzeigen
   beruht. Sie erreicht in Deutschland 35,4 % der Online-Werbeerlöse.
3. Affiliate-Netzwerke: Hierbei vermitteln Unternehmen („Affiliates") anderen Unternehmen Kunden über Links auf ihren Websites. Für so vermittelte Verkäufe erhält der
   Affiliate eine Provision. Auf Affiliate-Netzwerke entfallen in Deutschland 6,1 % der
   Werbeerlöse.

Das Gesamtvolumen der Online-Werbung in Deutschland liegt bei über 7 Mrd. €, wovon
mehr als 2,5 Mrd. € auf Suchwortvermarktung entfallen. Abb. 7.1 fasst die genannten
Zahlen zusammen und zeigt die Zuwächse in den vergangenen Jahren.

Wir haben es also bei der Suchwortvermarktung mit einem recht hohen Marktvolumen
und einem beständigen Wachstum zu tun. Dies sorgt für einen attraktiven Markt und zeigt,
dass auch bei einem erst einmal klein erscheinenden Marktanteil hohe Umsätze zu erwirtschaften sind. Betrachtet man den gesamten europäischen Raum und die USA, so sieht
man, dass dort jeweils der Anteil der Suchwortvermarktung am gesamten Online-Werbe-
markt bei über 50 % liegt (OVK Online-Report 2013/02 2013, S. 13).

Google hat laut seinem Jahresbericht (Google Inc. 2014) im Jahr 2013 insgesamt
US$ 59,8 Mrd. erwirtschaftet, wovon 84,5 % durch Suchwortvermarktung erwirtschaftet
wurden. Darunter fallen sowohl die *Adwords*-Textanzeigen, welche auf Googles Suchergebnisseiten und denen von Partnern kontextbasiert zu Suchanfragen angezeigt werden
(s. Abschn. 6.2.2) als auch Anzeigen, die kontextbasiert zu Inhalten auf nicht von Google
betriebenen Websites, beispielsweise auf journalistischen Angeboten, angezeigt werden
(*Adsense*). Etwa drei Viertel der Umsätze in diesem Bereich entfallen auf die Suchange-
bote, ein Viertel auf die Adsense-Anzeigen.

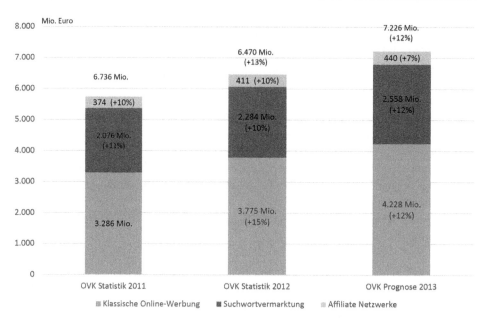

Abb. 7.1 Entwicklung des Online-Werbevolumens in Deutschland. (OVK Online-Report 2013/02 2013, S 7)

Andere Umsätze erzielt Google vor allem mit dem zugekauften Unternehmen Motorola (7,4 % der Umsätze); im Bereich der Suche gibt es keine nennenswerten Umsatzquellen neben der Werbung.

Die Zahl der in Suchmaschinen eingegebenen Suchanfragen steigt beständig. Allein für Deutschland berichtet ComScore von mehr als 6 Mrd. Suchanfragen in einem Monat im Jahr 2013 (ComScore 2013). Allerdings werden die Zahlen für Deutschland leider nicht regelmäßig veröffentlicht, sodass sich das exakte Wachstum nicht darstellen lässt. Anders ist dies in den USA, wo die Zahlen monatlich veröffentlicht werden und die Entwicklung so nachvollzogen werden kann (Abb. 7.2). In gerade einmal drei Jahren ist das monatliche Volumen um 1,5 Mrd. Suchanfragen pro Monat gewachsen.

Zu jeder gestellten Suchanfrage kann zumindest potenziell Werbung angezeigt werden. Die immense Zahl der Suchanfragen und ihr Wachstum sind also ein weiteres Zeichen für einen attraktiven Markt.

7.3 Marktanteile der Suchmaschinen

Der weltweite Markt für Web-Suchmaschinen wird momentan von nur wenigen Anbietern bestimmt. Stärkster Konkurrent zu Google ist Microsoft mit seiner Suchmaschine Bing. Auch wenn diese keine mit Google vergleichbaren Werte erreichen kann, so erreicht sie doch zumindest in den USA einen Markanteil von etwa 16 % (zusammen mit ihrem Partner Yahoo, der Bing-Ergebnisse anzeigt, knapp 29 %, s. Sterling, 2012), während sie international eine weit geringere Rolle spielt.

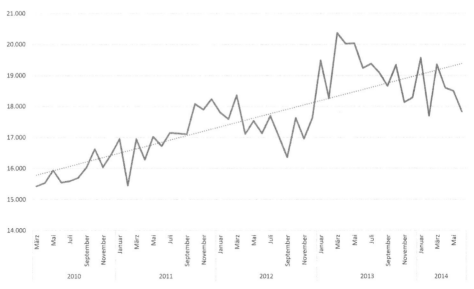

Abb. 7.2 Entwicklung des Suchanfragevolumens (USA; Daten von ComScore. Die Daten wurden aus den regelmäßig bei „Search Engine Land" veröffentlichten Zahlen zusammengestellt. (s. http://searchengineland.com/library/stats/stats-comscore))

In Europa sind die nationalen Suchmaschinenmärkte durch ein Quasi-Monopol von Google gekennzeichnet (Maaß et al. 2009). Diese Suchmaschine erreicht in den meisten Ländern einen Anteil von mehr als 90 % der Suchanfragen; in Deutschland sind es etwa 96 % (Abb. 7.3). Andere Suchmaschinen spielen in Deutschland also kaum eine Rolle. Wir werden uns in späteren Kapiteln damit beschäftigen, ob diese Marktverhältnisse ein Ausdruck der überragenden Qualität von Google sind (Kap. 11) und inwieweit sie im Sinne einer pluralistischen Gesellschaft wünschenswert sein können (Kap. 15).

Außerhalb Europas haben sich teilweise gewichtige nationale Suchmaschinen etablieren können; etwa Baidu in China oder Yandex in Russland. Inwieweit es diesen Anbietern gelingen wird, sich auch international zu platzieren, bleibt abzuwarten.

Abb.   7.3 Marktanteile   der Suchmaschinen   (Deutschland, gemessen am Anfragevolumen; ComScore 2013)

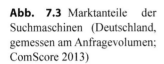

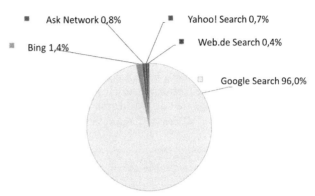

Suchmaschinen können Marktanteile auf verschiedene Weise erreichen. Zunächst einmal kann man recht naiv annehmen, dass eine Suchmaschine einfach neue Nutzer von ihren Diensten überzeugen kann, diese dann in der Zukunft die Suchmaschine verwenden und damit quasi „automatisch" für Marktanteile sorgen werden. Allerdings sind auf diese Weise maximal kleine Zuwächse zu erzielen, und in den vergangenen Jahren hat sich gezeigt, dass neue Suchmaschinen auf diese Weise keine nennenswerten Marktanteile erreichen können.

Andere gängige Methoden, um die Reichweite bzw. Marktanteile einer Suchmaschine zu erhöhen, sind:

- Die Suchmaschine wird als Standardsuchmaschine in einem Browser eingestellt. Alle Nutzer, die über das Suchfeld, die Startseite und/oder die URL-Leiste eine Suchanfrage abschicken, werden an diese Suchmaschine weitergeleitet. Das prominenteste Beispiel für eine solche Kooperation ist die zwischen der Mozilla-Foundation (Betreiber des Firefox-Browsers) und Google. Insgesamt nimmt die Mozilla-Foundation damit im Jahr ca. US$ 300 Mio. ein, was 84 % der Gesamteinnahmen der Organisation ausmacht (McGee 2011). Google kauft sich also Traffic über den populären Web-Browser. Andererseits könnte die Mozilla-Foundation ohne Google (oder eine andere zahlende Suchmaschine) nicht überleben.
- Die Suchmaschine wird als Standardsuchmaschine in einem Betriebssystem voreingestellt. Das Modell funktioniert analog zu der Voreinstellung im Browser; prominentestes Beispiel hier ist die Integration der Bing-Suche in die aktuellen Windows-Versionen.
- Die Suchmaschine wird in andere suchbasierte Dienste eingebunden. Ein bekanntes Beispiel hier ist die Einbindung von Microsofts Bing in Apples sprachgesteuerten virtuellen Assistenten Siri (Sterling 2013). Die Bedeutung der bisherigen Web-Suchmaschinen als Basistechnologie für solche Dienste dürfte in der Zukunft erheblich steigen (s. Kap. 16).

Die beschriebenen Verhältnisse auf dem Suchmaschinenmarkt legen natürlich die Frage nahe, ob in der nahen bis mittelfristigen Zukunft Veränderungen des Marktes zu erwarten sind. Die Dominanz von Google erscheint schon seit Jahren soweit gefestigt, dass Maaß et al. (2009) bereits vor einigen Jahren aufgrund ihrer industrieökonomischen Analyse des Suchmaschinenmarkts zu dem Schluss kamen,

> dass kurz- und mittelfristig keine Änderung dieser Marktsituation zu erwarten ist. So verhindern hohe Markteintrittsbarrieren den Eintritt neuer algorithmenbasierter Suchmaschinen. Diese Hürden hängen mit den Kosten für den Aufbau und die Pflege eines eigenen Suchindexes zusammen, auf den im Zuge einer Suchanfrage zurückgegriffen wird. (Maaß et al. 2009, S 15)

Eine Veränderung der Verhältnisse durch den Eintritt neuer Marktteilnehmer ist also auf mittlere Sicht nicht zu erwarten. Damit stellt sich die Frage, ob die aktuellen Marktverhältnisse wünschenswert sind oder ob sie nicht durch staatliche Eingriffe verändert werden sollten. Wir werden uns in Kap. 15 damit beschäftigen.

7.4 Bedeutende Suchmaschinen

Als bedeutende Suchmaschinen werden in diesem Abschnitt zunächst einmal die Suchmaschinen angesehen, die hinsichtlich ihrer Marktanteile zumindest in einer bestimmten Region oder einem bestimmten Land eine Rolle spielen. Dies bedeutet allerdings nicht, dass andere Suchmaschinen nicht durch ihre Technologie oder besondere Features punkten könnten (dazu mehr in den Kap. 9 und 10). An dieser Stelle sollen nur die Suchmaschinen behandelt werden, die entweder bereits hohe Marktanteile in mindestens einem Markt erreicht haben und zumindest das Potenzial haben, ihre Stellung auch in anderen Ländern auszubauen.

Zunächst einmal sollen die Suchmaschinen genannt werden, die aktuell für den deutschen Markt bedeutend sind: dies sind Google und Bing. Beide Suchmaschinen verfügen über einen umfangreichen, aktuellen und internationalen Index, ein gut funktionierendes Ranking und sind auf die deutschen Gegebenheiten angepasst (hinsichtlich Sprache und Lokalität; s. Abschn. 5.5). Andere Suchmaschinen spielen in Deutschland keine Rolle, da sie die genannten Kriterien nicht erfüllen bzw. in den allermeisten Fällen sowieso die Suchergebnisse von Google oder von Bing anzeigen (so zum Beispiel Yahoo; s. Abschn. 7.5).

Auch in den USA sieht es nicht viel anders aus: Hier erreicht Google allerdings „nur" knapp 66 % Marktanteile, auf Bing (inklusive seines Partners Yahoo) entfallen etwa 29 % (Sterling 2012). Allerdings gibt es dort einige kleinere Suchmaschinen, denen zumindest das Potenzial zugesagt wird, zukünftig eine wichtigere Rolle zu spielen. Es handelt sich um Duck Duck Go und Blekko. Beiden ist jedoch gemein, dass sie nur unzureichend für den deutschsprachigen Markt angepasst sind und ihre Ergebnisse daher für Anfragen in deutscher Sprache keine Ergebnisse von vergleichbarer Qualität zu denen von Google oder Bing erreichen können.

Ähnlich verhält es sich mit Exalead aus Frankreich (http://www.exalead.com/search/). Diese Suchmaschinen erfüllt zwar die oben genannten Bedingungen weitgehend, aber auch hier hapert es an der Anpassung an lokale Märkte. Die Firma Exalead fokussiert sich inzwischen vor allem auf Suchlösungen für Unternehmen und Analysewerkzeuge, die auf ihrem Web-Index beruhen. Es ist nicht davon auszugehen, dass die Suchmaschine, die inzwischen eher als ein Demonstrator für die Fähigkeiten der Suchtechnologie von Exalead anzusehen ist, weiter ausgebaut wird.

Eine Suchmaschine, der immer wieder das Potenzial zugesprochen wird, auch in Europa Fuß fassen zu können, ist Yandex aus Russland. Diese Suchmaschine ist am dortigen Markt führend und verfügt über ausgereifte Technologie, die sie nach entsprechenden Anpassungen auch für andere Länder verfügbar machen könnte.

Eine weitere in ihrem Land führende Suchmaschine ist Baidu in China. Hier handelt es sich allerdings um einen Sonderfall, da der chinesische Staat Suchmaschinen nur in stark zensierten Versionen zulässt und die großen internationalen Suchmaschinen auf diesem Markt systematisch behindert werden (vgl. Jiang und Dinga 2014).

Bei den bisher genannten Suchmaschinen fehlen einige ehemals große Namen wie AltaVista, Yahoo und Ask.com. Diesen ist gemeinsam, dass sie inzwischen nicht mehr als eigenständige Suchmaschinen existieren: AltaVista besteht nicht mehr, Yahoo zeigt Suchergebnisse von Bing an, und Ask.com hat sich zu einer Frage-Antwort-Maschine verändert, die nicht mehr als echte Web-Suchmaschine anzusehen ist (Sullivan 2010).

7.5 Index vs. Suchmaschine

Ein wichtiger Faktor zur Erklärung, warum es zwar eine Vielzahl von Suchmaschinenanbietern gibt, die um Nutzer werben, aber nur wenige von ihnen als eigenständige Anbieter überlebt haben, ist das sog. Partnerindex-Modell.

„Echte" Suchmaschinenanbieter wie Google und Bing betreiben eine eigene Suchmaschine, geben ihre Suchergebnisse aber auch an Partner weiter. So hat beispielsweise Yahoo seine eigene Suchmaschine bereits vor mehreren Jahre aufgegeben und zeigt seitdem Suchergebnisse von Bing. Oberflächlich erscheint Yahoo als eigene Suchmaschine (in einem eigenen Layout und mit einer gegenüber Bing unterschiedlicher Darstellung der Ergebnisseiten), die Ergebnisse selbst sind jedoch die gleichen wie die von Bing.

Inzwischen greifen alle großen Portale (wie etwa Web.de, T-Online, AOL), für die die Websuche nur ein Angebot unter vielen ist, auf dieses Modell zurück. Das Modell des Partnerindexes beruht auf der Teilung der Gewinne, die durch das Anklicken der zusätzlich den Suchergebnissen mitgelieferten Textanzeigen erzielt werden. Das Modell ist für beide Seiten sehr attraktiv, da für den Suchmaschinenbetreiber durch das Ausliefern der Suchergebnisse an den Partner nur geringe Kosten entstehen; für den Portalbetreiber entfällt der immense Aufwand für den Betrieb einer eigenen Suchmaschine. Der wesentliche Anteil der Kosten für den Betrieb einer Suchmaschine entsteht bis zur Bereitstellung der Suchmaschine (d. h. für Entwicklungskosten und für den Aufbau und die Pflege des Index); die Kosten für die Verarbeitung jeder einzelnen Suchanfrage spielen kaum eine Rolle.

Der Partner einer gebenden Suchmaschine braucht nur für den entsprechenden Traffic auf seinem Portal sorgen; Gewinn lässt sich in diesem Modell mit nur geringem Aufwand erzielen. Es ist daher kein Wunder, dass kaum mehr alternative Suchmaschinen bestehen bzw. im Rahmen von Portalen genutzt werden. Das Partnerindex-Modell ist schlicht zu lukrativ, als dass Unternehmen noch wirtschaftlich sinnvoll alternative Lösungen anbieten könnten. Auf der anderen Seite hat das Partnerindex-Modell dafür gesorgt, dass die Suchmaschinenlandschaft (weiter) ausgedünnt wurde (vgl. Lewandowski 2013). Die mangelnde Vielfalt auf dem Suchmaschinenmarkt lässt sich also zumindest zum Teil mit dem Erfolg dieses Modells erklären, zumal die Gewinne aus dem Partnerindex-Modell desto höher ausfallen, zu je mehr Suchanfragen Werbetreffer geliefert werden können. Das Modell begünstigt daher per se große Suchmaschinen mit einem umfassenden Werbenetzwerk. Hierbei wird vorausgesetzt, dass Suchergebnisse und Werbetreffer vom gleichen Anbieter bezogen werden. Dies ist die Regel, muss aber theoretisch nicht der Fall sein (s. Abschn. 7.5). In jedem Fall würde aber diejenige Suchmaschine, die das breiteste Angebot an Werbetreffern liefern kann, die beste Monetarisierung für den Portalbetreiber bieten (vorausgesetzt, der anteilige Gewinn für den Portalbetreiber wäre der gleiche).

Abb. 7.4 zeigt einen Vergleich der Suchergebnisse von Yahoo (links) und Bing (rechts). Da Yahoo seine organischen Ergebnisse von Bing bezieht, sind diese in beiden Fällen die gleichen in der gleichen Reihung. Leichte Unterschiede gibt es bei den Trefferbeschreibungen; so hat etwa Yahoo etwa zum zweiten organischen Ergebnis ein Bild hinzugefügt. Auch bei den Textanzeigen gibt es Unterschiede: Obwohl Yahoo auch diese von Bing bezieht, wird in diesem individuellen Fall bei Yahoo keine Anzeige eingeblendet. Dies kann beispielsweise damit zu tun haben, dass der Werbetreibende die Anzeige nur für Bing selbst gebucht hat und nicht für Partnerangebote. Zuletzt bezieht Yahoo auch die Universal-Search-Ergebnisse von Bing, allerdings unterscheidet sich auch hier die Darstellungsform geringfügig.

An diesem Beispiel wird also deutlich, dass ein Angebot als vermeintlich eigenständige Suchmaschine fungieren und auch Anpassungen in der Ergebnisdarstellung vornehmen kann, ohne allerdings tatsächlich eine eigene Suchmaschine zu betreiben. Den Möglichkeiten zur Anpassung der Suchergebnisse sind jedoch in den Verträgen zwischen gebenden Suchmaschinen und Partnern in der Regel enge Grenzen gesetzt: So darf etwa die

Abb. 7.4 Unterschiedliche Ergebnisdarstellung und -anreicherung auf Basis der gleichen organischen Ergebnisse (Yahoo, Bing)

Reihenfolge der Ergebnisse nicht verändert werden, es dürfen keine (Universal-Search-) Ergebnisse innerhalb der Trefferliste hinzugefügt werden, usw. Ähnlich wie bei den Meta-suchmaschinen (s. Abschn. 2.4.3) erhält der Partner auch kaum Informationen zu den einzelnen Treffern, sondern nur Beschreibungen und URLs der Suchergebnisse in Blöcken für jeweils eine Suchergebnisseite.

Sehen wir uns nun genauer an, welche Partnerschaften auf dem (deutschen) Suchmaschinenmarkt bestehen. Abb. 7.5 zeigt nach dem Vorbild des den US-Markt erfassenden *Search Engine Relationship Chart* (Clay 2011a) die Verbindungen im deutschen Markt. Gekennzeichnet sind die Lieferung von organischen Suchergebnissen (durchgehende schwarze Pfeile), von Textanzeigen (graue Pfeile) und Universal-Search-Ergebnissen (unterbrochene Pfeile).

Es wird deutlich, dass Google der zentrale Zulieferer für organische Suchergebnisse an andere Suchmaschinen bzw. Portale ist. Meist werden mit den organischen Suchergebnissen auch Textanzeigen geliefert, was für die Refinanzierung nach dem bereits beschriebenen Modell sorgt. Neben Google spielt allein Bing als Suchergebnislieferant eine Rolle; diese Suchmaschine liefert Ergebnisse an das ebenfalls zu Microsoft gehörende MSN sowie an Yahoo.

Das Schaubild zum Beziehungsgeflecht der Suchmaschinen verdeutlich noch einmal, dass es vordergründig eine Vielzahl von Angeboten gibt, auf denen gesucht werden kann, dass aber hinter diesen Angeboten nur in den wenigsten Fällen tatsächlich eigenständige

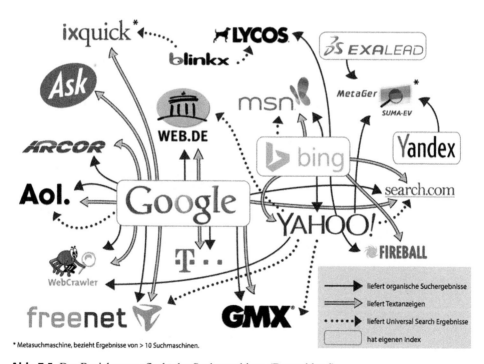

Abb. 7.5 Das Beziehungsgeflecht der Suchmaschinen (Deutschland)

Suchmaschinen stehen. Einen interessanten Blick in die Entwicklung der Marktverhältnisse und Partnerschaften auf dem US-Suchmaschinenmarkt erlaubt das *Search Engine
Relationship Chart Histogram* (Clay 2011b), in dem sich bis ins Jahr 2000 zurückblättern
lässt und jeweils die aktuellen Partnerschaften zu sehen sind.

7.6 Zusammenfassung

Suchmaschinenbetreiber verdienen ihr Geld nahezu ausschließlich mit Werbung. Diese
wird vor allem auf den Suchergebnisseiten in Form von Textanzeigen angezeigt; eine weitere Werbeform ist kontextbasierte Werbung auf Inhaltsseiten fremder Anbieter; in diesem
Fall wird der Kontext nicht aus einer Suchanfrage, sondern aus einem vollständigen Text
gewonnen.

Die sog. Suchwortvermarktung ist ein wichtiger Bereich der Online-Werbung und
macht etwa ein Drittel des Online-Werbevolumens in Deutschland aus. Auf der Basis der
Daten aus den USA lässt sich vermuten, dass der Anteil der Suchwortvermarktung auch in
Deutschland noch erheblich steigen dürfte.

Suchmaschinen werden milliardenfach genutzt; in Deutschland werden pro Monat
mehr als 6 Mrd. Suchanfragen an die allgemeinen Suchmaschinen gestellt. Zu jeder dieser
Suchanfragen kann zumindest potenziell passende Werbung angezeigt werden.

Der Suchmaschinenmarkt (sowohl hinsichtlich der Nutzung als auch hinsichtlich der
Anzeigenvermarktung) wird von Google dominiert. Diese Suchmaschine erreicht in
Deutschland einen Marktanteil von 96%; in den anderen europäischen Ländern werden
vergleichbare Werte erzielt.

Neben Google gibt spielt vor allem Bing eine Rolle. Diese Suchmaschine erreicht
zusammen mit ihrem Partner Yahoo in den USA einen Marktanteil von knapp 30%; in
Deutschland liegt der Wert allerdings im unteren einstelligen Prozentbereich.

Auf dem Suchmaschinenmarkt gibt es eine vermeintliche Vielfalt unterschiedlicher
Anbieter, die jedoch zu einem großen Teil die Ergebnisse einer der beiden großen Suchmaschinen Google und Bing anzeigen. Im sog. Partnerindex-Modell liefert eine Suchmaschine mit eigenem Index einem Suchportal Suchergebnisse und Textanzeigen zu; der
Erlös aus den Klicks auf die Textanzeigen wird nach einem vorher festgelegten Schlüssel
zwischen den Partnern geteilt. Das Modell ist für beide Seiten sehr attraktiv und hat zu
einer weiteren Ausdünnung des Suchmaschinenmarktes geführt.

Weiterführende Literatur
Eine lesenswerte Analyse des Suchmaschinenmarkts findet sich bei Maaß et al. (2009).
Die Entwicklung der Suchmaschinen, auch hinsichtlich ihrer Kommerzialisierung und
der Erlösmodelle, wird bei van Couvering (2007, 2008) beschrieben. Informationen zur
Entwicklung in den frühen Jahren des Suchmaschinenmarkts finden sich auch bei Battelle
(2005).

Literatur

Batelle, J. (2005). *The search: How google and its rivals rewrote the rules of business and transformed our culture*. London: Portfolio.

Clay, B. (2011a). Search Engine Relationship Chart. Bruce Clay Inc., Moorpark, CA, http://www.bruceclay.com/searchenginechart.pdf. Zugegriffen: 25. Sept. 2014

Clay, B. (2011b). Search Engine Relationship Chart Histogram. http://www.bruceclay.com/serc_histogram/histogram.htm. Zugegriffen: 25. Sept. 2014

ComScore (2013). Future in Focus: Digitales Deutschland 2013. https://www.comscore.com/ger/Insights/Presentations-and-Whitepapers/2013/2013-Future-in-Focus-Digitales-Deutschland. Zugegriffen: 30. Sept. 2014

Google Inc. (2014). Google Annual Report. http://investor.google.com/pdf/20131231_google_10K.pdf. Zugegriffen: 30. Sept. 2014

Jiang, M., & Dinga, V. (2014). Search control in China. In R. König & M. Rasch (Hrsg.), *Society of the query reader: Reflections on web search* (S. 140–146). Amsterdam: Institute of Network Cultures.

Lewandowski, D. (2013). Suchmaschinenindices. In D. Lewandowski (Hrsg.), *Handbuch Internet-Suchmaschinen 3: Suchmaschinen zwischen Technik und Gesellschaft* (S. 143–161). Berlin: Akademische Verlagsgesellschaft AKA.

Maaß, C., Skusa, A., Heß, A., & Pietsch, G. (2009). Der Markt für Internet-Suchmaschinen. In D. Lewandowski (Hrsg.), *Handbuch Internet-Suchmaschinen* (S. 3–17). Heidelberg: Akademische Verlagsgesellschaft AKA.

McGee, M. (2011). Google Triples Its Spending To Keep Default Search Spot In Firefox. Marketing Land. http://marketingland.com/google-triples-its-spending-to-keep-default-search-spot-in-firefox-2039. Zugegriffen: 30. Sept. 2014

OVK Online-Report 2013/02 (2013). *Zahlen und Trends im Überblick*. Düsseldorf.

Sterling, G. (2012). August Search Share: Bing Hits „All Time High." Search Engine Land. http://searchengineland.com/august-search-share-bing-hits-all-time-high-133021. Zugegriffen: 30. Sept. 2014

Sterling, G. (2013). Apple Makes Bing The „Default Search Engine" For Siri. Search Engine Land. http://searchengineland.com/apple-makes-bing-the-default-search-engine-for-siri-162736. Zugegriffen: 30. Sept. 2014

Sullivan, D. (2010). Ask.com To Focus On Q & A Search, End Web Crawling. Search Engine Land. http://searchengineland.com/ask-com-to-focus-on-qa-search-end-web-crawling-55209. Zugegriffen: 30. Sept. 2014

Sullivan, D. (2012). Once Deemed Evil, Google Now Embraces „Paid Inclusion " . Search Engine Land.

Van Couvering, E. (2007). Is relevance relevant? Market, science, and war: Discourses of search engine quality. *Journal of Computer-Mediated Communication, 12,* 866–887.

Van Couvering, E. (2008). The history of the internet search engine: Navigational media and traffic commodity. In A. Spink & M. Zimmer (Hrsg.), *Web searching: Multidisciplinary perspectives* (S. 177–206). Berlin : Springer.

Suchmaschinenoptimierung

8

Unter Suchmaschinenoptimierung (*search engine optimization*; SEO) versteht man alle Maßnahmen, die dazu geeignet sind, die Position von Webseiten im Ranking der Suchmaschinen zu verbessern. Die Maßnahmen reichen von einfachen technischen Maßnahmen, die dabei helfen, die Dokumente überhaupt in für Suchmaschinen indexierbar zu machen bis hin zu komplexen Manipulationen der Verlinkungsstruktur von Seiten, die auf die zu optimierenden Dokumente verweisen. Suchmaschinenoptimierung steht damit im Spannungsfeld zwischen einer Hilfeleistung (auch für die Suchmaschinen) und der Manipulation.

Mit dem Thema Suchmaschinenoptimierung bleiben wir bei der wirtschaftlichen Seite unseres Themas, wechseln nun allerdings die Betrachtungsweise weg von den Suchmaschinenanbietern hin zu denjenigen, die von der Auffindbarkeit ihrer Inhalte in Suchmaschinen profitieren wollen bzw. hin zu denen, die für diese Auffindbarkeit sorgen. Suchmaschinenoptimierung kann man auch als die Anwendungsdisziplin der Suchmaschinenforschung betrachten. Technische Kenntnisse über Suchmaschinen lassen sich nämlich zum einen dafür einsetzen, Suchmaschinen zu erstellen und zu verbessern bzw. andere Suchlösungen abseits der Websuche zu entwickeln. Zum anderen lassen sich diese Kenntnisse verwenden, um Inhalte in den bestehenden Suchmaschinen zu platzieren.

Es lässt sich nicht klar bestimmen, wo Suchmaschinenoptimierung beginnt. Schreibt ein Autor einen Text fürs Web und berücksichtigt dabei beispielsweise, dass bestimmte Wörter, von denen er annimmt, dass sie von Nutzern gesucht werden, in seinem Text mehrfach vorkommen, so könnte man das schon als eine Maßnahme der Suchmaschinenoptimierung bezeichnen, denn jede Entscheidung beim Schreiben eines Textes beeinflusst seine Auffindbarkeit durch Suchmaschinen.

Doch die Optimierung für Suchmaschinen umfasst nicht allein die Optimierung von Texten, sondern findet auf drei Ebenen statt (vgl. Richter 2013):

© Springer-Verlag Berlin Heidelberg 2015
D. Lewandowski, *Suchmaschinen verstehen,* Xpert.press,
DOI 10.1007/978-3-662-44014-8_8

1. *Zugänglichkeit*: Hierunter ist die Sicherstellung der optimalen Auffindbarkeit und Inde-xierbarkeit durch Suchmaschinen zu verstehen. Die erforderlichen Maßnahmen sind technischer Natur.
2. *Relevanz*: Hier werden die Inhalte angepasst und für Suchmaschinen aufbereitet. Die erforderlichen Maßnahmen beziehen sich auf die Formulierung und die Strukturierung von Texten bzw. ganzer Websites.
3. *Popularität*: Hierunter fallen alle Maßnahmen, die zur Steigerung der Populari-tät eines Dokumentes bzw. einer Website geeignet sind. Beispiele sind das Sam-meln von relevanten externen Links und die Bekanntmachung der Dokumente über Social-Media-Dienste.

Sichtbarkeit in Suchmaschinen lässt sich natürlich auch über das Buchen von Textanzei-gen erreichen (s. Abschn. 7.1). Allerdings muss dort pro Klick auf eine Anzeige bezahlt werden, während der Traffic über die organischen Suchergebnisse erst einmal kostenlos ist. Demgegenüber stehen allerdings die Kosten für die Suchmaschinenoptimierung, um in den organischen Ergebnissen entweder überhaupt oder (in den meisten Fällen) stärker sichtbar zu werden. Je nach Konkurrenz zu einem Suchbegriff kann die Optimierung auf-wendig und teuer sein.

Suchmaschinenoptimierung ist ein Bestandteil des Suchmaschinenmarketings (*search engine marketing*, SEM; s. Griesbaum 2013; Schultz 2009); beide Begriffe werden jedoch häufig fälschlicherweise gleichgesetzt. Suchmaschinenmarketing bezeichnet alle Mar-ketingmaßnahmen, die mittels Suchmaschinen durchgeführt werden. Zu nennen ist hier neben der Suchmaschinenoptimierung die Platzierung von Textanzeigen auf Suchergeb-nisseiten (*search engine advertising*, SEA).

8.1   Die Bedeutung der Suchmaschinenoptimierung

Möchte man die Bedeutung der Suchmaschinenoptimierung abschätzen, so lohnt ein Blick auf die Verteilung der Quellen des Traffics auf Websites. Unter „Traffic" ist dabei schlicht die Anzahl der Besucher zu verstehen; die Quellen beschreiben die Herkunft die-ser Besucher.

Eine Auswertung des Traffics von mehr als 200.000 Websites (Aronica 2012, Abb. 8.1) zeigt die überragende Bedeutung der Suchmaschinen bzw. von Google als Trafficquellen:

- 20 % aller Seitenbesuche erfolgen direkt, d. h. ein Nutzer gibt die URL der Website direkt in seinen Browser ein oder ruft diese aus dort gespeicherten Seiten auf.
- 38 % *aller Seitenbesuche* erfolgen durch einen Klick auf ein organisches Ergebnis von Google. Rechnet man die anderen beiden aufgeführten Suchmaschinen Bing und Yahoo dazu, so kommt man auf insgesamt 40 % aller Seitenabrufe, denen ein Klick auf ein organisches Suchergebnis in einer Suchmaschine vorangegangen ist.[1]

---

[1] Bezogen auf den deutschen Suchmaschinenmarkt dürften sich für Google aufgrund seiner überra-genden Marktposition noch deutlich höhere Werte ergeben.

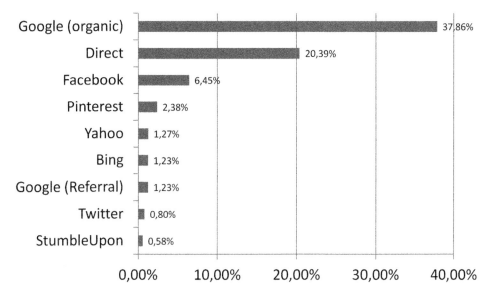

Abb. 8.1 Verteilung des Traffics nach Herkunft. (Oktober 2012; Aronica 2012)

Wenn nun so viele Nutzer über Suchmaschinen auf Websites gelangen, und dazu die Vermittlung dieser Besucher für die Inhalteanbieter auch noch kostenlos ist, so wird klar, warum Suchmaschinenoptimierung für diese so attraktiv ist.

Aufgrund der Marktdominanz von Google ist Suchmaschinenoptimierung häufig eine speziell auf diese Suchmaschine fokussierte Optimierung, die gezielt die Eigenheiten und Schwächen dieser Suchmaschine ausnutzt. Allerdings helfen grundlegende Maßnahmen der Suchmaschinenoptimierung auch dabei, die Sichtbarkeit in allen Suchmaschinen zu erhöhen, wobei es natürlich bei jeder Suchmaschine Besonderheiten gibt.

Der Erfolg der Suchmaschinenoptimierung lässt sich auf ähnliche Weise erklären wie der der Textanzeigen (vgl. Abschn. 7.1): Suchende haben mit der Eingabe einer Suchanfrage bereits ihr Interesse preisgegeben und können im Fall eines kommerziellen Potenzials der Suchanfrage auf der Suchergebnisseite „abgeholt" werden. Es muss nicht erst ein Kaufinteresse generiert werden, sondern dies besteht bei entsprechenden Suchanfragen bereits und braucht „nur" noch befriedigt werden.

Dazu kommt, dass die organischen Ergebnisse bei den Nutzern ein hohes Vertrauen genießen. Sie stehen kaum im Verdacht, bezahlt zu sein und es wird in der Regel angenommen, dass sie auf einer der vorderen Positionen stehen, weil es sich schlicht um „die besten" Ergebnisse handelt. In diesem Zusammenhang kommt der Suchmaschinenoptimierung noch eine weitere Bedeutung zu: Betrachten wir nämlich die (optimierten) Ergebnisse aus Nutzersicht, so findet (oft von diesen unbemerkt) eine Verzerrung der Ergebnisse statt. Unter der Annahme, dass ohne „Optimierungen" die Suchmaschinen in der Lage wären, die Dokumente allein aufgrund ihrer Qualität zu bewerten, ergibt sich nun als weiterer Einflussfaktor die externe Optimierung des Dokumentes. Damit ist ein weiterer Faktor benannt, warum die Ergebnisse von Suchmaschinen nicht „neutral" sein können, sondern einerseits durch Annahmen, die in die Rankingverfahren eingehen (vgl. Kap. 5), andererseits aber auch durch externe Faktoren beeinflusst sind (s. dazu auch Röhle 2010, S 81 f.).

Der Einfluss der Suchmaschinenoptimierung zeigt sich gemäß der Sache am stärksten bei kommerziell gut verwertbaren Suchanfragen, zu denen eine hohe Konkurrenz besteht. Plastische Beispiele sind hier Versicherungsvergleiche und Kredite. Bei beiden ist ein Neukunde viel wert, und es gibt einen Markt für Vermittler, die für die Vermittlung von Neukunden an die Anbieter Provisionen bekommen. Für Suchanfragen in diesen Bereichen finden sich auf den vorderen Plätzen der organischen Ergebnislisten so gut wie keine nicht optimierten Ergebnisse mehr.

Der Einfluss der Suchmaschinenoptimierung reicht aber auch bis hin zu sehr speziellen Suchanfragen; gerade bei Nischenthemen lohnt sich Suchmaschinenoptimierung im Vergleich zu anderen Formen der Kundengewinnung besonders.

Aber nicht nur für Produkte und Dienstleistungen wird optimiert, sondern zunehmend auch für informierende Inhalte. Am deutlichsten ist dies bei den journalistischen Nachrichtenangeboten zu sehen, die einerseits in Konkurrenz untereinander, andererseits auch in Konkurrenz zu anderen Web-Angeboten stehen. Ein weiterer wichtiger Bereich sind Inhalte, bei denen Public-Relations-Interessen von Unternehmen und Organisationen stehen: Auch hier besteht ein Interesse, dass auf den vorderen Plätzen der organischen Ergebnislisten dem beauftragenden Unternehmen genehme Informationen verbreitet werden.

Man kann davon ausgehen, dass der Einfluss der Suchmaschinenoptimierung in den kommenden Jahren noch deutlich zunehmen wird. Während im Bereich der Produkte und Dienstleistungen kaum mehr eine Lücke zu finden ist, in der nicht bereits optimiert wurde, ist die Optimierung von informativen Inhalten bei noch nicht vergleichbar weit fortgeschritten. Grundsätzlich sollte man bei Recherchen erst einmal annehmen, dass sich innerhalb der organischen Ergebnisse (vor allem der vorderen) optimierte Dokumente befinden. Auf die Folgen der Optimierung von informierenden Inhalten für die Qualität der Suchergebnisse und die Recherche werden wir in den Kap. 10 und 15 ausführlicher eingehen.

Neben diesen kritisch zu bewertenden Einflüssen der Suchmaschinenoptimierung gibt es allerdings auch eine Reihe von positiven Einflüssen. Zunächst einmal kann Suchmaschinenoptimierung dazu dienen, Inhalte überhaupt für die Suchmaschinen indexierbar zu machen. Es gibt technische Hürden im Crawling (s. Abschn. 3.3), die von Inhalteanbietern bzw. den von ihnen beauftragten Suchmaschinenoptimierern beseitigt werden können. Außerdem bedingt Suchmaschinenoptimierung auch die Optimierung von Navigationsstrukturen innerhalb der zu optimierenden Website, und suchmaschinenoptimierte HTML-Quelltexte haben in der Regel auch einen höheren Grad an Barrierefreiheit. Auf Seiten der Nutzer ergeben sich also positive Effekte durch Auffindbarkeit, durch leichtere Navigation und ggf. durch eine problemlose Nutzung mittels assistiver Technologien (wie beispielsweise *Screenreadern*).

8.2   Grundlegende Verfahren der Suchmaschinenoptimierung

Die Verfahren der Suchmaschinenoptimierung nutzen das Wissen über die Rankingfaktoren der Suchmaschinen (Kap. 5), um bestimmten Dokumenten bzw. Websites eine höhere
Sichtbarkeit auf den Suchergebnisseiten zu geben. Die Verfahren werden dabei immer
wieder den aktuellen Rankingfaktoren der Suchmaschinen und ihrer Gewichtung angepasst. Wir haben es hier mit einer viel kleinteiligeren Betrachtungsweise zu tun als der
in Kap. 5, denn für die Optimierung spielt letztlich alles das eine Rolle, was funktioniert
(pragmatischer Ansatz der Suchmaschinenoptimierung). Zwar ist es auch für Suchmaschinenoptimierer sinnvoll, die grundlegenden Verfahren und Faktorengruppen des Rankings
zu kennen, um *langfristig* Websites zu erstellen, die unabhängig von kurzfristigen Veränderungen bei den Suchmaschinen erfolgreich sind. Allerdings müssen sie auch in der
Lage sein, auf kurzfristige Veränderungen einzelner Rankingfaktoren durch Anpassungen
zu reagieren.

Im Folgenden werden einige der grundlegenden Maßnahmen beschrieben, die im Rahmen der Suchmaschinenoptimierung verwendet werden. In der Darstellung wird allerdings weder eine Vollständigkeit angestrebt noch ist sie als eine Anleitung zu verstehen,
um selbst Suchmaschinenoptimierung zu betreiben. Dazu gibt es umfassende Literatur,
die sich konkret an die Betreiber von Websites richtet (u. a. Enge et al. 2012; Erlhofer
2014; Thurow 2007). Wenn im Folgenden von der Manipulation der Suchmaschinen bzw.
der Rankings gesprochen wird, so ist dieser Begriff erst einmal als neutral zu verstehen
und soll nicht implizieren, dass es sich per se um Maßnahmen handelt, die für den Nutzer
zu schlechteren Ergebnissen führen. Eine Bewertung soll erst anschließend erfolgen, wobei wir sehen werden, dass sich die Grenze zwischen für den Nutzer vorteilhaften Maßnahmen und einer Manipulation im negativen Sinne oft schwer bestimmen lässt.

Die Beschreibung geht nicht auf spezielle Verfahren zur Optimierung von Dokumenten
für spezielle Kollektionen ein (s. Abschn. 6.2.3 und Kap. 13). Diese gewinnen vor allem
aufgrund der Universal-Search-Ergebnisseiten immer mehr an Bedeutung; eine Einführung in die Optimierung für einzelne Kollektionen findet sich bei Enge et al. (2012).

Die Suchmaschinenoptimierung hat im Lauf der Jahre eine erhebliche Entwicklung
durchgemacht. Während es am Anfang noch genügte, einen Suchbegriff, für den ein Dokument gefunden werden sollte, häufig im Text des Dokumentes zu platzieren und später
vor allem das Sammeln externer Links zum Erfolg bei den Suchmaschinen führte, ist
Suchmaschinenoptimierung heute ein komplexer Prozess, der die Optimierung vieler unterschiedlicher Faktoren beinhaltet.

Die Website *Search Engine Land* hat eine Zusammenstellung der wichtigsten Faktoren,
die für eine erfolgreiche Suchmaschinenoptimierung wichtig sind, veröffentlicht. Diese
Periodic Table of SEO Success Factors (Abb. 8.2) bildet zu einem wesentlichen Teil die in
Kap. 5 beschriebenen Rankingfaktoren ab, auch wenn die Unterteilung sich unterscheidet.
Aus der Sicht der Suchmaschinenoptimierung liegt die Bedeutung der Rankingfaktoren ja
schließlich in ihrer Manipulierbarkeit, d. h. es ist hier von besonderer Bedeutung, solche
Faktoren zu identifizieren, die einerseits eine besondere Bedeutung für das Ranking haben

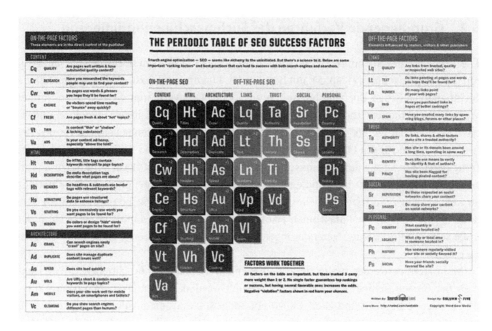

Abb. 8.2 The periodic table of SEO success factors (http://searchengineland.com/seotable)

und auf der anderen Seite mit vertretbarem Aufwand manipulierbar sind. Außerdem ist es für die Suchmaschinenoptimierung auch von großer Bedeutung, zu wissen, welche Verhaltensweisen bzw. „Tricks" von den Suchmaschinen negativ bewertet werden. Gerade, weil Suchmaschinenoptimierung ein Stück weit auch immer ein Ausprobieren war, wie man Suchmaschinen überlisten kann, werden (oft vermeintliche) Tricks weitergegeben, die teils allerdings keine oder gar negative Wirkungen zeigen. Die *Periodic Table of SEO Success Factors* vereint nun sowohl positive wie negative Faktoren, was sie zu einer wertvollen Handreichung macht.

Die *Periodic Table* verwendet die mittlerweile schon klassische Unterteilung zwischen On-The-Page-Faktoren und Off-The-Page-Faktoren, wobei es sich bei ersterem um alle Maßnahmen handelt, die direkt auf der eigenen Website umsetzbar sind, während es sich bei letzterem um die Faktoren handelt, die „von außen kommen" und damit zunächst einmal schwieriger zu beeinflussen scheinen.

Im Folgenden werden anhand dieser Unterscheidung in separaten Abschnitten die im Schaubild genannten Faktoren erläutert. Die Einschätzung, welche Faktoren eine besondere Bedeutung entweder im positiven oder im negativen Sinn (in der Abbildung gekennzeichnet mit plus bzw. minus und einer Zahl) beruhen auf den Erfahrungen der Autoren des Schaubilds und werden hier nicht näher erläutert.

Man kann auch fragen, auf welcher Ebene Suchmaschinenoptimierung erfolgen sollte: auf der Ebene der Website oder auf der Ebene des einzelnen Dokumentes? Beides ist richtig und beeinflusst sich gegenseitig: Eine Optimierung eines Dokumentes kann beispielsweise dafür sorgen, dass dieses Dokument von anderen Dokumenten aus verlinkt wird und in Sozialen Netzwerken erwähnt wird. Davon wiederum kann die ganze Website profitieren, da sich ein Teil der *Autorität*, die die Suchmaschinen dem Dokument nun zuschreiben, auf die Website überträgt. Umgekehrt profitieren alle einzelnen Dokumente von einer Optimierung auf der Ebene der Website.

8.2.1   On-The-Page-Optimierung

Bei der On-The-Page-Optimierung, also bei den Maßnahmen, die auf den eigenen Dokumenten bzw. der eigenen Website durchgeführt werden können, geht es zunächst einmal darum, Inhalte so zu gestalten, zu strukturieren und zu präsentieren, dass sie von Menschen wie von Suchmaschinen „gerne gelesen werden". In der *Periodic Table* werden diese Faktoren noch einmal in drei Bereiche geteilt: Inhalt (*content*), HTML und Architektur (*architecture*).

8.2.1.1   Inhalte

Im Bereich der Inhalte ist es zunächst einmal wichtig, dass die einzelnen Dokumente eine bestimmte inhaltliche Qualität aufweisen können und gut geschrieben sind, was bedeutet, dass sie verständlich sind und keine Fehler aufweisen. Die Inhalte sollten zu Suchwörtern passen, die von den Suchenden auch tatsächlich verwendet werden, d. h. auch gut geschriebene und inhaltlich wertvolle Texte sind im Sinne der Suchmaschinenoptimierung nutzlos, wenn sie zwar auf bestimmte Wörter hin optimiert sind, nach diesen Wörtern aber nicht bzw. kaum gesucht wird. Die Optimierung von Texten richtet sich immer an den Interessen der Suchenden aus – es ist natürlich möglich, gezielt auf sehr selten verwendete Suchanfragen hin zu optimieren; dies sollte allerdings bewusst geschehen. Zur Recherche relevanter Suchbegriffe können einerseits die Suchmaschinen selbst verwendet werden, auf der anderen Seite gibt es spezialisierte Tools, die diese Arbeit enorm erleichtern.

Die Optimierung eines Dokumentes kann nicht nur für ein einzelnes Suchwort erfolgen, sondern auch für Phrasen aus mehreren Wörtern. Solche relevante Phrasen sollten identifiziert werden, um festzulegen, für welche Wörter und Phrasen die eigenen Inhalte überhaupt gefunden werden sollen.

Ebenso zur On-Page-Optimierung zählen Maßnahmen, um das Nutzererleben auf den Dokumenten bzw. innerhalb der Website zu verbessern. Suchmaschinen messen, ob Nutzer, die von einer Suchergebnisseite auf ein Dokument gelangen, dort verweilen oder schnell wieder zur Suchergebnisseite zurückkehren (s. Abschn. 5.3.2). Eine Maßnahme der Suchmaschinenoptimierung ist es nun, durch geeignete Maßnahmen auf den Seiten die durchschnittliche Verweildauer zu erhöhen bzw. die Absprungrate zu reduzieren.

Ein weiterer Faktor, der bei der Erläuterung der Rankingfaktoren in Abschn. 5.4 schon genannt wurde, ist die Aktualität von Dokumenten. Im Sinne der Suchmaschinenoptimierung ist es nun sinnvoll, die eigenen Dokumente aktuell zu halten und ggf. Inhalte zu aktuellen Themen zu produzieren.

Zwei Fehler werden im Bereich der Inhalte immer wieder gemacht; oft in der Annah-me, dass man trotz dieser Maßnahmen die Suchmaschinen „überlisten" könne, die eigenen Inhalte weit oben zu ranken. Zum einen handelt es sich dabei um eine mangelnde Qualität der Inhalte: Zuhauf werden Texte von niedriger Qualität produziert in der Annahme, dass die Qualität für die Suchmaschinen schon reichen würde. Während solche Texte lange Zeit Erfolge zeigten, können Suchmaschinen inzwischen zum einen besser die Qualität von Texten messen, zum anderen werten sie verstärkt Nutzungsdaten aus, was Rückschlüsse auf die Qualität der Texte zulässt.

Die zweite von den Suchmaschinen nicht gern gesehene „Maßnahme" ist, zwar (rele-vante) Inhalte anzubieten, diese aber so stark mit Werbung zu „garnieren", dass diese den wesentlichen Eindruck von den Dokumenten ausmacht. Besonders eine zu starke Werbe-platzierung im sichtbaren Bereich der Seite (vgl. Abschn. 6.1) führt zu einer Abwertung der Dokumente durch die Suchmaschinen.

8.2.1.2 HTML

In diesem Bereich geht es um die optimale Ausnutzung der in HTML vorgegebenen Ele-mente für die Sichtbarkeit des Dokumentes. Zunächst einmal muss ein Titel mit Begrif-fen festgelegt werden, die für den Seiteninhalt relevant sind. Zwar wird der Titel nicht direkt im Dokument angezeigt (sondern in der Regel nur in der Titelzeile des Browsers), allerdings verwenden die Suchmaschinen die Titel für die Generierung der Titel in den Trefferbschreibungen (s. Abschn. 6.3). Ebenso werden die im Tag <description> einge-tragenen Texte nicht direkt mit dem Dokument im Browser angezeigt, aber sie können der Generierung der Trefferbeschreibungen dienen. Die Beschreibungen sollten daher so gewählt werden, dass sie aussagekräftig sind und tatsächlich das beschreiben, was das Dokument auch bietet.

Überschriften und Unterüberschriften sollten durch $<h_n>$-Tags hierarchisch ausge-zeichnet werden und relevante Begriffe enthalten. Weiterhin sollten den Suchmaschinen über den HTML-Quellcode der Seiten strukturierte Informationen bereitgestellt werden.

Auch im Bereich HTML wurden Techniken entwickelt, die dazu dienen, die Suchma-schinen zu täuschen und daher von diesen nicht erwünscht sind. Es handelt sich dabei zum einen um das sog. *keyword stuffing* (künstliche Worthäufungen), bei dem relevante Suchwörter beständig wiederholt werden, um den Suchmaschinen vorzutäuschen, dass es in dem Dokument tatsächlich um dieses Suchwort ginge. Allerdings haben Suchmaschi-nen schon seit Langem Techniken entwickelt, die solche Häufungen erkennen können und die Dokumente entsprechend abwerten. Ähnliches gilt für versteckten Text (*hidden text*), einer ehemals beliebten Technik, bei der Text, welcher nur für die Suchmaschinenopti-mierung produziert und relevant ist, entweder in der Farbe des Hintergrunds oder in einer Farbe, die sich vom Hintergrund nur wenig abhebt, geschrieben wurde. Auch diese Tech-nik führt zu einer Abwertung der entsprechenden Dokumente durch die Suchmaschinen.

8.2.1.3   Website-Architektur

Unter Architektur ist im Zusammenhang der Suchmaschinenoptimierung, der technische Aufbau und die technische Strukturierung einer Website zu verstehen. Es geht darum, die Website technisch so aufzubauen, dass sie von den Suchmaschinen ohne Probleme erfasst werden kann.

Zunächst einmal geht es um die „Crawlbarkeit" der Website: Es geht darum, dass alle Dokumente innerhalb der Website für die Suchmaschinen leicht über Links erreichbar sind und technisch so erstellt sind, dass sie von den Suchmaschinen ohne Probleme erfasst werden können. Hindernisse für Suchmaschinen können u. a. Dokumente sein, die entweder vollständig in Flash geschrieben sind oder einen hohen Flash-Anteil enthalten (s. auch Abschn. 3.3).

Weiterhin ist zu beachten, dass Inhalte innerhalb einer Website nicht mehrfach vorkommen (sog. *duplicate content*). Zwar können Suchmaschinen doppelte Inhalte in der Regel erkennen und entscheiden dann aufgrund anderer Faktoren, welche Version präferiert wird bzw. welche Version(en) ausgeschlossen werden, allerdings liegt damit die Entscheidung zum einen nicht mehr beim Website-Betreiber selbst, und zum anderen kann es vorkommen, dass sich Autoritätswerte (s. Abschn. 8.2.2.1) auf mehrere Versionen eines Dokumentes verteilen, anstatt nur einer Version zugeordnet werden, wodurch sich eine Schwächung des Dokumentes im Ranking ergibt.

Ein weiterer technischer Faktor ist die Ladegeschwindigkeit der Dokumente. Man sollte darauf achten, dass die Dokumente vom Server schnell geladen werden können. Aufgrund der hohen Absprungraten bei langsam ladenden Dokumenten (s. Abschn. 5.3.2) beachten Suchmaschinen die Ladezeiten und werten langsam ladende Dokumente ab.

Die URL der Dokumente sollten relativ kurz gehalten werden, sprechend sein und die für das Dokument festgelegten relevanten Suchwörter enthalten. Zum einen werden die URLs (zumindest in abgekürzter Form) in den Trefferbeschreibungen auf den Suchergebnisseiten angezeigt und dienen damit der Orientierung der Nutzer, zum anderen beachten Suchmaschinen auch die Keywords in den URLs. Gängige Content-Management-Systeme können entsprechende URLs automatisch generieren, wenn zuvor die Struktur festgelegt wurde.

Da Dokumente inzwischen auch zu einem nennenswerten Teil von mobilen Endgeräten aus abgerufen werden, sollten Websites auch auf diesen Geräten gut dargestellt werden. Suchmaschinen bewerten diese „mobile Lesbarkeit"; teilweise geht dies so weit, dass bei einer Suche von einem Mobilgerät aus, andere Dokumente bevorzugt gerankt werden als bei einer Suche von einem Desktoprechner aus.

Auch im Bereich der Architektur gibt es vermeintliche Tricks, die bei der Entdeckung durch Suchmaschinen zu einer Abwertung im Ranking bzw. sogar zu einem Ausschluss aus dem Index der Suchmaschine führen. Die prominenteste Methode ist das sog. *Cloaking*, bei dem der Suchmaschine ein anderer Inhalt präsentiert wird als den menschlichen Nutzern. Dies ist möglich, da Suchmaschinen aufgrund ihrer User-Agent-Kennung von Webservern automatisch identifiziert werden können. Erfolgt nun ein Aufruf durch eine Suchmaschine, gibt der Server eine spezielle Version des Dokumentes zurück, die besonders für die Suchmaschine aufbereitet wurde.

8.2.2 Off-The-Page-Optimierung

Bei der Off-The-Page Optimierung, also bei all den Maßnahmen, die außerhalb der eigenen Website (und damit außerhalb des *direkten* Einflussbereichs) stattfinden, geht es grundlegend darum, die Popularität der eigenen Dokumente und/oder der eigenen Website zu erhöhen bzw. eine solche Popularität zu simulieren mit dem Ziel, bei den Suchmaschinen eine bessere Wertung zu erreichen. Wie in Abschn. 5.3 dargestellt wurde, verwenden Suchmaschinen vor allem Messungen der Popularität, um Qualität zu messen. Aus diesem Grund ist im Kontext der Suchmaschinenoptimierung die Verbesserung der Popularität der eigenen Angebote besonders wichtig.

8.2.2.1 Links
Zur Steigerung der Popularität der eigenen Angebote dient in erster Linie der Linkaufbau, d. h. das Sammeln von Links von externen Angeboten. Wie allerdings schon in der Erläuterung des grundlegenden Verfahrens des PageRank (Abschn. 5.3.1.1) deutlich wurde, wird nicht allein die Anzahl der Links für das Ranking berücksichtigt, sondern wesentlich auch deren Qualität. Das, was im PageRank und ähnlichen Verfahren als Wert einer verlinkenden Seite errechnet wird, lässt sich im allgemeinen Sprachgebrauch als Vertrauen oder Qualität bezeichnen: Beim systematischen Sammeln von Links sollte darauf geachtet werden, bevorzugt Links von vertrauenswürdigen und hochwertigen Seiten zu bekommen.

In Abschn. 3.4.2 wurde bereits erklärt, wie Suchmaschinen ihre Dokumentrepräsentationen nicht nur aus den Dokumenten selbst, sondern u. a. auch aus den Ankertexten der Links von anderen Dokumenten, die auf das zu indexierende Dokument verweisen, generieren. Auch dieses Verfahren lässt sich in der Suchmaschinenoptimierung ausnutzen, indem Links gesammelt werden, die einen relevanten Ankertext mit den gewünschten Suchbegriffen enthalten und innerhalb der eigenen Website aussagekräftige Ankertexte verwendet werden. So wird die Dokumentrepräsentation um die gewünschten Suchbegriffe angereichert, was wiederum für ein besseres Ranking sorgt.

Ebenso, wie es besonders gute Links bzw. Linkquellen gibt (eben vertrauenswürdige und hochwertige Websites), so gibt es besonders schlechte Linkquellen. Dazu gehören alle Websites, die in irgendeiner Form in Spam-Verdacht stehen und andere Angebote von niedriger Qualität. Dazu gehören Blogs, die nur zum Zweck der Suchmaschinenoptimierung aufgebaut werden, viele offene Foren und automatisch generierte Inhalte, die Links auf externe Angebote enthalten. Solche Links werden von den Suchmaschinen nicht nur nicht positiv, sondern unter Umständen sogar negativ bewertet.

Eine zweite von den Suchmaschinen geächtet Maßnahme ist der Kauf von Links. Wird dieser entdeckt, wird die verlinkte Website in der Regel abgestraft. Das bedeutet aber nicht, dass in der Praxis kein Linkkauf mehr stattfindet; allerdings werden gekaufte Links zunehmend unauffälliger platziert und besser in die Inhalte der jeweiligen Website eingebunden.

8.2.2.2 Vertrauen

Mehrere Faktoren bzw. Maßnahmen können das Vertrauen, das Suchmaschinen einer Website zusprechen, beeinflussen. Zum einen geht es um die sog. Autorität (*authority*), die aus einem harmonischen Zusammenspiel von Links, Shares in Sozialen Netzwerken (s. nächster Abschnitt) und weiteren Faktoren ermittelt wird. Es handelt sich also um einen zusammengesetzten Indikator, bei dem berücksichtigt wird, ob ein Dokument bzw. eine Website beispielsweise bezüglich der Links und bezüglich des Abschneidens in Social Media eine ähnliche Struktur (und ggf. Wortwahl) aufweist.

Vertrauen bildet sich auch bei den Suchmaschinen mit der Zeit. Zum einen wird beachtet, ob die Website über die Zeit hinweg die gleichen bzw. ähnliche Inhalte hatte. Ändert eine Website ihre Inhalte auf einen Schlag, sollten die auf sie zeigenden Links neu bewertet werden, da sie ja offensichtlich aufgrund anderer Inhalte als der aktuellen gesetzt wurden. Auch das Alter der Domain selbst spielt eine Rolle; insbesondere neu angemeldete Domains werden von den Suchmaschinen aufgrund Spam-Verdachts kritisch bewertet. Außerdem werden Websites, die in der Vergangenheit durch das Kopieren fremder Inhalte aufgefallen sind, von den Suchmaschinen herabgestuft.

Die letztgenannten Faktoren lassen sich durch den Betreiber einer Website nicht direkt beeinflussen. Sie sollten aber auf jeden Fall beachtet werden, wenn man beispielsweise eine Domain oder Website, die bereits in der Vergangenheit aktiv war, kauft oder anderweitig übernimmt.

8.2.2.3 Social Media

Eine Verbreitung von Inhalten über Social Media hat nicht nur einen direkten Effekt in Form von Besuchern, die direkt von dort aus auf das eigene Webangebot zugreifen, sondern mittelbar auch auf das Ranking der Suchmaschinen. Diese messen beispielsweise, wie häufig Dokumente von sog. Influencern, also „wichtigen" Personen innerhalb von Sozialen Netzwerken, erwähnt und geteilt werden. Ebenso fließt die Anzahl der Personen, die ein Dokument über Soziale Netzwerke geteilt oder bewertet hat, mit in das Ranking ein.

8.2.2.4 Personenbezogene Faktoren

In diesem Bereich geht es um Faktoren, die direkt auf einen einzelnen, individuellen Nutzer bezogen sind. Dabei spielen die bereits bei den Rankingfaktoren in Abschn. 5.5 besprochenen Standortfaktoren eine Rolle; diese reichen vom Land, in dem sich ein Benutzer befindet bis hin zu enger definierten geografischen Regionen wie beispielsweise einer Stadt oder einem Stadtbezirk. Solche Faktoren lassen sich erst einmal schwer beeinflussen, allerdings können beispielsweise Filialen eines Unternehmens jeweils gesondert präsentiert und in lokale Suchdienste eingetragen werden, um eine Auffindbarkeit auch in lokalen Kontexten zu gewährleisten.

Auch im Bereich der personenbezogenen Faktoren können Suchmaschinen Daten, die über einen längeren Zeitraum gesammelt wurden, auswerten. Ein Dokument wird beispielsweise einem individuellen Nutzer bevorzugt angezeigt, wenn dieser das Dokument in der Vergangenheit bereits mehrfach aufgerufen oder aber in einem Sozialen Netzwerk

als Favorit markiert hat. Diese Form der Personalisierung erfordert natürlich die Speicherung der Daten des jeweiligen Nutzers (s. Abschn. 5.6); für einen Websitebetreiber
ist es schwierig, diese mehrfache Nutzung anders zu beeinflussen als durch ein Angebot
attraktiver Inhalte.

Auch das soziale Umfeld, wie es von Sozialen Netzwerken abgebildet wird, spielt für
die Suchmaschinen eine Rolle im Rahmen der Personalisierung. Dokumente, die von
Freunden eines individuellen Nutzers als Favoriten hinzugefügt wurden, werden diesem
Nutzer bevorzugt angezeigt. Als Inhalteanbieter kann man darauf Einfluss nehmen, indem
man Nutzer(gruppen) animiert, das eigene Angebot zu favorisieren und an ihre Bekannt-
schaften in den Sozialen Netzwerken weiterzuverbreiten.

8.3 Suchmaschinenoptimierung und Spam

Bei den in den vorangegangenen Abschnitten beschriebenen Techniken handelt es sich,
mit Ausnahme der explizit als unerwünschte Tricks genannten Techniken, um von den
Suchmaschinenbetreibern akzeptierte Verfahren der Suchmaschinenoptimierung. Man
spricht bei einer solchen Optimierung nach den Regeln der Suchmaschinenbetreiber auch
von *white hat*, und im Gegensatz dazu von *black hat*, wenn es sich um gezielte Manipulationen handelt, die die Nutzungsbedingungen der Suchmaschinenbetreiber unterlaufen.

Während früher Black-Hat-Verfahren wie *Keyword Stuffing* und *Cloaking* durchaus zu
zumindest mittelfristigen Erfolgen führten, kann man mit solchen Verfahren heute eher,
wenn überhaupt, nur noch kurzfristige Erfolge erzielen. Damit eignen sich diese Verfahren natürlich nicht, um die Websites seriöser Marken oder Dienstleister zu optimieren.
Wenn es allerdings um den schnellen Abverkauf in Graubereichen geht, können sich diese Verfahren aber weiterhin lohnen. Bei einer Black-Hat-Optimierung werden die Nutzungsbedingungen und die Toleranzgrenzen der Suchmaschinen bewusst ausgereizt bzw.
überschritten; Abstrafungen in Form von Ranking-Verlusten und der Entfernung aus dem
Index werden bewusst in Kauf genommen.

Eine von den Suchmaschinenbetreibern explizit ausgeschlossene Methode aus dem
Bereich der Black-Hat-Optimierung ist der Kauf bzw. Verkauf von Links. Allerdings ist
immer wieder auch bei seriösen Websites ein solcher Kauf festgestellt und zum Teil auch
von den Suchmaschinen abgestraft worden. Es gibt allerdings auch Bereiche, in denen
man davon ausgehen kann, dass es fast nicht mehr gelingen kann, Dokumente ohne den
Kauf von externen Links auf einer der vorderen Trefferpositionen zu platzieren.

8.4 Die Position der Suchmaschinenbetreiber

Suchmaschinenbetreiber und Suchmaschinenoptimierer haben ein ambivalentes Verhältnis (vgl. Van Couvering 2007; zur Sicht der Suchmaschinenentwickler auf das Zustandekommen der Suchergebnisse s. a. Mager 2012): Auf der einen Seite müssen sich die
Suchmaschinenbetreiber vor übermäßiger Optimierung schützen, um eine gewisse Qua-

lität der Suchergebnisse wahren zu können. Auf der anderen Seite profitieren sie von den Suchmaschinenoptimierern, die viel dafür tun, dass Dokumente für die Suchmaschinen problemlos auffindbar sind. Außerdem verbessern viele Maßnahmen der Suchmaschinenoptimierung auch die Qualität der Dokumente für die Nutzer. So wirkt sich etwa eine verbesserte Navigation innerhalb einer Website positiv auf die Erfassung und das Ranking durch Suchmaschinen aus. Gleichzeitig wird die Website für den Nutzer besser bedienbar; Inhalte lassen sich leichter auffinden.

Die Suchmaschinenbetreiber möchten daher Suchmaschinenoptimierung keineswegs unterbinden, sondern sie wehren sich nur gegen übermäßige Optimierung. Die Grenzen setzen sie dabei nach eigenem Ermessen. Natürlich werden diese Grenzen immer wieder ausgereizt bzw. überschritten; es werden ständig neue Verfahren entwickelt und ausprobiert, um die eigenen Dokumente doch noch nach vorne zu bringen. Es hat sich eine Art „Katz-und-Maus-Spiel" zwischen Optimierern und Suchmaschinenbetreibern entwickelt, bei dem die Optimierer eine Lücke finden, wie sie Inhalte erfolgreich auf den Ergebnisseiten der Suchmaschinen platzieren können, die Suchmaschinen daraufhin diese Lücke schließen, usw.

Möchte man nun an diesem Spiel *nicht* teilnehmen – und gerade für kleinere, eher spezialisierte Angebote besteht auch kaum die Notwendigkeit, das zu tun –, so kann nur empfohlen werden, ein Angebot aufzubauen, das die Nutzer anspricht (und nicht zuvorderst für Suchmaschinen gestaltet wurde) und dann die oben beschriebenen Optimierungsmaßnahmen anzuwenden. Viele weitere Maßnahmen, die in Blogs von Suchmaschinenoptimierern als aktueller Trend verkauft werden, spielen für „normale" Websites keine Rolle. Auch die vielbeschworenen „Google-Updates", bei denen die Suchmaschine ihre Rankingalgorithmen verändert und sich daraus Rankinggewinne und -verluste für bestimmte Angebote ergeben, sprechen eine deutliche Sprache: Die Suchmaschinen versuchen immer stärker, sich dem Verhalten gewöhnlicher menschlicher Nutzer anzupassen und deren Qualitätsbewertungen zu simulieren.

Zum Thema Suchmaschinenoptimierung geben die Suchmaschinenbetreiber auch selbst wertvolle Hilfestellungen in Form von:

- Einführungstexten (zum Beispiel Googles „Einführung in die Suchmaschinenoptimierung"; Google Inc. 2011),
- Regelwerken (zum Beispiel Googles „Richtlinien für Webmaster"; Google Inc. 2014a),
- Foren (zum Beispiel Googles „Webmaster-Zentrale Hilfeforum"; Google Inc. 2014b),
- Werkzeugen, die bei der Optimierung helfen bzw. Daten dazu liefern (zum Beispiel Google Analytics, Google Webmaster Tools).

Dies unterstreicht, dass die Suchergebnisse nicht allein durch die Vorgaben der Suchmaschinenbetreiber zustande kommen, sondern vielmehr zumindest in den für Suchmaschinenoptimierern interessanten Fällen zwischen Suchmaschinenbetreibern und Suchmaschinenoptimierern ausgehandelt werden (vgl. auch Röhle 2010, S 163). Die Suchmaschinenbetreiber sehen dabei die Optimierer als Partner an, solange diese sich an die Regeln der Betreiber bzw. die ausgehandelten Übereinkünfte halten.

8.5   Zusammenfassung

Unter Suchmaschinenoptimierung werden alle Maßnahmen verstanden, die für eine bessere Sichtbarkeit bestimmter Dokumente bzw. Websites auf den Ergebnisseiten der Suchmaschinen sorgen. Suchmaschinenoptimierung bewegt sich damit zwischen einfachen technischen Maßnahmen, die eine Indexierung der Inhalte durch Suchmaschinen überhaupt erst ermöglichen, und komplexen Manipulationsversuchen.

Suchmaschinenoptimierung hat in allen Bereichen, in denen Produkte und Dienstleistungen verkauft werden, eine enormen Bedeutung erlangt. Ähnlich wie bei den kontextbasierten Textanzeigen offenbart ein Nutzer sein aktuelles Interesse durch die Eingabe einer Suchanfrage, auf die hin Dokumente optimiert werden. Besonders zu häufig gesuchten Begriffen, die, wenn ein Kauf oder ein Vertragsabschluss erfolgt, hohe Gewinne versprechen, ist eine starke Konkurrenz um die besten Trefferplätze entstanden. Die Bedeutung der Suchmaschinenoptimierung, insbesondere auch für informationsorientierte Inhalte, dürfte weiter steigen.

Die Verfahren der Suchmaschinenoptimierung lassen sich in die Bereiche *On The Page* und *Off The Page* unterscheiden. Bei On-The-Page-Maßnahmen geht es um die Optimierung der Dokumente selbst, beispielsweise durch das Einbinden von relevanten Suchwörtern in den Text und die Strukturierung der Dokumente. Off-The-Page-Optimierung beschäftigt sich dagegen mit den Maßnahmen, die zu einer gesteigerten Popularität von Dokumenten bzw. Websites führen. Der hier bedeutendste Bereich ist der Aufbau externer Links, die den Suchmaschinen Popularität suggerieren sollen.

Maßnahmen der Suchmaschinenoptimierung, die sich im Rahmen der Nutzungsbedingungen der Suchmaschinenbetreiber bewegen, werden als White-Hat-Maßnahmen bezeichnet. Mit Black Hat werden dagegen Maßnahmen bezeichnet, die die Nutzungsbedingungen bewusst überschreiten.

Suchmaschinenbetreiber arbeiten nicht gegen Suchmaschinenoptimierer, sondern sehen sie als Partner an, so lange sie sich an die Nutzungsbedingungen bzw. gemeinsame Übereinkünfte halten. Suchmaschinenbetreiber und Suchmaschinenoptimierer profitieren voneinander gegenseitig in ihrem gemeinsamen Ziel, den Nutzern relevante Inhalte anzubieten (auch wenn sich die Sicht darauf, was zu einer Suchanfrage relevant ist, durchaus unterscheiden kann).

Weiterführende Literatur
Es gibt inzwischen eine ganze Schwemme von Literatur zum Thema Suchmaschinenoptimierung; die Bücher reichen von knappen Einführungen bis hin zu umfangreichen Werken. Bewährt hat sich das Buch von (Erlhofer 2014), welches eine fundierte und umfassende Einführung bildet. Auch das Buch von (Enge et al. 2012) ist zu empfehlen. Als Einführung in die durch Suchmaschinen veränderten Bedingungen des Marketings eigne sich das Buch von (Fox 2012) ausgezeichnet.

Wer sich regelmäßig über SEO-Themen informieren will, der dürfte an Search Engine Land (http://searchengineland.com) nicht vorbeikommen. Diese Nachrichtensite bietet täglich Neuigkeiten aus der Welt der Suche mit Fokus auf Suchmaschinenoptimierung und Suchmaschinenmarketing.

Literatur

Aronica, J. (2012). October 2012 Traffic Sources Report: StumbleUpon Share of Traffic Down 53% Since July. Shareaholic Blog. https://blog.shareaholic.com/shareaholic-data-report-pinterest-stumbleupon/. Zugegriffen: 30. Sept. 2014

Enge, E., Spencer, S., Stricchiola, J., & Fishkin, R. (2012). *Die Kunst des SEO: Strategie und Praxis erfolgreicher Suchmaschinenoptimierung*. Köln: O'Reilly.

Erlhofer, S. (2014). *Suchmaschinen-Optimierung: Das umfassende Handbuch*. Bonn: Galileo Press.

Fox, V. (2012). *Marketing in the age of google: Your online strategy is your business strategy*. Hoboken: Wiley (Revised and Update Hrsg.).

Google Inc. (2011). Google Einführung in die Suchmaschinenoptimierung. Retrieved from http://static.googleusercontent.com/media/www.google.de/de/de/webmasters/docs/einfuehrung-in-suchmaschinenoptimierung.pdf.

Google Inc. (2014a). Richtlinien für Webmaster. http://www.google.de/webmasters/guidelines.html. Zugegriffen: 30. Sept. 2014.

Google Inc. (2014b). Webmaster-Zentrale Hilfeforum. https://productforums.google.com/forum/#!forum/webmaster-de. Zugegriffen: 30. Sept. 2014.

Griesbaum, J. (2013). Online-Marketing. In R. Kuhlen, W. Semar, & D. Strauch (Hrsg.), *Grundlagen der praktischen Information und Dokumentation, 6. Ausgabe.* (S. 411–423). Berlin: De Gruyter.

Mager, A. (2012). Algorithmic Ideology: How capitalist society shapes search engines. *Information, Communication & Society, 15*(2), 769–787.

Richter, D. (2013). Suchbasiertes Onlinemarketing. In D. Lewandowski (Hrsg.), *Handbuch Internet-Suchmaschinen 3: Suchmaschinen zwischen Technik und Gesellschaft* (S. 163–194). Berlin: Akademische Verlagsgesellschaft AKA.

Röhle, T. (2010). *Der Google-Komplex: Über Macht im Zeitalter des Internets*. Bielefeld: Transcript.

Schultz, C. D. (2009). Suchmaschinenmarketing. In D. Lewandowski (Hrsg.), *Handbuch Internet-Suchmaschinen* (S. 70–98). Heidelberg: Akademische Verlagsgesellschaft AKA GmbH.

Thurow, S. (2007). *Search engine visibility*. Indianapolis, Ind.: New Riders.

Van Couvering, E. (2007). Is relevance relevant? Market, science, and war: Discourses of search engine quality. *Journal of Computer-Mediated Communication, 12,* 866–887.

Alternativen zu Google

In den vorangegangenen Kapiteln wurden Suchmaschinen allgemein betrachtet, allerdings gemäß der überragenden Bedeutung von Google auf dem Suchmaschinenmarkt vor allem in den Beispielen stark auf Google eingegangen. Dieses Kapitel lässt sich – trotz des explizit auf diese Suchmaschine bezogenen Titels – auch als eine Diskussion der Notwendigkeit von Alternativen zu der eigenen Lieblingssuchmaschine (welche auch immer das sein mag) lesen. Dass es in den allermeisten Fällen dabei um Alternativen zu Google geht, ergibt sich schlicht aus den Markt- und Nutzungsverhältnissen. In diesem Kapitel werden nicht noch einmal die konkreten Anbieter, die als Alternativen relevant sind, beschrieben. Es wird nur noch beispielhaft auf die in Abschn. 7.4 genannten Anbieter eingegangen bzw. es werden für besondere Fälle gezielt Alternativen genannt.

Es gibt Gründe für die Nutzung anderer Suchmaschinen, die auf eher theoretischer Ebene liegen, zum Beispiel die Sicherung der Meinungsvielfalt auch in Hinblick auf die Zusammenstellung von Suchergebnissen oder die Erkenntnis, dass es nicht wünschenswert ist, dass eine einzige Suchmaschine alle unsere Suchanfragen und anderen Nutzungsdaten speichert (vgl. Abschn. 5.3.2). Auch wenn diese Gründe von Nutzern als wichtig erkannt werden, führt dies kaum zu einer Nutzung anderer Suchmaschinen.

Auf der anderen Seite gibt es konkrete *Situationen*, in denen sich die Nutzung einer anderen Suchmaschine lohnen würde. Das Problem liegt hier darin, dass wir diese Situationen oft nicht erkennen und uns dann mit schlechteren Ergebnissen zufrieden geben, als wir eigentlich erreichen könnten.

Bevor man Alternativen zu Google betrachtet, muss eine vermeintlich einfache Frage beantwortet werden: Sind die Marktverhältnisse vielleicht schlicht der Ausdruck der Qualität der Suchmaschinen, d. h. ist Google den anderen Suchmaschinen nicht einfach dermaßen überlegen, dass sich die Nutzung einer anderen Suchmaschine gar nicht lohnen würde?

© Springer-Verlag Berlin Heidelberg 2015
D. Lewandowski, *Suchmaschinen verstehen,* Xpert.press,
DOI 10.1007/978-3-662-44014-8_9

Dies ist mitnichten der Fall. Kein Test konnte bislang einen qualitativen Vorsprung von Google nachweisen, der so groß wäre, dass er die gegenwärtigen Marktverhältnisse rechtfertigen würde (s. Kap. 11). Zwar ergeben die meisten Studien einen Vorteil für Google (ein Überblick findet sich bei Lewandowski 2014), dieser ist aber nicht so groß, dass er die nahezu exklusive Nutzung von Google rechtfertigen würde.

Interessant sind zwei weitere Erkenntnisse aus den genannten Studien: Erstens wird in diesen Tests der Vergleich zwischen den Suchmaschinen zuvorderst auf Basis *durchschnittlicher Werte* der Trefferqualität getroffen. Teils werden allerdings auch die Ergebnisse *für die einzelnen untersuchten Suchanfragen* angegeben, und das eindeutige Ergebnis dort ist, dass keine Suchmaschine *in allen Fällen* der bzw. den anderen Suchmaschinen überlegen ist. Vielmehr gibt es einen nennenswerten Anteil von Suchanfragen, der von einer der im Durchschnitt aller Suchanfragen nicht am besten abschneidenden Suchmaschine am besten beantwortet wird (Griesbaum 2004; Lewandowski (2014).

Zweitens wurde in Untersuchungen gezeigt, dass sich die Ergebnisse der verschiedenen Suchmaschinen, auch wenn sie auf einen ähnlichen Anteil relevanter Treffer kommen, deutlich unterscheiden, d. h. dass es zu vielen Suchanfragen viele relevante Treffer gibt und es auf Nutzerseite nicht unbedingt auf die Anzeige bestimmter Treffer ankommt, da die Zahl der relevanten Treffer die Menge, die ein Nutzer anzusehen bereit ist, übersteigt.

9.1 Überschneidungen zwischen den Suchergebnissen verschiedener Suchmaschinen

Die Überschneidungen zwischen den Ergebnissen unterschiedlicher Suchmaschinen sind erstaunlich gering. Unterschiede ergeben sich durch die Indexierung und durch das Ranking. An dieser Stelle soll es um die Unterschiede, die durch das Ranking hervorgerufen werden, gehen.

In der Studie von Spink et al. (2006) wurden vier Suchmaschinen hinsichtlich der Überschneidung der jeweils ersten Suchergebnisseite (bestehend aus den ersten zehn organischen Ergebnissen und den Anzeigen) anhand von insgesamt mehr als 20.000 Suchanfragen gemessen. Die Ergebnisse zeigen, dass sich die Suchmaschinen gravierend unterscheiden. Nur wenig mehr als ein Prozent der Treffer wird von allen vier Suchmaschinen gefunden; knapp 85 % der Treffer werden von nur einer Suchmaschine gefunden.

Nun sind diese Ergebnisse sicher nicht mehr aktuell und beziehen sich auch auf Suchmaschinen, die heute teils (zumindest in der damaligen Form) gar nicht mehr existieren. Es kommt hier allerdings nicht auf die exakten Werte an, sondern es soll grundsätzlich gezeigt werden, dass die Ergebnisse verschieden sind und sich daher das Sichten der Ergebnisse einer weiteren Suchmaschine lohnen kann – vor allem, wenn man in Betracht zieht, dass diese Suchmaschinen *alle* eine nennenswerte Zahl relevanter Treffer auf den vorderen Positionen zeigen.

Exkurs: Wie kann man selbst ausprobieren, wie stark sich die Ergebnisse der Such-maschinen unterscheiden?

Die Ergebnisse der Suchmaschinen unterscheiden sich auf zwei Ebenen: Zum einen sind die Datenbestände unterschiedlich, was mit dem Prozess des Crawlings und der unvollständigen Abdeckung des Web zu tun hat (vgl. Kap. 3). Zum anderen unterscheiden sich die Ergebnisse aufgrund des Rankings. Selbst wenn zwei voneinander unabhängige Suchmaschinen den gleichen Index hätten, so könnten doch die Treffer vollkommen verschieden angeordnet werden. Die Treffer*menge* würde allerdings die gleiche bleiben, da das Ranking die Treffermenge ja nur in eine bestimmte Ordnung bringt, die Treffermenge selbst aber unverändert lässt.

Die ersten Ergebnisse (die Top-Ergebnisse) erhalten eine besondere Bedeutung, weil es in den meisten Fällen schlicht nicht möglich wäre, die gesamte Trefferliste durchzusehen. Um zu erkennen, ob sich die Recherche in einer anderen Suchmaschine (ergänzend) lohnt, ist es wichtig zu wissen, ob bzw. inwieweit sich die Top-Ergebnisse der beiden Suchmaschinen tatsächlich unterscheiden.

Natürlich kann man einfach von Hand die gleiche Suchanfrage bei zwei Suchmaschinen eingeben und die Trefferlisten Position für Position vergleichen. Einfacher und schneller geht das aber mit spezialisierten Tools, die nicht nur zwei Suchmaschinen parallel abfragen, sondern die Ergebnisse auch so gegenüberstellen, dass sofort zu sehen ist, wie groß die Überschneidungen sind und welcher Treffer von der einen Suchmaschine auf welcher Position bei der anderen Suchmaschine auftaucht.

Ein Beispiel für ein solches Tool ist die „Visual Search Ranking Comparison" (Shrink the Web 2014). Auf dieser Seite kann man die gleiche Suchanfrage (oder zwei verschiedene Suchanfragen) parallel an Google und Bing schicken. Die Ergebnisse werden in zwei Spalten dargestellt; Ergebnisse, die von beiden Suchmaschinen gelistet werden, werden durch eine Linie miteinander verbunden, sodass schnell ersichtlich wird, wie sich die Position dieser Ergebnisse bei den beiden Suchmaschinen unterscheidet.

9.2   Warum sollte man eine andere Suchmaschine als Google nutzen?

Es gibt vielfältige Gründe dafür, eine andere Suchmaschine als Google zu nutzen. Dies soll jedoch keineswegs eine Empfehlung sein, Google gar nicht mehr zu nutzen. Auch die Frage nach der eigenen Lieblings- bzw. Standardsuchmaschine muss jeder für sich selbst entscheiden. In diesem Abschnitt werden erst einmal die Gründe, die für die zumindest zeitweise Nutzung einer anderen Suchmaschine sprechen, diskutiert. Im darauffolgenden Abschnitt werden dann die *Situationen* beschrieben, in denen sich der Wechsel von einer Suchmaschine zu einer anderen lohnt.

9.2.1 Einholen einer „zweiten Meinung"

Die grundlegende Frage ist erst einmal, warum Google alleine nicht ausreicht. Die Nutzer scheinen ja mittels ihrer Nutzung klar darüber gestimmt zu haben, welche Suchmaschine nicht nur die beste, sondern die fast ausschließlich nutzenswerte ist. Und in der Tat wird dieses Argument in der Form, die Konkurrenz sei schließlich nur einen Klick weit entfernt, besonders von Vertretern von Google immer wieder vorgebracht (s. Kovacevich 2009). Wir haben allerdings schon gesehen, dass die Auswahl einer Suchmaschine im Moment eines aufkommenden Informationsbedürfnisses nicht immer eine bewusste Entscheidung ist, sondern beispielsweise auch davon abhängt, welche Standardsuchmaschine im Browser voreingestellt ist (vgl. Abschn. 2.1; zum wirtschaftlichen Hintergrund voreingestellter Suchmaschinen s. Abschn. 7.3).

Doch es geht nicht nur um die faktische Auswahl, sondern auch um die grundsätzliche *Möglichkeit* der Wahl zwischen verschiedenen algorithmischen Sichten auf die (Web-) Welt. Jedes Ranking von Suchergebnissen ist eine Interpretation und könnte auch anders ausfallen – *das* richtige Ranking gibt es nicht. Und hätten wir tatsächlich nur noch eine Form des Rankings, so könnte man dies mit einer Situation vergleichen, in der es nur noch einen Fernsehsender oder eine Zeitung gäbe. In diesen Fällen mag es direkt einleuchten, dass es sich um eine nicht wünschenswerte Situation handeln würde – was wäre, wenn dieser Sender bzw. diese Zeitung nur noch Meldungen, die in seinem bzw. ihrem eigenen Interesse wären, bringen würde?

Natürlich hinkt dieser Vergleich: Suchmaschinen produzieren für jede Suchanfrage neue Suchergebnisseiten, sie bringen also kein einheitliches Massenprogramm wie die Massenmedien. Außerdem wird nicht jede Suchergebnisseite einzeln von Menschen zusammengestellt, weshalb auch die viel verwendete Analogie der Suchmaschinen als „Gatekeeper" (u. a. Machill und Beiler 2002; Stark 2014) nicht passend ist (vgl. Röhle 2010, S. 30 f.). Und letztlich produzieren Suchmaschinen, wenn sie Verfahren der Personalisierung einsetzen, für individuelle Nutzer individuelle Ergebnisseiten (s. Abschn. 5.6). Was allerdings bleibt, ist, dass jede Suchmaschine dies auf ihre Weise nach ihren vorher von Menschen festgelegten Kriterien tut und damit eine bestimmte Art von Ergebnissen produziert – inklusive bestimmter Tendenzen in den Suchergebnissen. Dazu kommen bewusste Bevorzugungen, beispielsweise indem von dem Suchmaschinenbetreiber selbst produzierte Dokumente bevorzugt werden (s. Abschn. 9.4).

Diese theoretische Begründung, die letztlich aus dem Ideal der Meinungsvielfalt erwächst, soll an dieser Stelle aber nur knapp angesprochen werden; in Kap. 15 erfolgt eine tiefergehende Auseinandersetzung mit der Rolle der Suchmaschinen als Vermittler von Informationen. Im Folgenden soll es vielmehr pragmatisch um den Nutzen des Wechsels von einer Suchmaschine zu einer anderen gehen, d. h. wir betrachten diesen Wechsel aus der Perspektive des recherchierenden Nutzers.

9.2.2 Mehr bzw. zusätzliche Ergebnisse

Ein Wechsel der Suchmaschine kann auf der einen Seite dazu dienen, *mehr* Ergebnisse zu finden; auf der anderen Seite dazu, *andere* Ergebnisse zu erhalten.

Betrachten wir zunächst einmal den ersten Fall: Wann würde man überhaupt noch mehr Ergebnisse haben wollen? In den weit meisten Fällen erhält man ja schon von einer Suchmaschine weit mehr Ergebnisse, als man sich ansehen kann oder will. Doch es gibt selbstverständlich Fälle, in denen man zu einem Thema nur wenige Informationen findet. Das kann natürlich daran liegen, dass im Web nicht mehr zu diesem Thema zu finden ist, aber auch daran, dass aufgrund der Wahl der eingegebenen Suchbegriffe relevante Ergebnisse ausgeschlossen werden (zur Wahl der Suchbegriffe s. Kap. 10). Und schließlich kann es dran liegen, dass die momentan benutzte Suchmaschine die relevanten Dokumente zu einem Thema schlicht nicht kennt. Wir haben in Kap. 3 gesehen, dass Suchmaschinen ihre Datenbestände vor allem durch Web-Crawling aufbauen und dass dabei durch die Struktur des Web nicht garantiert werden kann, dass der so entstandene Datenbestand vollständig und aktuell ist. Außerdem ist es den Suchmaschinen aufgrund der immensen Größe des Web schlicht nicht möglich, dieses vollständig zu erfassen. Daraus folgt, dass wir mit verschiedenen Suchmaschinen auch unterschiedliche Dokumente finden können.

Das heißt allerdings nicht, dass es keine Überschneidungen zwischen den Suchmaschinen gibt. Vor allem populäre Dokumente werden von den meisten Suchmaschinen auch gefunden und weit oben gerankt; wenn man beispielsweise nach einem Artikel aus der Wikipedia sucht, dürfte sich der Wechsel der Suchmaschine kaum lohnen. Gerade aber bei eher „seltenen" Dokumenten, also beispielsweise solchen, die auf kleinen, nicht besonders populären Websites liegen, kann sich eine Recherche in einer anderen Suchmaschine lohnen. Am besten lässt sich das vergleichen, wenn man zu seiner Suchanfrage nur wenige Ergebnisse bekommt. Dann kann man häufig in einer anderen Suchmaschine *zusätzliche* Dokumente finden.

9.2.3 Andere Ergebnisse

Es ist schon angeklungen, dass die Nutzung einer alternativen Suchmaschine auch dazu dienen kann, andere Suchergebnisse zu bekommen. Wir hatten gesehen, dass es keineswegs „das richtige Ranking" der Suchergebnisse gibt. Außerdem existieren zu sehr vielen Suchanfragen mehr relevante Ergebnisse, als wir bereit oder in der Lage sind, uns anzusehen.

In welchen Fällen nun lohnt es überhaupt, nach anderen Ergebnissen zu suchen? Bei der Beantwortung dieser Frage helfen uns wieder einmal die drei Anfragetypen informationsorientiert, navigationsorientiert und transaktionsorientiert.

Im Falle navigationsorientierter Anfragen lohnt es sich nicht, nach anderen Ergebnissen zu suchen, da es ja schlicht ein eindeutig definiertes richtiges Ergebnis gibt. Allein wenn wir dieses Ergebnis mit unserer Standardsuchmaschine nicht finden, lohnt sich der Wechsel zu einer anderen Suchmaschine.

Im Fall von informationsorientierten Suchanfragen kann sich ein Wechsel lohnen, sofern wir überhaupt an mehr Treffern interessiert sind. Wir gehen hier von dem Fall aus, dass bereits eine bestimmte Menge von Treffern in der ersten Suchmaschine gesichtet wurde, bevor ein Wechsel erwogen wird. Letztlich besteht die Entscheidung zwischen dem Sichten weiterer Treffer in der Standardsuchmaschine gegenüber dem Wechsel zu einer anderen Suchmaschine. Für den Wechsel spricht die Hoffnung auf grundlegend andere Suchergebnisse, die eine gute Ergänzung darstellen. Gegen den Wechsel spricht, dass die beiden Suchmaschinen doch nennenswerte Überschneidungen aufweisen, was zu Dubletten bei der Durchsicht der Suchergebnisseiten führt. Dieser Grund fällt allerdings nicht allzu sehr ins Gewicht, da es sich ja nur um Dubletten in den Ergebnislisten handelt und die Dokumente selbst nicht noch einmal gesichtet werden müssen. Dazu kommt, dass die Links der bereits gesichteten Dokumente in den meisten Browsern farblich gesondert markiert werden (unabhängig von der aktuell verwendeten Suchmaschine).

Im Fall transaktionsorientierter Anfragen ist zu unterscheiden, ob diese einer *gezielten* Navigation mit der Transaktion in Folge dienen sollen (also der Ansteuerung einer bestimmten Website, auf der die Transaktion ausgeführt werden soll) oder aber der Auswahl einer von mehreren möglichen relevanten Websites, auf denen die gewünschte Transaktion durchgeführt werden soll. Im letzteren Fall ist weiter zu unterscheiden, ob es sich um eine Auswahl aus mehreren gleichwertigen Websites handelt (beispielsweise mehrere Websites, die das gleiche Online-Spiel anbieten) oder aber um Websites, die verschiedene Varianten anbieten (also beispielsweise verschiedene Versionen des gleichen Spiels). Nur in diesem letztgenannten Fall würde sich der Wechsel der Suchmaschine lohnen, um weitere Websites zu finden.

9.2.4 Bessere Ergebnisse

Eng verbunden mit der Frage nach anderen Suchergebnissen ist die Frage nach besseren Ergebnissen. In der Einleitung dieses Kapitels wurde bereits dargestellt, dass Suchmaschinen in Vergleichstests zu einzelnen Suchanfragen nicht konsistent abschneiden, d. h. dass es sehr stark auf die Suchanfrage ankommt, welche Suchmaschine das bessere Ergebnis liefert. Dies gilt vor allem für informationsorientierte Anfragen.

Das Problem liegt nun darin, dass man als Nutzer nicht vorab erkennen kann, bei welchen Suchanfragen eine bestimmte Suchmaschine am besten abschneidet. In den genannten Studien konnte kein Bezug etwa zum Thema der Suche hergestellt werden. Daher hilft nur Ausprobieren.

9.2.5 Andere Trefferpräsentation

In der Beschreibung des Suchmaschinenmarktes (Kap. 7) wurde unterschieden zwischen Suchmaschinen mit eigenem Index und Suchportalen, die ihre Suchergebnisse von einer anderen Suchmaschine beziehen. In Hinblick auf die organischen Suchergebnisse wurden letztere als Alternativen verworfen, da sie ja die gleichen Ergebnisse anzeigen wie die jeweils gebende Suchmaschine.

Allerdings betrifft die Zulieferung der Suchergebnisse oft nur die organischen Ergebnisse, nicht aber die Ergebnisse aus den ergänzenden Kollektionen, also die Universal-Search-Ergebnisse). Die aus den verschiedenen Ergebnistypen zusammengestellten Suchergebnisseiten können also durchaus variieren, was auch die Suchportale ohne eigenen Index wieder zu Alternativen werden lassen kann, auch wenn die Zahl der Fälle beschränkt sein dürfte.

9.2.6   Andere Benutzerführung

Aus Nutzersicht sollte eine Suchmaschine nicht nur relevante Ergebnisse liefern, sondern auch bedienerfreundlich sein. Zwar haben sich Standards beim grundlegenden Paradigma der Durchsuchbarmachung der Inhalt des Web (vgl. Kap. 2), bei der Abbildung des Suchprozesses (vgl. Kap. 4) und bei der Ergebnispräsentation (vgl. Kap. 6) herausgebildet, aber dennoch gibt es auch in der Benutzerführung Unterschiede zwischen den Suchmaschinen, ohne dass man sagen könnte, dass eine Suchmaschine per se eine bessere Benutzerführung hätte als die anderen. Vielmehr spielt hier auch der Geschmack des individuellen Nutzers eine Rolle: Ein erfahrener Nutzer, der häufig komplexe Suchvorgänge durchführt, wird von seiner Lieblingssuchmaschine eine andere Unterstützung erwarten als ein Nutzer, der Suchmaschinen vor allem für die Navigation zu seinen Lieblingswebsites und zum Recherchieren von Überblickswissen gebraucht.

Auch die Benutzerführung kann ein Grund sein, eine Suchmaschine zu nutzen, die keinen eigenen Index hat, sondern Ergebnisse einer anderen Suchmaschine anzeigt.

9.2.7   Andere Suchmöglichkeiten

Suchmaschinen sind sehr gut, wenn es um navigationsorientierte Suchanfragen und nicht besonders komplexe informationsorientierte und transaktionsorientierte Anfragen geht. Ihre Suchmöglichkeiten in Bezug auf komplexe Informationsbedürfnisse, für deren Umsetzung es nötig ist, komplexe Suchanfragen zu formulieren, die mittels Operatoren und Befehlen oder mittels der Verwendung erweiterter Suchformulare qualifiziert werden, eignen sie sich allerdings nicht besonders gut. Hier kann es also sinnvoll sein, zu einer anderen Suchmaschine zu wechseln, weil die zu stellende Suchanfrage bei der Lieblingssuchmaschine schlicht nicht möglich ist oder nur sehr kompliziert zu realisieren wäre.

Ein einfaches Beispiel ist die Suchmaschine Bing, die kein Formular für die erweiterte Suche bietet. Zwar ist die Formulierung komplexer Suchanfragen sehr gut über eine Abfragesprache möglich (s. Kap. 10), allerdings ist es in vielen Fällen einfacher, ein erweitertes Suchformular zu verwenden. Möchte man also den Datenbestand von Bing mit einem solchen Formular durchsuchen, kann man schlicht Yahoo verwenden. Dort wird ein solches Formular angeboten, und die bei Yahoo angezeigten Ergebnisse stimmen ja mit denen von Bing überein.

9.3   Wann sollte man eine andere Suchmaschine als Google nutzen?

Während in Kap. 7 ein recht düsteres Bild von den Alternativen zu Google gezeichnet wurde – dort unter Betrachtung anderer Suchmaschinen, die sich als *Ersatz* für Google eignen – ergibt sich aus den im letzten Abschnitt genannten Anwendungsfällen ein weitaus positiveres Bild, da hier alternative Suchmaschinen als *Ergänzungen* zu Google betrachtet werden.

Während es aber in den vorangegangenen Abschnitten generell um Gründe für die Nutzung einer anderen Suchmaschine ging, soll es nun um die konkreten Momente im Suchprozess gehen, in denen die Nutzung einer anderen Suchmaschine sinnvoll ist.

Neben dem in der allgemeinen Recherche nicht besonders häufigen Fall, dass ein Nutzer bemerkt, dass die komplexe Formulierung einer bestimmten Suchanfrage bei seiner Standardsuchmaschine nicht möglich ist, spielt vor allem die Unzufriedenheit eines Nutzers mit seinen aktuellen Suchergebnissen eine Rolle. Welche Möglichkeiten hat nun ein Nutzer, der merkt, dass ihm die Suchmaschine keine zufriedenstellenden Ergebnisse anzeigt? Und wann kommt er zu dem Schluss, dass sich der Wechsel zu einer anderen Suchmaschine im konkreten Fall lohnen würde?

Bei der Frage nach der Nutzung alternativer bzw. weiterer Suchmaschinen kann man davon ausgehen, dass ein Nutzer eine Lieblingssuchmaschine hat, die er für alle seine Recherchen als Ausgangspunkt verwendet. Eine gezielte Auswahl des Suchwerkzeugs vor *jeder* Recherche wäre zum einen nicht sinnvoll (ein Großteil der an die Suchmaschinen gestellten Suchanfragen lässt sich in der Tat eindeutig bzw. zufriedenstellend beantworten, s. Kap. 10), zum anderen machen sich Nutzer vor ihren Recherchen in der Regel keine Gedanken über das zu verwendende Suchwerkzeug, sondern vertrauen schlicht darauf, dass ihre Lieblingssuchmaschinen für alle Zwecke die richtige Wahl ist.

Man kann also davon ausgehen, dass die Frage nach einer Alternative zur eigenen Standardsuchmaschine erst ins Spiel kommt, wenn eine gewisse Unzufriedenheit mit den Suchergebnissen besteht. Diese Unzufriedenheit bezieht sich in der Regel nicht auf ein *einzelnes* Suchergebnis, sondern auf die Treffermenge als ganzes, bzw. auf das, was der Nutzer von der Treffermenge wahrnimmt. Dies können beispielsweise die Beschreibungen der ersten Ergebnisse sein (in denen sich keine Hinweise darauf finden, dass die dahinterliegenden Dokumente relevant wären) oder eine Mischung aus ein paar tatsächlich angesehenen, aber als nicht relevant bewerteten Treffern und einigen Trefferbeschreibungen, zu denen aber die Trefferdokumente nicht angesehen wurden.

Abbildung 9.1 zeigt nun die möglichen Strategien eines Nutzers, der nach einer mehr oder weniger tiefgehenden Sichtung der Suchergebnisseite, ggf. ergänzt durch eine Inter-

Abb. 9.1 Mögliche Strategien bei Unzufriedenheit mit Suchergebnissen

aktion mit einem oder mehreren Suchergebnissen, unzufrieden mit den aktuellen Suchergebnissen ist:

- Zunächst einmal besteht die Möglichkeit, weitere Suchergebnisse bzw. Trefferbeschreibungen zu sichten. Diese Sichtung kann auch über die erste(n) Suchergebnisseite(n)
  hinausgehen; in diesem Fall blättert der Nutzer durch einen Klick weiter zu nächsten
  Suchergebnisseite.
- Eine zweite Möglichkeit besteht darin, die Suchanfrage zu modifizieren. Dies kann
  u. a. durch das Hinzufügen weiterer Suchbegriffe (Einschränkung der Treffermenge),
  durch das Entfernen von Suchbegriffen (Erweiterung der Treffermenge) oder durch das
  Verändern von Suchbegriffen erfolgen. Eine Übersicht der Kategorien der Anfragemo-
  difikation findet sich bei Anick (2003).
- Es ist auch möglich, innerhalb der Suchmaschine gezielt zu Ergebnissen einer speziellen Kollektion zu wechseln. Dies kann entweder über die Auswahl der Kollektion über
  einen Reiter geschehen oder über das Anklicken eines entsprechenden Links innerhalb
  der Universal-Search-Ergebnisdarstellung. In den meisten Fällen wird die Suchanfrage
  bei einem solchen Wechsel automatisch übernommen. Ist dies nicht der Fall, kann der
  Nutzer entweder die bereits in der allgemeinen Suche verwendete Suchanfrage noch
  einmal eingeben oder eine modifizierte bzw. neue Suchanfrage verwenden.
- Viertens besteht die Möglichkeit, zu einer anderen Suchmaschine zu wechseln. Dort
  wird dann entweder dieselbe Suchanfrage gestellt, oder der Wechsel wird mit einer
  Modifikation der Suchanfrage verbunden.
- Schließlich besteht natürlich auch immer die Möglichkeit, die Suche erfolglos abzu-
  brechen.

Die Zusammenstellung zeigt, dass der Wechsel zu einer alternativen Suchmaschine nur
eine von mehreren Möglichkeiten der Reaktion auf nicht zufriedenstellende Treffer ist.
Die Auswahl dieser Möglichkeit wiederum hängt von verschiedenen Faktoren ab, u. a.
auch von der Kenntnis weiterer Suchmaschinen.

9.4 Besonderheiten bei Google aufgrund seiner Marktdominanz

Während in den vorangegangenen Abschnitten einige Gründe besprochen wurden, die für den (zumindest zeitweisen) Wechsel von der Lieblingssuchmaschine (welche immer das ist) hin zu einer Alternative sprechen, geht es im Folgenden nun um Gründe, die (wiederum in bestimmten Fällen) gegen eine Nutzung von Google sprechen. Der Fokus auf diese Suchmaschine ergibt sich wieder aus ihrer Marktdominanz; es soll hier nicht ausgeschlossen werden, dass, wenn eine andere Suchmaschine eine ähnliche Stellung auf dem Suchmaschinenmarkt hätte, nicht vergleichbare Probleme auftreten würden.

Bei den im Folgenden beschriebenen Problemen handelt es sich weniger um theoretisch zu benennende Probleme (diese wurden in Abschn. 9.2 aufgeführt), sondern um Probleme, die sich aus der konkreten Praxis der Suchmaschine Google ergeben. Es geht also nicht um systematische Verzerrungen, sondern um Verzerrungen, die aufgrund konkreter Entscheidungen bei einer konkreten Suchmaschine auftreten.

Allgemein gefasst lautet der Vorwurf an Google, dass das Unternehmen seine eigenen Dienste auf den Suchergebnisseiten prominent platzieren würde, auch wenn die Dienste von Konkurrenten nach objektiven Kriterien (d. h. bei „gleichen Chancen für alle" in der Zusammenstellung der Ergebnisseiten) bevorzugt werden müssten.

Nun ist es allerdings schwierig, tatsächlich nachzuweisen, dass andere Dienste in einem konkreten Fall die bessere Wahl gewesen wären bzw. höher als der jeweilige Dienst von Google hätten gelistet werden sollen. Gerade die benannte „Objektivität" der Algorithmen ist hier problematisch: Eine Gleichbehandlung läge ja auch vor, wenn beispielsweise ein Faktor besonderes Gewicht erhalten würde, der mittelbar die Google-eigenen Angebote bevorzugen würde. Dazu kommt, dass, wie wir in den Kap. 5 und 8 gesehen haben, eine genaue Rückführung einer konkreten Ergebnisreihung auf einzelne Faktoren nicht möglich ist. Dadurch lassen sich Bevorzugungen nur schwer empirisch nachweisen. In den folgenden Erläuterungen werden die Gründe in den jeweiligen Gruppen benannt.

Nun zu den Vorwürfen der willentlichen Verzerrung in den Google-Suchergebnissen im Einzelnen:

1. *Google bevorzugt seine eigenen Spezialsuchmaschinen innerhalb der Universal-Search-Suchergebnisseiten*: Google betreibt neben der Websuche zahlreiche Spezialsuchmaschinen, etwa für Bilder, Nachrichten und lokale Brancheneinträge. Nicht nur zu Googles Websuche, sondern auch zu seinen Spezialsuchmaschinen gibt es Konkurrenzangebote. Der Vorwurf lautet nun, dass Google seine Nutzer der Websuche durch die Platzierung seiner Spezialsuchmaschinen innerhalb der Universal-Search-Ergebnisseiten gezielt auf die eigenen Angebote leitet, auch wenn diese keine besseren – oder gar schlechtere – Ergebnisse liefern als die Angebote der Konkurrenz. Dahinter steht die Frage nach der Ausnutzung einer marktbeherrschenden Stellung, was u. a. zu einem Kartellverfahren gegen Google bei der Europäischen Union geführt hat (European Commision 2014). Die im Rahmen dieses Verfahrens von Google gemachten Vorschläge haben gezeigt, dass gerade die hervorgehobene Präsentation der Universal-

Search-Ergebnisse eine große Rolle für die Wahrnehmung einzelner Ergebnisse (Möller 2013) und für das Selektionsverhalten der Nutzer auf den Suchergebnisseiten spielt (Lewandowski und Sünkler 2013).

2. *Google führt Spezialsuchmaschinen ein und macht diese später zu Werbeangeboten, ohne dass sich Nutzer dessen ausreichend bewusst sind*: Spezialsuchmaschinen, die durch die Einbindung in die Universal-Search-Suchergebnisseiten populär gemacht wurden, haben auch als Werbeangebote ein hohes Potenzial. Google hat mehrere Jahre eine Shopping-Suchmaschine (Google Shopping) angeboten, deren Datenbestand aus von Händlern hochgeladenen und von der Suchmaschine aggregierten Produktkatalogen bestand. Anfang 2013 hat Google dann das System umgestellt: Seitdem müssen Händler dafür bezahlen, dass ihre Produkte in den Shopping-Ergebnissen gelistet werden. Auf den Suchergebnisseiten sind die Einträge relativ unauffällig markiert; eine Verwechslung mit Suchergebnissen, die ohne Bezahlung aus einem allgemeinen Index generiert werden, ist damit recht wahrscheinlich. Auch hier gilt, dass, da nicht alle Händler bereit sind, für die Aufnahme in Googles Shopping-Index zu bezahlen, andere Produktsuchmaschinen sogar vollständigere Ergebnisse liefern können, jedoch von Google weniger prominent gelistet werden als das eigene Angebot.

3. *Google bevorzugt seine selbst erstellten Kollektionen innerhalb der Suchergebnisse bzw. innerhalb der Universal-Search-Ergebnisseiten*: Hierunter fallen Kollektionen wie beispielsweise Google Books oder Google Street View. Diese googleeigenen Kollektionen stehen anderen Suchmaschinen nicht zur Indexierung zur Verfügung und werden bei Google selbst prominent eingebunden. Aber auch ein Angebot wie YouTube ist hier zu nennen: YouTube wird von Google betrieben, und YouTube-Treffer tauchen auf den vorderen Trefferpositionen bei Google sehr häufig auf. Dies wird erst zum Problem, wenn man um die Verbindung zwischen YouTube und Google weiß. Allerdings ist der Fall schwierig zu beurteilen, da YouTube unbestritten die größte Video-Plattform im Internet ist (Comscore 2014) und YouTube-Treffer in vielen Fällen relevant sind – man kann allerdings auch fragen, ob die Popularität von YouTube nicht zumindest zu einem nennenswerten Teil auf eine häufige Listung auf den Google-Suchergebnisseiten zurückzuführen ist.

4. *Google bevorzugt Dokumente aus seinem eigenen Sozialen Netzwerk*: Google betreibt mit Google+ ein eigenes soziales Netzwerk, welches allerdings im Vergleich beispielsweise mit Facebook in der Nutzung deutlich zurückliegt. Eintragungen aus Google+ werden in den regulären Google-Trefferlisten bevorzugt, indem sie zusätzlich zur normalen Trefferbeschreibung das Profilbild des Autors zeigen, was in der Trefferliste für mehr Aufmerksamkeit sorgt.

5. *Google bevorzugt seine eigenen Dienste in den organischen Suchergebnissen*: Während alle anderen Vorwürfe auf Elemente der Universal Search bzw. auf die Darstellung von Suchergebnissen bezogen sind, geht es hier um eine tatsächliche Manipulation der organischen Suchergebnisliste. Google wurde in der Vergangenheit vorgeworfen, mittels sog. *Hard Coding* seine eigenen Angebote zu bevorzugen. Für bestimmte Suchbegriffe (wie zum Beispiel `E-Mail`) wurde auf dem ersten Trefferplatz das google-

eigene Angebot gelistet, während bei mit Sonderzeichen manipulierten Suchanfragen (wobei die Sonderzeichen bei der Verarbeitung der Suchanfragen ignoriert werden) die Ergebnisreihung eine andere war (Edelman 2010). Allerdings wurde dieses Thema nicht weiterverfolgt, und es ist fraglich, ob eine Suchmaschine tatsächlich gut beraten ist, auf eine solche doch eher plumpe Weise Trefferlisten zu manipulieren.

Die genannten Probleme ergeben sich daraus, dass Google nicht mehr nur eine Suchmaschine ist, sondern selbst als Anbieter von Inhalten bzw. Plattformen auftritt. Dadurch entsteht eine Vermischung zwischen der Rolle als Informations*vermittler*, dessen Aufgabe es ist, Nutzer zu den besten/passendsten Ergebnissen zu leiten und der Rolle als Informations*anbieter*, dessen Interesse es ist, den eigenen Inhalten eine möglichst große Sichtbarkeit zu verschaffen. Wir werden in Kap. 15 ausführlich auf die Rolle der Suchmaschinen als Informationsvermittler zurückkommen.

Was bedeuten die genannten Probleme nun für die Recherche? Die auf den Universal-Search-Suchergebnisseiten angezeigten Treffer von Googles Spezialsuchmaschinen müssen nicht die bestmöglichen Treffer einer Spezialsuchmaschine in diesem Themenfeld sein. Es ist möglich, dass es eine andere Spezialsuchmaschine zum gleichen Themenfeld gibt, die bessere Treffer liefern würde, aber von Google nicht – oder eben nicht auf einer prominenten Position und/oder in einer vergleichbar prominenten Darstellung – angezeigt wird.

9.5 Zusammenfassung

Die Ergebnisse verschiedener Suchmaschinen weisen nur geringe Überschneidungen auf, d. h. die einzelnen Suchmaschinen zeigen zu den gleichen Suchanfragen unterschiedliche Ergebnisse an, die jedoch gleichsam relevant sein können. Die Unterschiede zwischen den Suchergebnissen ergeben sich auf der einen Seite durch unterschiedliche Datenbestände der Suchmaschinen, vor allem aber durch verschiedene Interpretationen der Suchanfragen und der Inhalte des Web.

Auf einer theoretischen Ebene lässt sich die Notwendigkeit alternativer Suchmaschinen aus der Idee der Meinungsvielfalt ableiten. Auf der pragmatischen Ebene gibt es unterschiedliche Gründe, eine andere Suchmaschine als Ergänzung zu Google zu nutzen. Dazu gehören mehr bzw. zusätzliche Ergebnisse, bessere Ergebnisse, eine andere Trefferpräsentation, einen andere Benutzerführung und andere bzw. bessere Suchmöglichkeiten.

Die Entscheidung für die Nutzung einer alternativen Suchmaschine ergibt sich oft inmitten des Suchprozesses, wenn ein Nutzer feststellt, dass ihn die von seiner Standardsuchmaschine angezeigten Treffer nicht befriedigen. Die Auswahl einer anderen Suchmaschine ist dann allerdings nur eine von mehreren möglichen Strategien.

Während die genannten Gründe für den Wechsel der Suchmaschine grundsätzlich auf jede als Standard verwendete Suchmaschine zutreffen, gibt es auch Gründe, die speziell gegen die Verwendung von Google bzw. gegen die alleinige Verwendung von Google sprechen. So bevorzugt Google teilweise seine eigenen Angebote auf den Suchergebnisseiten, auch wenn Konkurrenzangebote gleichwertige oder gar bessere Ergebnisse liefern.

Weiterführende Literatur

Betrachtungen zu alternativen Suchmaschinen unter dem Blickwinkel der Recherche finden sich in den sehr guten Recherchehandbüchern von Hock (2013) und Bradley (2013); einen Überblick über alternative Suchmaschinen geben Eine und Markscheffel (2011). Eine Diskussion alternativer Suchmaschinen unter dem Blickwinkel der den jeweiligen Suchmaschinen zugrunde liegenden ideologischen Annahmen findet sich bei Mager (2014).

Literatur

Anick, P. (2003). Using terminological feedback for web search refinement: A log-based study. In *Proceedings of the 26th annual international ACM SIGIR conference on Research and development in informaion retrieval* (S. 88–95). New York: ACM.

Bradley, P. (2013). *Expert internet searching* (4th ed.). London: Facet Publishing.

Comscore. (2014). Germany top 20 March 2014. http://www.comscore.com/Insights/Market-Rankings/Germany-Top-20-March-2014. Zugegriffen: 30. Sept. 2014

Edelman, B. (2010). Hard-coding bias in Google „Algorithmic" search results. http://www.benedelman.org/hardcoding/. Zugegriffen: 30. Sept. 2014.

Eine, B., & Markscheffel, B. (2011). Alternative Websuchdienste : Überblick und Vergleich. Ilmenau. http://www.db-thueringen.de/servlets/DerivateServlet/Derivate-22348/ilm1-2011200032. pdf. Zugegriffen: 30. Sept. 2014.

European Commision. (2014). EU competition investigation AT. 39740-Google. http://ec.europa. eu/competition/elojade/isef/case_details.cfm?proc_code=1_39740. Zugegriffen: 30. Sept. 2014.

Griesbaum, J. (2004). Evaluation of three German search engines: Altavista.de, Google.de and Lycos.de. *Information Research, 9*(4), 1–35. http://informationr.net/ir/9-4/paper189.html. Zugegriffen: 30. Sept. 2014.

Hock, R. (2013). *The extreme searcher's internet handbook: A guide for the serious searcher* (3rd ed.). Medford: Information Today.

Kovacevich, A. (2009). Google's approach to competition. Google Public Policy Blog. http://googlepublicpolicy.blogspot.de/2009/05/googles-approach-to-competition.html. Zugegriffen: 30. Sept. 2014.

Lewandowski, D. (2014). Evaluating the retrieval effectiveness of Web search engines using a representative query sample. *Journal of the Association of Information Science and Technology*.

Lewandowski, D., & Sünkler, S. (2013). Representative online study to evaluate the commitments proposed by Google as part of EU competition investigation AT. 39740-Google: Report for Germany. http://searchstudies.org/tl_files/Publikationen_PDFs/2013/Google_Online_Survey_ DE.pdf. Zugegriffen: 30. Sept. 2014.

Machill, M., & Beiler, M. (2002). Suchmaschinen als Vertrauensgüter. Internet-Gatekeeper für die Informationsgesellschaft ? In D. Klumpp, H. Kubicek, A. Roßnagel, & W. Schulz (Hrsg.), *Informationelles Vertrauen für die Informationsgesellschaft* (S. 159–172). Heidelberg: Springer.

Mager, A. (2014). Is small really beautiful? Big search and its alternatives. In R. König & M. Rasch (Hrsg.), *Society of the query reader* (S. 59–72). Amsterdam: Istitute of Network Cultures.

Möller, C. (2013). *Attention and selection behavior on „universal search" result pages based on proposed Google commitments of Oct. 21, 2013*. Report about an eye tracking pilot study commissioned by ICOMP Initiative for a Competitive Online Marketplace. Köln.

Röhle, T. (2010). *Der Google-Komplex: Über Macht im Zeitalter des Internets*. Bielefeld: Transcript.

Shrink the Web. (2014). Visual Search Ranking Comparison. http://www.shrinktheweb.com/content/search-results-rankings-comparison.html. Zugegriffen: 30. Sept. 2014.

Spink, A., Jansen, B. J., Blakely, C., & Koshman, S. (2006). A study of results overlap and uniqueness among major web search engines. *Information Processing & Management, 42*(5), 1379–1391.

Stark, B. (2014). „Don't be evil": Die Macht von Google und die Ohnmacht der Nutzer und Regulierer. In B. Stark, D. Dörr, & S. Aufenanger (Hrsg.), *Die Googleisierung der Informationssuche – Suchmaschinen im Spannungsfeld zwischen Nutzung und Regulierung* (S. 1–19). Berlin: De Gruyter.

Im letzten Kapitel haben wir schon gesehen, dass man nicht immer auf eine „objektive" Reihung der Suchergebnisse vertrauen kann. Suchmaschinen nutzen die Suchergebnisseiten, um ihre eigenen Dienste zu platzieren und/oder hervorzuheben. Dieses Verhalten soll an dieser Stelle nicht bewertet werden; wir werden darauf in Kap. 15 zurückkommen.

Die wesentliche Möglichkeit, um sich von der Standardzusammenstellung der Suchergebnisse unabhängig zu machen, ist schlicht, mehr Energie und Sorgfalt in die Formulierung der Suchanfragen zu stecken. Das bedeutet aber nun nicht, dass man vor jeder Suchanfrage lange überlegen muss, wie man diese am besten formulieren sollte. Es geht vielmehr darum, zu erkennen, *wann* es sich lohnt, seine Suchanfragen sorgfältig zu formulieren und in welchen Fällen man damit bessere Ergebnisse erzielen kann.

Die Formulierung von Suchanfragen hat dabei zwei Komponenten: Zum einen geht es um die Wahl der passenden Suchbegriffe, zum anderen um die Qualifikation der Suchanfrage mittels spezieller Befehle und Operatoren, die eine Steuerung der Ergebnismenge ermöglichen. Um so suchen zu können, müssen die Befehle und Operatoren natürlich erlernt werden. Ein Einwand, der häufig gegen das Erlernen der Operatoren und Befehle, die erst eine komplexe Recherche ermöglichen, hervorgebracht wird, lässt sich in dem Satz „Ich finde doch immer, was ich suche" zusammenfassen. Aber ist das tatsächlich der Fall?

Bei der Erklärung, wie Nutzer zu dieser Meinung kommen, hilft uns wieder die Einteilung der Suchanfragetypen von Andrei Broder (2002), diesmal ergänzt um die Frage, wie umfangreich das Ergebnis sein soll, das ein Nutzer sich wünscht (Tab. 10.1). Die Frage ist nun, wie gut ein Nutzer eigentlich beurteilen kann, ob das von ihm gefundene Suchergebnis relevant und/oder vollständig ist. Wir knüpfen dabei an die Diskussion zum Wechsel der Suchmaschine aufgrund des (Miss-)Erfolgs der Recherche (Abschn. 9.2) an.

Betrachten wir zunächst den Fall der navigationsorientierten Suchanfrage: Da hier nur ein Dokument relevant ist und sich klar entscheiden lässt, ob dieses gefunden wurde oder

Tab. 10.1 Bewertbarkeit des Sucherfolgs nach Anfragetyp. (aus Lewandowski 2014d, S 46 f.)

	Navigationsorientiert	Informationsorientiert	Transaktionsorientiert
Eindeutig bewertbar	Suche nach einem bereits bekannten Dokument	Suche nach einem Faktum Suche nach Trivia Informationsorientierte Suche, zu der Informationen aus einer bestimmten Quelle erwartet werden (beispielsweise Wikipedia)	Suche nach einer bekannten Website, auf der eine Transaktion durchgeführt werden soll
Nicht eindeutig bewertbar	–	Klassische Informationssuche mit dem Anspruch, ein vollständiges Bild zu gewinnen bzw. einen umfassenden Überblick	Mehrere Varianten der Transaktion möglich

nicht (und ob es an der ersten Position der Trefferliste steht), kann ein Nutzer klar entscheiden, ob die Suchanfrage erfolgreich war oder nicht.

Bei transaktionsorientierten Suchanfragen ist wieder zwischen dem Fall zu unterscheiden, in dem die Ziel-Website, auf der die Transaktion stattfinden soll, bereits bekannt ist (dann ist die Entscheidung über den Erfolg der Suche klar zu treffen), oder ob die Transaktion auf unterschiedlichen Websites durchgeführt werden kann (dann ist nur schwer zu entscheiden, ob die Suchmaschine tatsächlich die beste Website für diesen Zweck gefunden hat).

Bei den informationsorientierten Suchanfragen gestaltet sich die Sache schwieriger. Sucht man nur nach einem bestimmten Faktum oder nach sog. *Trivia* (also beispielsweise nach einer Liste von Filmen, in denen ein bestimmter Schauspieler mitgespielt hat oder nach dem Datum der ersten Mondlandung), so kann auch hier recht schnell und zuverlässig entschieden werden, ob die Suchanfrage zum Erfolg geführt hat.

Anders sieht es jedoch bei den informationsorientierten Suchanfragen aus, die den Ansprüchen der klassischen Informationsrecherche entsprechen, bei der es darum geht, ein vollständiges oder zumindest umfassendes Bild von einem Thema zu erlangen. In diesen Fällen kann man nie wissen, ob die gefundenen Treffer denn nun tatsächlich die bestmöglichen sind bzw. ob es bessere oder schlicht mehr Treffer, die das Thema noch tiefer oder von einer anderen Seite beleuchten, gibt. Zwar kann dieses Dilemma nicht aufgelöst werden, durch eine bessere Recherche lassen sich allerdings bessere Ergebnisse erreichen.

Abbildung 10.1 zeigt schematisch den Zugewinn durch eine elaborierte Suche, deren Ziel es wäre, *alle* relevanten Dokumente zum Thema und gleichzeitig *ausschließlich* relevante Dokumente (also keine irrelevanten Treffer) zu finden. In Kap. 11 werden diese

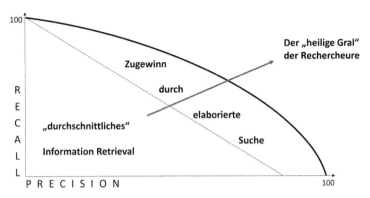

Abb. 10.1 Verbesserung der Ergebnisqualität durch elaborierte Suche. (Stock 2007, S 64)

beiden Anforderungen in den Kennzahlen *Precision* und *Recall* formalisiert; für den aktuellen Kontext reicht uns der Anspruch, die vollständige Menge der relevanten Treffer zu finden. Stock (2007, S 57) spricht hier vom „Heiligen Gral" der Rechercheure, da dieses Ziel in der Praxis nicht zu erreichen ist.

In diesem Sinne ist auch das Zitat von Phil Bradley aus seinem Buch „Expert Internet Searching" zu verstehen: „Effective internet searching is part science, part art, part skill and part luck" (Bradley 2013, S 18). Gemeint ist damit, dass sich eine effektive Recherche auf der einen Seite zwar durch das Erlernen von Befehlen und der Funktionsweise der Suchmaschinen, kombiniert mit Fertigkeiten in der Recherche, die durch Übung erlangt werden können, erlernen lässt. Auf der anderen Seite gehört aber auch Intuition und eine Portion Glück dazu.

Im Folgenden wird naturgemäß eher auf die beiden erstgenannten Punkte eingegangen. Und auch hier kann nur ein kleiner Ausschnitt der grundlegenden Techniken der Internet-Recherche angesprochen werden; wer tiefer in dieses Thema einsteigen möchte, dem seien die am Ende des Kapitels aufgeführten Bücher empfohlen.

10.1   Quellenauswahl

Will man komplexere Rechercheprobleme lösen, lohnt es sich, zunächst einmal über die Wahl des Suchwerkzeugs nachzudenken. Natürlich kann es nicht schaden, erst einmal eine oder ein paar Suchanfragen bei einer Suchmaschine einzugeben, um auszuprobieren, was für Ergebnisse zurückgegeben werden. Dieses Ausprobieren sollte allerdings nicht die eigentliche Recherche ersetzen.

Suchmaschinen sind natürlich in vielen Fällen das richtige Werkzeug für die Recherche, allerdings sollte man nicht vergessen, dass sich andere Werkzeuge in bestimmten Fällen durchaus besser eignen können. Es stellen sich vor allem folgende Alternativen:

- *Recherche in einer Spezialsuchmaschine* – Es gibt unzählige Spezialsuchmaschinen für bestimmte Themenfelder, Dokumenttypen und anderweitig ausgewählte Bereiche des Web (s. Kap. 13). Diese erlauben oft eine gezieltere Recherche als die allgemeinen Suchmaschinen. Weiß man beispielsweise bereits, dass man nach Nachrichten zu einem Thema sucht, sollte man besser direkt eine Spezialsuchmaschine für Nachrichteninhalte auswählen. Man sollte sich nicht darauf verlassen, dass im Rahmen der allgemeinen Websuche immer die passenden Kollektionen im Rahmen der Universal Search angezeigt werden. Hat man einen Informationsbedarf, der sich durch die Recherche in einer Spezialsuchmaschine besser befriedigen lässt, so ist es sinnvoll, direkt dort zu recherchieren.
- *Recherche in einer Invisible-Web-Datenbank* – Über das Web lassen sich zahlreiche Datenbanken erreichen, deren Inhalte nicht über die allgemeinen Web-Suchmaschinen auffindbar sind (ausführlich dazu in Kap. 12). Hier sollte man sich die Frage stellen, ob es eine spezialisierte Datenbank geben *könnte*, in der sich eine Recherche lohnen würde. Geht man nun davon aus, dass es eine solche Datenbank gibt, kann man bei einer Suchmaschine nach dieser suchen. Oft reicht die Eingabe des gewünschten Themas und zusätzlich des Suchworts `Datenbank`, um fündig zu werden. Die Recherche erfolgt also hier in zwei Schritten: Zuerst wird nach einer *Quelle* gesucht (navigationsorientierte bzw. transaktionsorientierte Suchanfrage), dann wird in dieser Quelle recherchiert (informationsorientierte Suchanfragen).
- *Suche außerhalb des Web* – In vielen Fällen bedeutet die Recherche im Web bzw. das Zusammenstellen der dort verstreut gefundenen Informationen einen erheblichen Aufwand. Sofern man sich umfassend und systematisch zu einem Thema informieren möchte, sollte man sich fragen, ob nicht außerhalb des Webs besser geeignete Quellen vorhanden sind, beispielsweise Bücher. Gehen wir zum Beispiel vom Inhalt dieses Buchs aus: Natürlich wäre es in vielen Fällen möglich, sich einen Großteil der in diesem Buch dargestellten Informationen im Web zusammenzusuchen und sie entsprechend zusammenzufassen. Der Aufwand wäre aber um ein Vielfaches höher, als nach diesem Buch zu recherchieren und sich dann das darin dargestellte Wissen zu erarbeiten.
- Auch wenn wir weniger umfangreiche Fälle betrachten, wird deutlich, dass die Recherche im Web nicht immer *effizient* ist: Zwar mögen wir in vielen Fällen nach unserer Recherche ein ebenso gutes Ergebnis mit der Web-Recherche erreichen (die Recherche ist also *effektiv*), allerdings wird dafür oft viel mehr Zeit benötigt als für die Suche nach einer systematischen Quelle und deren Lektüre, die die Recherche *effizient* machen würde.

Natürlich lassen sich die genannten Möglichkeiten/Quellen im Rahmen einer umfangreicheren Recherche auch kombinieren, und dies wird in der Praxis auch häufig getan. Besonders bei tiefergehenden Recherchen, beispielsweise für eine studentische Hausarbeit, wird man zwar anfänglich im Web recherchieren, jedoch schnell merken, dass eine alleinige Web-Recherche weder ausreichend noch effizient ist.

Besseres Suchen beginnt also mit der Auswahl der passenden Quelle. Dies wird in vielen Fällen eine Suchmaschine sein; man sollte allerdings die anderen Recherchequellen darüber nicht vergessen.

10.2 Auswahl passender Suchbegriffe

Natürlich ist die Auswahl der Suchbegriffe für den Erfolg einer Recherche entscheidend. Man lässt sich allerdings häufig davon blenden, dass Suchmaschinen zu nahezu jedem Suchbegriff etwas finden – allein dadurch, *dass* etwas gefunden wurde, nimmt man dann an, dass auch *das bestmögliche Ergebnis* gefunden wurde. Es lohnt sich also, über Alternativen zu den verwendeten Suchbegriffen nachzudenken. Das können Synonyme (also unterschiedliche Wörter, die die gleiche Bedeutung haben) sein, aber auch verwandte Begriffe. Hier lohnt es sich auszuprobieren und die verschiedenen Suchanfragen ggf. später zu kombinieren (s. Abschn. 10.4).

Besonders, wenn man eine Suchanfrage immer weiter durch das Hinzufügen von weiteren Suchbegriffen verfeinert, kann das Problem entstehen, dass Dokumente ausgeschlossen werden, die zwar *die meisten* der eingegebenen Suchbegriffe enthalten, jedoch nicht alle. Solche Dokumente werden dann von der Suchmaschine ausgeschlossen, obwohl sie durchaus relevant sein können. Bei längeren Suchanfragen kann es sich also lohnen, mit unterschiedlichen Kombinationen aus den verwendeten Suchbegriffen zu experimentieren.

10.3 Boolesche Operatoren

Mit Booleschen Operatoren können Suchanfragen genauer formuliert werden. Mit ihrer Hilfe wird es möglich, die Treffermenge gezielt einzuschränken bzw. auszuweiten, um passende – und im Idealfall *nur* passende – Dokumente auf den Suchergebnisseiten angezeigt zu bekommen.

Die Booleschen Operatoren bzw. die hinter ihnen stehende Boolesche Logik bildet die Grundlage für die Arbeit mit Treffermengen, auch wenn Befehle verwendet werden, die nicht zu den Booleschen Operatoren selbst gehören.

Boolesche Operatoren sind kein spezielles „Suchmaschinen-Thema". Da es so wichtig ist, die Boolesche Logik zu verstehen, um gezielt zu recherchieren und auch, um erklären zu können, wie Suchmaschinen die Suchanfragen verarbeiten, sollen sie hier relativ ausführlich erläutert werden. Suchanfragen mit Booleschen Operatoren lassen sich nicht nur bei Suchmaschinen eingeben, sondern bei den meisten Information-Retrieval-Systemen, zum Beispiel auch bei den meisten Datenbanken des *Deep Web* (s. Kap. 12).

Es gibt nur drei Boolesche Operatoren, mit denen sich allerdings – mithilfe von Klammern – komplexe Suchanfragen konstruieren lassen, da sich die Operatoren beliebig kombinieren lassen. Die Booleschen Operatoren sind

- AND: Mit AND werden zwei Suchbegriffe so verbunden, dass nur Dokumente gefunden werden, die beide Suchbegriffe enthalten. Die Suchanfrage Kaffee AND Tee erbringt also nur Dokumente, in denen sowohl die Wörter Kaffee als auch Tee vorkommen; das Vorkommen von nur einem dieser beiden Begriffe reicht nicht aus.
- Mit dem Hinzufügen eines weiteren Suchbegriffs, der ebenso im Dokument enthalten sein muss, wird die Treffermenge verringert. Es gibt weniger Dokumente, die einen bestimmten Suchbegriff *und* einen weiteren Suchbegriff *gemeinsam* enthalten, als Dokumente, die den ersten Suchbegriff enthalten (unabhängig davon, ob diese den zweiten Suchbegriff ebenso enthalten oder nicht; vgl. Abb. 10.2, Mitte).
- OR: Eine Verbindung zweier Suchbegriffe mit dem Operator OR drückt aus, dass Dokumente gefunden werden sollen, in denen entweder der eine oder der andere Suchbegriff vorkommt, oder auch beide Suchbegriffe. Damit unterscheidet sich das Boolesche OR von unserem alltagssprachlichen Gebrauch des Wortes *oder*. Fragen wir beispielsweise: „Möchtest Du Kaffee oder Tee?", soll sich unser Gast für eines der beiden Getränke entscheiden, nicht aber für beide. Das Boolesche OR (formuliert als Kaffee OR Tee) würde diesen Fall allerdings beinhalten.
- Mit der Verwendung von OR wird die Treffermenge erweitert. Die Menge der Dokumente, die den einen oder den anderen Begriff (oder beide) enthalten, ist größer als die Menge der Dokumente, die nur einen der Begriffe enthalten.
- NOT: Mit NOT wird ein Suchbegriff ausgeschlossen, d. h. es wird ein Begriff gesucht, ein anderer aber ausgeschlossen. Kaffee NOT Tee würde also beispielsweise Dokumente finden, in denen das Wort Kaffee vorkommt, dabei aber alle Dokumente ausschließen, in denen das Wort Tee vorkommt.
- Mit NOT wird die Treffermenge verringert. Die Menge der Dokumente, die ein bestimmtes Wort enthalten, ist größer als die Menge der Dokumente, die dieses Wort enthalten, ein anderes aber nicht.

Abbildung 10.2 verdeutlicht noch einmal anhand einer Darstellung von Mengendiagrammen, welche Teilmengen mit den jeweiligen Booleschen Operatoren erreicht werden.

Die Booleschen Operatoren lassen sich beliebig kombinieren, sodass mit ihnen komplexe Suchanfragen formuliert werden können.

Auf der einen Seite lassen sich mit einem Booleschen Operator viele Suchbegriffe aneinanderreihen, also zum Beispiel Kaffee AND Tee AND Zucker AND Milch. Mit

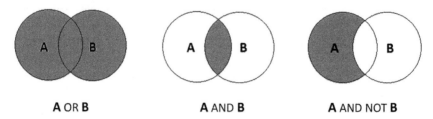

A OR B   **A AND B**   **A AND NOT B**

Abb. 10.2 Mengendiagramme zur Verdeutlichung der Wirkung der Booleschen Operatoren

jedem AND wird die Treffermenge weiter eingeschränkt; wir kennen den Fall, dass wir, wenn wir mit den Suchergebnissen nicht zufrieden sind, unserer bisherigen Suchanfrage einfach ein oder mehrere weitere Wörter anhängen. Dabei geschieht nichts anderes als die Konstruktion einer AND-Anfrage: Die Suchmaschine interpretiert die bei der Aneinanderreihung von Suchbegriffen verwendeten Leerzeichen als Boolesches AND.

Auf der anderen Seite lassen sich die Operatoren auch untereinander kombinieren. (Kaffee OR Tee) NOT (Kaffee AND Tee) beispielsweise wäre der Ausdruck der oben genannten Frage des ausschließenden Oder: Man würde nur Dokumente finden, in denen es um Kaffee oder Tee geht, nicht aber um beides in einem Dokument.

Bei der Konstruktion komplexer Boolescher Anfragen ist darauf zu achten, dass sie nicht missverständlich werden. Dabei helfen Klammern, die die Verarbeitungsschritte klar benennen. Als Beispiel soll das gerade genannte Suchargument dienen, das hier in verschiedenen Varianten dargestellt wird:

1. (Kaffee OR Tee) NOT (Kaffee AND Tee)
2. Kaffee OR (Tee NOT Kaffee) AND Tee
3. Kaffee OR Tee NOT (Kaffee AND Tee)
4. Kaffee OR Tee NOT Kaffee AND Tee

Der erste Fall beschreibt das bereits genannte ausschließende OR („entweder – oder"). Im zweiten Fall würden im ersten Schritt drei Teilmengen gebildet: 1. Alle Dokumente, die Kaffee enthalten; 2. alle Dokumente, die Tee, aber nicht Kaffee enthalten; 3. alle Dokumente, die Tee enthalten. Die Kombination dieser drei Mengen wäre nicht eindeutig bzw. davon abhängig, ob das AND oder das OR von der Suchmaschine zuerst verarbeitet werden würde.

Der dritte Fall beschreibt wiederum drei Teilmengen: 1. alle Dokumente, die Kaffee enthalten; 2. alle Dokumente, die Tee enthalten; 3. alle Dokumente, die sowohl Kaffee als auch Tee enthalten. Auch hier ergeben sich aufgrund der fehlenden Klammerung unterschiedliche Interpretationsmöglichkeiten.

Der letzte Fall schließlich zeigt die Suchanfrage ohne jegliche Klammerung. Daraus ergeben sich mehrere Interpretationsmöglichkeiten.

Da wir mit der Eingabe von Booleschen Suchanfragen gerade erreichen wollen, dass die Anfrage eindeutig ist, ist es besonders wichtig, die Klammern korrekt zu setzen. Fehlerhaft eingegebene Boolesche Suchanfragen erreichen oft das Gegenteil dessen, was eigentlich erreicht werden soll: So wird beispielsweise die Treffermenge erweitert statt eingegrenzt. Eine einfache Merkregel ist, dass, sobald *verschiedene* Boolesche Operatoren in einer Suchanfrage verwendet werden, Klammern gesetzt werden müssen. Während man also bei der mehrfachen Verwendung des immer gleichen Operators (zum Beispiel in der Suchanfrage Möhre OR Karotte OR Rübe OR Petersilienwurzel OR Rettich) keine Klammern braucht, kann eine Anfrage, die verschiedene Operatoren enthält, nur sinnvoll verarbeitet werden, wenn Klammern gesetzt werden.

Weiterhin müssen die Booleschen Operatoren innerhalb von Suchanfragen immer in Großbuchstaben geschrieben werden; ansonsten werden sie als Suchbegriffe interpretiert.

Mit den Booleschen Operatoren lassen sich theoretisch beliebig lange Suchanfragen bilden. Bei Google allerdings ist dies nicht möglich; hier lassen sich nur einfache Boolesche Anfragen formulieren. Google akzeptiert auch den Operator NOT nicht bzw. verlangt an seiner Stelle die Eingabe eines Minuszeichens direkt vor dem auszuschließenden Wort (also ohne Leerzeichen).

Während die Booleschen Operatoren die Grundlage für die Verbindung von Suchbegriffen bilden, gibt es noch weitere Operatoren, die auf den Booleschen Operatoren aufbauen, diese erweitern bzw. differenzieren. Während diese im Bereich der professionellen Informationsrecherche und der dort verwendeten Systeme durchaus gängig sind, werden sie von den Suchmaschinen meist nicht unterstützt. Andererseits haben die Suchmaschinen teils eigenes Suchvokabular geschaffen, welches allerdings nicht einheitlich und oft nur auf Spezialfälle angepasst ist (s. Abschn. 10.6). Ausgewählte Beispiele werden im Verlauf dieses Kapitels noch genannt werden, ohne allerdings vollständig auf das Suchvokabular der einzelnen Suchmaschinen eingehen zu können.

Die beiden großen Suchmaschinen Google und Bing bieten jeweils eine Übersicht über die unterstützten Operatoren und Befehle unter http://support.google.com/websearch/bin/answer.py?hl=de&p=adv_operators&answer=136861 bzw. http://msdn.microsoft.com/en-us/library/ff795620.aspx.

Beispiele für die Verwendung von Booleschen Operatoren

Suche mit synonymen Suchbegriffen

Möchte man nach zwei gleichbedeutenden Wörtern suchen, so verbindet man diese mit OR. Ein Beispiel ist die Suchanfrage Möhre OR Karotte. Würde man nach einem der beiden Wörter suchen, würde man eventuell relevante Dokumente verpassen. Man erspart sich durch die Verwendung des Operators das Eingeben von zwei Suchanfragen nacheinander, die zum Teil auch die gleichen Ergebnisse bringen würden, da in vielen Dokumenten beide Wörter vorkommen. Kombiniert man die Synonyme dagegen in einer Suchanfrage, so erspart man sich die Durchsicht einer Trefferliste, in der man viele Dokumente schon kennt.

Suche mit Synonymen und weiteren Suchbegriffen

In diesem Fall wird wiederum nach zwei (oder mehreren) Synonymen gesucht, diesmal allerdings in Kombination mit einem weiteren Suchbegriff, der in allen gefundenen Dokumenten enthalten sein soll. Die Suchanfrage (Möhre OR Karotte) AND Rezept erbringt also Dokumente, in denen auf jeden Fall das Wort Rezept enthalten ist und zusätzlich mindestens eines der Wörter Möhre oder Karotte. Da zwei verschiedene Operatoren verwendet werden, ist das Setzen von Klammern nötig. In diesem Fall bringt die Klammerung zum Ausdruck, dass aus der Menge aller Dokumente, die Möhre oder Karotte enthalten, diejenigen herausgesucht werden sollen, die auch das Wort Rezept enthalten.

Diese Suchanfrage ließe sich auch in zwei AND-Suchanfragen auflösen: `Möhre AND Rezept` sowie `Karotte AND Rezept`. Wie im ersten Beispiel ist es aber auch hier sinnvoll, die Suchanfragen nicht nacheinander, sondern direkt in Verbindung zu stellen, damit man nicht zwei Trefferlisten, die teilweise die gleichen Dokumente enthalten, durchsehen muss.

Die Klammern in Booleschen Suchanfragen lassen sich nach den üblichen Regeln auflösen: So sind die Suchanfragen `(Möhre OR Karotte) AND Rezept` und `(Möhre AND Rezept) OR (Karotte AND Rezept)` gleichbedeutend und ergeben daher auch dieselben Treffer.

Verbindung von zwei OR-Argumenten mit AND

Die OR-Verbindung eignet sich natürlich nicht nur für Synonyme. Betrachten wir als Beispiel die Suchanfrage `(Möhre OR Karotte) AND (Smoothie OR Saft)`. Im ersten Teil haben wir wiederum die beiden Synonyme, ich zweiten Teil werden zwei Wörter verwendet, die keine Synonyme sind. Die Kombination mit AND ist ähnlich wie im vorangegangenen Beispiel; allerdings ergeben sich nun durch die beiden OR-Verknüpfungen mit jeweils zwei Suchbegriffen insgesamt vier Kombinationen. Anders ausgedrückt: Man könnte diese Suchanfrage auch in vier einzelnen Suchanfragen ausdrücken, nämlich

```
Möhre AND Smoothie
Karotte AND Smoothie
Möhre AND Saft
Karotte AND Saft
```

Hier wird deutlich, dass die Eingabe dieser vier Suchanfragen und das Sichten der vier verschiedenen Trefferlisten deutlich mühsamer wäre als die Kombination in einer Suchanfrage und die folgende Durchsicht nur einer Trefferliste.

10.4   Verbindung von Suchanfragen mit Booleschen Operatoren

Im vorangegangenen Abschnitt wurden Möglichkeiten beschrieben, wie sich mit Booleschen Operatoren Such*begriffe* verbinden lassen. Damit steht ein mächtiges Vokabular zur Verfügung, das die Konstruktion komplexer Suchanfragen erlaubt.

Doch Boolesche Operatoren lassen sich auch zur Verbindung von Such*anfragen* verwenden. Nehmen wir an, wir recherchieren zu einem Thema und schicken unterschiedliche, teils vielleicht auch mit Hilfe von Booleschen Operatoren konstruierte Suchanfragen nacheinander ab. Da wir uns immer im gleichen Themenfeld bewegen, werden sicherlich viele Treffer in den Trefferlisten immer wieder vorkommen. Auf den ersten Blick mag dies nicht besonders schlimm sein, wenn man jedoch tiefer recherchiert und eine Vielzahl von Suchanfragen stellt, kann die Durchsicht solcher Trefferlisten doch viel Zeit in Anspruch nehmen. Dann lohnt es sich, nach der kursorischen Durchsicht der jeweiligen Trefferlisten die Suchanfragen mit OR-Verknüpfungen zu verbinden. Da die einzelnen Suchanfragen auch wiederum einzeln verarbeitet werden und erst im Anschluss die Ergebnisse zu einer Trefferliste kombiniert werden sollen, müssen wieder Klammern gesetzt werden. Die Verbindung der Suchanfragen erfolgt also nach der Form (Suchanfrage 1) OR (Suchanfrage 2) OR (Suchanfrage 3).

Um dem von Stock (2007, S. 57) benannten „Heiligen Gral" einer Suchanfrage, die gleichzeitig alle relevanten Treffer zu einem Thema und nur relevante Treffer erbringt, zumindest näherzukommen, können wir also mehrere Suchanfragen geschickt kombinieren.

10.5   Formulare für die erweiterte Suche

Eine zweite Möglichkeit, um komplexe Suchanfragen zu stellen, sind die sog. erweiterten Suchformulare. In der Standardsuche („einfache Suche") steht nur ein Suchfeld zur Verfügung, und wenn man eine komplexe Suchanfrage stellen möchte, muss man die Operatoren bzw. Befehle kennen, mit denen man die Suchbegriffe qualifizieren kann. Erweiterte Suchformulare hingegen sind ein Hilfsmittel, um auch ohne Kenntnis der Befehle und Operatoren bessere Suchanfragen stellen zu können. Allerdings können damit nicht alle möglichen Anfragen abgebildet werden, sondern es handelt sich meist nur um eine Zusammenstellung der wichtigsten Funktionen (die allerdings in vielen Fällen ausreichen).

Abbildung 10.3 zeigt das erweiterte Suchformular von Google. Im oberen Teil sind Eingabefelder für die Suchanfrage zu sehen, die u. a. Verknüpfungen mit den Booleschen Operatoren abbilden (bei „alle diese Wörter" handelt es sich um das Boolesche AND, bei „eines dieser Wörter" um das Boolesche OR, und bei „keines der folgenden Wörter" um NOT). Dazu kommt die Phrasensuche („diese Wortgruppe"), mit der zwei oder mehr Wörter in einer bestimmten Reihenfolge gesucht werden können. In der letzten Zeile im oberen Bereich ist es dann noch möglich, nach Dokumenten zu suchen, die Zahlen in einem vorgegebenen Bereich enthalten.

In der rechten Spalte finden sich Beispiele für die Verwendung der Suchfelder, teils auch mit der Angabe, wie eine entsprechende Suchanfrage mittels Operatoren formuliert werden könnte. Das erweiterte Suchformular bietet also erst einmal nichts prinzipiell neues, sondern stellt eine Alternative für die Formulierung komplexer Suchanfragen dar.

Im unteren Block des Formulars finden sich weitgehend Auswahlfelder, mit denen sich die Suche weiter einschränken lässt, etwa nach dem Land, nach der Sprache oder nach dem Dateityp. Auf diese wird in Abschn. 10.6 näher eingegangen.

In den erweiterten Suchformularen muss man nur ein Feld ausfüllen, kann aber auch beliebig viele Felder ausfüllen. Diese werden dann mit AND verknüpft. Sucht man also beispielsweise nach Bayreuther Festspiele im Feld „genau dieses Wort oder diese Wortgruppe" und wählt bei Sprache „Deutsch" aus, so werden nur Dokumente gefunden, die die Wörter Bayreuther und Festspiele in genau dieser Reihenfolge enthalten und außerdem auf deutsch abgefasst sind.

Die erweiterten Suchformulare werden von den Nutzern nur selten verwendet (vgl. Abschn. 4.5.5). Das hat dazu geführt, dass sie immer weniger prominent in die Benutzeroberflächen der Suchmaschinen eingebunden werden bzw. teilweise ganz verschwunden

Google

Erweiterte Suche

Seiten suchen, die...		Geben Sie hierzu den Begriff in das Suchfeld ein.
alle diese Wörter enthalten:		Geben Sie die wichtigsten Wörter ein: glatthaar foxterrier dreifarbig
genau dieses Wort oder diese Wortgruppe enthalten:		Setzen Sie die gesuchten Wörter zwischen Anführungszeichen: "glatthaar terrier"
eines dieser Wörter enthalten:		Geben Sie OR zwischen allen gesuchten Wörtern ein: miniatur OR standard
keines der folgenden Wörter enthalten:		Setzen Sie ein Minuszeichen direkt vor Wörter, die nicht angezeigt werden sollen: -rauhhaar, -"jack russell"
Zahlen enthalten im Bereich von:	bis	Setzen Sie 2 Punkte zwischen die Zahlen und fügen Sie eine Maßeinheit hinzu: 10..35 Kilo, 300..500 Euro, 2010..2011

Ergebnisse eingrenzen...

Sprache:	alle Sprachen	Suchen Sie nur Seiten in der gewählten Sprache.
Land:	alle Regionen	Suchen Sie Seiten, die in einem bestimmten Land veröffentlicht wurden.
Letzte Aktualisierung:	ohne Zeitbegrenzung	Suchen Sie Seiten, die innerhalb des von Ihnen angegebenen Zeitraums aktualisiert wurden.
Website oder Domain:		Suchen Sie in einer Website, zum Beispiel wikipedia.org, oder schränken Sie Ihre Ergebnisse auf eine Domain wie .edu, .org oder .gov ein.
Begriffe erscheinen:	irgendwo auf der Seite	Suchen Sie nach Begriffen auf der gesamten Seite, im Titel der Seite, in der Webadresse oder in Links zu der gesuchten Seite.
SafeSearch:	Relevanteste Ergebnisse anzeigen	Festlegen, ob SafeSearch sexuell eindeutige Inhalte filtern soll
Dateityp:	alle Formate	Suchen Sie nach Seiten mit einem bestimmten Dateiformat.
Nutzungsrechte:	nicht nach Lizenz gefiltert	Suchen Sie nach Seiten, die Sie frei nutzen können.

Erweiterte Such

Abb. 10.3 Formular für die erweiterte Suche (Beispiel Google; http://www.google.de/advanced_search)

sind. So hat etwa die Suchmaschine Bing zwar eine mächtige Suchsprache, die kaum Wünsche offen lässt, allerdings kein erweitertes Suchformular, mit dem sich auf einfachere Weise komplexe Suchanfragen formulieren ließen. Ein Ausweg ist allerdings die Verwendung des erweiterten Suchformulars von Yahoo (http://de.search.yahoo.com/web/advanced), da bei Yahoo ja Ergebnisse von Bing angezeigt werden.

Die erweiterten Suchformulare bieten wesentlich mehr Möglichkeiten als die auf den Suchergebnisseiten angebotenen Optionen zur Beschränkung der Treffermenge (vgl. Abschn. 6.2.6). Sofern man also bereits weiß, dass man eine genaue Suchanfrage formulieren möchte, lohnt es sich, direkt das erweiterte Suchformular (bzw. Befehle) zu verwenden.

Es darf nicht vergessen werden, dass auch die zahlreichen von den allgemeinen Suchmaschinen angebotenen Spezialsuchen über jeweils eigene erweiterte Suchformulare verfügen. Diese bieten Recherchemöglichkeiten, die sich über die allgemeine Suche nicht abbilden lassen. Ein Beispiel ist die Möglichkeit, innerhalb der erweiterten Suche von Googles Bildersuchmaschine (http://www.google.de/imghp) auf eine auf den Bildern dominierende Farbe zu beschränken. So lässt sich eine Treffermenge durch eine einfache Einstellung wesentlich reduzieren bzw. die Genauigkeit der Treffer wesentlich erhöhen (Abb. 10.4).

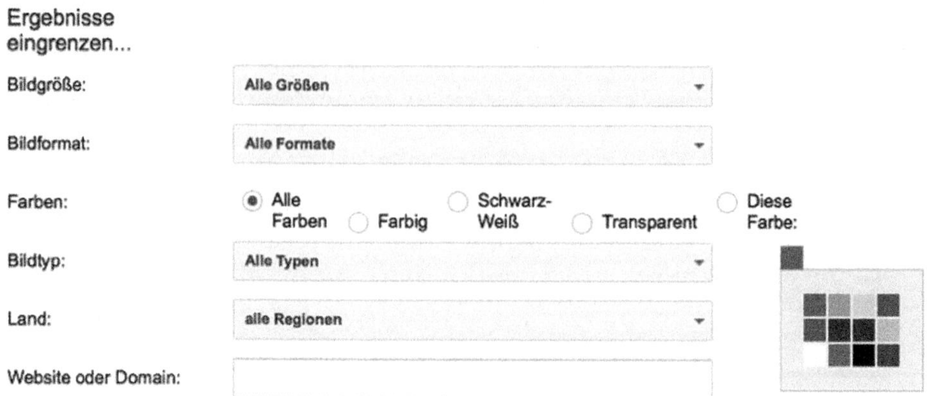

Ergebnisse
eingrenzen...

Bildgröße:	Alle Größen	▼
Bildformat:	Alle Formate	▼

Farben: ◉ Alle Farben   ○ Farbig   ○ Schwarz-Weiß   ○ Transparent   ○ Diese Farbe:

Bildtyp:	Alle Typen	▼
Land:	alle Regionen	▼

Website oder Domain:

Abb. 10.4 Erweiterte Bildersuche bei Google (Ausschnitt)

10.6   Befehle

Wenn man eine Suchanfrage über ein erweitertes Suchformular abschickt, sieht man teilweise im Suchfeld auf der Suchergebnisseite, wie die Suchmaschine die Anfrage automatisch mit Befehlen anreichert. Wählt man beispielsweise im erweiterten Suchformular von Google aus, dass nur Seiten von der Domain „spiegel.de", gefunden werden sollen, so wird die Suchanfrage um „`site:spiegel.de`" ergänzt. Wenn man also den Befehl kennt, kann man die Suchanfrage auch eingeben, ohne das erweiterte Suchformular zu benutzen.

Nicht alle möglichen Suchanfragen lassen sich allerdings über das erweiterte Suchformular abbilden. Dies gilt für komplexere Anfragen mit den Booleschen Operatoren, aber auch für Suchanfragen, die Befehle enthalten. In diesem Abschnitt werden die wichtigsten Befehle, mit denen sich Suchanfragen qualifizieren lassen, vorgestellt. Manche Befehle sind spezifisch für nur eine Suchmaschine, glücklicherweise haben sich aber gewisse Konventionen herausgebildet, sodass die wichtigsten Befehle zumindest bei den beiden großen Suchmaschinen funktionieren.

Der Unterschied zwischen Operatoren und Befehlen ist, dass mit Operatoren Suchbegriffe *verbunden* werden, während mit Befehle Suchanfragen *spezifiziert* werden. Operatoren und Befehle können innerhalb einer Suchanfrage kombiniert werden.

Alle Befehle dienen der Einschränkung der Treffermenge. Ein Befehl ergänzt die Suchanfrage um eine zusätzliche Bedingung, die nicht von allen Dokumenten, die ohne die Einschränkung durch den Befehl gefunden worden wären, erfüllt wird. Eine Ausnahme bilden Befehle, die das Ranking beeinflussen, jedoch nicht die Trefferanzahl selbst verändern. Ein solcher Befehl ist „`prefer:`" bei Bing. Hat man mehrere Suchbegriffe eingegeben, lässt sich mit diesem Befehl einem oder mehreren Suchbegriffen ein höheres Gewicht geben als den anderen.

In Tab. 10.2 werden einige wichtige Suchbefehle beschrieben. Dabei wird jeweils angegeben, wie diese bei den beiden größten Suchmaschinen Google und Bing einzugeben sind.

Tab. 10.2 Wichtige Suchbefehle bei Google und Bing[a]

Funktion	Erläuterung	Befehl bei Google	Befehl bei Bing	Beispiel
Dateityp beschränken	Schränkt die Suche auf einen bestimmten Dateityp, beispielsweise PDF- oder Word-Dokumente, ein.	filetype:	filetype:	Suchmaschinenoptimierung filetype:pdf findet Dokumente zum Thema Suchmaschinenoptimierung im PDF-Format
Phrasensuche	Schränkt die Suche auf Dokumente ein, in denen die innerhalb der Anführungszeichen stehenden Suchbegriffe genau in der angegebenen Reihenfolge vorkommen.	„Suchbegriff 1 Suchbegriff 2"	„Suchbegriff 1 Suchbegriff 2"	„Peter Jenkowski" findet Dokumente, in denen der Name genau in dieser Reihenfolge (Vorname, Nachname) vorkommt
Beschränkung auf eine Domain	Schränkt die Suche auf Dokumente von einer bestimmten Domain ein. Dies kann eine Top-Level-Domain sein (beispielsweise.de) oder eine spezifische Domain (beispielsweise microsoft.de)	site:	site:	Viagra site:uni-hamburg.de findet Dokumente, die das Wort Viagra enthalten und auf einem Server der Universität Hamburg abgelegt sind
Suche im Titel des Dokumentes	Beschränkt die Suche auf Wörter, die im Titel (<title>) des Dokumentes vorkommen.	intitle: allintitle: (wenn alle folgenden Begriffe im Titel vorkommen sollen)	intitle:	intitle:Suchmaschinenoptimierung findet Dokumente, die das Wort Suchmaschinenoptimierung im Titel enthalten
Dokumente in einer bestimmten Sprache	Beschränkt die Suche auf Dokumente, die in einer bestimmten Sprache verfasst sind	–	language:	granular synthesis language:de findet Dokumente, die die Wörter *granular* und *synthesis* enthalten und in deutscher Sprache verfasst sind

[a] Diese Übersicht ist bei weitem nicht vollständig. Einen tieferen Einblick in die von den verschiedenen Suchmaschinen unterstützten Befehle bieten die Bücher von (Hock 2013) und (Bradley 2013)

Leider lassen sich auch nicht alle Suchanfragen mit Hilfe von Befehlen ausdrücken. Möchte man beispielsweise die Suche nach dem Datum beschränken, so geht dies bei Google weder über das erweiterte Suchformular noch mithilfe von Befehlen. Die einzige Möglichkeit besteht darin, eine Suchanfrage abzuschicken und sie nachträglich mithilfe der auf der Suchergebnisseite angebotenen Optionen einzuschränken (s. Abschn. 10.5).

Eine Schwierigkeit bei der Nutzung erweiterter Suchfunktionen liegt allgemein darin, dass man Erfahrungen sammeln muss, was überhaupt mit welcher Suchmaschine möglich ist, und wenn eine bestimmte Art von Anfrage möglich ist, ob diese über einen Befehl, über das erweiterte Suchformular oder über die Eingrenzungsmöglichkeiten auf der Suchergebnisseite gestellt werden muss. Leider gibt es dafür keine Regeln, und die Möglichkeiten der einzelnen Suchmaschinen ändern sich auch häufiger.

Exkurs: Wann sollte man das erweiterte Suchformular verwenden, wann die Anfrage durch Befehle bzw. Operatoren qualifizieren?

Mit den erweiterten Suchformularen lässt sich eine Vielzahl von Suchanfragen stellen, und sie lassen sich recht einfach bedienen, ohne dass man sich Operatoren oder Befehle merken muss. Allerdings hat die Suche mit Befehlen gravierende Vorteile:

- Kennt man die Befehle, lassen sich komplexe Suchanfragen wesentlich schneller formulieren.
- Viele Suchanfragen lassen sich mit Hilfe der erweiterten Suchformulare gar nicht stellen.
- Und schließlich ist die Kenntnis der Booleschen Operatoren essentiell für alle Strategien zum besseren Suchen. Die erweiterten Suchformulare können diese Kenntnis nicht ersetzen.

Suchanfragen, die man bei Google nicht stellen kann

Es gibt eine Vielzahl von Suchanfragen, die man mit Google nicht stellen kann. Leider unterstützt Google nur ein relativ beschränktes Suchvokabular; dazu kommt, dass komplexe Suchargumente oft fehlerhaft verarbeitet werden. Deshalb ist gerade bei solchen Suchanfragen die Verwendung einer anderen Suchmaschine anzuraten. Im Folgenden soll dies an drei Beispiele verdeutlicht werden.

Kombination von Booleschen Operatoren

Bei Google lassen sich die Booleschen Operatoren nicht beliebig kombinieren. Möchte man beispielsweise mehrere Suchanfragen verbinden, die selbst Verknüpfungen mit Booleschen Operatoren enthalten, so führt dies bei Google oft zu fehlerhaften Ergebnissen. Die Suchanfrage (Möhre AND Rezept) OR (Karotte AND Rezept) führt bei Google aufgrund dieser Fehlverarbeitung zu nur wenigen Ergebnissen, während die beiden mit AND verknüpften Teilanfragen jeweils zu tausenden von Ergebnissen führen. Bing und andere Suchmaschinen können diese Anfrage hingegen problemlos verarbeiten.

Trunkierung

Die Trunkierung ist ein in Informationssystemen gängiges Verfahren, um nach der Eingabe eines Wortstamms Dokumente zu finden, die irgendein Wort enthalten, das mit diesem Wortstamm beginnt. So führt die Eingabe von `Suchmasch*` nicht nur zu Suchmaschine, sondern auch zu `Suchmaschinen`, `Suchmaschinenop-timierung`, `Suchmaschinenmarketing`, `Suchmaschinenwerbung`, usw. Die Ergänzung eines Wortstamms mit dem Trunkierungszeichen* führt also zu einer Erweiterung der Treffermenge; wir können uns die Trunkierung als die Sammlung aller Wörter, die mit einem eingegebenen Wortstamm beginnen, und darauf folgend mit einer OR-Verknüpfung aller dieser Wörter vorstellen.

Leider unterstützt Google, wie auch die meisten anderen Suchmaschinen, die Trunkierung nicht. Eine Ausnahme ist Exalead.

Als Ersatz für die Trunkierung könnte man bei anderen Suchmaschinen versuchen, erst alle möglichen Erweiterungen des Wortstamms zu ermitteln und diese dann mit OR zu verbinden. Dies würde allerdings voraussetzen, dass man tatsächlich eine vollständige Liste der Wörter erstellen kann, was gerade im Deutschen mit seinen vielen Komposita schwierig sein kann.

Dokumente, in denen eine Datei in einem bestimmten Format enthalten ist

Mit der Beschränkung nach dem Dateityp (`filetype:`) lassen sich Dateien in einem bestimmten Format finden. Oft möchte man aber nicht nur eine Datei in einem bestimmten Format finden, sondern ein (Text-)Dokument, das *zusätzlich* beispielsweise eine Mediendatei enthält.

Sucht man beispielsweise bei Google nach Dokumenten über den Schriftsteller Ian McEwan, die eine Audiodatei enthalten, kommt man nicht besonders weit. Mit der Beschränkung auf `filetype:mp3` erhält man gar keine Ergebnisse; die Suchanfrage „`ian mcewan`" mp3 (also ohne explizite Beschränkung auf einen Dateityp, sondern mit der Bezeichnung mp3 als Bestandteil der Suchanfrage) erbringt hauptsächlich Webseiten, auf denen man Hörbücher kostenpflichtig herunterladen kann.

Bei Bing dagegen ist es möglich, mithilfe des Befehls `contains:mp3` direkt auf Dokumente, die eine Audiodatei zum Thema enthalten, zu beschränken. Die Beispielsuchanfrage würde hier also lauten: „`ian mcewan`" `contains:mp3`

An `contains:` lässt sich dabei ein beliebiger Dateityp anschließen, sodass sich beispielsweise durch eine kleine Veränderung der Suchanfrage auch schnell Videos finden lassen.

10.7 Komplexe Suchen

Mit den Booleschen Operatoren, den erweiterten Suchformularen und den Befehlen stehen uns viele Möglichkeiten zu Verfügung, um unsere Suchen zu qualifizieren, d. h. diese effektiver und effizienter zu machen. Anstatt endlos lange Trefferlisten durchsehen zu müssen in der Hoffnung, dass zwischen all den irrelevanten Treffern vielleicht doch noch etwas für uns Brauchbares auftaucht, können wir nun bereits bei der Formulierung der Suchanfrage die Größe und die Qualität der Treffermenge steuern.

Bisher haben wir vor allem Suchen betrachtet, die in einem Schritt ausgeführt werden. Komplexe Suchen erfolgen allerdings meist in mehreren Schritten. Dabei kann es sich um die Kombination von mehreren Suchanfragen handeln, nachdem man kursorisch die Trefferlisten für die einzelnen Suchanfragen durchgesehen hat (s. Abschn. 10.4) oder aber um eine Recherche in mehreren Schritten, bei der man zunächst nach einer passenden Quelle (Spezialsuchmaschine oder Datenbank) sucht, um danach dort die eigentliche thematische Suche auszuführen.

Aber nicht nur eine Kombination von Suchanfragen oder eine Kombination von navigationsorientierter und informationsorientierter Suche sind gängig, sondern auch ein Wechsel zwischen unterschiedlichen Formen der Suche. Dies ist besonders bei umfangreichen Themen bzw. Recherchen der Fall. Oft geht es darum, erst einmal eine große Menge von Dokumenten zusammenzusammeln, um sich dann ein umfassendes Bild von dem Thema zu machen. Viele Informationsprobleme lassen sich allerdings ohne eine Kombination von unterschiedlichen Suchwerkzeugen, Recherchestrategien und Suchanfragen überhaupt nicht lösen.

Der Journalist Albrecht Ude (2011, S 185 ff.) beschreibt beispielsweise den Fall einer chinesischen Sportlerin, die an den Olympischen Spielen 2008 in Peking teilnahm. Dabei kam die Frage auf, ob sie überhaupt das für die Teilnahme erforderliche Mindestalter von 16 Jahren erreicht hatte. Erst durch eine umfangreiche Recherche über mehrere Quellen und durch die Kombination mehrerer Suchanfragen konnte die Frage beantwortet werden.

Es soll nicht geleugnet werden, dass die in diesem Kapitel beschriebenen Möglichkeiten zur Qualifizierung und Verbindung von Suchanfragen sowie zur Kombination von Suchanfragen und Quellenauswahl nur in relativ wenigen Fällen benötigt werden, sofern man die Gesamtzahl aller Suchanfragen betrachtet, die man an Suchmaschinen stellt. Viele Anfragen sind ja relativ einfach, und hier bedarf es sicher keines hohen Aufwands für die Auswahl der passenden (Spezial-)Suchmaschine und der passenden Formulierung der Suchanfrage.

Doch schon in vielen eigentlich recht einfachen Fällen kann die Qualifizierung der Suchanfrage sinnvoll sein und lässt sich recht einfach erreichen, sofern man die entsprechenden Möglichkeiten kennt. Sobald man aber umfangreichere Recherchen durchführt, wird die Verwendung der in diesem Kapitel beschriebenen Suchmöglichkeiten essenziell. Man kann damit nicht nur Dokumente finden, die man mit einfachen Mitteln *nicht* gefunden hätte, sondern man kann seine Recherchen auch *effizient* gestalten, d. h. man kann erfolgreiche Recherchen mit geringerem Zeitaufwand durchführen.

10.8 Zusammenfassung

Suchmaschinen eignen sich für viele Formen der Recherche. Allerdings sollte gerade vor umfangreicheren Recherchen die Frage gestellt werden, welche Quellen sich im jeweiligen Fall am besten eignen. Suchmaschinen können dazu gehören, sind aber oft nicht die einzigen relevanten Recherchequellen.

Bei der Recherche mit Suchmaschinen geht es zunächst einmal um die Auswahl passender Suchbegriffe, dann um die Verbindung der Begriffe innerhalb der Suchanfragen. Zur Verbindung von Suchbegriffen steht mit den Booleschen Operatoren ein wirkmächtiges Vokabular zur Verfügung, mit dessen Hilfe sich auf der einen Seite die Treffermengen steuern und auf der anderen Seite mehrere Suchanfragen zusammenfassen lassen. Letzteres vermeidet, dass man im Rahmen einer Recherche mehrere Trefferlisten durchgehen muss, die einen großen Anteil von Dubletten enthalten.

Suchmaschinen bieten für die Qualifizierung von Suchanfragen sowohl erweiterte Suchformulare als auch eine Vielzahl von Befehlen an. Mit keiner der beiden Methoden lassen sich allerdings alle möglichen Funktionen der Suchmaschine abbilden, sodass man sich je nach Fall für die eine oder die andere Methode entscheiden muss.

Im Rahmen von komplexen Recherchen ist oft die Auswahl unterschiedlicher Suchwerkzeuge (Suchmaschinen, Datenbanken, usw.) und eine geschickte Kombination von Befehlen und Operatoren mit qualifizierten Suchanfragen nötig.

Weiterführende Literatur

Zwei sehr gute Einführungen zur professionellen Recherche im Internet sind die Bücher von Bradley (2013) und von Hock (2013). Leider gibt es kein gutes und aktuelles Pendant zu diesen Büchern in deutscher Sprache, sodass man hier auf die englischsprachigen Titel angewiesen ist.

Auch der Blog von Dan Russell (http://searchresearch1.blogspot.de), einem Mitarbeiter von Google, ist lesenswert und bietet einen guten Einblick in die Möglichkeiten aktueller Suchmaschinen. Dan Russell stellt auch immer wieder kniffelige Aufgaben, die sich mit Suchmaschinen lösen lassen. Schade ist dabei, dass sich die Lösungen ausschließlich auf Google beziehen, obwohl doch in manchen Fällen andere Recherchewerkzeuge genauso gut oder besser geeignet wären.

Literatur

Bradley, P. (2013). *Expert internet searching* (4th ed.). London: Facet Publishing.

Broder, A. (2002). A taxonomy of web search. *ACM SIGIR Forum, 36*(2), 3–10.

Hock, R. (2013). *The extreme searcher's internet handbook: A guide for the serious searcher* (3rd ed.). Medford: Information Today.

Lewandowski, D. (2014). Wie lässt sich die Zufriedenheit der Suchmaschinennutzer mit ihren Suchergebnissen erklären? In H. Krah & R. Müller-Terpitz (Hrsg.), *Suchmaschinen* (S. 35–52). Münster: LIT.

Stock, W. G. (2007). *Information Retrieval: Informationen suchen und finden*. München: Oldenbourg.

Ude, A. (2011). Journalistische Recherche im Internet. In D. Lewandowski (Hrsg.), *Handbuch Internet-Suchmaschinen 2: Neue Entwicklungen in der Web-Suche* (S. 179–199). Heidelberg: Akademische Verlagsgesellschaft AKA.

Die Qualität der Suchergebnisse

In diesem Kapitel wird die Qualität der Suchergebnisse aus zwei unterschiedlichen Blickwinkeln betrachtet: Zum einen geht es darum, wie man als Suchender die Qualität der einzelnen von einer Suchmaschine angezeigten Ergebnisse beurteilen kann; zum anderen geht es um wissenschaftliche Verfahren, mit denen sich die Qualität der Suchergebnisse systematisch bewerten und vergleichen lässt.

Dabei wird deutlich werden, dass zum einen Dokumente nicht allein aus der Tatsache heraus, dass sie von einer Suchmaschine auf einer prominenten Position gezeigt werden, schon hochwertig sind. Zum anderen bedeutet selbst das bessere Abschneiden einer bestimmten Suchmaschine in einem wissenschaftlichen Test nicht per se, dass diese Suchmaschine auch bei jeder Suchanfrage am besten abschneidet. Aus beiden Punkten ergeben sich Konsequenzen für die Nutzung von alternativen Suchmaschinen (s. Kap. 9) und für die Recherche.

11.1 Kriterien für die Bewertung von Texten im Web

Während wir uns in Kap. 10 vor allem mit der Quellenauswahl und der Formulierung von Suchanfragen beschäftigt haben, um zu besseren Suchergebnissen zu gelangen, wenden wir hier den Blick auf die Resultate unserer Recherche. Denn wie wir gesehen haben, versuchen die Suchmaschinen im Ranking zwar, Qualität durch andere Faktoren abzubilden, die letztendliche Qualitätsbewertung muss aber durch den Suchenden erfolgen.

Die in diesem Abschnitt diskutierten Kriterien für die Bewertung der Qualität von Texten im Web sind erst einmal unabhängig von der Benutzung einer Suchmaschine. Vielmehr spielt es keine Rolle, auf welche Weise man zu einem Dokument gelangt ist – sollte man in irgendeiner Weise Zweifel an der Qualität bzw. Glaubwürdigkeit eines gefundenen Dokuments haben, lohnt es sich, diese Kriterien abzuprüfen und dadurch ein genaueres

© Springer-Verlag Berlin Heidelberg 2015

D. Lewandowski, *Suchmaschinen verstehen,* Xpert.press,

DOI 10.1007/978-3-662-44014-8_11

Bild zu gewinnen. Auch hier gilt wieder, dass man sicherlich nicht bei jeder einfachen Faktenrecherche alle Kriterien abprüfen muss; vielmehr ist es wichtig, die Fälle zu erkennen, in denen sich eine Überprüfung lohnt bzw. in denen sie notwendig ist.

Man kann die Prüfung der Qualität von Web-Dokumenten nach Ebenen unterteilen, wie es etwa in der recht bekannten CARS-Checkliste getan wird (Harris 2013). Dort wird die Qualitätsbewertung in vier Bereiche eingeteilt:

1. Glaubwürdigkeit (*credibility*): Hier geht es darum, ob das Dokument von einem Experten verfasste wurde und ob man dem Dokument auch aufgrund guter Belege trauen kann.
2. Sorgfalt (*accuracy*): Hier geht es darum, eine Quelle zu finden, die zum aktuellen Zeitpunkt der Suche korrekt ist (und nicht vielleicht nur irgendwann einmal korrekt war). Außerdem sollte „die ganze Wahrheit" dargestellt werden, nicht nur ein dem Autor passender Ausschnitt der Wirklichkeit.
3. Angemessenheit (*reasonableness*): Hier geht es darum, dass sich der Leser auf der Basis des Dokumentes selbst vernünftig mit dem Thema befassen kann.
4. Bestätigende Informationen (*support*): Das Dokument sollte der Anforderung genügen, dass die darin enthaltenen Informationen mit Hilfe von anderen Dokumenten verifiziert werden können. Normalerweise geht man davon aus, dass mindestens zwei weitere Belege gefunden werden sollten, um einer Quelle zu vertrauen. Bei Web-Quellen besteht jedoch die Gefahr, dass aufgrund der schieren Masse von Dokumenten sich leicht zumindest wenige Bestätigungen auch für krude Aussagen finden lassen. Man sollte dann vor allem auf Bestätigungen aus besonders seriösen Quellen achten.

In Tab. 11.1 sind diese Bereiche mit den jeweiligen Prüfkriterien sowie den Zielen der Überprüfung zusammengefasst.

Man kann die Qualitätsprüfung auch nach der Ebene unterscheiden: Einmal geht es um die Ebene des einzelnen Dokumentes, einmal um die Ebene der Quelle. Einige der auch in Tab. 11.1 genannten Kriterien lassen sich direkt anhand des Textes abprüfen, beispielsweise ob das Dokument umfassend ist und ob es formal sorgfältig erstellt wurde. Andere

Tab. 11.1 CARS-Checkliste. (übersetzt aus Harris 2013)

Glaubwürdigkeit	Vertrauenswürdige Quelle, Qualifikationen des Autors, Nachweis einer Qualitätskontrolle, bekannter oder respektierter Experte, Zugehörigkeit zu/ Unterstützung durch eine Organisation
Sorgfalt	Aktuell, sachlich, detailliert, exakt, umfassend, Publikum und Zielsetzung spiegeln die Absicht nach Vollständigkeit und Genauigkeit wider.
Angemessenheit	Fair, ausgewogen, objektiv, begründet, keine Interessenskonflikte, keine Trugschlüsse oder Parteilichkeit
Bestätigende Informationen	Nennung von Quellen, Kontaktinformation, Nachvollziehbarkeit, Belege für Behauptungen, Dokumentation

wie beispielsweise die Qualifikationen des Autors müssen durch eine weitere Recherche übergeprüft werden. Aber auch hier bewertet man letztlich das einzelne Dokument.

Eine andere Möglichkeit ist die Überprüfung der Quelle: Wo wurde das Dokument veröffentlicht? Handelt es sich um eine bekannte Website, der man schon traut, weil man weiß, dass dort eine Qualitätskontrolle stattfindet (also beispielsweise bei den bekannten journalistischen Marken)? Auch eine Überprüfung des Domaininhabers über einen sog. WHOIS-Service bringt Informationen über die Quelle zutage, nämlich wer für das Web-Angebot verantwortlich zeichnet.

Die Überprüfung von Dokumenten im Web hat viel mit gesundem Menschenverstand zu tun. Natürlich ist es nicht praktikabel, *jedes* Dokument, auf das man im Web stößt, zu überprüfen. Doch gerade, wenn es um wichtige Recherchen oder sensible Themen geht, lohnt sich eine Vergegenwärtigung der genannten Prüfkriterien.

Beispiel: Der Bund Deutscher Juristen

Der Journalist Albrecht Ude schildert den Fall einer Pressemitteilung des Bunds Deutscher Juristen (Ude 2011), der eine Pressemitteilung herausgegeben hatte, in der leichte Folter zur Erzwingung von Geständnissen befürwortet wurde. Diese Pressemitteilung wurde von mehreren seriösen Medien (u. a. der Presseagentur Associated Press, von Spiegel Online und dem WDR) aufgegriffen, obwohl es den Bund Deutscher Juristen gar nicht gibt und zum Zeitpunkt der Veröffentlichung der Pressemeldung nicht mehr als eine Website dieses angeblichen Verbands existierte. Hier hätte eine einfache Quellenprüfung geholfen: Mit einer Abfrage der Domain in einem WHOIS-Verzeichnis hätte man erfahren, dass die Website erst wenige Tage vor der Herausgabe der Pressemitteilung angemeldet wurde und dass bewusst ein Domainhoster in den USA gewählt wurde, der die anonyme Führung von Domains erlaubt. Neben der unvollständigen Website, der u. a. ein in Deutschland verpflichtendes Impressum fehlte, hätte allein diese Tatsache stutzig machen müssen. Im Weiteren wäre der Bund Deutscher Juristen schnell als eine spontane Erfindung eines Scherzbolds identifiziert und den entsprechenden Medien eine große Peinlichkeit erspart geblieben.

11.2 Menschliche vs. maschinelle Qualitätsüberprüfung

Im Folgenden soll anhand eines Beispiels dargestellt werden, dass die Qualitätsprüfung durch Menschen, wie sie beispielsweise anhand der im letzten Abschnitt besprochenen Kriterien erfolgen kann, und der Qualitätsbewertung durch Suchmaschinen im Rahmen des Rankings zu erheblichen Unterschieden führen kann.

Abbildung 11.1 zeigt die Suchergebnisseite von Google für die Suchanfrage „martin luther king". In der rechten Spalte sehen wir die im Knowledge Graph zusammengestellten Fakteninformationen (v. a. aus Wikipedia), in der linken Spalte sehen wir die Liste der

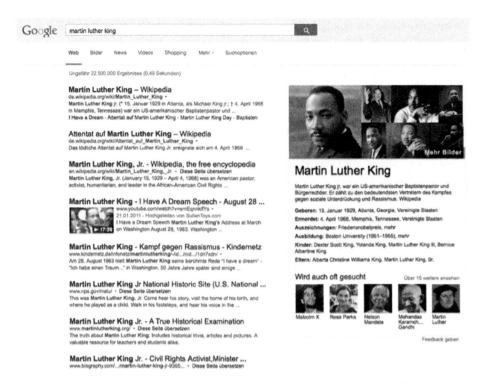

Abb. 11.1   Google-Suchergebnisseite zur Suchanfrage „Martin Luther King" (7.8.2014)

organischen Suchergebnisse. Die ersten Plätze dort sind mit zwei deutschen und einem englischen Wikipedia-Artikel besetzt; danach folgt ein Video mit einer Rede von Martin Luther King, dann ein Treffer von der Website Kindernetz und ein weiteres englischsprachiges Dokument. Unser Fokus soll aber hier auf dem dann folgenden Dokument mit dem Titel „Martin Luther King Jr. – A True Historical Examination" (Abb. 11.2, Position 7 in der Trefferliste) liegen.

Die Website gibt sich als Informationsseite aus, allerdings offenbart schon ein Blick auf den Host der Website (in der letzten Zeile auf der Startseite), dass es sich in Wahrheit um eine rassistische Website handelt: Es wird direkt auf stormfront.org verwiesen, eine nach eigener Betitelung „White Nationalist Community", die schon in ihrem Logo das Motto „White Pride World Wide" nennt.

Die Website stormfront.org selbst ist in Googles Suchergebnissen (zumindest in Deutschland) seit Langem schon nicht mehr enthalten (McCullagh 2002), da u. a. der Holocaust geleugnet wird, was in Deutschland gesetzlich verboten ist. Die Martin-Luther-King-Website allerdings steht seit vielen Jahren kontinuierlich auf einem der vorderen Plätze in Googles Ergebnisliste.

Abb. 11.2 Startseite von „Martin Luther King Jr. – A True Historical Examination". (http://www.martinlutherking.org)

Schon im Jahr 2000 bezeichnete Paul S. Piper diese Website als

> one of the most odious sites on the Web. It disseminates hateful information about one of the greatest African-American leaders of our era while pretending to be, on the surface, an "official" Martin Luther King, Jr. site. (Piper 2000)

Dies mag für erfahrenere Nutzer relativ leicht erkennbar sein, weniger erfahrene Nutzer könnten sich allerdings täuschen lassen:

> Even the underlying pages, although obviously advocating white power (the recommended books include My Awakening by David Duke), can easily fool less sophisticated Web users because the information is presented in a „factual" manner, cites „government documents," and offers a polished design apparently sympathetic to King. (Piper 2000)

Dass die Website allerdings trotzdem in Googles Suchergebnissen auf einem der vorderen Plätze gelistet wird, verdeutlicht, dass die automatische „Qualitätsbewertung" der Suchmaschinen eben nur eine Bewertung anhand formaler Kriterien ist und keine Garantie dafür ist, dass die Inhalte auch relevant bzw. vertrauenswürdig sind. Nun mag die genannte

Website das extremste Beispiel in dieser Hinsicht sein; es verdeutlicht jedoch, dass die Tatsache, dass eine Website oder ein Dokument von einer Suchmaschine hoch gelistet wird, nicht bedeutet, dass man den Inhalten auch vertrauen kann. Oft wird die Prüfung von Dokumenten „der Suchmaschine überlassen", d. h. man geht davon aus, dass die gefundenen Informationen schon allein aufgrund der Tatsache, dass eine Suchmaschine sie auf einer prominenten Position präsentiert, richtig und wahr sein müssen. Dies ist jedoch nicht der Fall, was vor allem bei kontroversen Themen eine Überprüfung notwendig macht.

Hier soll nicht dafür plädiert werden, stets jedes Suchergebnis nach einer umfangreichen Kriterienliste zu überprüfen. Ähnlich wie schon bei der Verwendung von Operatoren und Befehlen für die Qualifizierung von Suchanfragen geht es vielmehr darum, zu erkennen, wann eine solche Überprüfung sinnvoll und notwendig ist. Vieles lässt sich schon mit gesundem Menschenverstand erreichen: Kommt einem beim Lesen irgendetwas komisch vor, so ist dies schon ein gutes Zeichen dafür, dass man die Quelle prüfen sollte. Auch, wenn man zu einem Thema ausschließlich oder vor allem Dokumente findet, die eine bestimmte Position vertreten oder betonen, sollte man aufmerksam werden. Oft genügt schon ein genauerer Blick auf die Urheber der Informationen, um sie in ihrem Kontext einschätzen zu können. Allein die Tatsache, dass wir wissen, dass die Website martinlutherking.org mit Stormfront zusammenhängt, lässt uns die Texte kritischer betrachten.

Wenige drastische Beispiele bieten diverse Artikel aus Wikipedia. Wikipedia-Artikel tauchen in den Suchergebnissen praktisch aller Suchmaschinen sehr häufig auf den vorderen Positionen auf (Höchstötter und Lewandowski 2009; Lewandowski und Spree 2011), und in den meisten Fällen handelt es sich auch um relevante Dokumente, die einen guten Überblick zu dem gesuchten Thema liefern. Allerdings wird Wikipedia *als Quelle* (also weitgehend unabhängig vom einzelnen Dokument) von den Suchmaschinen als so hochwertig bewertet, dass auch minderwertige Dokumente für entsprechende Suchbegriffe auf den vorderen Positionen erscheinen. So findet sich der Artikel „Männerrock" zu eben dieser Suchanfrage seit langem auf Platz 1 der Google-Trefferliste und wird auch entsprechend häufig angesehen (Wikipedia article traffic statistics: Männerrock 2014)[1]. Inhaltlich genügt der Artikel keineswegs den von Wikipedia selbst aufgestellten Prinzipien (Zentrale Grundprinzipien der Wikipedia 2014) und bietet eine tendenziöse Darstellung des Themas inklusive einer Erläuterung der „Männerrockbewegung", die in diesem Artikel übertrieben dargestellt und nicht gemäß ihrer realen Bedeutung eingeschätzt wird.

Das Beispiel zeigt, dass auch vermeintlich gute Quellen keine Garantie dafür sind, dass die zu individuellen Themen enthaltenen Informationen vertrauenswürdig, vollständig oder in einer anderen Weise „qualitätsvoll" sein müssen. Auch hier ist also eine genauere Prüfung empfehlenswert.

---

[1] Hier muss allerdings berücksichtigt werden, dass in der Statistik alle Zugriffe gezählt werden und sich die Zugriffe über Suchmaschinen nicht herausfiltern lassen.

11.3 Wissenschaftliche Evaluierung der Suchergebnisqualität

Neben der individuellen Überprüfung der Qualität der Suchergebnisse während der Recherche gibt es Verfahren, die die Suchergebnisqualität systematisch überprüfen. Solche Verfahren werden nicht nur bei Suchmaschinen eingesetzt, sondern auch bei vielen anderen Information-Retrieval-Systemen. Sie können sich auf eine lange Tradition der Evaluierung stützen und wurden für den Anwendungsfall Suchmaschinen angepasst. Die Ergebnisse aus solchen Evaluierungsstudien können zu verschiedenen Zwecken dienen:

1. Verbesserung der Systeme auf Seiten der Anbieter: Alle Suchmaschinenbetreiber evaluieren ihre Systeme kontinuierlich und setzen dafür auch menschliche Juroren ein (s. u. a. Google Inc. 2012). Aus den Ergebnissen der Untersuchungen lassen u. a. sich Erkenntnisse für die Weiterentwicklung der Rankingverfahren und für die Spam-Bekämpfung gewinnen.
2. Zum Vergleich von Suchmaschinen „von außen": Unabhängige Untersuchungen, die verschiedene Suchmaschinen miteinander vergleichen, liefern Empfehlungen dafür, welche Suchmaschinen sich besonders für eine erfolgreiche Recherche eignen. Weiterhin können sie Erkenntnisse darüber liefern, wie erfolgreich Suchmaschinen generell dabei sind, Nutzern zu relevanten Informationen zu verhelfen und ob Suchmaschinen als wichtige Werkzeuge für den Wissenserwerb innerhalb der Gesellschaft ihrer Rolle gerecht werden.

Bei der Qualität der Suchresultate geht es zunächst einmal um die Messung der Retrievaleffektivität, also einer unabhängig von einem konkreten Nutzer operationalisierten Qualität der Treffer. Im Folgenden werden die Verfahren der Information-Retrieval-Evaluierung in der Form, wie sie auf die Spezifika der Suchmaschinen angepasst wurden, dargestellt. Dazu gehen wir zunächst von einer typischen Ergebnisdarstellung aus und erläutern dann im Folgenden den typischen Testaufbau.

Abbildung 11.3 zeigt beispielhaft einen sog. Precisiongraphen aus einer Studie zur Retrievaleffektivität der beiden Suchmaschinen Google und Bing. Berechnet wurde die Precision der Suchergebnisse, also der Anteil der relevanten Ergebnisse an der Gesamtzahl der von der jeweiligen Suchmaschine angezeigten Ergebnisse. Bei der Precision geht es also darum, wie gut eine Suchmaschine in der Lage ist, dem Nutzer *ausschließlich relevante Ergebnisse* zu präsentieren. Im Idealfall wären alle angezeigten Treffer relevant; es ergäbe sich ein Precisionwert von 1 (Anzahl der ausgegebenen *relevanten* Ergebnisse, geteilt durch die Anzahl der *insgesamt* ausgegebenen Ergebnisse). Das „Gegenstück" zur Precision ist der *Recall*: Dieser misst den Anteil der von einem System gefundenen relevanten Dokumente an der Gesamtzahl der im Datenbestand vorhandenen relevanten Dokumente. Um den Recall bestimmen zu können, muss man also alle Dokumente im Datenbestand kennen und hinsichtlich ihrer Relevanz bewerten, was in der Praxis in den allermeisten Fällen allerdings nicht möglich ist.

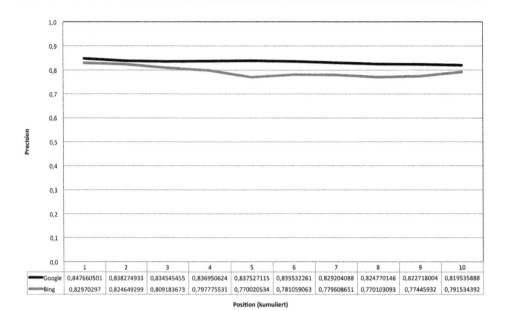

Abb. 11.3 Precisiongraph aus einer Suchmaschinen-Evaluierung. (Lewandowski 2014)

Auf der x-Achse im Schaubild sind die Positionen in der Trefferliste abgetragen, wobei die Precisionwerte (auf der y-Achse) jeweils kumuliert werden. Betrachtet man also beispielsweise den Wert 3 auf der x-Achse, so bedeutet der Precisionwert von 0,83 für Google, dass bei dieser Suchmaschine 83% aller Treffer auf den *Positionen 1 bis 3* relevant sind. Es werden also nicht die einzelnen Positionen betrachtet, sondern es wird von einem Nutzer ausgegangen, der die Trefferliste der Reihe nach abarbeitet, und daher auf Position 3 sich die ersten drei Dokumente angesehen hat.

Die beiden Kurven im Schaubild zeigen die Verläufe für beide Suchmaschinen. Es ist leicht zu erkennen, dass die Unterschiede in diesem Fall nicht gravierend sind, d. h. dass es für einen Nutzer keine große Rolle spielen dürfte, welche der beiden Suchmaschinen er verwendet. Außerdem ist zu beachten, dass beide Suchmaschinen relevante Treffer anzeigen, jedoch keineswegs die gleichen Treffer (vgl. Abschn. 9.1).

In Abb. 11.3 wurden nur informationsorientierte Suchanfragen betrachtet. Ein anderes Bild ergibt sich, wenn man die Ergebnisse für navigationsorientierte Suchanfragen ansieht (Abb. 11.4). In diesem Fall wurde gemessen, inwieweit die beiden Suchmaschinen in der Lage sind, den jeweils *korrekten* Treffer auf der ersten Position anzuzeigen. Es zeigte sich, dass dies Google in 95,3% der Fälle gelang, während Bing dies nur in 76,6% der Fälle schaffte. Betrachtet man die Ergebnisse für die informationsorientierten und die navigationsorientierten Anfragen gemeinsam, so kann man schließen, dass sich die Unterschiede zwischen den beiden Suchmaschinen weitgehend durch die Ergebnisse zu den navigationsorientierten Suchanfragen ergeben. Die Ergebnisse beziehen sich natürlich nur auf einen bestimmten Zeitpunkt; würde man die gleiche Untersuchung heute durchführen, könnten sich andere Resultate ergeben. Die Erläuterungen sollen auch weniger der Be-

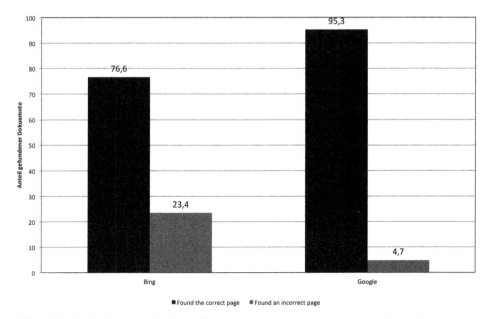

Abb. 11.4 Vergleich zweier Suchmaschinen für navigationsorientierte Suchanfragen. (Lewandowski 2014)

nennung konkreter Ergebnisse als der Erklärung der grundlegenden Verfahren und Darstellungsweisen dienen.

Eine wichtige Erkenntnis aus den Studien zur Retrievaleffektivität geht leider oft in dem Vergleich der Suchmaschinen unter: Auch wenn eine Suchmaschine in einem Test im Durchschnitt am besten abschneidet, heißt das nicht, dass sie auch für jede Suchanfrage das beste Ergebnis liefert. Die Studien zur Qualität der Suchergebnisse kommen vielmehr übereinstimmend zu dem Ergebnis, dass dies nicht der Fall ist, sondern dass je nach Suchanfrage mal die eine, mal die andere Suchmaschine die besseren Ergebnisse liefert (u. a. Griesbaum 2004; Lewandowski 2008).

11.3.1   Standardaufbau von Tests zur Retrievaleffektivität

Retrievaleffektivität[2] bezeichnet die Fähigkeit einer Suchmaschine, auf eine Anfrage relevante Dokumente auszugeben. In zahlreichen Tests wurden populäre Suchmaschinen evaluiert. Meist wurden für diese Tests englischsprachige Anfragen verwendet, es finden sich aber auch Tests mit deutschsprachigen Anfragen (z. B. Griesbaum 2004; Lewandowski 2008; Lewandowski 2014). Ein Überblick über nicht-englischsprachige Suchmaschi-

---

[2] Die folgenden Abschnitte sind eine stark gekürzte und modifizierte Fassung von Lewandowski (2011a). In diesem Aufsatz findet sich auch eine ausführliche Diskussion der Grenzen der in diesem Buch beschriebenen Standardverfahren zur Messung der Retrievaleffektivität.

nentests der letzten Jahre, der über die reinen Retrievaleffektivitätstests hinausgeht, findet sich in Lewandowski (2014).

Für die meisten Tests wird ein (teils leicht modifizierter) Standardaufbau verwendet, wie er aus der Information-Retrieval-Literatur und den Evaluierungsinitiativen (v. a. TREC, vgl. Harman und Voorhees 2006) bekannt ist. Eine bestimmte Menge von Suchanfragen wird an unterschiedliche Suchmaschinen gesendet, die zurückgegebenen Ergebnisse werden zuerst anonymisiert und gemischt, dann werden sie Juroren zur Beurteilung vorgelegt. Dies ist das wesentliche Element des Testaufbaus: Menschen bewerten die Ergebnisse, ohne zu wissen, von welcher Suchmaschine die einzelnen Treffer stammen, noch auf welcher Trefferposition sie standen.

Für die Auswertung werden die Ergebnisse wieder den untersuchten Systemen und den Trefferplätzen, auf denen sie ausgegeben wurden, zugeordnet. Gemessen wird schließlich meist die *Precision* der Suchergebnisse. Die Tests beschränken sich auf eine bestimmte Anzahl von Trefferpositionen, da insbesondere bei Web-Suchmaschinen die Trefferanzahl meist die für einen Nutzer prüfbare Menge weit übersteigt.

Der Aufbau von Retrievaltests orientiert sich meist an den von Tague-Sutcliffe (1992) aufgestellten Schritten. Die Besonderheiten von Web-Suchmaschinen haben Gordon und Pathak (1999) sowie (darauf aufbauend) Hawking et al. (2001) berücksichtigt. Die von Hawking et al. genannten fünf Kriterien für einen validen Suchmaschinentest beziehen sich auf die Abbildung realer Informationsbedürfnisse, auf die Mitteilung des Informationsbedürfnisses (falls ein Informationsvermittler eingesetzt wird), auf die genügend große Zahl von Testanfragen, auf die Auswahl der wichtigsten Suchmaschinen sowie auf den sorgfältigen Aufbau der Untersuchung und eine ebensolche Durchführung.

Das typische Testdesign für Retrievaltests besteht aus den folgenden Schritten:

1. Auswahl von Suchanfragen/-aufgaben,
2. Senden der Suchanfragen an die Suchmaschinen,
3. Erfassung und Speicherung der Ergebnisse,
4. Mischen der Ergebnisse; Unkenntlichmachung ihrer Herkunft,
5. Bewertung der Ergebnisse durch Juroren,
6. Zusammenführung der Bewertungen und Zuordnung zu den Suchmaschinen,
7. Auswertung der Ergebnisse.

Wünschenswert ist dabei natürlich, eine möglichst hohe Anzahl von Suchanfragen zu verwenden. In der Praxis zeigt sich allerdings, dass es häufig Probleme gibt, genügend Juroren zu finden, um die Ergebnisse zu diesen Suchanfragen bewerten zu lassen. In den meisten Tests wird mittlerweile ein Minimum von 50 Suchanfragen verwendet, allerdings gibt es für diese Zahl keinen „Beweis", sondern sie hat sich aufgrund von Erfahrungen herausgebildet. Stark abhängig ist die Anzahl der zu verwendenden Suchanfragen natürlich vom Zweck des Tests. Sollen möglichst viele Themenbereiche und ein verschiedenartiges

Suchverhalten abgedeckt werden, muss die Anzahl der Suchanfragen entsprechend erhöht werden.

Bei der Auswahl der Suchanfragen muss unterschieden werden zwischen Tests, die versuchen, Aussagen über die Trefferqualität der Suchmaschinen allgemein zu treffen und solchen, die sich bewusst auf ein bestimmtes Thema bzw. die Anfragen einer bestimmten Nutzergruppe (z. B. von Kindern) beschränken. Soll der Test eine allgemeine Aussage über die Trefferqualität der Suchmaschinen treffen, so sind die Suchanfragen möglichst breit zu wählen. Allgemeine Tests sollten sowohl populäre als auch selten gestellte Anfragen abdecken, dazu sollte auch die Verteilung der Länge der Suchanfragen beachtet werden.

Ist es das Ziel des Tests, die Eignung verschiedener Suchmaschinen für die Recherche in bestimmten Themenfeldern zu untersuchen, so gelten die gleichen Voraussetzungen wie beschrieben, nur dass sich die Suchanfragen natürlich auf das zu untersuchende Themenfeld beziehen müssen.

Wie auch immer die Suchanfragen gewonnen wurden, empfiehlt es sich auf jeden Fall, die reinen Suchanfragen um eine Beschreibung des dahinterstehenden Informationsbedürfnisses anzureichern. Diese Beschreibung wird dann den Juroren zur Unterstützung ihrer Bewertung mit angezeigt.

Um den Juroren eine möglichst genaue Bewertung der Dokumente zu ermöglichen, kann auch zwischen der Beschreibung der Suchanfrage und expliziten Bewertungsinformationen, in denen benannt wird, welche Art von Dokumenten als relevant zu bewerten sind, unterschieden werden. Dieses Verfahren ist insbesondere geeignet, wenn die Suchanfragen von echten Nutzern abgefragt werden, da diese in der Regel am besten beschreiben können, welche Intention hinter ihrer Anfrage stand und wie die idealen Dokumente zu dieser Anfrage für sie aussehen würden.

Folgendes Beispiel verdeutlicht die Unterschiede zwischen Suchanfrage, Beschreibung und Bewertungsinformationen:

Suchanfrage Lebenshaltungskosten USA

Beschreibung Wie hoch sind die Lebenshaltungskosten in den USA? Welcher Anteil des Gehalts ist für die Miete einzurechnen, welcher für Nebenkosten und welcher für Lebensmittel?

Bewertungsinformationen Relevant sind Dokumente, die einen Überblick über die Lebenshaltungskosten in den USA geben und nicht nur einen der genannten Aspekte behandeln.

Sofern dem Testleiter klar ist, welche Eigenschaften die als relevant zu bewertenden Dokumente haben sollen, ist es sinnvoll, den Juroren eine entsprechende Hilfestellung zu geben. Wenn allerdings eher Suchanfragen von allgemeinem Interesse verwendet werden, ist eine so genaue Anweisung an die Juroren nicht nötig, da diese selbst in der Lage sind, relevante von nicht relevanten Dokumenten zu unterscheiden.

Da in Retrievaltests das typische Verhalten der betreffenden Nutzergruppe untersucht werden soll, ist auch bei der Festlegung der Anzahl der Ergebnisse pro Suchanfrage dieses Verhalten zu berücksichtigen (s. dazu Kap. 4). Die gängigen Untersuchungen beschränken sich in der Regel auf die ersten 10 Ergebnisse zu jeder Suchanfrage. Auch bei der Festlegung der Anzahl der Treffer ist wiederum zu beachten, dass der Umfang des Tests mit einer höheren Trefferzahl wiederum ansteigt. So finden sich in der Literatur auch kaum Tests, die mehr als die ersten 20 Treffer berücksichtigen.

Die Anzahl der für einen Test nötigen Juroren richtet sich natürlich nach der Anzahl der zu untersuchenden Suchanfragen. Üblicherweise bewertet jeder Juror sämtliche Treffer, die zu einer Suchanfrage von allen Suchmaschinen ausgegeben werden. Insbesondere bei einer hohen Zahl von Suchanfragen ist dies allerdings oft nicht möglich; in diesen Fällen kann jeder Juror auch die Ergebnisse zu mehreren Suchanfragen bewerten. In der Regel wird jeder Treffer nur von einer Person beurteilt. Da aber davon auszugehen ist, dass auch innerhalb einer einzelnen Gruppe die Interrater-Reliabilität nur ein gewisses Maß erreicht (Schaer et al. 2010), ist es sinnvoll, die Treffer zumindest von zwei Personen bewerten zu lassen. Es gibt allerdings bislang keine gesicherten Erkenntnisse darüber, ob sich die Zuverlässigkeit der Tests durch die Hinzunahme weiterer Juroren signifikant erhöhen lässt.

Es gibt weitere Faktoren, die die Testergebnisse verfälschen können. Insbesondere ist die Herkunft der Treffer (also von welcher Suchmaschine sie ursprünglich ausgegeben wurden) zu verschleiern, da sonst in der Bewertung starke Markeneffekte zu beobachten sind (Jansen et al. 2007; Bailey et al.2007). Weiterhin sollte die ursprüngliche Reihung der Treffer für die Juroren nicht sichtbar sein, um Lerneffekte auszuschließen (Bar-Ilan et al. 2009). Auch sollten die Treffer der verschiedenen Suchmaschinen in der Bewertung vermischt werden. Dubletten, also Treffer, die von mehreren Suchmaschinen ausgegeben werden, sollten den Juroren nur einmal (pro Suchanfrage) zur Bewertung vorgelegt werden, um einheitliche Urteile zu erhalten.

In der Auswertung des Tests werden die erhobenen Relevanzurteile zusammengeführt und wie im vorangegangenen Abschnitt ausgewertet. Dabei können neben der Precision auch weitere bzw. andere Kennzahlen verwendet werden. Insbesondere Kennzahlen, die das typische Nutzerverhalten besser berücksichtigen, spielen in der Evaluierung eine zunehmend bedeutende Rolle (Carterette et al. 2012).

Die beschriebenen Standardverfahren gehen, wenn auch durch die Modifikation der Tests gewisse Anpassungen erreicht wurden, von einem Nutzer aus, der die Treffer nacheinander durchgeht, sich aber nicht von einer hervorgehobenen Präsentation der Treffer beeinflussen lässt oder seine Anfrage aufgrund der ausgegebenen Treffermenge (bzw. der gesichteten Treffer) verändert. Zwar bildet insbesondere eine mögliche Einbeziehung der Trefferbeschreibungen (Lewandowski 2008) eine wesentliche Verbesserung gegenüber den rein auf die Treffer selbst abzielenden Evaluationen, jedoch kann weiterhin kaum von einer realistischen Abbildung des Nutzerverhaltens gesprochen werden. Ob sich eine solche überhaupt im Rahmen praktikabler Tests erreichen lässt, sei dahingestellt.

Die beschriebenen Standardverfahren finden ihre Grenzen einerseits in ihrer Unfähigkeit, den oftmals interaktiven und in mehreren Schritten verlaufenden Prozess der

Recherche abzubilden (vgl. Abschn. 4.1). Eine weitere Beschränkung der Standardverfahren ist die Annahme, dass die Ergebnisqualität wesentlich für die Bevorzugung eines bestimmten Informationssystems vor anderen Systemen verantwortlich ist. Zwar lassen sich unterschiedliche Systeme mit den Verfahren vergleichen, eine mögliche Wechselbereitschaft der Nutzer kann aus den Ergebnissen jedoch nicht abgeleitet werden. Auch hier unterscheidet sich wieder die Evaluation von Systemen zum Zweck der Auswahl eines bestimmten Systems für den eigenen Zweck oder zum Vergleich des eigenen Systems mit anderen Systemen von der Evaluation von Web-Suchmaschinen, die sich ja gerade dadurch auszeichnet, dass sie mehrere fremde, in ihren Prozessen nicht zugängliche Systeme unterscheidet. Zwar mögen hier Empfehlungen für oder gegen die Nutzung einer bestimmten Suchmaschine ausgesprochen werden, in der Praxis dürften jedoch auch oder gar vor allem andere, nicht direkt der Ergebnisqualität zurechenbare Faktoren für die Wahl einer Suchmaschine ausschlaggebend sein (vgl. Abschn. 4.1 und 7.3). Im Suchmaschinenbereich zeigt sich eine starke Markenbindung; Untersuchungen haben gezeigt, dass Nutzer selbst dann ihre Lieblingssuchmaschine bevorzugen, wenn die Ergebnisse einer anderen Suchmaschine mit dem ihnen bekannten Layout und mit dem Markennamen der Lieblingssuchmaschine versehen wurden (Jansen et al. 2007b).

11.3.2 Messung der Retrievaleffektivität mittels Klickdaten

Aus der generellen Vorgehensweise bei der Durchführung von Retrievaltests wurde bereits deutlich, dass es sich dabei um sehr arbeitsintensive Testverfahren handelt, bei denen eine große Zahl von Juroren gewonnen werden muss, auch wenn die Tests selbst dann nur relativ wenige Suchanfragen, vor allem im Vergleich zu der schieren Masse verschiedener Suchanfragen, die tatsächlich an Suchmaschinen gestellt werden, abdecken können. Insofern ist es nicht verwunderlich, dass nach Verfahren gesucht wurde, die auf der einen Seite weniger arbeitsintensiv sind und auf der anderen Seite eine Masse von Suchanfragen und auch Bewertern berücksichtigen können.

Eine Lösung liegt in der Verwendung von Interaktionsdaten echter Nutzer mit Suchmaschinen. Diese Verfahren basieren auf den Daten aus den Logfiles der Suchmaschinen. Zur Messung herangezogen wird zwar auch hier nur ein Ausschnitt aus den vorhandenen Daten, es ist aber beispielsweise möglich, sämtliche Suchanfragen eines Monats zur Analyse heranzuziehen, wobei es sich mitunter um Millionen von Suchanfragen handeln kann. Die Vorteile eines solchen Verfahrens liegen auf der Hand: Es werden die echten Suchanfragen echter Nutzer und ihr Verhalten auf den Trefferseiten ausgewertet, dazu kommt, dass man die Suchanfragen eines bestimmten Zeitraums vollständig abdecken kann.

Solche auf den Klickdaten der Nutzer basierenden Verfahren berücksichtigen die Suchanfragen selbst, die auf der Trefferseite ausgewählten Ergebnisse sowie ggf. die Zeit, in der sich ein Nutzer ein Suchergebnis ansieht, bevor er auf die Trefferseite zurückkehrt. Klickbasierte Testverfahren werden vor allem zur Verbesserung des Rankings eingesetzt, in diesem Kontext wurden sie bereits in Abschn. 5.3.2 besprochen.

Da klickbasierte Tests nicht mit Juroren arbeiten, sondern die Daten der echten Nutzer einer Suchmaschine aufzeichnen, können auch viele Bewertungen zu einem einzigen Treffer gesammelt werden (Joachims et al. 2005). Allerdings ist zu bedenken, dass bei selten gestellten Anfragen nicht unbedingt viele Klicks auf die Trefferdokumente vorliegen. Weiterhin werden in solchen Tests keine *expliziten* Relevanzurteile erfasst, sondern *implizite*. Es bleibt unklar, ob Nutzer tatsächlich auf dem besten Treffer verweilt haben oder ob sie sich schlicht mit dem aufgrund des Ranking der Suchmaschine als am besten angesehenen Treffer zufriedengegeben haben. In solchen Tests findet also keine systematische Evaluierung einer vorher bestimmten Treffermenge statt, da von den Nutzern, wie in Kap. 4 dargestellt, nur die ersten bzw. besonders hervorgehobenen Treffer überhaupt angeklickt werden.

Während klickbasierte Tests unbestreitbare Vorteile haben, ist die Durchführung eines solchen Tests nur möglich, wenn man Zugriff auf die tatsächlich bei der Suchmaschine anfallenden Daten hat. Dadurch ist der Personenkreis der Testdurchführenden auf die Suchmaschinenbetreiber selbst und mit diesen kooperierende Institutionen eingeschränkt. Außerdem ist mit diesen Verfahren ein Vergleich zwischen verschiedenen Systemen nur theoretisch möglich, da die Suchmaschinenbetreiber kaum ihre Daten für solche Zwecke zur Verfügung stellen dürften. Insofern kann man nur empfehlen, die aus den entsprechenden Tests gewonnenen Erkenntnisse zu beachten und jurorenbasierten Tests zu kombinieren. Dies ist übrigens auch die Vorgehensweise der Suchmaschinenbetreiber in der Praxis: Neben der automatischen Qualitätsbewertung auf der Basis der mit den Klicks auf den Suchergebnisseiten anfallenden Massendaten werden jurorenbasierte Tests ergänzend durchgeführt.

11.3.3 Evaluierung im Interaktiven Information Retrieval

Während die bislang beschriebenen Verfahren die Qualität der Suchergebnisse entweder auf der Ebene der Treffer oder aber auf der Ebene der Trefferlisten messen, gerät zunehmend die sessionbasierte Evaluierung in den Fokus. Auf der einen Seite können hier im Rahmen von Klicktests die Ergebnisse, die im Verlauf einer Session gesichtet wurden, aufgrund der Verweildauern und des Zeitpunkts des Abrufs bewertet werden. Andererseits können sessionbasierte Evaluierungen auch konkret auf eine weitergehende Nutzerbeobachtung bezogen werden. Dabei wird das Verhalten ausgewählter Nutzer protokolliert, wobei es auch möglich ist, deren Suche mit unterschiedlichen Suchwerkzeugen (Suchmaschinen, Verzeichnisse, Wikipedia, Soziale Netzwerke, usw.) abzubilden. Der große Vorteil eines solchen Verfahrens liegt darin, dass Nutzer, die einer solchen Untersuchung zugestimmt haben, auch über längere Zeiträume beobachtet werden können, dass zusätzliche Daten wie Alter, Geschlecht, usw. der Nutzer abgefragt werden können und dass die Untersuchung um weitergehende Befragungen ergänzt werden kann. Solche Untersuchungen können damit sowohl quantitative als auch qualitative Daten einbeziehen, indem etwa ergänzend zur Protokollierung des tatsächlichen Suchverhaltens einerseits nach expliziten

Relevanzbewertungen zu den angesehenen Treffern und andererseits nach der Motivation für das Suchverhalten gefragt wird.

Der Nachteil der Evaluierung solcher interaktiver Szenarien liegt darin, dass zumindest, wenn den Nutzern die Wahl der Suchmaschine(n) freigestellt wird, nur unzureichend Vergleichsdaten anfallen und Ergebnismengen nicht systematisch evaluiert werden können, da ja den Nutzern nicht ein vorgegebenes Set von Ergebnissen zur Bewertung vorgelegt wird. Auch lassen sich Markeneffekte und andere Präferenzen nur schwer ausschließen. Und nicht zuletzt sind Probanden für solche Tests schwieriger zu gewinnen, da der Test entweder im Labor durchgeführt werden muss oder der Nutzer eine besondere Software zur Protokollierung installieren muss. Nichtsdestotrotz stellen diese Untersuchungen zumindest eine sinnvolle Ergänzung zu den konventionellen Retrievaltests dar; für bestimmte Fragestellungen sind sie auch alleine geeignet.

In Tab. 11.2 wird der Retrievaleffektivitätstest mit Juroren noch den anderen beiden Testverfahren gegenübergestellt.

Tab. 11.2 Vergleich der Testverfahren. (Lewandowski 2011, S 224)

Testverfahren	Anwendungsfall	Bewertete Dokumente	Bewertung
Retrievaleffektivitätstest	Überprüfung des eigenen Systems Vergleich eines eigenen Systems mit fremden Systemen Vergleich fremder Systeme untereinander	alle bis zu einem bestimmten Cut-off-Wert	Geeignet, wenn explizite Bewertungen zu einer vorher bestimmten Trefferanzahl ausgewertet werden sollen Einzige Möglichkeit, wenn vollständige Treffermengen (bis zu einem bestimmten Cut-off-Wert) beurteilt werden sollen.
Klicktest	Überprüfung des eigenen Systems	von tatsächlichen Nutzern angeklickte Dokumente	Gut geeignet, um Massendaten zu analysieren und automatische Verbesserungen am Ranking des eigenen Systems durchzuführen.
Protokollbasierter Test	Überprüfung des eigenen Systems Vergleich eines eigenen Systems mit fremden Systemen Vergleich fremder Systeme untereinander	von den Nutzern im Test angeklickte Dokumente	Geeignet, um Sessions oder auch explorative Suchen abzubilden Geeignet, um ausgewählte Nutzer bei der Interaktion mit (und dem Wechsel zwischen) mehreren Systemen zu beobachten

So wichtig die Qualität der Suchmaschinen*treffer* ist, so muss doch klargestellt werden, dass sich die Qualität von Suchmaschinen nicht auf einen Faktor reduzieren lässt. Vielmehr bildet sich die Qualität von Suchmaschinen durch ein Zusammenspiel unterschiedlicher Faktoren, mit deren Hilfe sich ein Bild von der Qualität dieser Suchwerkzeuge gewinnen lässt. Lewandowski und Höchstötter (2007) benennen die vier Bereiche Qualität des Index, Qualität der Suchresultate, Qualität der Suchfunktionen und Nutzerfreundlichkeit. Um Suchmaschinen umfassend evaluieren zu können, müssen Untersuchungen in diesen verschiedenen Bereichen durchgeführt werden. Für die Gesamtbewertung kommt es aber natürlich auf den Fokus bzw. die Nutzergruppe an: So spielt beispielsweise die Qualität der Suchfunktionen (vgl. Kap. 10) für durchschnittliche Nutzer wohl nur eine geringe Rolle, da sie diese kaum nutzen. Für professionelle Rechercheure dagegen ist die Verwendung von Befehlen und Operatoren dagegen essenziell – eine Suchmaschine, die diese nicht ausreichend unterstützt, ist für diese Nutzer kaum brauchbar.

11.4 Zusammenfassung

Bei der Bewertung der Qualität der Suchmaschinentreffer ist zu unterscheiden zwischen der Prüfung der Qualität der gerade von einem Nutzer in seiner Suche gefundenen Treffer und der systematischen Evaluierung der Retrievaleffektivität von Suchmaschinen.

Suchmaschinen bewerten die Qualität von Dokumenten auf der Basis formaler Kriterien. Während in vielen Fällen dadurch tatsächlich Qualität abgebildet werden kann, bedeutet die hohe Platzierung eines Dokumentes in einer Trefferliste aber nicht notwendigerweise, dass dieses Dokument selbst besonders hochwertig oder gar vertrauenswürdig ist. Die Reihung durch die Suchmaschine ersetzt also nicht die individuelle Bewertung durch den Nutzer. Eine solche Bewertung kann auf Basis des einzelnen Dokumentes und auf der Basis seiner Quelle erfolgen. Zur Orientierung existieren Checklisten, die eine einfache Überprüfung ermöglichen.

Die wissenschaftliche Evaluierung der Retrievaleffektivität stellt die Frage nach der Fähigkeit der Suchmaschinen, relevante Ergebnisse zu Suchanfragen zu produzieren und diese entsprechend einer menschlich bewerteten Relevanz zu sortieren. Es gibt etablierte Standardverfahren, mit denen solche Untersuchungen durchgeführt werden. Allerdings wird in diesen Verfahren das reale Nutzerverhalten nicht abgebildet; man spricht hier deshalb auch von systemorientierter Evaluierung. Evaluierungsverfahren, die Klickdaten einsetzen, können jurorenbasierte Verfahren um Interaktionsdaten realer Nutzer ergänzen.

Weiterführende Literatur
Erläuterungen zur Durchführung von Retrievaltests finden sich in den gängigen Lehrbüchern zum Information Retrieval, etwa bei Manning et al. (2008). Zur Evaluierungsinitiative TREC gibt es ein empfehlenswertes Übersichtsbuch (Voorhees und Harman 2005), in dem auch auf Evaluierungsszenarien für unterschiedliche Anwendungszwecke eingegangen wird.

Einen guten Überblick über Fehlinformationen, Public Relations und andere Maßnahmen, die bei der Recherche im Web hinderlich sein können, bieten die Bücher von Anne P. Mintz (Mintz 2002, 2012).

Literatur

Bailey, P., Thomas, P., & Hawking, D. (2007). Does brandname influence perceived search result quality? Yahoo!, Google, and WebKumara. *Proceedings of the 12th Australasian Document Computing Symposium*. Melbourne, Australia, December 10, 2007. http://goanna.cs.rmit.edu.au/~aht/adcs2007/papers/8.pdf. Zugegriffen: 30. Sept. 2014

Bar-Ilan, J., Keenoy, K., Levene, M., & Yaari, E. (2009). Presentation bias is significant in determining user preference for search results – A user study. *Journal of the American Society for Information Science and Technology, 60*(1), 135–149.

Carterette, B., Kanoulas, E., & Yilmaz, E. (2012). Evaluating Web Retrieval Effectiveness. In D. Lewandowski (Hrsg.), *Web search engine research*. Bingley: Emerald Group Publishing Ltd.

Google Inc. (2012). Google Search Quality Rating Guidelines. http://static.googleusercontent.com/external_content/untrusted_dlcp/www.google.com/en//insidesearch/howsearchworks/assets/searchqualityevaluatorguidelines.pdf. Zugegriffen: 30. Sept. 2014

Gordon, M., & Pathak, P. (1999). Finding information on the World Wide Web: the retrieval effectiveness of search engines. *Information Processing and Management, 35*, 141–180.

Griesbaum, J. (2004). Evaluation of three German search engines: Altavista.de, Google.de and Lycos.de. *Information Research, 9*(4), 1–35. http://informationr.net/ir/9–4/paper189.html. Zugegriffen: 30. Sept. 2014

Harman, D. K., & Voorhees, E. M. (2006). TREC: An overview. *Annual Review of Information Science and Technology, 40*, 113–155.

Harris, R. (2013). Evaluating Internet Research Sources. http://www.virtualsalt.com/evalu8it.htm. Zugegriffen: 30. Sept. 2014

Hawking, D., Craswell, N., Bailey, P., & Griffiths, K. (2001). Measuring search engine quality. *Information Retrieval, 4*, 33–59.

Höchstötter, N., & Lewandowski, D. (2009). What users see – Structures in search engine results pages. *Information Sciences, 179*(12), 1796–1812.

Jansen, B. J., Zhang, M., & Zhang, Y. (2007a), The effect of brand awareness on the evaluation of search engine results. *Conference on Human Factors in Computing Systems – Proceedings*, 2007, 2471–2476. New York: ACM.

Jansen, B. J., Zhang, M., & Zhang, Y. (2007b), Brand awareness and the evaluation of search results. *Proceedings of the 16th international conference on World Wide Web*, Banff, Alberta, Canada (S. 1139–1149). New York: ACM.

Joachims, T., Granka, L., Pan, B., Hembrooke, H., & Gay, G. (2005). Accurately interpreting click-through data as implicit feedback. *Conference on Research and Development in Information Retrieval*, Salvador, Brazil (S. 154–161). New York: ACM.

Lewandowski, D. (2008). The retrieval effectiveness of web search engines: considering results descriptions. *Journal of Documentation, 64*(6), 915–937. New York: ACM.

Lewandowski, D. (2011). Evaluierung von Suchmaschinen. In Lewandowski, D. (Hrsg.), *Handbuch Internet-Suchmaschinen 2: Neue Entwicklungen in Der Web-Suche*, (S. 203–228). Heidelberg: Akademische Verlagsgesellschaft AKA.

Lewandowski, D. (2014). Evaluating the retrieval effectiveness of Web search engines using a representative query sample. *Journal of the Association of Information Science and Technology*

Lewandowski, D., & Höchstötter, N. (2007). Qualitätsmessung bei Suchmaschinen – System- und nutzerbezogene Evaluationsmaße. *Informatik-Spektrum, 30*(3), 159–169.

Lewandowski, D., & Spree, U. (2011). Ranking of Wikipedia articles in search engines revisited: Fair ranking for reasonable quality? *Journal of the American Society for Information Science and Technology, 62*(1), 117–132.

Manning, C. D., Raghavan, P., & Schütze, H. (2008). *Introduction to information retrieval*. Cambridge: Cambridge University Press.

McCullagh, D. (2002). Google excluding controversial sites. *CNET*. http://news.cnet.com/2100–1023-963132.html. Zugegriffen: 30. Sept. 2014

Mintz, A. P. (2002). *Web of Deception: Misinformation on the internet*. Medford: Information Today, Inc.

Mintz, A. P. (Hrsg.). (2012). *Web of deceit: Misinformation and manipulation in the age of social media*. Medford: Information Today, Inc.

Piper, P. S. (2000). Better read that again: web hoaxes and misinformation. *Searcher, 8*(8), 40.

Schaer, P., Mayr, P., & Mutschke, P. (2010). Implications of inter-rater agreement on a student information retrieval evaluation. *LWA 2010*, Kassel.

Tague-Sutcliffe, J. (1992). The pragmatics of information retrieval experimentation, revisited. *Information Processing & Management, 28,* 467–490.

Ude, A. (2011). Journalistische Recherche im Internet. In D. Lewandowski (Hrsg.), *Handbuch Internet-Suchmaschinen 2: Neue Entwicklungen in der Web-Suche* (S. 179–199).Heidelberg: Akademische Verlagsgesellschaft AKA.

Voorhees, E. M., & Harman, D. K. (Hrsg.). (2005). *Trec: Experiment and evaluation in information retrieval*. Cambridge: MIT Press.

Wikipedia article traffic statistics: Männerrock. (2014). http://stats.grok.se/de/latest90/Männerrock. Zugegriffen: 30. Sept. 2014

Zentrale Grundprinzipien der Wikipedia. (2014). http://de.wikipedia.org/wiki/Wikipedia:Grundprinzipien#Zentrale_Grundprinzipien_der_Wikipedia. Zugegriffen: 30. Sept. 2014

Das Deep Web

In vorangegangenen Kapiteln wurde schon darauf hingewiesen, dass keine Suchmaschine alle im Web vorhandenen Inhalte finden kann, was sowohl technische als auch finanzielle Gründe hat. In diesem Kapitel soll es nun zwar auch um diese Inhalte gehen, vor allem aber um Inhalte, die zwar *über das Web* zugänglich sind, jedoch nicht in einer Form *im Web* liegen, in der sie für die allgemeinen Suchmaschinen zugänglich sind. Solche Informationen liegen vor allem in Datenbanken, deren *Suchformulare* wir im Web erreichen können, deren *Inhalte* aber nicht in Form von HTML-Seiten, die von Suchmaschinen erfasst werden können, vorliegen. Der Bereich des Web, der von den Suchmaschinen nicht erfasst werden kann bzw. nicht erfasst wird, wird als das *Deep Web* bezeichnet.

Ein einfaches Beispiel für eine solche Deep-Web-Datenbank ist das Telefonbuch (http://www.telefonbuch.de). Wir können dort nach Namen suchen und erhalten passende Telefonnummern. Die Telefonnummern würden wir aber nicht finden, wenn wir einen Namen in das Suchformular einer Suchmaschine eingeben würden. Wenn wir eine solche Recherche über eine Suchmaschine ausführen, gehen wir in zwei Schritten vor: Zuerst suchen wir eine passende Quelle (indem wir beispielsweise die navigationsorientierte Suchanfrage Telefonbuch eingeben), dann suchen wir in dieser Quelle nach der konkret gewünschten Information.

Eine bekannte Darstellung zum Deep Web zeigt ein Fischerboot, das sein Netz ausgeworfen hat und die Fische, die sich knapp unter der Wasseroberfläche aufhält, einfängt (Abb. 12.1). Die tiefer schwimmenden Fische lassen sich so allerdings nicht fangen: Zum einen reicht das Netz nicht bis in ihre Tiefe hinab, zum anderen wäre ein Netz auch gar nicht das geeignete Werkzeug, wie Abb. 12.2 verdeutlicht: Man müsste einzelne Fische bzw. kleine Schwärme von Fischen vielmehr mit besonders geeigneten Angeln fangen. Hier liegt die Parallele zu den Suchmaschinen: Diese erfassen zwar die Inhalte, die oberflächlich im Web liegen, nicht jedoch die tiefer liegenden Inhalte, für deren Erfassung besondere Werkzeuge vonnöten sind.

© Springer-Verlag Berlin Heidelberg 2015
D. Lewandowski, *Suchmaschinen verstehen,* Xpert.press,
DOI 10.1007/978-3-662-44014-8_12

Abb. 12.1 Schematische Darstellung des Oberflächenweb.
(Bergman 2001)

Abb. 12.2 Schematische Darstellung des Deep Web. (Bergman 2001)

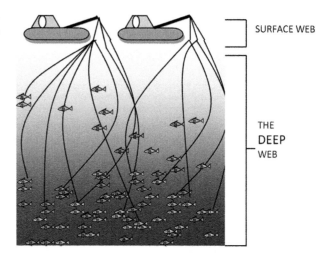

Es existieren zwei gängige Definitionen des Deep Web bzw. des Invisible Web. Beide
Definitionen stammen aus dem Jahr 2001, also aus einer Zeit, in der das Phänomen des
Deep Web gerade erst entdeckt bzw. beschrieben wurde. Daraus erklärt sich auch die
unterschiedliche Wahl der Begriffe – inzwischen werden Deep Web und Invisible Web
weitgehend synonym verwendet.[1]

Chris Sherman und Gary Price definieren das Invisible Web als

> Text pages, files, or other often high-quality authoritative information available via the World
> Wide Web that general-purpose search engines cannot, due to technical limitations, or will
> not, due to deliberate choice, add to their indices of Web pages. (Sherman und Price 2001,
> S 57)

Es geht hier also grundsätzlich um alle Informationen, die von den allgemeinen Suchmaschinen nicht aufgefunden werden. Die Definition des Deep Web von Michael Bergman
ist dagegen enger:

> The deep Web – those pages do not exist until they are created dynamically as the result of a
> specific search (Bergman 2001).

Es sind also nur diejenigen Dokumente gemeint, die aufgrund einer Suchanfrage in einer
Quelle des Deep Web dynamisch generiert werden. Die Dokumente entstehen also erst in

---

[1] Michael Bergman weist darauf hin, dass die Bezeichnung Deep Web zu bevorzugen sei, da sie sich
durchgesetzt habe und außerdem auf epistemologischer Ebene zu bevorzugen sei: Es gebe schließlich keine Dokumente, die unsichtbar seien.

Reaktion auf eine Suchanfrage. Sucht man beispielsweise in einem elektronischen Bibliothekskatalog nach Büchern zu einem bestimmten Thema, werden die Dokumente (in diesem Fall die Titelaufnahmen der Bücher) erst in dem Moment generiert und zusammengestellt, in dem die Suchanfrage gestellt wird. Es handelt sich bei den Titelaufnahmen erst einmal nicht um statische HTML-Dokumente, die über Links von den Crawlern der Suchmaschinen gefunden werden können.

Während wir als Nutzer passende Suchanfragen stellen können, um an die Inhalte aus den Datenbanken zu kommen, ist das Suchmaschinen nicht möglich. Dies wurde auf die griffige Formel gebracht: „Search engines cannot fill out forms". Sobald eine Suchmaschine also im Crawling auf ein Suchformular stößt, kommt sie nicht weiter und kann die „hinter" dem Suchformular liegenden Inhalte nicht erfassen.[2]

Die von Bergman benannten dynamisch generierten Dokumente, also die Inhalte von Datenbanken, sind in der Definition von Sherman und Price enthalten, da sie ja auch nicht von den allgemeinen Suchmaschinen aufgefunden werden können.

Die Inhalte von Datenbanken sind sicherlich ein wesentlicher Teil des Deep Web. Die alleinige Betrachtung dieses Teils wäre aber nicht ausreichend, um die Probleme zu beschreiben, die durch die Nicht-Erfassung vieler Inhalte durch Suchmaschinen entstehen. Daher wird Im Folgenden die Definition von Sherman und Price in einer etwas präzisierten Form verwendet: Zum Deep Web gehören alle über das Web zugänglichen Inhalte, die von den allgemeinen Suchmaschinen nicht erschlossen werden (können), vor allem die Inhalte von Datenbanken, die über das Web erreichbar sind. Die Begriffe Invisible Web und Deep Web werden im Folgenden synonym verwendet.

Das Gegenstück zum Deep Web ist das sog. *Surface Web*), das aus allen Inhalten besteht, die von den allgemeinen Suchmaschinen aufgefunden werden.

Das Deep Web sollte nicht mit dem sog. *Dark Web* verwechselt werden. Oft wird das Deep Web als eine Art geheimer Bereich des Internet bezeichnet, in dem Konspiration und Kriminalität blühen. Natürlich finden sich auch solche Inhalte im Deep Web (wie im Oberflächenweb übrigens auch), allerdings machen sie nur einen geringen Teil davon aus. Für diesen Teil hat sich der Begriff *Dark Web* (Chen 2012) etabliert, auch wenn immer wieder Publikationen, in denen es eigentlich um dieses geht, mit dem Titel „Deep Web" aufmachen (so etwa Anonymus 2014).

12.1   Die Inhalte des Deep Web

Sherman und Price (2001, S 62 ff.) geben eine Übersicht über die Typen von Invisible-Web-Inhalten:

- *Nicht verbundene Seiten* (d. h. nicht verlinkte Seiten; *disconnected pages*): Diese Seiten werden von anderen Dokumenten aus nicht verlinkt und können daher im Crawling nicht aufgefunden werden (s. Abschn. 3.3).

---

[2] Es gibt einige Ansätze, die es Suchmaschinen erlauben, durch gezielte Eingaben hinter die Formulare zu gelangen. Allerdings ist damit bislang keine umfassende Erschließung der Deep-Web-Inhalte möglich.

- *Seiten, die primär aus Bildern, Audiodateien oder Videos bestehen*: Die Indexierung der Suchmaschinen basiert auf Text. Wenn – wie im Fall der genannten Dateitypen – kein (oder kaum) Text vorhanden ist, können die Inhalte auch nicht erfasst werden. Solche Dateien werden von den Suchmaschinen vor allem über Umgebungstexte erfasst (s. Abschn. 3.4.1).
- *Dateien in bestimmten, für die Suchmaschinen nicht erfassbaren Formaten*: Hierunter fallen beispielsweise die bereits in Abschn. 3.3 diskutierten Flash-Inhalte, die von den Suchmaschinen nicht gelesen werden können. Sherman und Price führen in ihrem Buch auch noch PDF-Dateien an, die damals (2001) von den Suchmaschinen in der Tat noch nicht indexiert werden konnte. Man sieht an diesem Beispiel, dass sich die Grenzen des Deep Web aufgrund der technischen Weiterentwicklung der Suchmaschinen immer wieder verschieben. Wir werden allerdings sehen, dass es auch Bereiche gibt, in die auch zukünftige Suchmaschinen nicht vordringen werden können.
- *Inhalte in relationalen Datenbanken*: Hierbei handelt es sich um Inhalte, die hinter Suchformularen „versteckt" sind.
- *Echtzeitinhalte*: Hierbei handelt es sich um Inhalte, die sich ständig verändern, beispielsweise Börsenkurse oder Wetterdaten. Diese sind zwar auf Webseiten abrufbar, Suchmaschinen können sie aber nicht stets aktuell indexieren.
- *Dynamisch generierte Inhalte*: Hiermit sind Inhalte gemeint, die auf der Basis einer aktuell gestellten Suchanfrage an einen individuellen Nutzer angepasst sind und somit für die Indexierung in Suchmaschinen keine Rolle spielen.

Gegenüber dem von Sherman und Price beschriebenen Stand der Erfassung von Inhalten durch Suchmaschinen haben sich natürlich erhebliche Veränderungen ergeben. Suchmaschinen sind inzwischen besser in der Lage, Inhalte in verschiedenen Dateiformaten zu indexieren, auch wenn es weiterhin große Probleme beispielsweise mit Flash-Inhalten gibt. Auch nicht verbundene Seiten dürften mittlerweile ein erheblich geringeres Problem sein, was auch damit zu tun hat, dass den Inhalteanbietern inzwischen klar ist, dass sie selbst aktiv werden müssen, um die Auffindbarkeit ihrer Inhalte zu gewährleisten. Dies betrifft (zumindest zum Teil) auch die Sichtbarmachung von Inhalten aus Datenbanken: Zwar gibt es immer noch zuhauf Datenbanken, deren Inhalte nicht von den Suchmaschinen indexiert werden (können), allerdings haben viele Datenbankanbieter inzwischen für jedes Dokument in der Datenbank ein HTML-Äquivalent erstellt, das wie andere HTML-Seiten auch indexiert werden kann. Somit lassen sich auch große Datenbestände für die Suchmaschinen aufbereiten (Heinisch 2003). Mit dieser Methode lassen sich dann zwar die einzelnen Dokumente oder vorab zusammengestellte Dokumentenlisten finden, es können allerdings gerade die originären Suchmöglichkeiten in der Datenbank, welche zu individuellen Trefferlisten bzw. Zusammenstellungen von Dokumenten führen, nicht abgebildet werden.

Weniger Fortschritte gibt es bei der Indexierung von Multimedia-Inhalten, sofern man von einer tatsächlichen inhaltsbasierten Erschließung ausgeht. Innerhalb der Bilder oder Videos werden nur recht einfach zu extrahierende Merkmale (Farben, teils auch eingeblendete Texte) erkannt, während der wesentliche Teil der durchsuchbaren Repräsentation mit Hilfe von Umgebungstexten erstellt wird (s. Abschn. 3.4.1).

Echtzeit-Inhalte sind weiterhin kaum in der jeweils aktuellen Version auffindbar. Ausnahmen bestehen dort, wo Suchmaschinen diese Inhalte direkt, wenn eine Suchanfrage gestellt wird, aus einer Datenbank abfragen und in die Suchergebnisseite aufnehmen (s. Abschn. 6.1). Dies betrifft aber nur besonders populäre Inhalte wie Wetter und Börsenkurse; ein Großteil der Echtzeit-Inhalte muss direkt auf entsprechenden Websites abgerufen werden.

12.2   Quellen vs. Inhalte von Quellen, Zugänglichkeit von Inhalten *via* Web

Eine wichtige Unterscheidung, die (nicht nur!) hinsichtlich des Deep Web getroffen werden muss, ist die zwischen Quellen und Inhalten von Quellen. In Kap. 10 wurde schon unterschieden zwischen der Suche nach Inhalten (aus unterschiedlichen Quellen) und der Suche in zwei Schritten, wobei im ersten Schritt nach einer passenden Quelle gesucht wird, und die eigentliche thematische Suche dann im zweiten Schritt in dieser Quelle durchgeführt wird. Besonders wertvoll ist diese Zweiteilung nun bei den Quellen des Deep Web, denn während wir mit den allgemeinen Suchmaschinen durchaus Inhalte aus Quellen, an die wir noch gar nicht gedacht haben, finden können (etwa aus einer Website eines Angebots von einer relevanten Zeitschrift zum Thema), so sind die *Inhalte* der Deep-Web-Quellen über die allgemeinen Suchmaschinen nicht auffindbar – wohl aber die Quellen selbst.

Abbildung 12.3 verdeutlicht dies: Im linken Teil ist eine konventionelle Website dargestellt, deren einzelne Dokumente von den Suchmaschinen mittels Links aufgefunden werden können. Im rechten Teil dagegen ist eine Deep-Web-Datenbank dargestellt: Bei dem im oberen Teil dargestellten Suchformular handelt es sich um eine konventionelle HTML-Seite, die von den Suchmaschinen erfasst werden kann. Diese Seite enthält allerdings ein Suchformular, mit dessen Hilfe die Datenbank (im unteren Teil dargestellt)

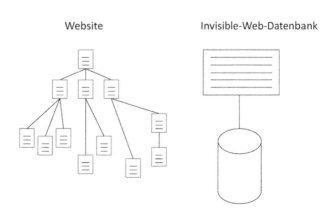

Abb. 12.3 Unterscheidung zwischen einer Website und einer Invisible-Web-Quelle

Website   Invisible-Web-Datenbank

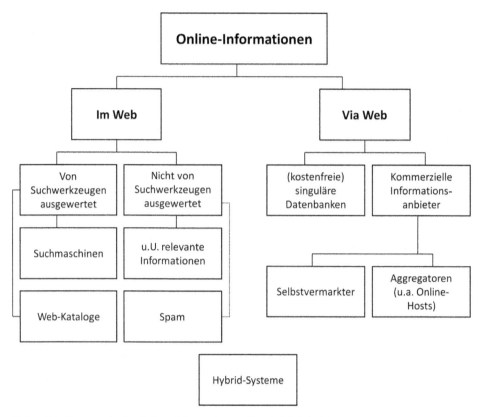

Abb. 12.4 Taxonomie der Online-Informationen. (Stock 2003, S 27)

abgefragt wird. Die Suchmaschinen können die Inhalte der Datenbank nicht erreichen, da sie nicht in der Lage sind, das Suchformular auf sinnvolle Weise auszufüllen.

Stock (2003) unterscheidet die Online-Informationen nach ihrer Zugänglichkeit *im Web* oder *über das Web* (Abb. 12.4). *Im Web* liegen alle Inhalte, die theoretisch von den Suchmaschinen ausgewertet werden können; *über das Web* sind die Inhalte von Datenbanken erreichbar, wobei diese Inhalte von den Suchmaschinen *im Web* nicht erfasst werden können.

Im linken Teil des Schaubilds werden die Inhalte im Web weiter differenziert: Zum einen gibt es Inhalte, die von Suchwerkzeugen ausgewertet werden. Dies können Suchmaschinen sein, aber auch Web-Kataloge (zur Unterscheidung s. Kap. 2). Allerdings gibt es auch Inhalte, die zwar im Web liegen, von den Suchmaschinen aber trotzdem nicht erfasst werden. Das können zum einen relevante Informationen sein, die einem Nutzer bei seiner Recherche entgehen, weil die Suchmaschine sie aus technischen oder Kapazitätsgründen nicht erschlossen hat (s. Abschn. 3.1). Dann gibt es noch Inhalte, die von den Suchmaschinen willentlich nicht erfasst werden, weil es sich schlicht um Inhalte handelt, die von der jeweiligen Suchmaschine als nicht wünschenswert erachtet werden (*Spam*, s. Abschn. 5.8). Die nicht ausgewerteten Inhalte – unabhängig davon, aus welchen Gründen sie nicht ausgewertet werden – zählen zum Deep Web. Hier wird also gezeigt, dass es Inhalte gibt, die technisch für die Suchmaschinen ohne Probleme indexierbar wären, allerdings trotzdem aus dem Index ausgeschlossen werden.

Im rechten Bereich des Schaubilds werden die Inhalte, die *via Web* zugänglich sind (in dieser Darstellung also die Datenbanken), weiter unterschieden. Es gibt zum einen einzelne Datenbanken, deren Suchformulare im Web stehen und die oft kostenfrei abrufbar sind. Solche Datenbanken werden zum Beispiel von staatlichen Institutionen angeboten, zu deren Aufgabe die Bereitstellung von Informationen zu ihrem Thema gehört.

Daneben gibt es die kommerziellen Informationsanbieter, die die Inhalte ihrer Datenbanken verkaufen. Hier ist zu unterscheiden zwischen den Selbstvermarktern, welche eine oder mehrere selbst produzierte Datenbanken auf ihrer eigenen Website anbieten und den Aggregatoren, welche die Inhalte vieler, vor allem nicht von ihnen selbst produzierter Datenbanken zusammenfassen und unter einer Oberfläche recherchierbar machen. Um zu verdeutlichen, welche Menge von Informationen hinter einer einzigen solchen Oberfläche stecken kann, sei das Beispiel Lexis Nexis, ein Anbieter von Presse-, Wirtschafts- und Rechtsdatenbanken angeführt: Dieser Anbieter vereint mehr als 30.000 verschiedene Datenbanken unter einer Oberfläche. Diese Datenbanken enthalten mehr als fünf Milliarden Dokumente (LexisNexis 2009), welche zum weit größten Teil nicht *im Web* verfügbar sind.

Hybridsuchmaschinen schließlich kombinieren „das beste aus beiden Welten": Sie verwenden Daten aus dem Web (meist einen gezielt ausgesuchten Ausschnitt aus dem Web) und kombinieren diese mit Inhalten aus dem Invisible Web. So können etwa strukturierte Informationen aus Datenbanken mit unstrukturierten Inhalten aus dem Web kombiniert werden.

Exkurs: Welches Angebot gehört in welchen Bereich?
Abbildung 12.5 zeigt noch einmal die Taxonomie der Online-Informationen, diesmal allerdings mit Beispielen für die einzelnen Bereiche.

Im linken Teil sehen wir die uns bereits bekannten Beispiele von Diensten, die Inhalte erschließen, die im Web liegen. Als Beispiel bei den Suchmaschinen ist Bing angegeben; bei den Web-Katalogen ist dies das *Open Directory Project* (dmoz; s. Abschn. 2.4.4). In der zweiten Spalte des linken Bereichs sind keine Beispiele angegeben, da es sich hier ja um den Bereich im Web handelt, der von Suchwerkzeugen nicht ausgewertet wird.

Im rechten Bereich betrachten wir zuerst eine kostenfreie singuläre Datenbank, und zwar die Datenbank *eSearch plus* des Europäischen Harmonisierungsamts für den Binnenmarkt (https://oami.europa.eu/eSearch/). In dieser Datenbank finden sich Informationen zu Marken, Mustern und Modellen; der Anwendungszweck ist also sehr speziell. Sucht man aber beispielsweise nach einer bestimmten Marke, hat man im Gegensatz zu einer Recherche bei einer Suchmaschine die Gewissheit, dass ein vollständiger Bestand der Marken durchsucht wird und man mit nur einer Suchanfrage die Recherche durchführen kann. Würde man dagegen mit einer Suchmaschine arbeiten, würde man zwar sicherlich auch (unsystematische) Informationen zu der gesuchten Marke finden, man könnte sich aber nie sicher sein, auch tatsächlich *alle* relevanten Informationen gefunden zu haben. Die Nutzung von eSearch plus ist kostenlos, da die Erstellung der Datenbank aus Steuergeldern finanziert wird.

Auf der Seite der kommerziellen Informationsanbieter unterscheidet Stock zwischen Selbstvermarktern und Aggregatoren. Ein Selbstvermarkter ist beispielsweise *Firmenwissen.de*, eine Datenbank mit Informationen über deutsche Unternehmen. Die Datenbank wird vom Verband der Vereine Creditreform produziert; die Finanzierung erfolgt über den Verkauf der Informationen. Möchte man also aus der Datenbank mehr als Basisinformationen zu einem Unternehmen bekommen, muss man sich registrieren und für die Informationen bezahlen.

Ein Beispiel für einen Aggregator ist Genios. Es handelt sich hier um einen Online-Host, unter dessen Oberfläche in einer Vielzahl von Datenbanken vor allem aus den Bereichen Presse und Unternehmen recherchiert werden kann, u. a. auch in der Firmendatenbank von Creditreform. Creditreform vermarktet seine Datenbank also auf der einen Seite selbst, auf der anderen Seite über verschiedene Aggregatoren.

Zuletzt soll noch ein Beispiel für eine Hybridsuchmaschine gegeben werden, nämlich Google Scholar. Diese Suchmaschine erfasst wissenschaftliche Literatur aus dem Oberflächenweb und kombiniert diese mit Inhalten von Verlagen, die im Deep Web liegen (ausführlich dazu Abschn. 13.3).

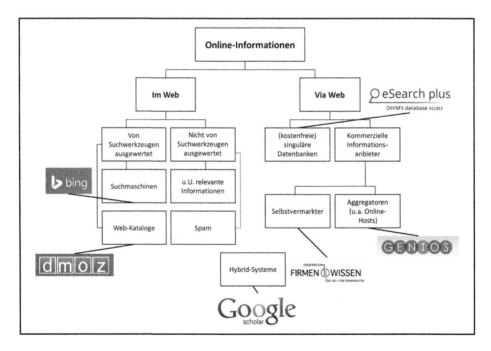

Abb. 12.5 Taxonomie der Online-Informationen. (Stock 2003, S 27), ergänzt um Beispieldienste

12.3   Die Größe des Deep Web

Es gibt keine verlässlichen Angaben zur Größe des Deep Web. Allerdings werden in verschiedenen Publikationen immer wieder Zahlen genannt, weshalb in diesem Abschnitt darauf eingegangen werden soll, wie diese Zahlen zustande kommen und warum sie kaum aussagekräftig sind.

Zunächst einmal ist es sehr schwierig, die Größe des Deep Web zu errechnen. Nehmen wir an, dass wir es mit Suchmaschinen zu tun hätten, die alle Inhalte des Oberflächenweb und auf der Seite des Deep Web nur die Inhalte der Datenbanken nicht erfassen könnten. Selbst in diesem günstigen Fall müssten wir, um die Größe des Deep Web errechnen zu können, die Menge der Dokumente in all diesen Datenbanken, und dazu die Menge der sonstigen im Deep Web liegenden Dokumente kennen. Dann müssten wir noch wissen, wie groß die Überschneidungen zwischen den Datenbanken sind, da wir ja die Dokumente nicht doppelt zählen wollen.

Ähnlich wie schon bei der Bestimmung der Größe des Oberflächenweb (Kap. 3) ergeben sich also große Probleme. Die bisher vorliegenden Größenberechnungen basieren daher auch nicht auf Vollerhebungen, sondern rechnen auf der Basis einer Auswahl von Quellen auf die Gesamtgröße des Deep Web hoch. Und gerade hier liegt die Krux, denn die bekannten Berechnungen nehmen an, dass sich ihre Stichprobe „einfach" hochrechnen lässt, was aber nicht der Fall ist, da es sich auch bei der Größenverteilung der Deep-Web-Datenbanken um eine linksschiefe bzw. informetrische Verteilung (vgl. Abschn. 4.3) handelt.

Am häufigsten werden (immer noch) die Zahlen aus dem Aufsatz von Michael Bergman (2001) genannt. Außer, dass diese Zahlen inzwischen hoffnungslos veraltet sind, dürften sie auch deutlich zu hoch liegen, was an der erwähnten fehlerhaften Hochrechnung liegt (s. Lewandowski und Mayr 2006).

Nach Bergman fanden sich 2001 im Deep Web 550 Mrd. Dokumente, was nach dem damaligen Stand von maximal einer Milliarde indexierter Dokumente in der größten der Suchmaschinen des Oberflächenweb die 550fache Größe des Deep Web gegenüber dem Oberflächenweb ergab.

Bergman verwendete für die Berechnung die durchschnittliche Größe der bekannten Deep-Web-Datenbanken und multiplizierte diese mit der geschätzten Gesamtzahl dieser Datenbanken. Mit der Berechnung der *durchschnittlichen* Größe (arithmetisches Mittel) wurde aber angenommen, dass sich die Größen gleichmäßig um einen Mittelwert verteilen. Vergleicht man den Mittelwert der Dokumentenanzahl der von Bergman verwendeten 60 Datenbanken (5,43 Mio. Dokumente) mit dem Median (4950 Dokumente), so zeigt sich, dass wir es mit einer extrem linksschiefen Verteilung zu tun haben und die Berechnung des arithmetischen Mittels daher zu irreführenden Ergebnissen kommt. Lewandowski und Mayr (2006) kommen aufgrund dieser Tatsache und eigener Berechnungen auf Basis von Bergmans Daten zu dem Schluss, dass die Größe des Deep Web in der Region der Größe des Oberflächenweb, und die Größe des akademisch relevanten Bereichs des Invisible Web zwischen 20 und 100 Mrd. Dokumenten liegt (Lewandowski und Mayr

2006, S 536). Dieser Schluss ist natürlich unbefriedigend, da nur eine sehr grobe Schätzung abgegeben wird.

Letztlich stellt sich die Frage, ob es tatsächlich eine Rolle spielt, wie groß genau das Deep Web ist. Lässt man das wissenschaftliche Interesse an dieser Frage beiseite und betrachtet die Sache aus der Recherche-Perspektive, so spielt vor allem eine Rolle, dass das Deep Web in nennenswertem Umfang existiert und Informationen bietet, die sich im Oberflächenweb nicht, nur schwer oder nur unstrukturiert finden lassen. Die Quellen des Deep Web sind also wichtig, vor allem für umfangreichere Recherchen.

12.4   Bereiche des Deep Web

Neben den bereits genannten technischen Gründen für die Zugehörigkeit von Dokumenten zum Deep Web gibt es strukturelle Gründe, auf deren Basis Sherman und Price (2001, S 70 ff.) das Invisible Web in vier Bereiche unterteilen:

- *Opaque Web* („undurchsichtiges Web"): Hierbei handelt es sich um Seiten, die von den Suchmaschinen erfasst werden könnten, aber nicht erfasst werden. Gründe für die Nichterfassung sind u. a. die Tiefe des Crawlings (die Suchmaschinen erfassen nicht alle Dokumente einer Website), die Aktualität (die Suchmaschinen können ihre Datenbestände nicht vollständig aktuell halten), die Maximalzahl der angezeigten Ergebnisse (Nutzer können nicht alle theoretisch vorhandenen Ergebnisse zu einer Suchanfrage aufrufen), und nicht verbundene Seiten.
- *Private Web* („privates Web"): Hierbei handelt es sich um Seiten, die von den Autoren bewusst von der Indexierung durch Suchmaschinen ausgeschlossen wurden, beispielsweise durch Passwort-Abfragen oder durch Ausschlusskommandos in der Robots.txt-Datei (s. Abschn. 3.3.1).
- *Proprietary Web* („proprietäres Web"): Dies sind Inhalte, deren Nutzung nur nach Zustimmung zu bestimmten Nutzungsbedingungen möglich ist. Dabei kann es sich etwa um eine Registrierung mit persönlichen Daten handeln, aber auch um kostenpflichtige Inhalte, für deren Nutzung vorher ein Vertrag abgeschlossen werden musste.
- *Truly Invisible Web* („tatsächlich unsichtbares Web"): Dabei handelt es sich um Seiten bzw. Websites, die für die Suchmaschinen aufgrund technischer Gegebenheiten nicht indexierbar sind. Das Truly Invisible Web hat keine klar definierte Grenze, da sich die technischen Möglichkeiten der Suchmaschinen stetig ändern und daher Inhalte, die heute noch unsichtbar sind, schon morgen mittels neuer Verfahren sichtbar gemacht werden können.

An diesen Bereichen zeigt sich, dass sich zwar manche Bereiche durch fortschrittlichere Suchmaschinentechnologie verkleinern oder vielleicht sogar ganz auflösen lassen. Dies betrifft das Opaque Web und das Truly Invisible Web. Die Inhalte des Private Web und des Proprietary Web werden dagegen wohl nie in die allgemeinen Suchmaschinen eingehen, auch wenn Teile davon bereits heute durchaus von Spezial- bzw. Hybridsuchmaschinen erschlossen werden (s. Kap. 13).

12.5   Welche Rolle spielt das Deep Web heute?

Die Kenntnis des Deep Web spielt vor allem bei komplexeren Recherchen eine Rolle. So bequem eine Recherche mittels konventioneller Suchmaschinen erst einmal erscheinen mag, so ineffizient kann sie gerade bei größeren Aufgaben sein. In vielen Fällen wird mit der Recherche im Oberflächenweb viel Zeit verschwendet, die nicht nur für das Auffinden von Informationen gebraucht wird, sondern auch für deren Zusammenstellung bzw. Zusammenfassung. Hier lohnt es sich oft, nach passenden Deep-Web-Datenbanken Ausschau zu halten (s. Kap. 12). Dort liegen die Informationen in vielen Fällen vollständig(er) und in strukturierter Form vor. Auch die Nutzung kostenpflichtiger Datenbanken ist vor diesem Hintergrund zu betrachten: Auch vermeintlich kostenlose Recherchen kosten Geld, und zwar gemessen an der Zeit, die der Recherchierende für seine Arbeit benötigt. Und wägt man diese beiden Kostenarten miteinander ab, ergibt sich oft ein Kostenvorteil für die Recherche in kostenpflichtigen Quellen oder sogar in die Vergabe einer umfangreicheren Recherche an Information Broker.

In diesem Kapitel wurde das Deep Web vor allem technisch betrachtet. Es gibt aber auch Ansätze, die sich an einer „kognitiven Definition" des Deep Web versuchen: So gehen Ford und Mansourian (2006) etwa davon aus, dass all jene Inhalte zum Deep Web gehören, die von Nutzern aufgrund mangelnder Kenntnisse oder mangelndem Einsatz nicht gefunden werden (können). Damit ergeben sich natürlich ganz andere Grenzen, die bei jedem Nutzer individuell verschieden sind.

12.6   Zusammenfassung

Zum Deep Web (auch: Invisible Web) gehören alle Inhalte, die zwar im Web oder über das Web zugänglich sind, jedoch von den allgemeinen Suchmaschinen nicht erfasst werden. Ein wesentlicher Bestandteil des Deep Web sind spezialisierte Datenbanken, deren Inhalte nach der Abfrage über ein Suchformular in einer jeweils individuellen Zusammenstellung ausgegeben werden. Suchmaschinen scheitern nun daran, diese Inhalte mittels sinnvoller Suchanfragen abzurufen. Für die Recherche bedeutet dies, dass es insbesondere bei komplexeren Fragestellungen sinnvoll ist, nicht allein in Suchmaschinen zu recherchieren, sondern auch geeignete Datenbanken des Deep Web zu identifizieren und dann dort Recherchen durchzuführen.

Die Größe des Deep Web lässt sich nur schwer ermitteln; an den immer wieder genannten Zahlen sind erhebliche Zweifel angebracht. Es gibt verschiedene Bereiche des Deep Web; in manchen dieser Bereiche erzielen die Suchmaschinen durch neue Technologien Fortschritte. Die Inhalte anderer Bereiche, wie etwa die Inhalte kostenpflichtiger Datenbanken, werden Suchmaschinen dagegen wohl auch in Zukunft nicht erfassen (können).

Weiterführende Literatur

Zwar ist das Buch von Sherman und Price (2001) in seiner umfassenden Auflistung von Invisible-Web-Quellen inzwischen hoffnungslos veraltet, der allgemeine Teil zur Problematik des Invisible Web und seiner Teilbereiche ist jedoch weiterhin lesenswert. Einige interessante Aspekte vor allem für Personen, die im Rahmen von Schulungen zur Informationskompetenz o.ä. das Konzept des Deep Web vermitteln möchten, finden sich in Devine und Egger-Sider (2009) bzw. Devine und Egger-Sider (2014).

Literatur

Anonymus. (2014) *Deep Web: Die dunkle Seite des Internets.* Berlin: Blumenau.

Bergman, M. K. (2001). The deep Web: Surfacing hidden value. *Journal of Electronic Publishing, 7*(1), 1–17.

Chang, K. C., He, B., Li, C., Patel, M., & Zhang, Z. (2004). Structured databases on the web: Observations and implications. *SIGMO, 33*(3), 61–70.

Chen, H. (2012). *Dark web: Exploring and data mining the dark side of the web.* New York : Springer.

Devine, J., & Egger-Sider, F. (2009). *Going beyond Google: The invisible web in learning and teaching* (S. 111–127). New York: Neal-Schuman Publishers.

Devine, J., & Egger-Sider, F. (2014). *Going beyond Google again: Strategies for using and teaching the invisible web.* London: Facet Publishing.

Ford, N., & Mansourian, Y. (2006). The invisible web: an empirical study of „cognitive invisibility." *Journal of Documentation, 62*(5), 584–596.

Heinisch, C. (2003). Suchmaschinen des Surface Web als Promotoren für Inhalte des Deep Web – Wie Doorway-Pages als „Teaser" zu Datenbank-Inhalten in die Index-Files der Suchmaschinen gelangen. In R. Schmidt (Hrsg.), *Competence in Content, 25. Online-Tagung der DGI* (S. 13–24). Frankfurt a. M.: DGI.

Lewandowski, D., & Mayr, P. (2006). Exploring the academic invisible web. *Library Hi Tech, 24*(4), 529–539.

LexisNexis. (2009). LexisNexis data centers: Two data centers house one of the most complete and comprehensive collections of online information in the world. http://www.lexisnexis.com/presscenter/mediakit/datacenter.asp. Zugegriffen: 30. Sept. 2014.

Sherman, C., & Price, G. (2001). *The invisible web: Finding hidden internet resources search engines can't see.* Medford, NJ: Information Today.

Stock, W. G. (2003). Weltregionen des Internet: Digitale Informationen im WWW und via WWW. *Password, 18*(2), 26–28.

Spezialsuchmaschinen und ihre Recherchemöglichkeiten

In den vorangegangenen Kapiteln wurden Universalsuchmaschinen behandelt; Spezialsuchen wurden im Kontext des speziellen Crawlings (Abschn. 3.3.4) und hinsichtlich ihrer Einbindung in die Universal-Search-Ergebnisseiten (Kap. 6) behandelt. Im letzten Kapitel wurden als zusätzliche Quelle für spezialisierte Recherchen die Datenbanken des Deep Web genant. Nun soll es um die Spezialsuchmaschinen selbst gehen. In der Diskussion der Werkzeuge zum Auffinden von Informationen im Web (Kap. 2) wurden Spezialsuchmaschinen von den Universalsuchmaschinen durch ihre freiwillige Beschränkung auf bestimmte Inhalte abgegrenzt. Entsprechend lautet die Definition für Spezialsuchmaschinen:

> Spezialsuchmaschinen sind solche, die sich thematisch oder anhand formaler Dokumentenmerkmale (Bsp. Dateityp) beschränken. (Lewandowski 2009, S. 57)

Der Vorteil einer solchen Beschränkung liegt vor allem darin, dass die ausgesuchten Inhalte vollständiger erfasst und tiefer erschlossen werden sowie die Suchoberfläche und das Ergebnisranking an individuelle Nutzergruppen angepasst werden können.

In der Praxis wird auch oft die Unterscheidung zwischen horizontalen und vertikalen Suchmaschinen verwendet, wobei horizontale Suchmaschinen solche sind, die das Web in seiner Breite abdecken sollen und vertikale Suchmaschinen solche, die in bestimmten Bereichen in die Tiefe gehen. Allerdings eignet sich diese Unterteilung wenig für die Klassifizierung von Spezialsuchmaschinen, da beispielsweise eine Bildersuchmaschine als horizontale Suchmaschine zu betrachten wäre (sie erfasst Bilder aus dem gesamten Web), allerdings trotzdem eine Spezialsuchmaschine ist (sie ist freiwillig auf bestimmte Inhalte beschränkt). Zwar werden die Begriffe „vertikale Suchmaschine" und „Spezialsuchmaschine" häufig synonym verwendet, im Folgenden wird der Genauigkeit halber aber nur noch von Spezialsuchmaschinen die Rede sein.

© Springer-Verlag Berlin Heidelberg 2015

D. Lewandowski, *Suchmaschinen verstehen,* Xpert.press,

DOI 10.1007/978-3-662-44014-8_13

Im Folgenden werden die Beschränkungen der Universalsuchmaschinen dargestellt und daraus die Notwendigkeit bzw. Sinnhaftigkeit von Spezialsuchmaschinen abgeleitet. Dann werden die unterschiedlichen Typen von Spezialsuchmaschinen mit ihren technischen Besonderheiten erläutert. Aus der Vielzahl der möglichen Spezialsuchmaschinen werden dann drei Beispiele herausgegriffen, die jeweils einen der Typen repräsentieren. In der Vorstellung dieser Spezialsuchmaschinen wird sowohl auf die technischen Besonderheiten als auch auf die besonderen Recherchemöglichkeiten eingegangen.

13.1 Probleme der allgemeinen Suchmaschinen

Spezialsuchmaschinen erfüllen Aufgaben, die die allgemeinen Suchmaschinen aus unterschiedlichen Gründen nicht erfüllen können. Es handelt sich dabei um Probleme in vier Bereichen (vgl. Lewandowski 2009, S. 54 ff.):

- Technische Probleme,
- Finanzielle Hürden,
- Ausrichtung an einem einzigen Nutzermodell,
- Probleme der Erschließung.

Technische Probleme ergeben sich zuerst einmal aus der Gesamtmenge der im Web vorhandenen Dokumente (s. Kap. 3), die von keiner Suchmaschine vollständig erfasst werden kann. Im Crawling werden Prioritäten gesetzt, die sich an einer gemessenen „allgemeinen Bedeutung" von Dokumenten ausrichten und nicht an den Bedürfnissen zu bestimmten Themen bzw. den Bedürfnissen bestimmter Nutzergruppen. Universalsuchmaschinen sind daher in spezifischen Bereichen oft noch weniger vollständig und aktuell als bei einer Betrachtung von Durchschnittswerten über den gesamten Datenbestand hinweg.

Weitere technische Probleme ergeben sich aus dem im vorangegangenen Kapitel beschrieben Deep Web, dessen Inhalte von den allgemeinen Suchmaschinen nicht erfasst werden bzw. erfasst werden können. Zum Deep Web gehören sowohl Inhalte, die aus technischen Gründen von den Suchmaschinen (zumindest zurzeit) nicht erfasst werden können als auch Inhalte, für deren Nutzung man bezahlen muss. Bei diesen Bezahlinhalten besteht einerseits das Problem, dass sie auch von den Suchmaschinen nicht aufgerufen werden können; andererseits würde eine Einbindung in die Universalsuchmaschinen einen Paradigmenwechsel weg von der Vermittlung kostenloser Inhalte bedeuten.

Finanzielle Hürden sind mit den technischen Problemen eng verbunden. Auch hier geht es wieder um die vollständige und aktuelle Erfassung der Inhalte aus dem Web. Während diese schon technisch nicht vollständig möglich ist, schränken finanzielle Restriktionen die Erfassung in der Regel noch weiter ein. Suchmaschinenbetreiber müssen abwägen zwischen dem Anspruch einer möglichst vollständigen Erfassung und dem effizienten Einsatz finanzieller Ressourcen. Das kann bedeuten, dass eine Erschließung der Web-Inhalte nur bis zu einer bestimmten Tiefe erfolgt, da sich die Aufnahme weiterer Dokumente nicht lohnen würde. Der Gewinn durch die zusätzlichen Dokumente wäre zu gering im Vergleich zu den dafür notwendigen Investitionen.

Die *Ausrichtung an einem einzigen Nutzermodell* bedeutet, dass Suchmaschinen, die sich an eine allgemeine Nutzerschaft, d. h. potenziell an jeden, der im Web sucht, wenden, immer auch Rücksicht auf die Ansprüche und Bedürfnisse des angenommenen „Durchschnittsnutzers" nehmen müssen. Auch wenn man berücksichtigt, dass die Universalsuchmaschinen ihre Angebote zunehmend personalisieren (s. Abschn. 5.6), so bezieht sich diese Personalisierung doch ausschließlich auf die Anfrageinterpretation sowie die Suchergebnisse, und nicht auf den Suchprozess selbst bzw. die Suchoptionen. Universalsuchmaschinen bieten beispielsweise keine themenspezifischen Einschränkungsmöglichkeiten in den erweiterten Suchformularen oder auf den Suchergebnisseiten. Auch in der Anfrageformulierung sind keine themenspezifischen Einschränkungen möglich.

In fachlichen Recherchen sind die Suchergebnisse, sofern nicht durch eine nennenswerte Anzahl von themenrelevanten Suchanfragen in der Vergangenheit eine Personalisierung stattgefunden hat, oft trivial bzw. zu allgemein, da sie sich an einem unspezifischen Nutzermodell ausrichten (müssen). Hier können Spezialsuchmaschinen, die spezifischere Nutzermodelle verfolgen, einen Ausweg bieten.

Unter den *Problemen der Erschließung* schließlich ist zu verstehen, dass Universalsuchmaschinen alle Dokumente in ihrem Index gleich behandeln und daher auch die Dokumentrepräsentationen (s. Abschn. 3.4) gleich aufgebaut sind. Zwar werden teils zusätzliche Informationen aus den Dokumenten extrahiert und auch in den Trefferbeschreibungen auf den Suchergebnissen angezeigt (s. Abschn. 6.3), allerdings stammen diese extrahierten Informationen entweder aus in die Universalsuchmaschine eingebundenen Spezialsuchmaschinen oder die extrahierten Informationen sind recht allgemeiner Natur.

Letztlich besteht die Erschließung der Dokumente in den Universalsuchmaschinen vor allem aus dem Volltext, den auf das Dokument verweisenden Ankertexten und einigen zusätzlichen Informationen (vgl. Abschn. 3.4.2). Spezifische Informationen, die sich teils bereits in strukturierter Form in den Dokumenten aus bestimmten Quellen befinden, gehen in der Erschließung durch Universalsuchmaschinen verloren. So erfassen die Universalsuchmaschinen beispielsweise die Dokumente aus umfangreichen Portalen mit wissenschaftlicher Literatur, wobei allerdings die strukturiert vorliegenden Namen von Autoren, Zeitschriften und Büchern verloren gehen (ausführlich dazu in Abschn. 13.4).

Spezialsuchmaschinen nun versuchen den genannten Problemen zu begegnen, indem sie sich auf einen bestimmten Bereich beschränken, den sie dafür aber vollständiger abdecken können. Sie können die Dokumente entsprechend ihres thematischen Fokus tiefer bzw. anderes als die Universalsuchmaschinen erschließen; die Recherchemöglichkeiten, der Suchprozess und die Ergebnispräsentation können an der individuellen Nutzergruppe ausgerichtet werden.

13.2 Typen von Spezialsuchmaschinen

Unter Spezialsuchmaschinen werden alle Suchmaschinen gefasst, die sich freiwillig auf einen bestimmten Bereich des Web beschränken – dies bedeutet aber nicht, dass alle Spezialsuchmaschinen nach den gleichen Prinzipien funktionieren. Vielmehr haben sich mehrere Typen von Spezialsuchmaschinen herausgebildet, die im Folgenden beschrieben werden.

Beim fokussierten Crawling (*focused crawling*; vgl. Baeza-Yates und Ribeiro-Neto 2011, S. 513) werden ausgewählte Bereiche des Oberflächenweb erfasst. Damit handelt es sich um Inhalte, die prinzipiell auch von den Universalsuchmaschinen erschlossen werden. Die Quellen, die von einer solchen Spezialsuchmaschine erschlossen werden sollen, werden in der Regel von Hand ausgewählt; man spricht bei einer solchen Liste von überprüften Quellen auch von einer *white list*. Der Vorteil einer Spezialsuchmaschine, die auf fokussiertem Crawling basiert, kann darin liegen, dass sie die vorab ausgewählten Quellen oder Bereiche des Web vollständiger abdecken und die Inhalte ggf. tiefer erschließen kann. Auch die Beschränkung auf eine bestimmte Menge von Quellen bzw. einen Bereich des Web kann zu besseren Ergebnissen führen, da für den Fokus der Spezialsuchmaschine nicht relevante Quellen (Websites) von vornherein ausgeschlossen werden.

Ein Beispiel für eine Suchmaschine, die allein auf fokussiertem Crawling beruht, ist die Suchmaschine Clewwa, die ausschließlich Dokumente von Websites erfasst, die für das Thema Verbraucherschutz relevant sind.

Der zweite Typ von Spezialsuchmaschinen ist auf einen bestimmten Dokumenttyp beschränkt. Ein Dokumenttyp kann dabei technisch bestimmt sein (beispielsweise anhand der verschiedenen Dateiformate für Bilder), aber auch anhand eines Genres (wie zum Beispiel Nachrichtentexten in Nachrichtensuchmaschinen wie Google News). Damit ergibt sich keine trennscharfe Unterscheidung zum fokussierten Crawling, da im Fall der Nachrichtensuche zum Beispiel mit der Beschränkung auf bestimmte Quellen ein fokussiertes Crawling durchgeführt wird. Bei der Beschränkung auf bestimmte Dateiformate handelt es sich dagegen nicht um fokussiertes Crawling, da ja potenziell alle Dokumente im Web aufgefunden werden müssen, um dann diejenigen aufzusuchen, die in den entsprechenden Dateiformaten vorliegen.

Bei dem dritten Typ von Spezialsuchmaschinen handelt es sich um die bereits in Kap. 12 beschriebenen Hybridsuchmaschinen. Diese verbinden ausgewählte Inhalte aus dem Deep Web mit ausgewählten Inhalten aus dem Oberflächenweb (die meist über fokussiertes Crawling erfasst werden). Das bekannteste Beispiel einer Hybridsuchmaschine ist Google Scholar, welche in Abschn. 13.3 ausführlich behandelt werden wird.

Ein Sonderfall von Spezialsuchmaschinen soll hier noch der Vollständigkeit halber erwähnt werden: Sog. Archivsuchmaschinen erfassen nicht nur regelmäßig Inhalte aus dem World Wide Web, sondern sie machen diese im Gegensatz zu konventionellen Suchmaschinen in der jeweiligen Version dauerhaft verfügbar. Mit ihnen ist es also möglich, einen Blick in die Vergangenheit des Web zu werfen, da die Dokumente bei erneuter Indexierung nicht überschrieben werden, sondern jede Version des Dokuments einzeln abgespeichert und recherchierbar gemacht wird. Die wichtigste Archivsuchmaschine ist die *Wayback*

Abb. 13.1 Übersicht über archivierte Versionen einer URL in der Wayback Machine

Machine (http://archive.org/web/web.php), welche über die Jahre mehr als 400 Mrd. Versionen von Dokumenten aus dem Web gesammelt hat. Die Suche erfolgt allerdings nicht wie bei einer konventionellen Suchmaschine über Stichwörter, sondern man muss die URL der gesuchten Seiten eingeben und gelangt dann über eine Kalenderansicht zu den archivierten Versionen des Dokumentes (Abb. 13.1). Da auch hier ähnliche Probleme auftreten wie beim konventionellen Web Crawling, ist auch das Archiv der Wayback Machine keineswegs vollständig. Nichtsdestotrotz ist es ein hervorragendes – und alternativloses – Werkzeug, wenn man in die Vergangenheit des Web blicken möchte.

In den folgenden Abschnitten werden drei ausgewählte Spezialsuchmaschinen genauer beschrieben. Es handelt sich dabei um einige der bekanntesten Spezialsuchmaschinen, die außerdem die oben erwähnten unterschiedlichen technischen Ansätze verdeutlichen.

Exkurs: Eine eigene Spezialsuchmaschine mit Google Custom Search erstellen
Google bietet mit Custom Search (http://www.google.com/cse/) die Möglichkeit, auf einfache Weise selbst Spezialsuchmaschinen zu erstellen. Diese basieren auf einer manuellen Zusammenstellung von Websites, die dann gemeinsam durchsucht werden können. Um eine solche Suchmaschine zu erstellen, muss man nur die Liste der zu durchsuchenden Websites erstellen. Google stellt dann ein Suchfenster zur Verfügung, mit dem diese Websites durchsucht werden können.

Bei den Custom Search Engines findet allerdings kein eigenes Crawling statt, sondern es wird schlicht der Datenbestand von Google verwendet und die Suche wird auf die angegebenen Quellen beschränkt. Man kann sich also eine Custom Search

Engine vorstellen wie die Suche mit einer Suchanfrage, die auf eine bestimmte Auswahl von Quellen beschränkt wird. Greift man auf das in Kap. 10 beschriebene Suchvokabular zurück, so könnte eine solche Suchanfrage beispielsweise lauten:

```
Suchbegriff AND (site:website1.de OR site:website2.de
OR site:website3.de OR site:website4.de OR site:website5.
de).
```

Die Erstellung einer Spezialsuchmaschine als Custom Search Engine kann sinnvoll sein und bietet eine einfache Möglichkeit, gezielt eine bestimmte Menge von Quellen zu durchsuchen. Allerdings hat der Ersteller der Spezialsuchmaschine keinen Einfluss auf das Ranking der Suchergebnisse; Google bietet hier nur die Auswahl zwischen dem Ranking nach Relevanz und dem nach Aktualität (was in der regulären Google-Suche nicht möglich ist).

13.3 Nachrichtensuchmaschinen

Nachrichtensuchmaschinen sind eines der bekanntesten Beispiele für Spezialsuchmaschinen. Schon relativ früh in der Entwicklung der Suchmaschinen wurden Nachrichtensuchmaschinen als Ergänzungen zu den allgemeinen Suchmaschinen erstellt (in Deutschland waren dies beispielsweise Paperball und Paperboy, s. a. Dominikowski 2013). Solche Suchmaschinen wurden zuerst als eigenständige Spezialsuchmaschinen erstellt, die innerhalb der allgemeinen Websuche verlinkt wurden. Mit dem Aufkommen des Universal-Search-Ansatzes (s. Abschn. 6.2) wurden die Ergebnisse der Nachrichtensuche dann direkt in die Ergebnisse der Websuche eingebunden. Die heute meistgenutzte Nachrichtensuchmaschine ist Google News, was sicherlich zu einem großen Teil auf ihre Einbindung in die reguläre Google-Suche zurückzuführen ist. Die folgende Darstellung bezieht sich weitgehend auf Google News, lässt sich aber in den wesentlichen Teilen auch auf andere Nachrichtensuchmaschinen übertragen.

Google News ist eine Suchmaschine, die per fokussiertem Crawling die Inhalte ausgewählter Nachrichten-Websites erfasst. Das bedeutet, dass zum einen die Quellen, die im Crawling regelmäßig erfasst werden, vorher von Hand ausgewählt wurden, und zum anderen, dass ein Ausschnitt des Oberflächenweb erfasst wird, es sich also nicht um Quellen handelt, die aufgrund technischer Gegebenheiten von den allgemeinen Suchmaschinen nicht erfasst werden könnten. Der Vorteil der Spezialsuchmaschine liegt also hier in der Beschränkung auf ausgewählte Quellen und damit verbunden auf ihrer aktuelleren Erfassung.

Die Basis für Google News ist eine manuell zusammengestellte Liste von mehr als 700 deutschen Nachrichtenquellen (Google Inc. 2014a). Von Google News existieren Versionen für eine Vielzahl von Ländern, die jeweils eine angepasste Auswahl von Nachrichtenquellen enthalten.

Es gibt die Möglichkeit, eine Website bei Google als Nachrichtenquelle anzumelden und damit um die Aufnahme in Google News zu bitten. Auf der entsprechenden Website werden zwar Kriterien für die Aufnahme angegeben (Google Inc. 2014b), aber auch bei Erfüllung dieser Kriterien gibt es keine Garantie, dass die Website in den Nachrichten-index aufgenommen wird. Auch die Liste der von Google News indexierten Nachrichten-quellen wird von Google nicht veröffentlicht.

Unter Nachrichtenquellen sind hier Nachrichtenwebsites zu verstehen, die Nachrichten kostenlos im Internet bereitstellen. In vielen Fällen werden die Nachrichtenwebsites von Verlagen betrieben, die auch gedruckte Zeitungen bzw. Zeitschriften verkaufen und die dort etablierten Marken ins Internet überführt haben (so zum Beispiel bei Spiegel.de und Stern.de). Allerdings enthalten die Websites in den meisten Fällen *nicht* die Inhalte der gedruckten Ausgaben (oder genauer: der zu verkaufenden Ausgaben, unabhängig davon, ob diese nun als gedruckte Ausgabe oder elektronisch, beispielsweise auf einem Tablet, gelesen werden). Die Nachrichtensuchmaschinen sind also auf die auf den Nachrichten-websites angebotenen kostenlosen Inhalte beschränkt.

Des Weiteren lassen sich die Nachrichten über Nachrichtensuchmaschinen nur so lange auffinden, wie sie auch frei im Web verfügbar sind. Wenn Nachrichten beispielsweise ge-löscht oder in ein kostenpflichtiges Archiv verschoben werden, werden sie von den Nach-richtensuchmaschinen nicht mehr erschlossen. Daher bilden Nachrichtensuchmaschinen auch keine Archive, d. h. eine weiter als einige Wochen zurückreichende Recherche liefert bestenfalls sehr unvollständige Ergebnisse.

Auf der Basis der ausgewählten Nachrichtenwebsites (*white list*) wird das Crawling durchgeführt. Es gelangen also nur Dokumente in den Nachrichtenindex, die aus einer der zuvor definierten Quellen stammen. Das hat große Vorteile hinsichtlich der Qualitätskon-trolle: Zwar mag es einen Unterschied in der Qualität einzelner Dokumente aus einer be-stimmten Quelle geben, die Qualitätsunterschiede sind jedoch weit geringer als bei einem offenen (also nicht beschränkten) Crawl des World Wide Web.

Aktualität spielt hingegen für Nachrichtensuchmaschinen eine entscheidende Rolle: Neue Nachrichten müssen möglichst schnell nach Erscheinen erfasst werden. Dies wird gerade durch die Beschränkung auf relativ wenige Quellen möglich, die dann in recht kurzen Abständen abgefragt werden können.

Auch auf die Nachrichtensuche lassen sich die in Kap. 5 benannten Gruppen von Ran-kingfaktoren anwenden, nur dass sie hier eine andere Gewichtung bekommen. Es geht dabei vor allem um ein geeignetes Verhältnis zwischen inhaltlicher Passung (Textstatistik) und Aktualität (s. Long und Chang 2014, S. 7). Es leuchtet ein, dass Aktualität bei Nach-richten eine besondere Rolle spielt. Andere Verfahren sind daher weniger geeignet: Bei Nachrichten ist das Zählen und Bewerten von Links nicht besonders hilfreich, da Nach-richten zwar sicherlich schnell viele Links generieren *können* (zum Beispiel in sozialen Netzwerken, s. Kap. 14), die Stärken der linktopologischen Verfahren aber gerade da ent-stehen, wo ein Linkaufbau über einen bestimmten Zeitraum hinweg möglich ist. Nach-richtensuchmaschinen dagegen müssen extrem schnell auf neue Nachrichten reagieren;

Poroschenko und Putin: Die Feinde treffen aufeinander

STERN.DE - vor 36 Minuten

Im Ukraine-Konflikt ist kein Ende absehbar. Nun steht ein Krisengipfel in Minsk an. Kann der ukrainische Präsident Petro Poroschenko im Gespräch mit Kremlchef Wladimir Putin eine Annäherung schaffen? Teilen. EU, Ukraine, Russland, Poroschenko, ...

Das Comeback des letzten Diktators Basler Zeitung

Konflikte: Poroschenko spricht mit Merkel vor Ukraine-Krisengipfel in Minsk ZEIT ONLINE

Meinung: Will Russland eine Konfliktlösung?
DiePresse.com

Ausführlich: Ukraine-Konflikt: Der Knackpunkt ist die Behandlung der Gefangenen DIE WELT

Ähnlich

Wladimir Wladimirowitsch Putin »

Petro Poroschenko »

Ukraine »

Abb. 13.2 Zusammenstellung von Nachrichten zu einem Thema mittels Topic Detection and Tracking (Beispiel Google News)

daher ist ein „Abwarten", bis eine aussagekräftige Menge von Links generiert wurde, nicht sinnvoll.

Nachrichtensuchmaschinen indexieren Dokumente nicht nur, sondern versuchen auch, Dokumente zum gleichen Thema in Clustern zusammenzufassen. Es wäre ja nicht sinnvoll, gleiche oder ähnliche Meldungen in den Trefferlisten immer wieder zu wiederholen. Allerdings sollten diese Meldungen trotzdem alle vorhanden sein, da Nutzer ja ggf. eine Nachricht aus einer bestimmten Quelle lesen wollen bzw. bei Nachrichten auch kleinere Unterschiede bzw. Ergänzungen eine Rolle spielen können. Zudem besteht aufgrund der Beschränkung auf ein vorher festgelegtes Set an Quellen nicht die Gefahr, dass Inhalte von einer Quelle durch eine andere zum Zweck des Spammens kopiert werden.

Beim Zusammenfassen der thematisch ähnlichen Nachrichten, dem sog. *Topic Detection and Tracking*, muss nicht nur eine einmalige bzw. statische Zusammenfassung erfolgen, sondern es muss für neu eingehende Nachrichten entschieden werden, ob diese einem der bestehenden Cluster zugeordnet werden sollen, ob ein neues Cluster gebildet werden soll oder ob die Nachricht (noch) keinem Cluster zugeordnet werden soll (Stock und Stock 2013, S. 366 ff.).

Abbildung 13.2 zeigt ein Beispiel für die Clusterbildung bei Google News. Es wurde eine „Hauptnachricht" identifiziert, die besonders prominent dargestellt wird. Weitere, thematisch eng verwandte Nachrichten werden im Cluster mit ihrer Überschrift genannt; thematisch ähnliche Nachrichten ebenso, allerdings gesondert. Google News identifiziert auch Meinungsartikel und besonders ausführliche Artikel gesondert. Die Clusterdarstellung erlaubt also eine komplexere Repräsentation von themenverwandten Dokumenten als die konventionelle Listendarstellung.

Abbildung 13.3 zeigt die Startseite von Google News. Hier wird deutlich, dass sich das Angebot sowohl als Suchmaschine als auch als Nachrichtenportal versteht. In der Abbildung sind die Länderauswahl (Wechsel zu einer Google-News-Version in einem anderen Land), die Ressortauswahl (Auswahl einer Übersichtsseite zu einem bestimmten

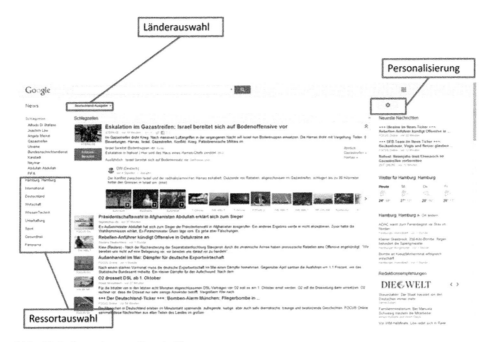

Abb. 13.3 Startseite von Google News

Thema) und die Auswahl der Personalisierung (aufgrund explizit anzugebender Interessen) markiert.

Yahoo (Abb. 13.4) präsentiert seine Nachrichtensuche etwas versteckt. Es gibt sowohl ein redaktionell erstelltes Nachrichtenportal als auch eine Nachrichtensuchmaschine, bei der Nachrichten automatisch gecrawlt und erschlossen werden. Sowohl Google News als auch Yahoo Nachrichten bieten eine erweiterte Suche, in der sich die Suche u. a. auf eine bestimmte Quelle oder einen bestimmten Zeitraum beschränken lässt.

Nachrichtensuchmaschinen sind ausgesprochen hilfreiche Werkzeuge, wenn es um eine Nachrichtenrecherche geht, die keinen Anspruch auf Vollständigkeit hat. Man sollte sich aber im Klaren darüber sein, dass Suchmaschinen wie Google News weder die Recherche in (elektronischen) Zeitungsarchiven noch eine professionelle Pressebeobachtung und –auswertung ersetzen können (s. dazu Goemann-Singer et al. 2003).

Am Beispiel der Nachrichtensuchmaschinen lässt sich gut zeigen, wie eine relativ einfache Beschränkung im fokussierten Crawling die Qualität der Ergebnisse für den Suchenden erheblich verbessern kann: Er bekommt ausschließlich Nachrichten angezeigt, die gefundenen Dokumente können aktueller und genauer erschlossen werden, und es wird eine für die speziellen Inhalte passende Trefferpräsentation (inkl. der Zusammenstellung thematisch verwandter Nachrichten) gewählt.

Abb. 13.4 Yahoo News

13.4 Suchmaschinen für wissenschaftliche Inhalte

Auch bei der Suche nach wissenschaftlichen Inhalten sind bestimmte Faktoren zu beachten, die die Erfassung, Erschließung und das Ranking dieser Inhalte von denen in
anderen Bereichen unterscheiden. Die Darstellung in diesem Abschnitt bezieht sich auf
die Wissenschaftssuchmaschine Google Scholar (http://scholar.google.de). Während vor
einigen Jahren noch einige andere universale Wissenschaftssuchmaschinen bestanden,
die aber entweder eingestellt wurden (wie im Fall von Scirus, s. http://www.science-
direct.com/scirus/) oder aber nicht mehr bzw. kaum gepflegt werden (wie im Fall von
Microsoft Academic Search; Orduña-Malea et al. 2014), ist Google Scholar wenigstens
zurzeit konkurrenzlos, zumindest, wenn man der in diesem Buch gegebenen Definition
einer Suchmaschine folgt, die eigenständig Inhalte aus dem offenen Web per Crawling
erfasst. Definiert man dagegen eine wissenschaftliche Suchmaschine schlicht als ein
Suchsystem, mit dem wissenschaftliche Inhalte (gleich aus welcher Quelle) durchsucht
werden können (Zens et al. 2013), so ergibt sich eine Vielzahl solcher Suchmaschinen.
Die Auswahl erhöht sich auch enorm, wenn man nicht auf eine allgemeine Abdeckung
der wissenschaftlichen Inhalte im World Wide Web aus ist, sondern auch wissenschaftliche Spezialsuchmaschinen berücksichtigt (eine Übersicht findet sich in Weinhold et al.
2011).

Bei Google Scholar handelt es sich um eine Hybridsuchmaschine, die Inhalte aus dem offenen Web mit Inhalten aus dem Deep Web kombiniert und unter einer Oberfläche durchsuchbar macht (vgl. Kap. 12).

Google Scholar erfasst ausgewählte Inhalte aus dem Oberflächenweb. Dabei identifiziert die Suchmaschine automatisch wissenschaftliche Inhalte, was vor allem über die Herkunft der Dokumente auf „wissenschaftlichen Servern" (also beispielsweise von Hochschulen), aufgrund der Eigenschaften der Dokumente (Aufbau des Dokumentes und Vorhandensein eines Literaturverzeichnis) sowie aufgrund der Verweisungsstrukturen (Verweis von anderen wissenschaftlichen Dokumenten aus) geschieht. Google Scholar ist auf wissenschaftliche *Literatur* beschränkt, d. h. es werden nicht einfach per fokussiertem Crawling alle Inhalte, die auf Angeboten von wissenschaftlichen Einrichtungen liegen, erfasst, sondern gezielt solche Inhalte, die als wissenschaftliche Veröffentlichungen erkannt wurden. Google Scholar erfasst vor allem Artikel im PDF-Format, aber auch Bücher.

Ausgewählte Inhalte aus dem Deep Web können von Google Scholar durch eine Kooperation mit verschiedenen wissenschaftlichen Verlagen erschlossen werden. Dabei wird den Crawlern erlaubt, Inhalte, die sich hinter einer Bezahlschranke befinden (s. Abschn. 12.4), zu erfassen. Klickt ein Nutzer allerdings in der Trefferliste von Google Scholar auf einen Artikel, der beim Verlag hinter einer solchen Bezahlschranke liegt, so gelangt er zu einem Anmelde- bzw. Bezahlformular, bevor er dann zu dem Inhalt gelangt.

Google Scholar hat eine umfassende Kollektion wissenschaftlicher Literatur aufgebaut, die mittels einer einfachen oder einer erweiterten Suche durchsucht werden kann. Die Inhalte umfassen prinzipiell alle Fächer und alle Quellen, wobei allerdings kein Verzeichnis der erschlossenen Quellen vorliegt. Die Erfassung erfolgt auch nicht auf der Basis von Quellen, sondern auf der Basis einzelner Artikel: Hierbei wird ein Artikel erschlossen und die in der Literaturliste des Artikels genannten Quellen werden in den Index aufgenommen.

Aus der Art, wie Google Scholar Inhalte erfasst, ergeben sich einige Vorteile für die Recherche: So werden die Dokumente in Google Scholar sehr früh erfasst, d. h. ein wissenschaftliches Dokument kann theoretisch ab dem Zeitpunkt aufgefunden werden, zu dem es in irgendeiner Form im Web verfügbar ist. Wenn also beispielsweise ein Wissenschaftler seinen neuesten Aufsatz schon vor der Veröffentlichung als sog. *Preprint* auf seine Website stellt, so kann die Suchmaschine diesen schon lange vor dem Zeitpunkt, an dem die offizielle Veröffentlichung in einer Fachzeitschrift oder in einem Buch erfolgt, erfassen. Mit Google Scholar lässt sich also besonders gut nach besonders aktueller Literatur recherchieren.

Außerdem kann Google Scholar prinzipiell den gesamten wissenschaftlichen Output erfassen. Damit ist gemeint, dass sich Google Scholar im Gegensatz zu vielen wichtigen wissenschaftlichen Literaturdatenbanken weder auf ein Fachgebiet noch auf einen bestimmten Dokumenttyp (also beispielsweise Zeitschriftenaufsätze oder Bücher) beschränkt.

Autoren

[PDF] Natürlichsprachliche Systeme
..., F für Informationswissenschaft - Künstliche Intelligenz. Berlin, ..., 1982 - dfki.de
Bei dem vorliegenden Aufsatz handelt es sich um eine einführende Darstellung wichtiger
Fragestellungen, Methoden und Resultate des Forschungsgebietes' Natürlichsprachliche
Systeme'. Die Komplexität und die Breite des zu behandelnden Teilgebietes der ...
Zitiert durch: 9 - Ähnliche Artikel - HTML-Version - Alle 5 Versionen

Titel

[ZITATION] Auch dieses Mal waren die Büchereingangslisten des Instituts für deutsche Sprache
(Mannheim) eine wertvolle Hilfe. Abraham, Werner: Deutsche Syntax ...
S für Informationswissenschaft - degruyter.com
Abraham, Werner: Deutsche Syntax im Sprachen vergleich. Grundlegung einer typologi- schen
Syntax des Deutschen. Tübingen: Narr 1994. (Studien zur deutschen Gram- matik 41). An,
Cheung-O: Grammatik aus der Fremd- und Eigenperspektive. Bern [usw.]: Lang 1994. { ...

Zeitschriften

[PDF] Themen und Typen der Suchanfragen an deutsche Web-Suchmaschinen
D Lewandowski - ... http://www. durchdenken. de/lewandowski ..., 2006 - wissenbringtweiter. de
Abstract: Aufbauend auf Untersuchungen zu den Themen der Websuche und den
Anfragetypen (informationsorientiert, navigationsorientiert und transaktionsorientiert) wird
eine kombinierte Untersuchung durchgeführt, die neben dem Verhalten der deutschen ...
Zitiert durch: 2 - Ähnliche Artikel - HTML-Version - Alle 14 Versionen

Jahresangaben

[BUCH] Kritik der urteilskraft
I Kant - 2008 - books.google.com
Seit Aristoteles ist das an Zwecken (griech. telä) orientierte, teleologische Denken für die
abendländische Philosophie unverzichtbar. Schon in der frühen Neuzeit, etwa bei Francis
Bacon, wird es jedoch als die „gottgeweihte Jungfrau "verspottet, deren „Schoß nichts ...
Zitiert durch: 2358 - Ähnliche Artikel - Bibliothekssuche - Alle 7 Versionen

Abb. 13.5 Beispiele für typische Fehlzuordnungen bei Google Scholar

Ein gravierender Nachteil von Google Scholar ist allerdings der unsystematische Aufbau der Datenbank durch das Crawling. Dadurch kann niemals Vollständigkeit garantiert werden. Während in Literaturdatenbanken Zeitschriften „cover to cover" erfasst werden (d. h. aus einer zu erfassenden Zeitschrift werden *alle* Artikel erfasst) und die Beschränkung eher in der Anzahl der erfassten Zeitschriften zu sehen ist, besteht bei Google Scholar auch bei bekannten Zeitschriften keine Garantie dafür, dass ihre Inhalte tatsächlich vollständig erfasst werden (Lewandowski 2007; Mayr und Walter 2006). Da gerade bei wissenschaftlichen Recherchen aber oft Vollständigkeit angestrebt wird, ergeben sich gravierende Nachteile daraus, ausschließlich bei Google Scholar zu recherchieren. Die Suchmaschine sollte vielmehr als wertvolle *Ergänzung* der Recherche gesehen werden.

Ein weiteres Problem ergibt sich aus den teils gravierenden Fehlern bei der Indexierung der Dokumente (Jacsó 2008, 2011, S. 158 f.). Die häufigsten Fehler liegen bei der falschen Zuordnung von Autoren, Titeln, Zeitschriftentiteln und Jahresangaben. Abb. 13.5 zeigt jeweils ein Beispiel für diese Fehlzuordnungen.

Google Scholar unterscheidet zwischen verschiedenen Dokumenttypen, die in den Ergebnislisten unterschiedlich dargestellt werden (Abb. 13.6):

1. Direkter Link auf den Volltext: Hierbei handelt es sich um einen Verweis auf ein Dokument, das Google Scholar im Volltext erschlossen hat. Es kann sich um die bei einem Verlag veröffentlichte Version handeln, aber auch um eine Preprint-Version von der persönlichen Website eines Wissenschaftlers (zur Versionierung von Dokumenten s. u.). Klickt man auf den Titel des Dokumentes, wird man direkt zu dem Artikel weitergeleitet.

2. „Normale Literaturangabe": Hierbei handelt es sich um eine Literaturangabe *ohne* den Volltext des Dokumentes. Das Dokument wurde also zwar beispielsweise in einer fach-

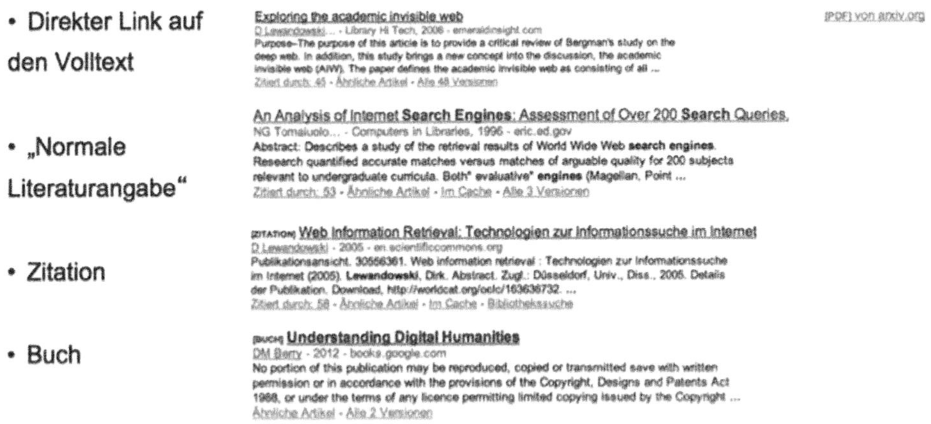

- Direkter Link auf den Volltext

Exploring the academic invisible web
D Lewandowski... - Library Hi Tech, 2008 - emeraldinsight.com
Purpose-The purpose of this article is to provide a critical review of Bergman's study on the deep web. In addition, this study brings a new concept into the discussion, the academic invisible web (AIW). The paper defines the academic invisible web as consisting of all ...
Zitiert durch: 45 - Ähnliche Artikel - Alle 48 Versionen

[PDF] von arxiv.org

- „Normale Literaturangabe"

An Analysis of Internet Search Engines: Assessment of Over 200 Search Queries.
NG Tomaiuolo... - Computers in Libraries, 1996 - eric.ed.gov
Abstract: Describes a study of the retrieval results of World Wide Web search engines. Research quantified accurate matches versus matches of arguable quality for 200 subjects relevant to undergraduate curricula. Both" evaluative" engines (Magellan, Point ...
Zitiert durch: 53 - Ähnliche Artikel - Im Cache - Alle 3 Versionen

- Zitation

[ZITATION] **Web Information Retrieval: Technologien zur Informationssuche im Internet**
D Lewandowski - 2005 - en.scientificcommons.org
Publikationsansicht. 30556361. Web information retrieval : Technologien zur Informationssuche im Internet (2005). Lewandowski, Dirk. Abstract. Zugl.: Düsseldorf, Univ., Diss., 2005. Details der Publikation. Download. http://worldcat.org/oclc/163636732. ...
Zitiert durch: 58 - Ähnliche Artikel - Im Cache - Bibliothekssuche

- Buch

[BUCH] **Understanding Digital Humanities**
DM Berry - 2012 - books.google.com
No portion of this publication may be reproduced, copied or transmitted save with written permission or in accordance with the provisions of the Copyright, Designs and Patents Act 1988, or under the terms of any licence permitting limited copying issued by the Copyright ...
Ähnliche Artikel - Alle 2 Versionen

Abb. 13.6 Darstellung von Ergebnissen in Google Scholar

lichen Literaturdatenbank erfasst und dort von Google Scholar aufgefunden, es konnte aber kein passender Volltext ermittelt werden. Klickt man ein solches Dokument in der Trefferliste an, gelangt man zu der Detailanzeige in der Literaturdatenbank.

3. Zitation: Hierbei handelt es sich um ein Dokument, das Google Scholar nur aus einer Literaturliste aus einem anderen Dokument bekannt ist, zu dem aber kein Eintrag in einer Literaturdatenbank und kein Volltext gefunden werden konnte.

4. Buch: Hier verweist Google Scholar auf das Angebot Google Books (http://books.google.de), einer Spezialsuchmaschine für (u. a. von Google digitalisierte) Bücher.

Ähnlich wie bei Google News erfolgt auch bei Google Scholar eine Clusterung, in diesem Fall aber auf der Basis eines einzelnen Artikels. Wissenschaftliche Artikel liegen oft in mehreren Versionen vor, beispielsweise als das vom Autor verfasste Manuskript auf seiner Website, als Preprint in einem Open-Access-Repository, als Vorab-Version des Verlags und als endgültige, formal veröffentlichte Version. Man kann die verschiedenen Versionen nun als Dubletten betrachten. Es würde auch keinen Sinn ergeben, all diese Versionen nacheinander in der Trefferliste anzuzeigen, daher werden die verschiedenen Versionen in Clustern zusammengefasst. Auch bei der Zitationszählung fallen die Zitate aller Versionen dann auf einen einzigen Artikel.

Google Scholar hat einige Besonderheiten bei der Erschließung der Dokumente, die die Nützlichkeit von Spezialsuchmaschinen verdeutlichen: Die Dokumente werden zwar grundsätzlich wie in Googles Websuche auch im Volltext erschlossen (wenn dieser denn vorhanden ist), allerdings werden auch zusätzliche Informationen erfasst. Dazu gehören u. a. die Namen der Autoren, die Quelle des Artikels (also der Name der Zeitschrift, des Buches, usw.) mit Jahrgang und Erscheinungsjahr sowie die Anzahl der Zitationen. Dabei werden ähnlich wie beim PageRank-Verfahren (s. Abschn. 5.3.1.1) die auf ein Dokument zeigenden Verweise gezählt. In diesem Fall sind es aber nicht Links im Web, sondern Literaturverweise, die sich in anderen wissenschaftlichen Texten finden. In der Wissenschaft gelten diese akkumulierten Verweise (Zitationen) als Indikator für die Bedeutung eines Werks: Je häufiger ein Werk bzw. ein Autor zitiert wird, als desto höher wird sein „Impact" eingeschätzt (vgl. Havemann 2013).

Google Scholar erlaubt nun einen schnellen und (im Gegensatz zu anderen Quellen in diesem Bereich) kostenlosen Einblick in die Zitationen eines Werks: Die Zahl wird schon innerhalb der Trefferbeschreibungen auf den Suchergebnisseiten angegeben. Und auch für die Recherche lassen sich die Zitationen ausnutzen: Auf der einen Seite lassen sich so zu einem Thema leicht „Klassiker" ermitteln, die besonders häufig zitiert wurden. Auf der anderen Seite kann man auch auf der Basis eines bereits bekannten Artikels weitere themenrelevante Werke finden, indem man nach dem bekannten Artikel sucht und dann auf die Zitationen klickt. Man gelangt damit zu einer Liste aller Artikel, die den Ausgangs-artikel zitiert haben.

13.5   Faktensuchmaschinen

Ein drittes Beispiel für Spezialsuchmaschinen soll die „Faktensuchmaschine" Wolfram Alpha (http://www.wolframalpha.com) sein. Dieses System basiert auf einer Faktendaten-bank, die nicht nur analog zu einer konventionellen Suchmaschine abgefragt werden kann, sondern Wolfram Alpha kann aus den bekannten Fakten auch Schlüsse ziehen. Sucht man etwa nach „hamburg london", so werden nicht nur Basisdaten der beiden Städte gegen-übergestellt, sondern auch Werte berechnet wie beispielsweise die Entfernung der beiden Städte voneinander (Abb. 13.7).

Im Kontext dieses Buchs ist Wolfram Alpha vor allem als Konzept interessant, auch wenn es sich gemäß der in diesem Buch verwendeten Definition gar nicht um eine echte Suchmaschine handelt. Wolfram Alpha erfasst keine Inhalte des Web mittels Crawling, sondern aggregiert Daten aus frei zugänglichen Datenbanken des Deep Web in einer uni-versellen Faktendatenbank. Insofern stellt Wolfram Alpha auch keine direkte Konkurrenz zu den „echten" Suchmaschinen dar, sondern vielmehr eine Ergänzung. Besonders inter-essant wird Wolfram Alpha jedoch, wenn man es im Kontext des Wandels der Suche weg von Dokumentenlisten hin zur Beantwortung von Fragen (s. Kap. 16) und im Vergleich mit Googles Knowledge-Graph-Ergebnissen betrachtet: Wolfram Alpha geht hier wesent-lich tiefer und vermag durch die vielfältigen Kombinationsmöglichkeiten der Fakten auch wesentlich mehr und komplexere Fragen zu beantworten.

13.6   Einbindung von Spezialsuchmaschinen in der Universal Search

In Kap. 6 wurde bereits beschrieben, wie die Inhalte unterschiedlicher Spezialsuchma-schinen innerhalb der Universal-Search-Suchergebnisseiten (also innerhalb der Standard-Websuche) mit den Ergebnissen der allgemeinen Websuche (also den Ergebnissen aus dem „Hauptindex") zusammengeführt werden. In diesem Kapitel dagegen wurden die

Abb. 13.7 Ergebnisanzeige von Wolfram Alpha

Spezialsuchmaschinen als eigenständige Suchmaschinen betrachtet, die vom Nutzer direkt angewählt werden, um seine Suche durchzuführen.

Viele Spezialsuchmaschinen (u. a. die in den Beispielen beschriebenen Google News und Google Scholar) werden von Anbietern von Universalsuchmaschinen betrieben. Hier steht dann meist nicht das eigenständige Angebot im Vordergrund, sondern eben die Einbindung in die Universal Search, da sich die meisten Nutzer generell wenig Gedanken um die Auswahl einer geeigneten Quelle machen (vgl. Graham und Metaxas 2003), son-

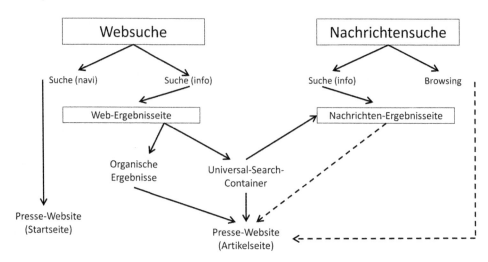

Abb. 13.8 Wege von der Suchanfrage zur Nachricht

dern ihre Suchanfragen einfach in die Suchformulare der allgemeinen Suchmaschinen eingeben.

Abbildung 13.8 zeigt am Beispiel der Nachrichtensuche, wie ein Nutzer zu einem Nachrichtentreffer gelangen kann. Es wird hier davon ausgegangen, dass die Nachrichtensuchmaschine im Rahmen der Universal Search in eine Universalsuchmaschine eingebunden ist.

Sofern der Nutzer überhaupt über die Suche an die Nachricht gelangt (und nicht etwa direkt ein Nachrichtenportal anwählt), gibt es zwei Wege: entweder über die allgemeine Websuche oder durch die direkte Anwahl einer Nachrichtensuchmaschine. Auf der rechten Seite des Schaubilds ist zu sehen, wie ein Nutzer, der zuerst eine Nachrichtensuchmaschine ausgewählt hat, vorgehen kann. Auf der einen Seite kann er in den von der Suchmaschine bereits (automatisch) zusammengestellten Nachrichten stöbern und dort eine für ihn passende auswählen. Er gelangt damit direkt auf den Artikel, der sich auf einer externen Nachrichtenwebsite befindet. Die andere Möglichkeit ist die informationsorientierte Suche, die zu einer Nachrichten-Suchergebnisseite führt, auf der der Nutzer dann einen Treffer auswählt und wiederum auf den Artikel selbst gelangt.

Verwendet ein Nutzer dagegen die Universalsuchmaschine (im Schaubild links), gibt es noch weit mehr Möglichkeiten, zu einem Presseartikel zu gelangen. Auf der einen Seite kann der Nutzer navigationsorientiert suchen (also nach einem bestimmten Nachrichtenangebot wie beispielsweise Spiegel.de) und gelangt dann über die Suchergebnisseite direkt auf die gewünschte Website, wo er wiederum stöbern oder suchen kann.

Sucht ein Nutzer dagegen informationsorientiert, kann er auf der Suchergebnisseite entweder in den Web-Ergebnissen fündig werden (auch diese können ja Nachrichten enthalten) oder aber innerhalb eines Universal-Search-Containers, der Ergebnisse aus der speziellen Nachrichtensuche präsentiert. In beiden Fällen führt die Auswahl eines Treffers direkt auf den entsprechenden Presseartikel.

Einen Sonderfall stellt die Überschrift des Universal-Search-Containers dar. Klickt man auf diese, gelangt man auf eine Suchergebnisseite der Nachrichtensuchmaschine, auf der weitere Treffer zum Thema präsentiert werden. Der Nutzer wechselt also von der allgemeinen Suche in die Nachrichtensuche. Dort kann dann wiederum ein Treffer ausgewählt werden.

Der beschriebene Prozess verdeutlicht, dass, auch wenn eine Universalsuchmaschine als Zusatzdienst eine Spezialsuchmaschine anbietet, die Nutzer nicht unbedingt diese Spezialsuchmaschine aktiv anwählen müssen, um an ihre Inhalte zu gelangen. Vielmehr gibt es verschiedene Möglichkeiten, über die Universal-Search-Einbindung zu den Inhalten zu gelangen, und man kann davon ausgehen, dass auf diese Weise weit mehr Nutzer zu den entsprechenden Inhalten gelangen. Gründe sind in dem mangelnden Bewusstsein für die Sinnhaftigkeit einer Auswahl einer geeigneten Quelle vor der Recherche, in der Bequemlichkeit (man gelangt ja an die gesuchten Inhalte) und in dem fehlenden Bewusstsein für die Optionen der Suchmaschinen (sog. *tab blindness*, s. Sullivan 2003) zu sehen.

13.7 Zusammenfassung

Bei Spezialsuchmaschinen handelt es sich um Suchmaschinen, die sich freiwillig auf bestimmte Bereiche des Web beschränken. Ihre Stärken können in einer größeren Vollständigkeit der erfassten Inhalte zu ihrem Thema, in der tieferen Indexierung, in der Anpassung des Rankings auf eine spezifische Nutzergruppe sowie in der Anpassung der Ergebnisdarstellung und Benutzerführung auf diese Zielgruppe liegen. Sie begegnen damit einigen Problemen der allgemeinen Suchmaschinen, die die Inhalte des World Wide Web nicht vollständig und aktuell erfassen können und sich außerdem auf das Modell eines Durchschnittsnutzers anpassen müssen.

Ein bekanntes Beispiel für eine Spezialsuchmaschine ist Google News. Diese Nachrichtensuchmaschine beschränkt sich auf etwa 700 deutsche Nachrichtenquellen, die gerade aufgrund dieser Beschränkung häufiger gecrawlt werden können als die Dokumente in Googles allgemeinem Web-Crawl. Im Ranking kommen prinzipiell die gleichen Faktoren(gruppen) zum Einsatz wie in der Websuche, allerdings werden sie anders gewichtet. So spielt bei der Nachrichtensuche beispielsweise die Aktualität eine bedeutendere Rolle, während die Verlinkungen geringer gewertet werden.

Bei Google Scholar handelt es sich um eine Spezialsuchmaschine für wissenschaftliche Inhalte. Da Inhalte aus dem Web mit Inhalten aus dem Deep Web kombiniert werden, handelt es sich hier um eine Hybridsuchmaschine. Erschlossen wird wissenschaftliche Literatur, die in angepasster Weise indexiert wird: So werden u. a. die Namen von Autoren und Zeitschriften sowie Zitationsdaten extrahiert und in der Suche verfügbar gemacht.

Bei der Faktensuchmaschine Wolfram Alpha handelt es sich genaugenommen nicht um eine Suchmaschine, da keine Inhalte mittels Crawling erfasst werden. Die Daten stammen aus Deep-Web-Datenbanken und werden auf Faktenebene so aufbereitet, dass aus den Fakten mittels Berechnungen und Schlussfolgerungen neue Informationen gewonnen werden können.

Spezialsuchmaschinen werden von den Nutzern häufig kaum als solche wahrgenommen, sondern vielmehr im Rahmen ihrer Einbindung in die Universal Search genutzt. Es zeigt sich, dass damit oft viele Wege hin zu einem Dokument entstehen, was wiederum den Nutzern entgegenkommt.

Weiterführende Literatur

Leider gibt es keine Bücher, die sich umfassend und tiefergehend mit Spezialsuchmaschinen beschäftigen. Allerdings finden sich in den bekannten Recherchehandbüchern von Bradley (2013) und Hock (2013) umfangreiche Hinweise zu Spezialsuchmaschinen als Recherchewerkzeugen, dazu gibt es viele Tips, um die eigenen Recherchen mithilfe von Spezialsuchmaschinen zu verbessern. Ein spezialisiertes Werk, das sich auf technischer Ebene mit dem Ranking verschiedener Inhalte in Spezialsuchmaschinen beschäftigt, ist das Buch von Long und Chang (2014).

Literatur

Baeza-Yates, R., & Ribeiro-Neto, B. (2011). *Modern information retrieval: The concepts and technology behind search.* Harlow: Addison Wesley.

Bradley, P. (2013). *Expert internet searching* (4th ed.). London: Facet Publishing.

Dominikowski, T. (2013). Zur Geschichte der Websuchmaschinen in Deutschland. In D. Lewandowski (Hrsg.), *Handbuch Internet-Suchmaschinen 3: Suchmaschinen zwischen Technik und Gesellschaft* (S. 3–34). Berlin: Akademische Verlagsgesellschaft AKA.

Goemann-Singer, A., Graschi, P., & Weissenberger, R. (2003). *Recherchehandbuch Wirtschaftsinformationen: Vorgehen, Quellen und Praxisbeispiele.* Berlin: Springer.

Google Inc. (2014a). Alles über Google News. http://news.google.de/intl/de_de/about_google_news.html. Zugegriffen: 30. Sept. 2014

Google Inc. (2014b). Erfolgreiche Aufnahme in Google News. http://support.google.com/news/publisher/answer/40787. Zugegriffen: 30. Sept. 2014.

Graham, L., & Metaxas, P. T. (2003). „Of course it't true; I saw it on the internet!": Critical thinking in the internet era. *Communications of the ACM, 46*(5), 71–75.

Havemann F. (2013). Methoden der Informetrie. In K. Umlauf, S. Fühles-Ubach, & M. Seadle (Hrsg.), *Handbuch Methoden der Bibliotheks- und Informationswissenschaft: Bibliotheks-, Benutzerforschung, Informationsanalyse* (S. 338–367). Berlin: De Gruyter.

Hock, R. (2013). *The extreme searcher's internet handbook: A guide for the serious searcher* (3rd ed.). Medford: Information Today.

Jacsó, P. (2008). Google Scholar revisited. *Online Information Review, 32*(1), 102–114.

Jacsó, P. (2011). Google Scholar duped and deduped – the aura of „robometrics." *Online Information Review, 35*(1), 154–160.

Lewandowski, D. (2007). Nachweis deutschsprachiger bibliotheks- und informationswissenschaft-licher Aufsätze in Google Scholar. *Information Wissenschaft & Praxis, 58,* 165–168.

Lewandowski, D. (2009). Spezialsuchmaschinen. In D. Lewandowski (Hrsg.), *Handbuch Internet-Suchmaschinen* (S. 53–69). Heidelberg: AKA.

Long, B., & Chang, Y. (Hrsg.). (2014). *Relevance ranking for vertical search engines.* Waltham: Morgan Kaufmann.

Mayr, P., & Walter, A.-K. (2006). Abdeckung und Aktualität des Suchdienstes Google Scholar. *Information Wissenschaft & Praxis, 57*(3), 133–140.

Orduña-Malea, E., Ayllón, J. M., Martín-Martín, A., & López-Cózar, E. D. (2014). Empirical evi-dences in citation-based search engines: Is microsoft academic search dead? EC3 Reports 16: 21 May 2014. http://arxiv.org/pdf/1404.7045.pdf. Zugegriffen: 30. Sept. 2014.

Stock, W. G., & Stock, M. (2013). *Handbook of information science.* Berlin: De Gruyter Saur.

Sullivan, D. (2003). Searching with invisible tabs. Search Engine Watch. http://searchenginewatch.com/showPage.html?page=3115131. Zugegriffen: 30. Sept. 2014.

Weinhold, T., Bekavac, B., Schneider, G., Bauer, L., & Böller, N. (2011). Wissenschaftliche Such-maschinen – Übersicht, Technologien, Funktionen und Vergleich. In D. Lewandowski (Hrsg.), *Handbuch Internet-Suchmaschinen 2: Neue Entwicklungen in der Web-Suche* (S. 141–177). Hei-delberg: Akademische Verlagsgesellschaft AKA.

Zens, M., Sawitzki, F., & Mayr, P. (2013). Suchunterstützung in akademischen Suchmaschinen. In D. Lewandowski (Hrsg.), *Handbuch Internet-Suchmaschinen 3: Suchmaschinen zwischen Technik und Gesellschaft* (S. 195–222). Berlin: Akademische Verlagsgesellschaft AKA.

Suchmaschinen und Social Media

Social Media (Soziale Medien) haben in den letzten Jahren eine enorme Bedeutung erlangt. „Soziale Medien"

> ist ein Sammelbegriff für internet-basierte mediale Angebote, die auf sozialer Interaktion und den technischen Möglichkeiten des sog. Web 2.0 basieren. Dabei stehen Kommunikation und Austausch nutzergenerierter Inhalte (User-Generated Content) im Vordergrund. (Sjurts 2011)

Wenn man Social Media unter dem Blickwinkel der Suche betrachtet, ergeben sich zwei Perspektiven: Social-Media-Dienst können zum einen als eigenständige Rechercheinstrumente betrachtet werden, in denen sich entweder direkt suchen lässt oder mit denen sich Meldungen zu bestimmten Themen über einen bestimmten Zeitraum hinweg beobachten lassen (vgl. Höchstötter und Lewandowski 2014). Zum anderen können die Datenbestände der Social Media, die zu einem wesentlichen Teil zum Deep Web zu rechnen sind, als wertvolle Ergänzungen für die allgemeinen Suchmaschinen betrachtet werden; dann geht es darum, wie diese in die Suchmaschinen integriert werden (können).

Man kann Social-Media-Dienste auch nach ihrer (angestrebten) Sichtbarkeit in Suchmaschinen unterteilen:

1. Dienste, die ihre Datenbestände vollständig durchsuchbar machen: Hierbei handelt es sich um Dienste, die zwar eine eigene Plattform aufgebaut haben, aber darauf setzen (bzw. angewiesen sind), Traffic über Suchmaschinen zu bekommen. Das bekannteste Beispiel sind hier wohl die Frage-Antwort-Dienste (vgl. Abschn. 2.4.6), die die aufbereiteten Fragen mit ihren Antworten als öffentlich zugängliche HTML-Seiten präsentieren, damit diese von den Suchmaschinen aufgefunden werden können.
2. Dienste, die ihre Datenbestände nur teilweise durchsuchbar machen: Der primäre Fokus dieser Dienste liegt auf ihrer eigenen Plattform, allerdings werden Basisinformationen öffentlich zugänglich gemacht, um Traffic von den Suchmaschinen zu erreichen. Ein

© Springer-Verlag Berlin Heidelberg 2015
D. Lewandowski, *Suchmaschinen verstehen,* Xpert.press,
DOI 10.1007/978-3-662-44014-8_14

Beispiel ist das soziale Netzwerk Xing, bei dem in den Standardeinstellungen die Nutzerprofile mit Basisinformationen öffentlich zugänglich sind. Weitere Informationen sind erst auf der Plattform selbst (nach Anmeldung) abrufbar. Dies bedeutet allerdings, dass die Daten mittels Suchmaschinen nicht vollständig durchsuchbar sind und viele Arten von Suchanfragen nur über die Suchfunktion auf der Plattform selbst gestellt werden können. Der Umfang der angestrebten Sichtbarkeit, und damit der öffentlich verfügbar gemachten Daten, unterscheidet sich zwischen verschiedenen Social-Media-Diensten erheblich.

Warum nun ist den Anbietern von Social Media nicht daran gelegen, ihre Inhalte über die allgemeinen Suchmaschinen vollständig zugänglich zu machen? Zuerst einmal haben diese Anbieter exklusive Sammlungen aufgebaut, deren Nutzung einen besonderen Wert darstellt. Während einzelne, beschränkte Angebote ein starkes Interesse daran haben, von den Suchmaschinen gefunden und dadurch erst bei den Nutzern bekannt zu werden (s. Kap. 8), haben Anbieter wie Facebook so große und exklusive Datenbestände aufgebaut, dass die Nutzer von selbst auf diese Angebote zugreifen und eine Vermittlung durch Suchmaschinen hauptsächlich noch über navigationsorientierte Anfragen zustande kommt.

Für die Suchmaschinen bedeutet dies einen enormen Verlust hinsichtlich der Vollständigkeit ihrer Angebote. Es ist daher nicht verwunderlich, dass sie versuchen, durch Vereinbarungen mit den Social-Media-Anbietern doch Zugriff auf deren Daten zu bekommen. Besonders interessant dabei ist, dass die Suchmaschinenbetreiber hier durchaus bereit sind, Geld für Inhalte zu bezahlen, was sie sonst strikt ablehnen.

Aktuell bestehen Kooperationen zwischen Bing und den Social-Media-Diensten Facebook und Twitter; eine Kooperation zwischen Google und Twitter bestand bis 2011 (Sullivan 2011), seitdem zeigt Google keine aktuellen Twitter-Daten mehr an.

Für die Recherche bedeutet dies, dass, sofern Inhalte aus den Social-Media-Diensten für die Recherche relevant sind, diese direkt bei den entsprechenden Diensten recherchiert werden müssen. Die Recherche über Bing ist zumindest für Nutzer außerhalb der USA eingeschränkt, da die Verbindung zwischen Suchmaschine und Social Media in diesem Fall zumindest noch nicht vollständig funktioniert.

Man muss sich auch klar machen, dass man bei der Recherche in Social Media nie die vollständige Datensammlung durchsucht, sondern nur diejenigen Inhalte, die entweder komplett öffentlich zugänglich gemacht wurden oder die dem Recherchierenden als Person zugänglich gemacht wurden (dies ist der Fall, wenn Kontakte im Sozialen Netzwerk ihre Meldungen für alle ihre Kontakte freigegeben haben).

14.1   Typen von Social-Media-Angeboten

Unter Social Media wird eine Vielzahl von Angeboten gefasst (Abb. 14.1). Peters (2009, S 15) unterteilt Social Software in drei Bereiche: Ressourcenmanagement, Aufbau einer Wissensbasis und Kommunikation/Kontakte knüpfen.

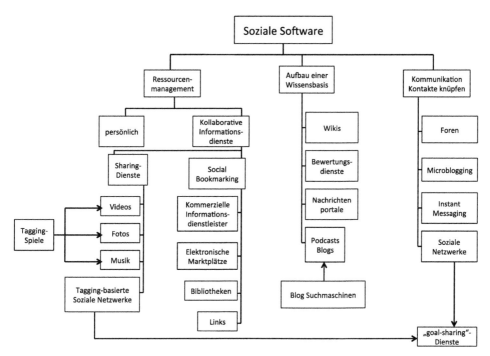

Abb. 14.1 Klassifikation von Sozialer Software. (Ausschnitt aus Peters 2009, S. 15; übersetzt)

Im Bereich des Ressourcenmanagements kann man weiter zwischen dem persönlichen Ressourcenmanagement und den kollaborativen Informationsdiensten unterscheiden. Während im persönlichen Bereich die Daten beim Nutzer verbleiben und ähnlich wie andere persönliche Datensammlungen auch nicht zum Fokus der Suchmaschinen gehören, sind die kollaborativen Informationsdienste in der Regel darauf angelegt, ihre Daten öffentlich, d. h. auch für Suchmaschinen zugänglich zu machen. Ähnlich verhält es sich mit dem zweiten Bereich, dem Aufbau von Wissensbasen. Zwar gibt es beispielsweise durchaus Wikis, die nur einer bestimmten Gruppe zugänglich gemacht werden (und damit zum Deep Web gehören), in der Regel sind sie aber öffentlich und können damit auch von Suchmaschinen erfasst werden. Ähnlich verhält es sich mit den weiteren unter diesem Punkt genannten Diensten.

Anders sieht es allerdings im Bereich der Kommunikation aus. Zwar trifft vor allem auf Foren auch zu, dass die Inhalte in der Regel öffentlich sind, bei Instant Messaging und sozialen Netzwerken dagegen werden Informationen erst einmal mit einer beschränkten Gruppe geteilt. Microblogging bildet einen Sonderfall, auf den im Folgenden noch näher eingegangen wird.

In diesem Kapitel soll es vor allem um die Einbindung dieser Dienste in die allgemeinen Suchmaschinen gehen, wobei der Schwerpunkt auf den sozialen Netzwerken liegt. Da Suchmaschinen ja gerade Vollständigkeit anstreben, ist es wichtig, dass sie die Inhalte dieser Netzwerke, welche ja eine bedeutende Rolle im Internet spielen, erfassen können.

Da es sich bei den Netzwerken aber um sog. Silos handelt, d. h. Sammlungen, die von den Betreibern als ihr Eigentum betrachtet werden und exklusiv über die jeweilige Plattform zugänglich gemacht werden, müssen Suchmaschinen Kooperationen mit diesen Betreibern schließen oder aber auf die Inhalte (weitgehend) verzichten.

Die im Oberflächenweb erreichbaren Inhalte aus den sozialen Netzwerken stellen nur einen kleinen Ausschnitt aus den dort vorhandenen Inhalten dar. So müssen Nutzer in der Regel explizit angeben, wenn ein bestimmter Inhalt öffentlich gemacht werden soll. Standardmäßig werden über Meldungen in sozialen Netzwerken beschränkte Öffentlichkeiten, also beispielsweise alle „Freunde" des Schreibenden innerhalb des Netzwerks, angesprochen.

Für die Einbindung in Suchmaschinen spielen vor allem fünf große soziale Netzwerke eine Rolle:

* Facebook ist das größte soziale Netzwerk weltweit mit 1,32 Mrd. monatlichen Nutzern (Tagesschau 2014). Facebook wird vor allem im privaten Bereich genutzt und erlaubt neben dem Knüpfen von Kontakten das Erstellen und Veröffentlichen eigener Inhalte und mit dem „gefällt mir"-Button die explizite Bewertung von Inhalten (auch außerhalb der Facebook-Website). Neben der Verbindung zwischen Personen besteht auch die Möglichkeit, „Fanseiten" zu erstellen, die wiederum von Nutzern mit „gefällt mir" markiert werden können, ohne dass dies als eine Verbindung von Personen gewertet wird. Die Verbindung zwischen Nutzern erfolgt bidirektional, d. h. die Verbindung muss durch beide Seiten bestätigt werden.
* Xing ist ein soziales Netzwerk für den beruflichen Bereich. Die Personenprofile sind entsprechend für diesen Kontext strukturiert. Neben der Verbindung zwischen Personen bestehen zahlreiche Gruppen und Foren zum Austausch zu bestimmten Themen. Ähnlich wie bei Facebook besteht auch die Möglichkeit, Meldungen zu veröffentlichen. Verbindungen zwischen Nutzern sind auch hier bidirektional.
* LinkedIn ist ähnlich wie Xing aufgebaut, allerdings liegt hier der Fokus nicht auf dem deutschsprachigen, sondern auf dem englischsprachigen/internationalen Bereich. Auch Bei LinkedIn sind die Verbindungen zwischen Nutzern bidirektional.
* Google + erlaubt die unidirektionale Verbindung zwischen Personen, d. h. es ist keine Rückbestätigung erforderlich, um eine Verbindung herzustellen. Auch Google + erlaubt das Erstellen und Teilen von Inhalten. Ähnlich wie bei Facebook können Inhalte explizit bewertet werden. Eine besondere Rolle spielt Google + durch seine Einbindung in die Google-Suchmaschine (s. Abschn. 14.3).
* Twitter ist ein Microblogging-Dienst, über den sich Nachrichten mit einer Länge von maximal 140 Zeichen verschicken lassen. Die Verbindung zwischen Nutzern erfolgt unidirektional.

14.2   Social-Media-Angebote als Rechercheinstrumente

Wie bereits angedeutet wurde, eignen sich Social-Media-Angebote zunächst einmal als eigenständige Rechercheinstrumente. Ähnlich wie andere Websites auch bieten sie eigene Suchfunktionen, mit denen sich die Inhalte genauer durchsuchen lassen. Sie lassen sich damit auch als Spezialsuchmaschinen (vgl. Kap. 13) auffassen, die einen jeweils eigenen Datenbestand durchsuchen.

Mit dem Aufkommen der Social-Media-Angebote war teils auch die Erwartung verbunden, dass sich mit ihnen eine neue Art des Zugangs zu den Informationen des Web entwickeln könnte (Maaß und Lewandowski 2009; Peters 2011). Die Dienste erreichen zwar mittlerweile eine sehr große Nutzerschaft (vgl. Kap. 8), allerdings stehen sie kaum unter dem Fokus der Suche und haben Suchmaschinen in dieser Funktion keinesfalls ersetzt, sondern höchstens ergänzt. Aus der Rechercheperspektive kann man diese Dienste als Informationsdienste des Deep Web ansehen, welche spezielle Kollektionen durchsuchen, die den allgemeinen Suchmaschinen (weitgehend) verschlossen bleiben.

Gerade aber aufgrund der Popularität der großen Social-Media-Angebote fällt das Fehlen ihrer Inhalte in den allgemeinen Suchmaschinen besonders auf. Als eigene Recherchewerkzeuge eignen sie sich vor allem für die Suche nach Personen und zur kontinuierlichen Beobachtung von Themen. Dabei sind die von den sozialen Netzwerken angebotenen Suchfunktionen teils sehr umfassend und können so in der allgemeinen Websuche nicht abgebildet werden. Facebooks Graph Search (Sullivan 2013) erlaubt beispielsweise nicht nur die detaillierte Suche nach Personen, die bestimmte Merkmale erfüllen, sondern auch eine zusätzliche Beschränkung nach der Verbindung zwischen der suchenden Person und den zu suchenden Personen. So lässt sich zum Beispiel erfragen, welche der „Freunde" in Facebook früher einmal in London gelebt haben und sich für eine bestimmte Musikrichtung interessieren.

Zusammengefasst lassen sich Social-Media-Angebote als wichtige Quelle für bestimmte Arten von Recherchen auffassen, welche zumindest bislang noch nicht von den allgemeinen Suchmaschinen abgebildet werden. Gerade aber aufgrund der umfassenden Datenbestände und der umfangreichen Informationen über Verbindungen zwischen Personen sind soziale Netzwerke besonders attraktiv, um die Suchergebnisse aufgrund der persönlichen Interessen und der des „Freudeskreises" zu verbessern (vgl. Abschn. 5.6). Bislang ist eine vollständige Integration dieser Daten in die Suchmaschinen aber noch nicht gelungen. Erste Ansätze existieren jedoch und werden im folgenden Abschnitt beschrieben.

14.3   Integration von Daten aus Social-Media-Angeboten in Suchmaschinen

Um ihrem Anspruch, die Inhalte im Web möglichst vollständig zu erfassen und darzustellen, gerecht werden zu können, haben sich die großen Suchmaschinen in den vergangenen Jahren bemüht, die Inhalte zumindest aus den bekanntesten sozialen Netzwerken in ihre

Tab. 14.1 Integration von Sozialen Netzwerken in Suchmaschinen

Dienst	Zugänglichkeit der Inhalte	Einbindung in Suchmaschine
Facebook	Öffentlich zugänglich sind öffentlich geteilte Inhalte, Minimalinformationen zu Personen, öffentliche Fanseiten (von Unternehmen, Produkten, usw.)	Bing: Passende Facebook-Einträge und Personen aus dem eigenen Netzwerk in einer eigenen Darstellung auf den Suchergebnisseiten (nur U.S.-Version von Bing)
		Blekko: Dokumente, die von Facebook-Freunden bewertet wurden, werden auf den Suchergenisseiten durch eine Beschriftung hervorgehoben
		Wolfram Alpha: Erstellen eines Reports, der die Daten des eigenen Facebook-Accounts analysiert
Twitter	Inhalte sind den Suchmaschinen prinzipiell zugänglich, sind aufgrund der Granularität und des Echtzeitcharakters der Informationen aber kaum vollständig zu erfassen	Bing: Relevante Tweets werden in den sozialen Suchergebnissen angezeigt
		Google (bis 2011): Eigene „Real Time Search" sowie Einbindung des aktuellen Twitter-Streams zum Suchbegriff auf Suchergebnisseiten
Google +	Öffentlich zugänglich sind Inhalte, die von den Autoren öffentlich gemacht wurden (abhängig von individuellen Einstellungen)	Google: Suchergebnisse, die von Google + -Kontakten bewertet wurden, werden durch eine Beschriftung hervorgehoben

Suchergebnisse zu integrieren. Es handelt sich dabei um das vielleicht deutlichste Beispiel der Problematik der Auffindbarkeit von Inhalten aus dem Deep Web (vgl. Kap. 12): Lassen sich Inhalte aus einem dem Suchenden bekannten sozialen Netzwerk nicht auffinden, so wird diesem Suchenden die Beschränkung der Suchmaschine unmittelbar bewusst (im Gegensatz zu anderen in der Suchmaschine fehlenden Informationen). Dies betrifft dann nicht nur den aktuellen Suchvorgang, sondern kann sich auch auf den Eindruck der Nutzers von Suchmaschinen generell auswirken. Der Rechercheexperte Phil Bradley sieht Social Media sogar als „a fundamental change in the way search works" (Bradley 2013, S. 132).

Zurzeit wenigstens ist die Verbindung von sozialen Netzwerken und Suchmaschinen noch nicht besonders weit fortgeschritten, weder durch die Integration der Websuche auf den Websites der Sozialen Netzwerke (hier dürfte Google mit Google + die stärkste Integration haben, wobei man hier eher von der Integration des Sozialen Netzwerks in die Suche sprechen sollte) noch durch die Integration der Sozialen Netzwerke in die Suchmaschinen.

Tabelle 14.1 fasst die letztgenannte Art der Verbindung zwischen Suche und Sozialen Netzwerken zusammen. Alle drei Netzwerke Facebook, Twitter und Google + haben öffentlich zugängliche Inhalte, die prinzipiell von allen Suchmaschinen erfasst werden können. Hier liegt dann die Stärke einer Integration in den verbesserten Suchmöglichkei-

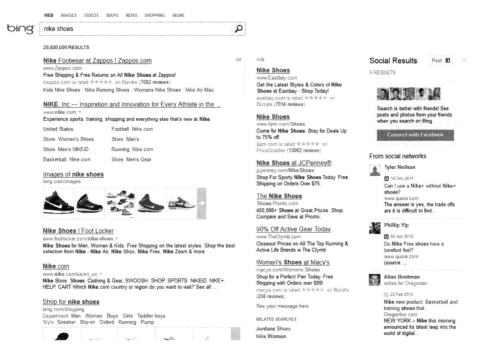

Abb. 14.2 Integration von Facebook in Bing. (US-Version; http://searchengineland.com/figz/wp-content/seloads/2013/01/bing-ads-current.png)

ten und dem gleichzeitigen Durchsuchen beider Datenquellen. Bei den nicht öffentlichen Daten sind die Vorteile der Integration noch deutlicher; um die Integration aber überhaupt möglich zu machen, müssen sich Nutzer allerdings zuvor bei der entsprechenden Suchmaschine mit den ihren Daten des entsprechenden Sozialen Netzwerks anmelden. Damit bekommt die Suchmaschine auch Zugriff auf diese Daten.

Mehrere Suchmaschinen lassen sich mit Facebook verbinden und bieten auf dieser Basis unterschiedliche Dienste an. Die Integration bei Bing ist sicherlich am weitesten fortgeschritten (s. Abb. 14.2): In der US-Version der Suchmaschine wird für angemeldete Benutzer eine weitere Spalte auf den Suchergebnisseiten hinzugefügt, die – wenn vorhanden – Ergebnisse aus Facebook anzeigt. Dabei werden Posts zum Thema der Suchanfrage angezeigt mit der Möglichkeit, direkt von der Suchergebnisseite mit seinen Kontakten bei Facebook zu interagieren. Diese Art der Integration eignet sich damit auf der einen Seite zur Ergänzung der Suchergebnisse durch relevante Kommentare von Freunden, auf der anderen Seite aber auch zur Unterstützung einer sozialen Suche im Sinne einer Suchunterstützung durch andere Menschen (vgl. Burghardt et al. 2011a).

Bei Blekko bezieht sich die Facebook-Integration dagegen nur auf eine Markierung der von Freunden bewerteten Dokumenten, die in den Trefferbeschreibungen auf den Suchergebnisseiten hervorgehoben werden. Die Verbindung von Facebook und Wolfram Alpha

T-Online verbannt auch Beteiligungen der Verlage ... - Sist...
www.sistrix.de/.../t-online-verbannt-auch-beteiligungen-der-verlage-wie-... ▼
vor 7 Stunden - Offenbar hat **T-Online** nicht nur die Websites von Bild, Welt, Express
und dutzender weiterer regionaler und überregionaler Zeitungen und ...

[SISTRIX Blog] T-Online verbannt auch Beteiligungen der ...
 https://plus.google.com/.../posts/heoPPqczEeS ▼
Hanns Kronenberg
vor 7 Stunden - **[SISTRIX Blog] T-Online verbannt auch Beteiligungen** der
Verlage wie Xing und Immonet aus den Suchergebnissen ...

T-Online verbannt auch Beteiligungen der Verlage ... - Rivva
rivva.de/246160912 ▼
vor 5 Stunden - **[SISTRIX Blog] T-Online verbannt auch Beteiligungen** der Verlage wie
Xing und Immonet aus den Suchergebnissen http://t.co/rR4vQDTAPo.

Abb. 14.3 Integration von Google + in Google

bezieht sich allein auf eine ausführliche statistische Analyse der Daten des eigenen Face-
book-Accounts und beeinflusst die Suchergebnisse nicht.

Die Integration von Daten aus Twitter in Bing sieht ähnlich aus wie die der Daten aus
Facebook: Auch sie werden in die Spalte „Soziale Suchergebnisse" mit aufgenommen.
Eine Integration von Twitter-Daten in Google bestand bis zum Jahr 2011: Google bot eine
eigene „Real Time Search" an, die neben Daten aus anderen aktualitätskritischen Diensten auch Tweets anzeigte. Aktuelle Tweets wurden auch in einer beständig aktualisierten
Ergebnisbox auf den regulären Suchergebnisseiten bei aktualitätskritischen Suchanfragen
angezeigt. Nachdem sich Google und Twitter allerdings nicht mehr über eine Vergütung
für die Nutzung der Daten einigen konnten, wurde der Dienst eingestellt (Sullivan 2011).

Inhalte von Google + sind selbstredend eng mit der Google-Suche verzahnt. Auch hier
können andere Dienste zwar auf die öffentlich zugänglichen Inhalte zugreifen, eine tatsächliche Integration der Daten aus Google + ist aber Google selbst vorbehalten. Dokumente, die von Kontakten erstellt oder bewertet wurden, werden in den Trefferbeschreibungen entweder durch eine zusätzliche Information oder durch eine Hervorhebung mittels Autorenbild und Name (Abb. 14.3) hervorgehoben.

Die beschriebenen Kombinationen von sozialen Netzwerken und Suchmaschinen zeigen, dass die soziale Suche (im Sinne einer nahtlosen Verbindung zwischen Suchanfragen,
Dokumenten und Menschen) noch in weiter Ferne liegt. Allerdings ist davon auszugehen,
dass die Suchmaschinen in dieser Hinsicht in den nächsten Jahren weitere Schritte gehen
werden, die vielleicht sogar die Grenzen zwischen Suche und sozialem Netzwerk ver-
schwimmen lassen werden.

Neben der Integration von Social Media in die allgemeinen Suchmaschinen gibt es
auch Spezialsuchmaschinen, die sich allein auf die Inhalte aus Social-Media-Dienste
fokussieren. Damit bieten sie eine vollkommen andere Sicht auf die Inhalte als die allgemeinen Suchmaschinen. Viele dieser Social-Media-Suchmaschinen wurden allerdings

recht schnell wieder eingestellt; die bislang langlebigste ist Socialmention (socialmention.com).

14.4 Zusammenfassung

Social Media kann als ein Sammelbegriff für webbasierte Dienste aufgefasst werden, die vor allem der Kommunikation zwischen Nutzern dienen. Dabei stehen die von den Nutzern selbst generierten Inhalte (user generated content) im Vordergrund. Betrachtet man die Social-Media-Dienste aus der Perspektive der Suche, so lassen sie sich in zwei Gruppen unterteilen: Dienste, die ihre Inhalte explizit in den Suchmaschinen platzieren und Dienste, die nur einen Teil ihrer Inhalte öffentlich machen, während der weit größere Teil der Inhalte nur auf der eigenen Plattform verfügbar ist. Letzteres ist vor allem bei sozialen Netzwerken der Fall; die bedeutendsten dieser Netzwerke im Kontext der Suche sind Facebook, Xing, LinkedIn, Google + und Twitter.

Social-Media-Angebote lassen sich als eigenständige Rechercheinstrumente betrachten oder als Kollektionen, deren Inhalte von den allgemeinen Suchmaschinen indexiert werden sollten. Zu diesem Zweck bestehen verschieden Kooperationen zwischen sozialen Netzwerken auf der einen Seite und Suchmaschinen auf der anderen Seite. Allerdings ist noch keine Integration von Social-Media-Inhalten in eine Suchmaschine so weit fortgeschritten, dass man von einem nahtlosen Miteinander in der Suche sprechen könnte.

Weiterführende Literatur
Eine gute Einführung in Social Media und die darunter zu fassenden Dienste bieten Ebersbach et al. (2010). Leider existiert keine zusammenfassende Literatur zur Verbindung von Suche und Sozialen Netzwerken; Informationen zur Auswertung von „Sozialen Signalen" für das Ranking finden sich in den bekannten Büchern zur Suchmaschinenoptimierung (z. B. Enge et al. 2012). Die vielfältigen Möglichkeiten der Sozialen Suche, die weit über die in diesem Kapitel beschriebene Verbindung von Suchmaschinen und Sozialen Netzwerken hinausgeht, werden bei Burghardt et al. (2011b) besprochen.

Literatur

Bradley, P. (2013). *Expert internet searching* (4th ed.). London: Facet.

Burghardt, M., Heckner, M., & Wolff, C. (2011a). Social search. In D. Lewandowski (Hrsg.), *Handbuch Internet-Suchmaschinen 2: Neue Entwicklungen in der Web-Suche* (S. 3–27). Heidelberg: Akademische Verlagsgesellschaft AKA.

Burghardt, M., Heckner, M., & Wolff, C. (2011b). Social search. In D. Lewandowski (Hrsg.), *Handbuch Internet-Suchmaschinen 2: Neue Entwicklungen in der Web-Suche* (S. 3–27). Heidelberg: Akademische Verlagsgesellschaft AKA.

Ebersbach, A., Glaser, M., & Heigl, R. (2010). *Social web* (2. Aufl.). Stuttgart: UTB.

Enge, E., Spencer, S., Stricchiola, J., & Fishkin, R. (2012). *Die Kunst des SEO: Strategie und Praxis erfolgreicher Suchmaschinenoptimierung*. Köln: O'Reilly.

Höchstötter, N., & Lewandowski, D. (2014). Websuche und Webmonitoring. In N. Höchstötter (Hrsg.), *Handbuch Webmonitoring 1: Social Media und Websitemonitoring* (S. 23–46). Berlin: Akademische Verlagsgesellschaft AKA.

Maaß, C., & Lewandowski, D. (2009). Frage-Antwort-Dienste als alternativer Suchansatz? In R. Kuhlen (Hrsg.), Information: Droge, Ware oder Commons?: Wertschöpfungs- und Transformationsprozesse auf den Informationsmärkten; Proceedings des 11. Internationalen Symposiums für Informationswissenschaft (ISI 2009); Konstanz, 1.–3. April 2009 (S. 51–61). Verlag Werner Hülsbusch.

Peters, I. (2009). *Folksonomies. Indexing and Retrieval in Web 2.0.* Berlin: De Gruyter.

Peters, I. (2011). Folksonomies und Kollaborative Informationsdienste: Eine Alternative zur Websuche? In D. Lewandowski (Hrsg.), *Handbuch Internet-Suchmaschinen 2: Neue Entwicklungen in der Web-Suche* (S. 29–53). Heidelberg: Akademische Verlagsanstalt AKA.

Sjurts, I. (2011). Soziale Medien. In Gabler Wirtschaftslexikon. Springer Gabler. http://wirtschaftslexikon.gabler.de/Archiv/569839/soziale-medien-v2.html. Zugegriffen: 30. Sept. 2014.

Sullivan, D. (2011). As deal with twitter expires, Google realtime search goes offline. Search Engine Land. http://searchengineland.com/as-deal-with-twitter-expires-google-realtime-search-goes-offline-84175. Zugegriffen: 30. Sept. 2014.

Sullivan, D. (2013). Up close with Facebook graph search. Search Engine Land. http://searchengineland.com/up-close-with-facebook-graph-search-145258. Zugegriffen: 30. Sept. 2014.

Tagesschau (2014). Mobiler Markt macht Facebook reich. Tagesschau.de, 24.7.2014, http://www.tagesschau.de/wirtschaft/facebook-108.html. Zugegriffen: 30. Sept. 2014.

Suchmaschinen und ihre Rolle als Vermittler von Informationen

Bereits in Abschn. 1.1 wurde die Bedeutung der Suchmaschinen u. a. mit ihrer massenhaften Verwendung begründet. Damit verbunden ist der anscheinend unerschütterliche Glaube der Nutzer an die Qualität und Objektivität der Suchergebnisse, die bereits 2003 mit einem Zitat aus einer Nutzerstudie schön auf den Punkt gebracht wurde: „Of course it's true, I saw it on the Internet" (Graham und Metaxas 2003). Tremel (2010, S. 249) fasst seine Untersuchung zur Glaubwürdigkeit von Suchergebnissen folgendermaßen zusammen: „Nutzer [‚folgen'] offenbar weitgehend unreflektiert der Maschine und ihrer Relevanzbeurteilung, die sich implizit im Ranking der Treffer ausdrückt."

Nutzer gehen also davon aus, dass die durch die Suchmaschinen *implizierte* Qualität mit tatsächlicher Qualität übereinstimmt. Gerade diese unreflektierte Haltung sorgt dafür, dass Suchmaschinenbetreiber weit über technische Gegebenheiten (etwa durch nicht vermeidbare Reihungseffekte) hinaus Einfluss auf das nehmen können, was Nutzer zu sehen bekommen und was sie letztlich auch auswählen (zum Selektionsverhalten vgl. Abschn. 6.5).

Selbst wenn alle Dokumente im Rankingprozess von einer Suchmaschine gleich behandelt werden, d. h. das Ranking nach „objektiven" Verfahren erfolgt, so stecken doch in den Rankingalgorithmen von Menschen getroffene Annahmen, die sich zumindest zum Teil als Geschmacksurteile bewerten lassen. Alexander Halavais hat bereits 2009 darauf hingewiesen: "It is all too easy to forget that the machines we are asking are constructed in ways that reflect human conceptions and values" (Halavais 2009, S. 3).

Die Diskussion um die Reihung bzw. Darstellung von Suchergebnissen wird vor allem in Hinblick auf die Platzierung von Produkten, Dienstleistungen und Unternehmen in der dominierenden Suchmaschine Google geführt. Allerdings dürften die Auswirkungen der Macht der Suchmaschinen (bzw. dieser einen Suchmaschine) in anderen Bereichen noch viel bedeutender sein:

© Springer-Verlag Berlin Heidelberg 2015
D. Lewandowski, *Suchmaschinen verstehen*, Xpert.press,
DOI 10.1007/978-3-662-44014-8_15

Die Dimensionen dieses Problems werden dann besonders deutlich, wenn es sich um kontroverse politische Inhalte handelt: Wer es hier schafft, seine Inhalte in die vorderen Plätze zu hieven, hat einen wesentlichen Schritt getan, um sich als Autorität für das Thema der Suchanfrage zu etablieren und die Meinungsbildung der Nutzer entsprechend zu prägen. Verschärft wird diese Problematik durch die zunehmende Verwendung von Suchmaschinen in Bildung, Forschung und Journalismus, mithin den zentralen Bereichen der gesellschaftlichen Wissensvermittlung. (Röhle 2010, S. 12)

Die Diskussion in den folgenden Abschnitten orientiert sich an drei zentralen Problemen:

- Die Algorithmen der Suchmaschinen enthalten implizite Annahmen und Werturteile, daher kann keine Suchmaschine neutral sein.
- Suchmaschinenbetreiber haben sich durch Spezialsuchmaschinen diversifiziert und sind zu Inhalteanbietern geworden; sie bevorzugen ihre eigenen, über die Kern-Suche hinausgehenden Angebote auf den Suchergebnisseiten.
- Suchmaschinen sind manipulierbar durch Suchmaschinenoptimierung.

15.1   Die Interessen der Suchmaschinenbetreiber

Im Fachmagazin Search Engine Land wurde 2010 ein Artikel von Ian Lurie veröffentlicht, in dem „Drei Lügen" der großen Suchmaschinen benannt wurden (Lurie 2010). Es geht darum, wie Suchmaschinenbetreiber handeln, und welche Gegensätze dabei zu ihren Verlautbarungen entstehen.

Der erste Punkt bezieht sich auf die Behauptung der Suchmaschinenbetreiber, dass es allein auf die Qualität der Inhalte einer Website ankomme, um in den Suchergebnissen hoch platziert zu werden und damit entsprechend Besucher und eine hohe Verlinkung im Web zu erhalten. Vielmehr seien Methoden der Suchmaschinenoptimierung (also der Anpassung der eigenen Dokumente an die Algorithmen der Suchmaschinen) nötig, um überhaupt gut platziert zu werden. Dies mag zwar nicht für alle Bereiche gelten, die Bedeutung der Suchmaschinenoptimierung ist aber immer weiter gestiegen, sodass man heute zumindest davon ausgehen kann, dass in all den Bereichen, in denen sich ein *kommerzielles Potenzial* finden lässt, ohne Optimierung kaum mehr gute Platzierungen auf den Suchergebnisseiten möglich sind. Dabei sind nicht nur Bereiche zu berücksichtigen, bei denen es direkt um den Verkauf von Produkten oder Dienstleistungen geht, sondern auch Bereiche, in denen vornehmlich Informationen vermittelt werden.

Die Suchergebnisse kommen also nicht allein durch eine bei der Suchmaschine stattfindende Qualitätsbewertung zustande, sondern entstehen in einem Zusammenspiel unterschiedlicher Akteure (vgl. Röhle 2010, S. 14): Inhalteanbieter nehmen (vor allem über die von ihnen beauftragten Suchmaschinenoptimierer) Einfluss auf die Suchergebnisseiten, und auch Nutzer haben zumindest in der Masse durch ihre Klicks einen Einfluss auf die Ergebnisse (vgl. Abschn. 5.3.2).

Der zweite Punkt bezieht sich auf die zahlreichen Angebote außerhalb der Suche, die die großen Suchmaschinenanbieter mittlerweile machen und mit denen sie direkt in Konkurrenz zu anderen, auf diese Bereiche spezialisierten Anbietern stehen. Der Kern des Problems liegt darin, dass sich die allgemeinen Suchmaschinen mit dem Angebot von Spezialsuchmaschinen zunehmend diversifiziert haben, und dass sie zumindest teilweise auch zu Inhalteanbietern geworden sind (so zum Beispiel Google mit YouTube und Google Places), deren Erfolg wiederum von der Auffindbarkeit in Suchmaschinen abhängt.

Ein gutes Beispiel für die Problematik sind die Anbieter von Routenplanern – alle bekannten Suchmaschinen bieten solche Dienste selbst an (Google Maps, Bing Maps, Yahoo Lokale Suche & Routenplaner) und listen diese Angebote bevorzugt in ihren Ergebnislisten. Im Gegensatz zu diesen Befunden suggerieren die Suchmaschinenbetreiber, sie stünden nicht im Wettbewerb mit denjenigen Unternehmen, die in den Suchergebnissen präsentiert werden. Allerdings bedeutet eine entsprechende Platzierung (und Hervorhebung) in den Trefferlisten der Suchmaschinen auch einen erhöhten Besucherzustrom. Diese extreme Fixierung auf die Trefferposition und -hervorhebung kann dazu führen, dass weniger gut platzierte Angebote einem Großteil ihrer Besucher beraubt werden. Für viele Web-Angebote ist festzustellen, dass sie nur „durch Googles Gnaden" existieren, da sie von den durch diese dominierende Suchmaschine zugeleiteten Benutzern abhängig sind.

Der dritte Kritikpunkt betrifft die Annahme, dass Suchmaschinen „gut" wären. Diese Idee geht auf Googles Firmenmotto „Don't be evil" (Google Inc. 2014) zurück. Lurie stellt nun schlicht fest, dass die Qualität der Suchresultate zwar ein wichtiges Kriterium für Nutzer wäre, eine Suchmaschine wieder zu benutzen und erhöhte Nutzung für die Suchmaschinen letztlich mehr Möglichkeiten zur Werbeeinblendung und damit mehr Umsatz bedeuten würde, es jedoch niemals eine vollständige Orientierung an der Ergebnisqualität geben könne. Suchmaschinen seien vielmehr schlicht gewinnorientierte Wirtschaftsunternehmen, die in diesem Sinne weder gut noch böse wären.

Die Argumentation der Suchmaschinenbetreiber, sie wären nur Vermittler von Informationen, ohne selbst durch die Zusammenstellung der Trefferlisten Einfluss auf das, was Nutzer lesen, zu nehmen, lässt sich nur aufrechterhalten, sofern man zum einen annimmt, dass es tatsächlich möglich ist, neutrale Trefferlisten zu produzieren und zum anderen annimmt, dass die Suchmaschinen mit den Trefferlisten keine eigenen Interessen verfolgen, das heißt ihre eigenen (oder ihnen in irgendeiner Form genehmen) Angebote nicht bevorzugt behandeln.

In dieser Hinsicht haben wir es bei den aktuellen Suchmaschinen keineswegs mit neutralen Vermittlern zu tun, die allein an der bestmöglichen Qualität der Suchergebnisse interessiert sind. Vielmehr gehen in die Suchergebnisse eine Vielzahl von Interessen sowohl der Suchmaschinenbetreiber als auch externer Anbieter ein. Die grundlegende Frage ist damit nicht mehr, ob sich Suchmaschinenbetreiber „neutral" verhalten, sondern welche *Verantwortung der Suchmaschinenbetreiber* aus ihrer Rolle als dominante technische Informationsvermittler in der Gesellschaft erwachsen. Bislang argumentieren die Suchmaschinenbetreiber auf einer rein technischen Ebene und lehnen eine weitergehende Verantwortung für ihre Dienste ab.

15.2 Suchmaschinen-Bias

Unter *Bias* (Verzerrungen) versteht man die Unterschiede zwischen einer *idealtypischen* Ergebnismenge und -reihung und der *tatsächlichen* Ergebnismenge und -reihung. Das Ideal wäre hier eine Ergebnismenge, in die *sämtliche* potenziell relevanten Dokumente eingehen und eine Ergebnisreihung, die allein nach objektiven Kriterien erfolgt und so in der Lage ist, eine *richtige* Reihung der Ergebnisse hervorzubringen.

Vielfach wird in diesem Kontext der Wunsch nach „neutralen Suchmaschinen" geäußert. Eine solche Suchmaschine gibt es allerdings nicht und kann es nicht geben, da *jede* Suchmaschine in bestimmter Weise Verzerrungen ausgesetzt ist (vgl. auch Kap. 5). Weber (2011, S. 278) benennt drei Bereiche, in denen sich diese Verzerrungen (*bias*) ergeben:

- Implementierung (in einem weiten Sinne) der jeweiligen Suchmaschine,
- Verhalten der Anbieter von Inhalten im Internet,
- wie Suchmaschinen genutzt werden.

Bei der Implementierung der Suchmaschine geht es auf der einen Seite um die technischen Gegebenheiten vor allem der Indexierung, die in Kap. 3 beschrieben wurden. Dazu kommen die Rankingalgorithmen (Kap. 5), in die Grundannahmen über die Bewertung von Dokumenten und Geschmacksurteile eingehen.

Beim Verhalten der Anbieter von Inhalten geht es um die zahlreichen Faktoren, die Einfluss auf die Suchergebnisse nehmen; diese reichen von Entscheidungen beim Verfassen von Texten und der Strukturierung von Websites bis hin zu umfassenden Maßnahmen der Suchmaschinenoptimierung (Kap. 8).

Die Beeinflussung der Trefferpositionen lässt sich nach Akteuren in drei Bereiche unterteilen:

Zum einen sind es natürlich die *Betreiber der Suchmaschinen* selbst, welche durch die von ihnen entwickelten Algorithmen bestimmen, welche Treffer vorne landen und welche sich mit schlechteren Platzierungen begnügen müssen. Auch wenn immer wieder von Seiten der Suchmaschinen betont wird, dass die Treffer rein maschinell auf der Basis von Algorithmen erstellt werden würden, so ist doch klar, dass auch diesen Algorithmen menschliche Annahmen über die Tauglichkeit von Dokumenten zu einer Suchanfrage zugrunde liegen.

Zum zweiten hat *die Masse (der Nutzer)* einen erheblichen Einfluss auf die Suchergebnisse (und damit auf das, was beim Nutzer ankommt). Die Messung der *Qualität* von Dokumenten im Web erfolgt vor allem auf der Basis ihrer *Popularität* – sei es die Popularität im gesamten Web oder die bei einer bestimmten Nutzergruppe.

Und zuletzt haben auch *Einzelne* die Möglichkeit, über die Treffer der Suchmaschinen mitzubestimmen. Mit Verfahren der Suchmaschinenoptimierung können Dokumente (und ihre durch die Verlinkung ausgedrückte Stellung im Netz) so verändert werden, dass sie den Kriterien der Suchmaschinen besser entsprechen als andere Dokumente. Das Ziel dabei ist eine hohe Platzierung in den Trefferlisten, welche unter Umständen über Wohl und Wehe eines kommerziellen Web-Angebots entscheiden kann.

Der dritte von Weber benannte Punkt betrifft eine vom Nutzer selbstverschuldete Verzerrung der Suchergebnisse: Allein durch ihre schlechten Recherchekenntnisse und mangelnden Strategien würden Nutzer sich selbst einen Teil der relevanten Ergebnisse vorenthalten, beispielsweise wenn nur in einer Sprache gesucht wird, obwohl sich zahlreiche weitere relevante Dokumente in anderen Sprachen finden ließen (Weber 2011, S. 280 f.).

Aus dem Gesagten wird deutlich, dass eine verzerrungsfreie Suchmaschine nicht möglich ist, und es daher weniger um ein solches Ideal gehen kann als vielmehr um die Frage, welche Probleme sich aus dem Bias ergeben und wie mit ihnen umzugehen ist. Zum Problem werden die Verzerrungen vor allem durch die Verbindung von drei Faktoren (Lewandowski 2014, S. 233):

1. Der Dominanz des Modells „algorithmische Web-Suchmaschine" gegenüber anderen Methoden zum Auffinden von Informationen im World Wide Web,
2. der Dominanz von Google in diesem Bereich,
3. dem Verhalten der Suchmaschinennutzer (kurze Suchanfragen, kaum systematische Ergebnissichtung, geringe Kenntnisse über Suchmaschinen).

Erst dadurch, dass *eine* Suchmaschine für den weit überwiegenden Teil der Informationsbedürfnisse konsultiert wird und die Nutzer in ihrem Rechercheverhalten wenig kompetent und reflektiert sind, ergibt sich, dass die Verzerrungen dieser einen Suchmaschine eine solche große Rolle spielen. Würden Nutzer eine Vielzahl von Suchmaschinen nutzen, hätte zwar weiterhin jede Suchmaschine spezifische Verzerrungen, diese würden jedoch in den Hintergrund gedrängt, da sie sich gewissermaßen gegenseitig ausgleichen würden. Dazu kommt, dass systematische Verzerrungen im direkten Vergleich unterschiedlicher Suchmaschinen leichter zu entdecken wären.

15.3   Interessengeleitete Präsentation von Suchergebnissen

Im letzten Abschnitt wurden Verzerrungen beschrieben, die nicht per se willentlich von den Suchmaschinenbetreibern in ihre Suchmaschinen „eingebaut" wurden bzw. sein müssen. In diesem Abschnitt soll es nun um die Frage gehen, in welcher Weise Suchmaschinen mittels ihrer Ergebnispräsentation die Interessen ihrer Betreiber stützen bzw. befördern können und welche Auswirkungen dies bereits in der Realität hat.

Bei der interessengeleiteten Präsentation von Suchergebnissen ist nach Ergebnistypen zu unterscheiden:

- Universal-Search-Ergebnisse kommen häufig aus von der Suchmaschine selbst angebotenen Spezialsuchmaschinen; hier ist schon allein die Einblendung eines Universal-

Search-Containers mit den eigenen anstatt mit fremden Ergebnissen von den eigenen Interessen des Suchmaschinenbetreibers geleitet. Eine Relevanzbewertung der Ergebnisse gegenüber den Ergebnissen aus konkurrierenden Angeboten spielt hier keine Rolle.

- Textanzeigen werden von allen Suchmaschinen prominent auf den Suchergebnisseiten platziert, da sie die bei weitem wichtigste Einnahmequelle der Suchmaschinenbetreiber darstellen. Hier liegt das Interesse der Suchmaschinenbetreiber vor allem darin, dass die Anzeigen als zur Suchanfrage relevant betrachtet werden und Nutzer die Anzeigen auch tatsächlich anklicken. Neben der potenziellen *Relevanz der Anzeigen als Suchergebnis* (vgl. Abschn. 6.2.2) spielt hier vor allem auch die *Unterscheidbarkeit von Anzeigen und organischen Suchergebnisse* eine wichtige Rolle. Werden Anzeigen als relevante Suchergebnisse *wahrgenommen* (was sie ja durchaus sein können), so werden sie von den Nutzern mit einer höheren Wahrscheinlichkeit angeklickt.
- Die organischen Ergebnisse sind so etwas wie der „heilige Gral" der Neutralität. Sie bilden die Grundlage der Suchmaschinen, und auf ihnen basiert das enorme Vertrauen, das den Suchmaschinenergebnissen entgegengebracht wird. Insofern liegt es im Interesse der Suchmaschinenbetreiber, dieses Vertrauen zu erhalten. Eine Einflussnahme auf die organischen Ergebnisse erfolgt, neben der Herabsetzung ihrer Bedeutung durch die hervorgehobene Präsentation von Universal-Search-Ergebnissen, von außen durch Suchmaschinenoptimierung (s. Kap. 8).

Auf der Nutzerseite liegt das Problem nun darin, dass Nutzer unter der Annahme, dass im Ranking der organischen Ergebnisse alle Dokumente gleich behandelt und nach objektiven Kriterien gelistet werden, ihr Vertrauen aus diesem Bereich auf *alle* Ergebnisse, die auf den Suchergebnisseiten präsentiert werden, übertragen. Erst dadurch entstehen enorme Möglichkeiten für die Suchmaschinenbetreiber, Nutzer im Suchprozess zu lenken (Lewandowski et al. 2014).

Letztlich geht es um die Frage, was es für unseren Wissenserwerb bedeutet, wenn wir durch Suchmaschinen in vielen Fällen zumindest interessengeleitete Informationen vermittelt bekommen. Und schließlich ist zu fragen, welchen Ausweg es gibt, um sich über verschiedene Aspekte eines Themas zu informieren oder informationsbasierte Entscheidungen zu treffen (vgl. Lewandowski 2014a).

Die Bedeutung der Suchmaschinen für das Wohl und Wehe von Webangeboten kann auch aus einem anderen Grund kaum überschätzt werden: Der Anteil der durch Suchmaschinen vermittelten Besucher dürfte noch deutlich höher liegen als es die direkten Statistiken (also die Messung der direkt von den Ergebnisseiten der Suchmaschinen kommenden Nutzer zeigt) suggeriert. Viele Benutzer stoßen durch Suchmaschinen zum ersten (und darauf folgend oft zum wiederholten) Mal auf eine Website, die sie bei zukünftigen Nutzungen direkt (über die Eingabe der URL in der Browserzeile) ansteuern. Diese Nutzungen lassen sich also zu einem Teil auch auf die Suchmaschinen zurückführen. Der auf Suchmaschinen spezialisierte Journalist Danny Sullivan sprach schon im Jahr 2001 in diesem Zusammenhang von einer sog. *search gap* (Sullivan 2001; s. a., 2010). Inzwischen hat sich das Nutzerverhalten zwar dahingehend geändert, dass statt der direkten Eingabe

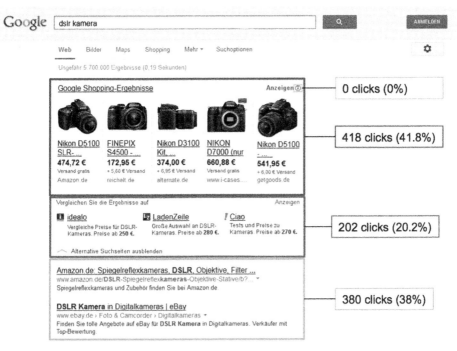

Abb. 15.1 Klickverteilung auf einer Universal-Search-Suchergebnisseite. (Beispiel 1 ohne Unter-legung; (Lewandowski und Sünkler 2013)

der URL oft Suchmaschinen als Navigationshilfen verwendet werden; der grundlegende Befund behält jedoch nach wie vor seine Gültigkeit.

Welche Auswirkungen eine interessengeleitete Präsentation von Universal-Search-Er-gebnissen haben kann, verdeutlichen die in Abb. 15.1 und 15.2 gezeigten repräsentativen Klickverteilungen auf beispielhaften Suchergebnisseiten: Schon kleinere Veränderungen im Layout können enormen Einfluss darauf haben, welche Ergebnisse tatsächlich ange-klickt werden. In den Beispielen ist jeweils die Verteilung von 1000 Klicks zu sehen; die einzige Veränderung zwischen den beiden Suchergebnisseiten liegt in der grauen Unter-legung des Containers mit den weiteren Angeboten.

Festzustellen bleibt, dass ein Ranking nie eine neutrale Trefferliste produzieren wird, denn gerade die Grundannahme jedes Rankings ist es ja, dass eine Menge von Treffern aufgrund vorab festgelegter Kriterien in eine Reihenfolge gebracht wird. Und mag der Mythos, das Ranking werde ja nur von Maschinen (bzw. Algorithmen) festgelegt, noch so oft kolportiert werden: Auch den Algorithmen liegen menschliche Bewertungen zugrun-de, die eben darüber entscheiden, welche Dokumente später einmal oben in den Treffer-listen stehen und welche für den Nutzer unsichtbar bleiben.

Ein Problem entsteht nicht zuletzt auch daraus, dass für einen großen Teil der Suchan-fragen mehr relevante Dokumente gefunden werden, als der Nutzer bereit oder in der Lage ist, anzusehen. Diese relevanten Dokumente finden sich auf hinteren Trefferpositionen,

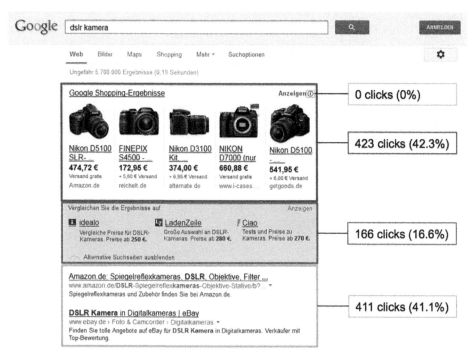

Abb. 15.2 Klickverteilung auf einer Universal-Search-Suchergebnisseite. (Beispiel 2 mit grauer Unterlegung des mittleren Containers; (Lewandowski und Sünkler 2013)

obwohl sie von den Nutzern als relevant bewertet werden. Was genau zu einer Bewertung eines Dokumentes als „relevant" führt, ist in großen Teilen unklar. Zwar sind die Versuche, die Relevanz von Dokumenten in Bezug auf eine Suchanfrage (oder ein Informationsbedürfnis) zu definieren, zahlreich, jedoch konnte bisher keine auch nur annähernde Übereinstimmung über eine solche Definition erzielt werden (vgl. Kap. 5).

Nun treffen die Suchmaschinen mit ihrer Art der Relevanzbestimmung aber doch in großen Teilen die Meinung der Nutzer. Aus Untersuchungen wissen wir allerdings, dass Nutzer sich besonders im Fall der Treffer von Web-Suchmaschinen schnell zufrieden geben. Auch differenziertere Bewertungen (die also über die reine Bewertung „ist relevant" gegenüber „ist nicht relevant") hinausgehen, schaffen hier nur wenig Abhilfe. Festgestellt werden kann, dass relevante Dokumente ausgegeben werden, was die Nutzer zufrieden macht, uns jedoch im Unklaren darüber lässt, ob nicht auf einer späteren Position der Trefferliste (die man sich aber nicht mehr ansieht) doch noch ein relevanteres Dokument auftauchen würde.

Die Frage bleibt, wie stark sich die Relevanzbewertung durch Suchmaschinen der Relevanzbewertung durch Menschen ähnelt. Dies wiederum führt uns zu der Frage, welche (durch Menschen ermittelten) Grundannahmen eigentlich in den Ranking-Algorithmen wirken. Denn beruhen die Algorithmen auf bestimmten Annahmen darüber, was ein relevanter Treffer ist und wie er sich von mehr bzw. weniger relevanten Treffern unterscheidet.

15.4   Was würde „Suchneutralität" bedeuten?

In der Diskussion um Suchmaschinen wird oft analog zu der Forderung nach Netzneutralität eine „Suchneutralität" gefordert. Bei der Netzneutralität geht es darum, dass alle Datenpakete, die über das Netz verschickt werden, gleich behandelt werden, d. h. in gleicher Geschwindigkeit übermittelt werden und nicht etwa die Daten bestimmter Anbieter bevorzugt werden.

In diesem Sinne würde Suchneutralität bedeuten, dass alle Dokumente im Crawling, in der Indexierung und im Ranking gleich behandelt werden, unabhängig davon, wer der Anbieter dieser Dokumente ist.

Wie in Kap. 3 beschrieben, haben wir es im Prozess des Crawlings eher mit Verzerrungen zu tun, die aufgrund der Struktur des Web entstehen. Willentliche Verzerrungen, die etwa im Modell der *paid inclusion* (vgl. Abschn. 7.1) entstehen, haben sich zumindest im Bereich der organischen Ergebnisse nicht durchgesetzt und werden inzwischen vor allem im Bereich der Universal Search (hier v. a. in Hinblick auf Googles Shopping-Ergebnisse) diskutiert. Schwerwiegender ist hier die Frage nach der Aufnahme in den Index: In Abschn. 3.1 wurde bereits festgestellt, dass keine Suchmaschine in der Lage wäre, alle Dokumente im Web zu erfassen und dass auch berechtigte Ausschlüsse aus dem Index stattfinden. Insofern werden schon in diesem Stadium Entscheidungen getroffen, die Suchneutralität zumindest einschränken.

Inwieweit in der Indexierung alle Dokumente gleich behandelt werden, ist schwer festzustellen. Gerade bei den von den Suchmaschinen selbst erstellten Kollektionen lassen sich Metadaten und Strukturinformationen allerdings erheblich einfacher und zuverlässiger erschließen als bei Dokumenten aus dem offenen Web. Insofern dürften diese Kollektionen in den jeweiligen Suchmaschinen vollständig abgebildet sein, während dies für „externe" Inhalte nicht zutrifft.

Eine Gleichbehandlung aller Dokumente im Index ist im Ranking prinzipiell möglich und bildet weiterhin das Ideal von Suchmaschinen, sofern man hier nur die organischen Ergebnisse aus dem Web-Index betrachtet. Gerade aber Entwicklungen weg von Trefferlisten hin zu komplexen Präsentationen von Ergebnissen aus unterschiedlichen Kollektionen lassen Suchmaschinen von diesem Ideal abkehren.

Wahrscheinlich ist aus den genannten Gründen Suchneutralität zwar ein grundsätzlich wünschenswerter Zustand, in der Praxis aber wohl kaum erreichbar. Ähnlich wie bei der Diskussion des Suchmaschinen-Bias gezeigt wurde, ist die Frage auch hier wieder wohl eher nach dem Umgang mit fehlender Suchneutralität als nach dem Weg, wie man zu Suchneutralität gelangen könnte (sofern dies überhaupt möglich ist). Ebenso ergibt sich wieder die Frage nach der Verantwortung der Suchmaschinenbetreiber.

Ein erhebliches Problem entsteht aus der Tatsache, dass sich zwar die Suchmaschinen von dem ursprünglichen Modell der alleinigen Darstellung gleichbehandelter organischer Suchergebnisse in gereihten Listen weit entfernt haben, die Nutzer diesen Schritt aber offensichtlich nicht mit vollzogen haben. Daraus resultiert, dass sie weiterhin von einem

„neutralen" Modell der Trefferpräsentation ausgehen und den Suchmaschinen entsprechend vertrauen, wo doch zumindest Vorsicht angebracht wäre.

15.5 Zusammenfassung

Suchmaschinen werden meist als neutrale Vermittler von Informationen angesehen. Allerdings gibt es zum einen Verzerrungen, die nicht auf Entscheidungen der Suchmaschinenbetreiber zur direkten Bevorzugung oder Benachteiligung von Dokumenten oder Quellen beruhen, etwa aufgrund der Struktur des Web und der Basisannahmen, die in das Ranking eingehen. Die Zusammenstellung der Suchergebnisse kann in diesem Sinne nicht unverzerrt sein, da jede Entscheidung über ein Ranking von Suchergebnissen schon eine Verzerrung hervorruft. Allerdings entstehen Verzerrungen nicht nur aus dem Design der Suchmaschinen, sondern auch aus dem Nutzerverhalten und den Einflüssen der Inhalteanbieter.

Eine bewusste Beeinflussung bestimmter Suchergebnisse durch die Suchmaschinenbetreiber entsteht aufgrund ihrer eigenen Interessen als Inhalteanbieter bzw. als Anbieter von Spezialsuchmaschinen. Da diese wiederum auf die Sichtbarkeit in Suchmaschinen angewiesen sind, ist es nachvollziehbar, dass sie von den Betreibern unabhängig von tatsächlichen Relevanzbewertungen bevorzugt auf den Suchergebnisseiten angezeigt werden. Allerdings haben die Suchmaschinenbetreiber damit einen erheblichen Einfluss darauf, was Nutzer zu sehen bekommen und letztlich auch auswählen. Sie werden jedoch der daraus erwachsenden Verantwortung zumindest bislang noch nicht gerecht.

Weiterführende Literatur
Alexander Halavais (2009) gibt einen guten Überblick über die mit Suchmaschinen verbundenen gesellschaftlichen Fragen. Zum Einfluss von Google gibt es einige Bücher; empfehlenswert ist hier vor allem das Buch von Vaidhyanathan (2011). Eine tiefergehende Auseinandersetzung mit der Macht der Suchmaschinen findet sich bei Röhle (2010).

Literatur

Google Inc. (2014). Google code of conduct. http://investor.google.com/corporate/code-of-conduct. html. Zugegriffen: 30. Sept. 2014

Graham, L., & Metaxas, P. T. (2003). "Of course it't true; I saw it on the internet!": critical thinking in the internet era. *Communications of the ACM, 46*(5), 71–75.

Halavais, A. (2009). *Search engine society. Digital media and society series* (S. 232). Cambridge: Polity Press.

Lewandowski, D. (2014). Die Macht der Suchmaschinen und ihr Einfluss auf unsere Entscheidungen. *Information – Wissenschaft & Praxis, 65*(4–5), 231–238.

Lewandowski, D., & Sünkler, S. (2013). *Representative online study to evaluate the revised commitments proposed by Google on 21 October 2013 as part of EU competition investigation AT.39740-Google Report for Germany*. Hamburg.

Lewandowski, D., Kerkmann, F., & Sünkler, S. (2014). Wie Nutzer im Suchprozess gelenkt werden: Zwischen technischer Unterstützung und interessengeleiteter Darstellung. In B. Stark, D. Dörr, & S. Aufenanger (Hrsg.), *Die Googleisierung der Informationssuche – Suchmaschinen im Spannungsfeld zwischen Nutzung und Regulierung.* Berlin: De Gruyter.

Lurie, I. (2010). 3 Lies the search engines will tell you. Search Engine Land. http://searchengineland.com/3-lies-the-search-engines-will-tell-you-45828. Zugegriffen: 30. Sept. 2014

Röhle, T. (2010). *Der Google-Komplex: Über Macht im Zeitalter des Internets.* Bielefeld: Transcript.

Sullivan, D. (2001). Avoiding the search gap. Search Engine Watch. http://searchenginewatch.com/article/2068087/Avoiding-The-Search-Gap. Zugegriffen: 30. Sept. 2014.

Sullivan, D. (2010). Stat rant: Does Facebook trump Google for news & can't we measure twitter correctly? Search Engine Land. http://searchengineland.com/stat-rant-google-facebook-twitter-38484. Zugegriffen: 30. Sept. 2014

Tremel, A. (2010). *Suchen, finden-glauben?: Die Rolle der Glaubwürdigkeit von Suchergebnissen bei der Nutzung von Suchmaschinen* (S. 1–321). Ludwig-Maximilians-Universität München. http://edoc.ub.uni-muenchen.de/12418/. Zugegriffen: 30. Sept. 2014

Vaidhyanathan, S. (2011). *The googlization of everything (and why we should worry).* Berkeley: University of California Press.

Weber, K. (2011). Search engine bias. In D. Lewandowski (Hrsg.), *Handbuch Internet-Suchmaschinen 2: Neue Entwicklungen in der Web-Suche* (S. 265–285). Heidelberg: Akademische Verlagsanstalt AKA.

Nach all dem, was in diesem Buch über den aktuellen Stand (und teils auch über die Vergangenheit) der Suchmaschinen gesagt wurde, ist es natürlich abschließend interessant, einen Blick in die Zukunft zu wagen. Dabei soll es nicht um eine Vorstellung davon gehen, wie Suchmaschinen, oder allgemeiner: Suchvorgänge, in 50 Jahren aussehen könnten – wer hätte sich vor 50 Jahren die heutigen Suchmaschinen in ihrer Form vorstellen können? Vielmehr soll ein Blick in die absehbare Zukunft gewagt werden, die Zeitspanne soll also überschaubar sein und die Prognose auf Entwicklungen beruhen, die sich bereits abzeichnen, aber noch nicht zur Blüte gelangt sind. Denn vieles von dem, was sich in den nächsten Jahren als Standard etablieren wird, können wir bereits heute erkennen.

16.1 Suche als Basistechnologie

Wir verstehen Suchmaschinen heute noch weitgehend als Systeme, in die wir eine Suchanfrage eingeben und daraufhin ein Ergebnis (meist in Form einer Liste von Dokumenten) ausgegeben bekommen. In dieser Hinsicht werden sich Suchmaschinen wandeln: Suchprozesse und die Verarbeitung von Daten auf der Basis von auf unterschiedlichste Weise generierten „Suchanfragen" (nicht im Sinne einer textuellen Eingabe durch einen Nutzer) werden die Basis unterschiedlichster Anwendungen bilden. Peter Morville spricht in diesem Kontext von *Ambient Findability* (so auch der Titel seines Buchs; (Morville 2005).

Bereits heute gibt es viele Dienste, die auf Suche als Basistechnologie beruhen, selbst aber keine (oder nur in einem Teil) Suchmaschinen sind, zum Beispiel:

- Google News: Während Google News (vgl. Abschn. 13.3) auf der einen Seite eine Suchmaschine ist, stellt es auf der anderen Seite aber auch ohne die Eingabe von Suchanfragen automatisch Überblicksseiten zusammen. Bei diesen Überblicksseiten werden

© Springer-Verlag Berlin Heidelberg 2015
D. Lewandowski, *Suchmaschinen verstehen,* Xpert.press,
DOI 10.1007/978-3-662-44014-8_16

neu indexierte Artikel nach Themen klassifiziert, auf Ähnlichkeit mit bereits im Index enthaltenen Artikeln überprüft, und aus den als wichtig ermittelten Artikeln werden thematische Cluster gebildet.
- Bing iPad App (US-Version): Bing stellt in seiner iPad-App u. a. eine tägliche Themenzusammenstellung zur Verfügung, die auf häufigen Suchanfragen an diesem Tag beruht. Die grafische Aufbereitung impliziert ein Informationsportal; bei einem Klick auf eines der Themen wird allerdings eine Suchanfrage in Bing ausgeführt und es werden die jeweils aktuellen Ergebnisse abgerufen.
- Apples Siri ist der „persönliche Assistent" auf dem iPhone. Mittels Spracheingabe kann ein Nutzer sein persönliches Informationsmanagement steuern, indem er beispielsweise den Assistenten bittet, einen Termin in den Kalender einzutragen oder eine Nachricht an einen Empfänger aus dem Adressbuch zu schreiben. Allerdings lässt sich Siri auch für die Suche in externen Informationsbeständen nutzen, beispielsweise für die einfache Suche nach Fakten wie dem aktuellen Wetter am aktuellen Ort des Nutzers. Aber auch Websuchen lassen sich mit Siri ausführen, wobei zurzeit noch konventionelle Trefferlisten angezeigt werden.
- Google Now (auf Mobiltelefonen) ist wahrscheinlich das momentan deutlichste Beispiel dafür, wie Suche als Basistechnologie fungiert, um Antworten bzw. Suchergebnisse (im weitesten Sinn) automatisiert zum richtigen Zeitpunkt auf der Basis von Kontextinformationen (die in diesem Fall die Suchanfragen bilden) zu erzeugen. So kann beispielweise ein Nutzer auf der Basis eines Termins in seinem Kalender zum richtigen Zeitpunkt daran erinnert werden, wann er losfahren sollte, da Google Now aus dem Kalender den Ort des Termins kennt, aus den GPS-Daten des Telefons den aktuellen Standort des Nutzers, und aus aktuellen Verkehrsmeldungen die momentane Verkehrslage.

Es ist davon auszugehen, dass wir in Zukunft Dienste, die auf Suche beruhen, viel weniger als Suchmaschinen wahrnehmen werden. Hier zeigt sich, wie Suche eine Kernanwendung des Internet ist bzw. geworden ist.

16.2   Der Wandel der Suchanfragen und der Dokumente

Währen die Websuche vor allem als eine Eingabe von textuellen Suchanfragen und der Ausgabe einer Liste von Dokumenten verstanden wird, befindet sich sowohl die Seite der Eingabe als auch die Seite der Ausgabe in einem Wandel. Suchanfragen können auf ganz unterschiedlichen Wegen eingegeben werden, und auch die Ausgabe kann nicht nur über Text, sondern beispielsweise auch über Sprache erfolgen.

In Abb. 16.1 wird der Prozess der Suchanfragenverarbeitung in den Kontext unterschiedlicher Typen von Anfragen und unterschiedlicher Arten von Dokumenten gestellt.

Eine Suchanfrage kann auf ganz unterschiedliche Weise gestellt werden. In heutigen Suchmaschinen haben wir es bei der Eingabe einer Suchanfrage durch einen Nutzer meist

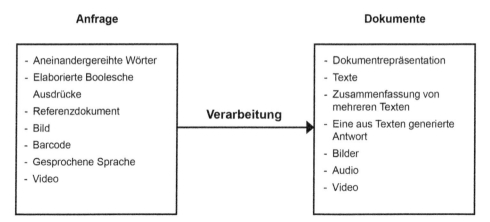

Abb. 16.1 Verarbeitung von unterschiedlichen Arten von Suchanfragen und Ausgabe unterschiedlicher Arten von Dokumenten (beispielhaft)

mit aneinandergereihten Suchwörtern zu tun. Schon auf der textuellen Ebene gibt es aber weit mehr Möglichkeiten: Suchanfragen können beispielsweise aus komplexen Booleschen Suchargumenten bestehen (vgl. Abschn. 10.3) oder aus ausformulierten Fragesätzen. Eine aus anderen Suchbereichen bekannte Möglichkeit ist außerdem die Suche mit einem Referenzdokument, d. h. man kennt ein relevantes Dokument zu einem Thema und verwendet dieses Dokument, um weitere Dokumente zu finden, die diesem ähnlich sind.

Natürlich ist der Bereich der Suchanfragen nicht auf textuelle Eingaben beschränkt. Heutige Suchmaschinen unterstützen beispielsweise bereits die Eingabe eines Bildes als Suchanfrage. Gefunden werden daraufhin weitere Bilder, die dem eingegebenen Bild ähnlich sind. Die Ähnlichkeit zwischen den Bildern wird heute auf der Basis recht basaler Merkmale wie Farben und Formähnlichkeiten gemessen; entsprechend verwunderlich sind oft die Ergebnisse. Erstaunlich gut funktioniert diese Art der Suche allerdings schon bei bekannteren Motiven, die *wiedererkannt* werden sollen. Möchte man beispielsweise Informationen zu einem Bauwerk erhalten, kann man ein Foto davon machen bei einer Suchmaschine hochladen und erhält dann – über den Umweg über die Bildersuchergebnisse – weitere Informationen. Dabei können von der Suchmaschine auch die Standortdaten des Nutzers ausgewertet werden, was die Zuordnung eines Bilds zu einem Bauwerk wesentlich erleichtert.

Auch gesprochene Suchanfragen sind heute schon möglich und werden beispielsweise von Google in seinen mobilen Anwendungen unterstützt. Gerade im mobilen Bereich mit nur kleinen Tastaturen und Situationen, in denen die Eingabe einer textuellen Suchanfrage wenig komfortabel ist, ist die Sprachsteuerung besonders wichtig. Besonders auch bei der Eingabe per gesprochener Sprache ist eine Dialogorientierung der Suche sinnvoll, mit der es möglich wird, eine Suchsession als Dialog aufzufassen, in dem Bezug auf bereits gestellte Anfragen und die von der Suchmaschine gelieferten Antworten genommen werden kann. Einfache Möglichkeiten einer solchen Dialogorientierung sind bereits realisiert. Sullivan (2013) beschreibt das Beispiel einer Suchanfrage nach dem Alter von Barack

Obama. Nachdem die Antwort ausgegeben wurde, kann der Nutzer dann beispielsweise fragen, wie groß *er* ist. Die Suchmaschine versteht dann aufgrund der vorher getätigten Suchanfrage, wer mit *er* gemeint ist und kann die zweite Anfrage entsprechend beantworten. Die Dialoge lassen sich weiter fortsetzen; die Suchmaschine greift stets auf den innerhalb einer Session generierten Kontext zurück.

Aber auch andere Eingabeformen (zum Beispiel Barcodes zu Produkten oder Videos) sind als Suchanfragen denkbar. Und nicht alle Arten von Suchanfragen müssen solche sein, die von einem Endnutzer direkt eingegeben werden. Man kann zum Beispiel auch Empfehlungssysteme wie das von Amazon („Kunden, denen X gefällt, gefällt auch Y") als Systeme ansehen, die Suchanfragen verarbeiten. Die Suchanfrage besteht dann allerdings aus einem Referenzdokument (dem Produkt, das der aktuelle Nutzer gerade ansieht), welches um weitere Informationen (welche und wie viele Nutzer haben dieses Produkt auch gekauft, welche Produkte haben sich Nutzer mit einem ähnlichen Profil auch angesehen, usw.) angereichert wird. Auf Basis dieser Suchanfrage werden dann passende Produkte gefunden. Hier basiert die Suchanfrage also nicht mehr auf einer expliziten Eingabe durch einen Nutzer, sondern wird implizit gestellt, ohne dass dies vom Nutzer überhaupt bemerkt werden muss. Damit wird die Suche zu einer Basistechnologie (s. Abschn. 16.1).

Noch weiter gehen Dienste wie das bereits erwähnte Google Now, die vollständig ohne die explizite Eingabe von Suchanfragen funktionieren. Vielmehr werden hier die Suchanfragen, ähnlich wie bei den Empfehlungssystemen, automatisch aus dem aktuellen Kontext des Nutzers generiert. Die Grundlage für solche Systeme bildet die Sammlung von Daten über den Nutzer und deren Zusammenführung. Quellen sind u. a. Daten aus den vom Nutzer genutzten Diensten (wie seinem Kalender und seinem Adressbuch), von Sensoren erfasste Daten (beispielsweise vom Mobiltelefon übermittelten Standortdaten) sowie Nutzungsdaten des individuellen Nutzers (also seine in der Vergangenheit verwendeten Suchanfragen sowie Interaktionsdaten wie beispielsweise angesehene Dokumente).

Hier wird deutlich, dass die Zukunft der Suchen in kontextorientierten und datenintensiven Diensten liegen wird. Allerdings ist dann auch zu fragen, in welchem Umfang eine Sammlung von Nutzerdaten durch diese Suchdienste gewünscht ist (s. Abschn. 5.3.2.2).

Auch auf der Seite der Dokumente ergeben sich zunehmend Veränderungen weg von einer von der Suchmaschine ausgegebenen Dokumentenliste. Auf der textuellen Ebene können neben Dokumentrepräsentationen (also den Trefferbeschreibungen) und den Texten selbst als Ergebnis auch Zusammenfassungen von mehreren Texten oder eine konkrete, aus der Treffermenge generierte Antwort angezeigt werden. Dass auch Bilder, Videos und Audio als Ergebnis präsentiert werden können, versteht sich fast von selbst. Allerdings hängen Suchmaschinen heute noch weitgehend an dem Originalformat der Dateien fest, d. h. ein Ergebnis wird in dem Format ausgegeben, in dem es von der Suchmaschine aufgefunden wurde. Durch automatische Transkriptionen von Audio- und Videodateien können aber beispielsweise gesprochene Texte in geschriebenen Text umgesetzt und entsprechend angezeigt werden. Ebenso lassen sich aus den Treffermengen beispielsweise gesprochene Antworten erzeugen – das Ausgabeformat wird in Zukunft von dem Nutzungskontext, in dem sich ein Suchender aktuell befindet, abhängen.

16.3 Besseres Verstehen von Dokumenten und Suchanfragen

Bereits seit vielen Jahren werden unter dem Label *Semantic Web* (bzw. *Linked Open Data*) Verfahren diskutiert, die ein besseres Verstehen von Dokumenten und den verstehenden Informationsaustausch zwischen Maschinen ermöglichen sollen. Dabei wird nicht mehr das Dokument als zu betrachtende Einheit angesehen, sondern einzelne Aussagen aus Dokumenten (sog. *triples*). Erste Ansätze der Suchmaschinen, die Dokumente mittels Semantik zu verstehen, können an Initiativen wie schema.org betrachtet werden. Mit den in dieser gemeinsamen Initiative bereitgestellten Schemata lassen sich Informationen im Web detailliert beschreiben, sodass sie dann u. a. von Suchmaschinen ausgewertet werden können. Hat eine Suchmaschine solche Informationen einmal erschlossen, können aus der Kombination bekannter Tripel dann auch Schlussfolgerungen gezogen werden (sog. *reasoning*). Besonders bei der Zusammenfassung von Informationen aus verschiedenen Quellen ist dieser Ansatz vielversprechend.

Aber es gibt nicht nur die Seite der Dokumente (bzw. allgemeiner: der im Web vorhandenen Informationen), sondern auch die Seite der Suchanfragen. In unterschiedlichen Kapiteln dieses Buchs wurde bereits auf die Interpretation und Anreicherung von Suchanfragen eingegangen, was letztlich zu einem besseren Verständnis der Nutzerintentionen führen soll. Neben der Anreicherung auf der Basis vergangenen bzw. ähnlichen Verhaltens werden zunehmend auch Informationen, welche von Sensoren übermittelt werden, wichtig: Neben den Standortdaten, die mobile Endgeräte übermitteln, übermitteln Sensoren in unterschiedlichsten Geräten Daten, die sich auch für die Kontextanreicherung von Suchanfragen nutzen lassen. Mit mehr Kontextinformationen können die Suchanfragen noch wesentlich genauer interpretiert (bzw. erst automatisch gestellt) werden. Welche Kontextinformationen übermittelt werden, hängt jeweils von den vom Nutzer verwendeten Geräten ab.

16.4 Das Ende der „mobilen Suche"

Die Suche auf mobilen Endgeräten wird zurzeit noch als separat von der Suche auf normalen PCs (wie Desktop-PCs und Notebooks) diskutiert. Durch die Vielfalt der Geräte verliert der Begriff „mobiles Endgerät" (und damit auch „mobile Suche") seine Differenzierungskraft. Die Eigenschaften, die mobile Endgeräte bislang von den PCs unterscheiden, liegen neben der Mobilität (die aber beispielsweise bei Laptops auch, wenn auch in anderer Weise, gegeben ist) in den stark unterschiedlichen Bildschirmgrößen, den unterschiedlichen Bedienungsoberflächen und dem Reichtum an Kontextinformationen, die auf den mobilen Geräten erfasst werden. Allerdings gibt es Annäherungen zwischen den Gerätegattungen: Beispielsweise sind viele Laptops mittlerweile per Touch-Oberfläche bedienbar; Tablets erreichen Bildschirmgrößen bzw. -auflösungen, wie sie bislang (kleineren) Laptops vorbehalten waren.

Die Unterscheidung sollte also besser anhand der Geräteeigenschaften und des Nutzungskontextes getroffen werden. Auch wenn man an neuere Entwicklungen wie internetfähige Armbanduhren denkt, wird deutlich, dass es gerade die Geräteeigenschaften sind, die sich limitierend auf die Nutzungsmöglichkeiten auswirken und eben Nutzungen in bestimmten Kontexten begünstigen, in anderen dagegen so wenig komfortabel machen, dass sie wohl kaum stattfinden werden.

16.5   Antworten anstelle von Dokumenten

Schon bei der Beschreibung der vielen Möglichkeiten, was unter einer Suchanfrage, und was unter einem Dokument zu verstehen ist, wurde deutlich, dass es sich bei der Ausgabe einer Liste von Dokumenten als Ergebnis zu einer Suchanfrage nur um eine von mehreren Möglichkeiten handelt, wie eine Suchmaschine eine Anfrage beantworten kann.

Wenn wir in die Geschichte des Information Retrieval (weit vor dem Start der ersten Suchmaschine) zurückblicken, dann erklärt sich das Modell der Ausgabe einer Liste von Dokumenten als Zweck der Suche: Aufgrund technischer Limitierungen konnten nicht die vollständigen Dokumente im Suchsystem gespeichert werden; dort befanden sich nur knappe Repräsentationen der Dokumente (in Form von bibliographischen Angaben, Abstracts und/oder einer sachlichen Erschließung). Die Suche diente dazu, Dokumente, die in gedruckter Form vorhanden waren, auffindbar zu machen. Bei späteren Volltextdatenbanken wurde dieses Modell beibehalten: Man wollte (und konnte) sich nun den Schritt von der elektronischen Repräsentation und den gedruckten Dokumenten sparen, die Repräsentationen in den Trefferlisten blieben aber. Die Dokumente wurden als eben solche gesehen und nicht als Basis zur Generierung von Antworten (was natürlich auch mit den technischen Gegebenheiten zu tun hatte). Und dieses Modell aus Dokumentrepräsentationen und Dokumenten setzte sich schließlich bei den Suchmaschinen fort, auch wenn es aus der Perspektive der Anwender vielleicht gar nicht ideal ist: In sehr vielen Fällen möchten wir ja nicht Dokumente durchforsten, um Antworten zu finden, sondern eine passende Antwort am liebsten direkt erhalten.

Bei vielen Faktenfragen sind direkte Antworten bereits heute in den Suchmaschinen implementiert (s. Kap. 6). Allerdings werden dies Antworten kaum aus einer *Menge* von Dokumenten gewonnen, sondern entweder aus einzelnen Dokumenten oder aus spezialisierten Datenbanken.

Mit Techniken des automatischen Zusammenfassens lassen sich aber auch komplexe Antworten auf informationsorientierte Anfragen generieren. Während man heute, wenn man beispielsweise erfahren will, wie der Einfluss Goethes auf die Romantik einzuschätzen ist, eine Vielzahl von Dokumenten von Hand durchforsten muss, könnten Suchmaschinen in Zukunft die unterschiedlichen Einschätzungen dazu aus den Dokumenten extrahieren und als eigenständiges Ergebnis ausgeben. Die Verweise auf externe Dokumente würden damit entfallen; der Suchende würde die Informationen direkt auf der Suchergebnisseite bekommen und bräuchte diese nur dann anzuklicken, wenn er eine Quelle genauer ansehen wollte.

Techniken wie Googles Knowledge Graph, in dessen Rahmen ja bereits Antworten anstelle von Dokumenten auf der Suchergebnisseite angezeigt werden, dürften erst der Anfang einer Entwicklung weg von dem Anfrage-Dokumenten-Paradigma in der Websuche sein. Allerdings ergeben sich aus diesem Wandel erheblich wirtschaftliche Konsequenzen, die im nächsten Abschnitt behandelt werden.

16.6   Die wirtschaftliche Zukunft der Suchmaschinen

In Kap. 7 wurde die kontextbasierte Werbung als das dominierende Geschäftsmodell der Suchmaschinen benannt. Auch auf der Seite der Inhalteanbieter bildet die Werbung die dominierende Form der Refinanzierung, vor allem wenn es um Content-Angebote (im Gegensatz etwa zum Handel mit Produkten) geht. Das Geschäft zwischen Suchmaschinen und Inhalteanbietern wiederum beruht darauf, dass die Inhalteanbieter ihre Inhalte den Suchmaschinen kostenfrei zur Verfügung stellen und dafür von den Suchmaschinen Traffic bekommen, den sie wiederum durch Werbung monetarisieren können.

Dieses Modell funktioniert allerdings nur so lange, wie Nutzer von den Suchmaschinen tatsächlich auf Dokumente weitergeleitet werden. Und hier ist sicherlich ein Grund zu sehen, warum die Suchmaschinen, obwohl wie beschrieben technisch bereits viel mehr möglich wäre, an dem Anfrage-Dokumenten-Paradigma weitgehend festhalten: Würden sie aus den fremden Dokumenten direkt Antworten generieren und nicht mehr auf die Dokumente weiterleiten, würden sie den Inhalteanbietern ihre Verdienstmöglichkeiten nehmen, und für diese wäre es nicht mehr attraktiv, ihre Inhalte überhaupt den Suchmaschinen zur Indexierung zur Verfügung zu stellen. Sie wären dann nur noch unbezahlte Zulieferer.

In diesem Kontext sind auch Entwicklungen wie Googles Knowledge Graph zu betrachten (vgl. Kap. 6), die bislang weit hinter dem technisch Machbaren zurückbleiben. Die Daten, die für die Knowledge-Graph-Ergebnisse verwendet werden, stammen vor allem aus Wikipedia (deren Daten nahezu beliebig weiterverwendet werden dürfen) sowie durch Google selbst generierte Daten, die beispielsweise aus der Analyse des Suchanfragevolumens stammen). Weit mehr Möglichkeiten würden sich ergeben, wenn tatsächlich die *Daten des Web* als Grundlage verwendet werden würden. Dies würde allerdings eine Abwendung von Googles bisherigem Geschäftsmodell bedeuten, sodass mit einer Veränderung in den nächsten Jahren nicht zu rechnen ist. Die Orientierung an Trefferlisten und der Weiterleitung auf Dokumente ist also in vielen Fällen nicht mehr aufgrund technischer Beschränkungen notwendig, sondern begründet sich vor allem aus wirtschaftlichen Interessen, die in diesem Fall der technischen Innovation entgegenstehen.

Würde das Modell fallen und Suchmaschinen würden tatsächlich Informationen weitgehend aus fremden Dokumenten selbst zusammenstellen, so wäre dies für die Inhalteanbieter nur attraktiv, wenn die Verwendung ihrer Inhalte auch bezahlt werden würde. Eine Möglichkeit hier wäre eine Markup-Sprache für die Abrechnung von Informationseinheiten auf kleinster Ebene, vergleichbar mit der Abrechnung von Tantiemen bei Streamingportalen wie YouTube oder Spotify. Die Suchmaschinenbetreiber könnten selbst weiter Geld durch Werbung auf den Suchergebnissen verdienen; die Lieferanten der Inhalte würden tatsächlich für ihre Inhalte bezahlt werden und nicht wie heute nur mittelbar über Traffic bzw. die Möglichkeit, durch Werbung Erlöse zu erzielen.

16.7 Die gesellschaftliche Zukunft der Suchmaschinen

Schon aus der massenhaften Nutzung von Suchmaschinen ergibt sich ihre bedeutende Rolle für den Wissenserwerb. Dabei werden, wie in Kap. 15 dargestellt, Suchmaschinen von den Nutzern meist als neutrale Vermittler zwischen Nutzern und Informationen bzw. Dokumenten angesehen. Diese Rolle können sie allerdings schon aus theoretischen Überlegungen heraus nicht erfüllen (jede Suchmaschine liefert per Definition „verzerrte" Ergebnisse); hinzu kommt, dass Suchmaschinenbetreiber auf der einen Seite ein Interesse daran haben, organische Suchergebnisse und Anzeigen zumindest bis zu einem gewissen Grad anzugleichen. Die aktuelle Darstellungsform wird sich nicht aufrechterhalten lassen; sie nimmt zumindest in Kauf, dass ein wesentlicher Teil der Nutzer in die Irre geleitet wird.

Auf der anderen Seite sind die Suchmaschinen selbst zu Anbietern von Informationen und Diensten geworden, die über die allgemeine Suchfunktion aufgefunden werden können. Damit entstehen auf der pragmatischen Ebene Probleme daraus, dass Suchmaschinen ihre eigenen Angebote bevorzugen können (vor allem in der Universal Search, aber auch in den organischen Ergebnissen und in den Werbetreffern). Das theoretische Argument richtet sich dagegen gegen die Vorstellung, dass es ein objektives Ergebnisranking geben kann. Zu den meisten Suchanfragen gibt es weit mehr relevante Ergebnisse, als ein Nutzer ansehen kann und/oder bereit ist anzusehen. Dadurch wird allerdings die Ergebnisreihung zu einem gewissen Grad beliebig: Für den Nutzer spielt es keine Rolle, welche der vielen relevanten Ergebnisse bevorzugt angezeigt werden. Von Seiten der Suchmaschine ist es ausreichend, *dass* relevante Ergebnisse angezeigt werden – welche genau das sind, spielt keine Rolle.

Das Bild von Suchmaschinen als neutralen Informationsvermittlern wird sich in Zukunft ändern. Suchmaschinen müssen (und werden) als Informationsvermittler mit eigenen Interessen wahrgenommen werden. Daraus ergeben sich Konsequenzen für den Umgang mit Suchmaschinen als *Anbieter von Informationsinfrastrukturen* im Internet: Es wird sich die Frage stellen, ob man die Bereitstellung von Infrastrukturen wenigen bzw. einem einzigen kommerziellen Unternehmen überlassen möchte oder ob es nicht vielmehr sinnvoll ist, solche Infrastrukturen als *Public Services* bereitzustellen. Diskutiert werden in diesem Kontext u. a. die Offenlegung der Rankingalgorithmen, eine Zerschlagung von Google in einen Teil, der die Suchmaschinen betreibt und weitere Teile, der Aufbau staatlicher bzw. öffentlich-rechtlicher Suchmaschinen (Hege und Flecken 2014) sowie der Aufbau eines offenen Index des Web, der allen Anbietern, die Suchmaschinen auf der Basis von Webdaten erstellen wollen, offen steht (Lewandowski 2014).

Ein weiteres Feld, das enorme gesellschaftliche Auswirkungen hat, ist die Sammlung von Nutzerdaten durch die Suchmaschinen. Insbesondere Google, aber auch andere Dienste, verfolgen den Ansatz, erst einmal so viele Daten wie möglich über die einzelnen Nutzer zu sammeln, um ihre Dienste und ihre Werbeausspielung zu verbessern. Dabei kommen – wie in anderen Bereichen auch – Bestätigungen von Nutzungsbedingungen zum Einsatz, die kaum transparent sind, weshalb man davon ausgehen kann, dass ein Großteil der Nutzer sich nicht bewusst ist, dass bzw. in welchem Umfang ihre persönlichen Daten erfasst und dauerhaft gespeichert werden (s. Abschn. 5.3.2). So wird bei der ersten Benutzung von Google Now zwar beispielsweise gefragt, ob man dem Dienst erlauben will, auf die Standortdaten des Geräts zuzugreifen; den wenigsten Nutzern dürfte allerdings bewusst sein, dass im Fall der Zustimmung tatsächlich sämtliche Standortdaten minutiös protokolliert werden, auch wenn der Dienst aktuell gar nicht aktiv genutzt wird.

Bei der Frage nach der extensiven Datenerfassung handelt es sich allerdings nicht nur um ein Problem der Suchmaschinen, sondern um ein allgemeines Datenschutz-Problem. Zwar werden personenbezogene Daten grundsätzlich als schutzwürdig angesehen und die Gesetze zum Datenschutz gehen von dem Ideal der Datensparsamkeit aus (d. h. Daten sollen nur in so geringem Umfang erfasst werden, wie es für das Funktionieren eines Dienstes notwendig ist), allerdings können Unternehmen nahezu beliebige Regelungen treffen, sofern sie sich diese nur von ihren Nutzern in den Nutzungsbedingungen bestätigen lassen.

Betrachtet man die gesellschaftlichen Fragen, die mit Suchmaschinen verbunden sind, so ist es erstaunlich, wie wenig abgesichertes Wissen es eigentlich über Suchmaschinen bzw. die Suche im Web gibt, vor allem, wenn man die massenhafte Nutzung der Suchmaschinen und ihre extrem wichtige Rolle für den Wissenserwerb im Privatleben, in der Wirtschaft und in der Gesellschaft bedenkt. Wenn man die Forschung zu Suchmaschinen betrachtet, so fällt auf, dass man sich vor allem mit der technischen Weiterentwicklung beschäftigt, weniger mit Nutzungsaspekten und kaum mit den aus der massenhaften Suchmaschinennutzung entstehenden gesellschaftlichen Fragen. Aus dem in diesem Buch verfolgten Ansatz einer umfassenderen Betrachtung des Themas aus verschiedenen Blickwinkeln ergibt sich die Forderung nach einer Suchmaschinenforschung, die auf der einen Seite technische Weiterentwicklung betreibt, auf der anderen Seite diese aber nicht losgelöst von gesellschaftlichen Konsequenzen sieht. Und schließlich sollte sie sich auch als Evaluationsforschung verstehen, die auf der Basis solider empirischer Daten überprüft, inwieweit Suchmaschinen ihre Rolle als Vermittler von Informationen in allen Lebensbereichen gerecht werden bzw. wie sie in Zukunft dieser Rolle (noch) besser gerecht werden können. Und es bedarf auch einer Aufklärung der Nutzer, die mehr über die Funktionsweise, die Finanzierung und die Recherchemöglichkeiten erfahren müssen, um mit Suchmaschinen informationskompetent umgehen zu können.

16.8 Zusammenfassung

Suchmaschinen haben sich seit ihrem Bestehen beständig verändert, und das werden sie weiterhin tun. Es werden sich gravierende Veränderungen ergeben, die unser grundlegendes Verständnis von der Suche verändern werden. Zunächst einmal wird Suche zu einer Basistechnologie werden, die in den unterschiedlichsten Anwendungen zum Einsatz kommt. Wir werden also nicht mehr unbedingt eine Suchmaschine aufsuchen, um Informationen zu finden, sondern passende Informationen werden uns auf der Basis von Suchtechnologie automatisch angeboten werden. Damit einher wird ein Wandel der Suchanfragen gehen: Auf der einen Seite werden wir Suchanfragen in einer Vielzahl von Formen (Text, gesprochene Sprache, Bilder) eingeben, auf der anderen Seite werden immer mehr Suchanfragen implizit aus Kontextinformationen generiert werden, wodurch die Eingabe durch den Nutzer entfällt.

Suchmaschinen werden sowohl Suchanfragen als auch Dokumente besser „verstehen", was sie in die Lage versetzen wird, nicht nur Dokumente, sondern gezielte Antworten, die auch auf der Analyse einer Vielzahl von Dokumenten beruhen können, auszugeben.

Schon heute findet Suche auf einer Vielzahl von unterschiedlichen Geräten statt, man unterscheidet aber weiterhin zwischen mobilen und stationären Endgeräten. Diese Unterscheidung hat jedoch ihre Differenzierungskraft verloren, was zu einer Fokussierung auf den Kontext und das für die Suche verwendete Gerät führen wird.

Dadurch, dass Suchmaschinen Antworten generieren werden anstelle von Verweisen auf Dokumente, wird sich auch die wirtschaftliche „Partnerschaft" zwischen Suchmaschinen und Inhalteanbietern ändern. Werden Nutzer nicht mehr zu Dokumenten weitergeleitet, verlieren Inhalteanbieter die Möglichkeit, mit ihren kostenfreien Inhalten durch Werbung zu verdienen. Es sind neue Modelle erforderlich, die für eine Entlohnung der Inhalteanbieter sorgen.

Nicht zuletzt sind Suchmaschinen von enormer Bedeutung für den Wissenserwerb in der Gesellschaft. Ihre Entwicklung verläuft allerdings noch weitgehend abgekoppelt von gesellschaftlichen Diskussionen; in Zukunft werden diese eine wichtigere Rolle einnehmen. Auch ist es dringend erforderlich, das Wissen über Suchmaschinen durch Forschung zu verbessern und letztlich auch auf Nutzerseite für mehr Informationskompetenz zu sorgen.

Literatur

Hege, H., & Flecken, E. (2014). Debattenbeitrag: Gibt es ein öffentliches Interesse an einer alternativen Suchmaschine? In B. Stark, D. Dörr, & S. Aufenanger (Hrsg.), *Die Googleisierung der Informationssuche* (S. 224–244). Berlin: De Gruyter.

Lewandowski, D. (2014). Why we need an independent index of the Web. In R. König & M. Rasch (Eds.), *Society of the Query Reader: Reflections on Web Search*. Information Retrieval; Digital Libraries, Amsterdam: Institute of Network Culture.

Morville, P. (2005). *Ambient Findability*. Sebastopol: O'Reilly.

Sullivan, D. (2013). Google's impressive "Conversational Search" goes live on chrome. search engine land. http://searchengineland.com/googles-impressive-conversational-search-goes-live-on-chrome-160445. Zugegriffen: 30. Sept. 2014

Glossar

Above the fold dt. über dem Knick; auch „sichtbarer Bereich": Der Teil der Suchergebnisseite, der sofort zu sehen ist, ohne dass gescrollt werden muss. Die Größe dieses Teils hängt von der Bildschirm- bzw. Fenstergröße ab. Der Begriff leitet sich von einer gefalteten Zeitung ab.

Absprungrate Anteil der Nutzer, die nach dem Aufruf eines Dokumentes dieses schnell wieder verlassen (und im Fall der Herkunft von einer Suchmaschine auf die Suchergebnisseite zurückkehren).

Adresszeile Eingabezeile im Browser, in die eine URL eingegeben wird, um sie direkt aufzurufen.

AdSense Anzeigenprogramm von Google, bei dem Websitebetreiber Anzeigen auf ihren eigenen Dokumenten schalten können. Die Anzeigen werden passend zum Text des Dokumentes generiert.

AdWords Anzeigenprogramm von Google, bei dem Websitebetreiber Textanzeigen erstellen, die auf den Suchergebnisseiten der Suchmaschine angezeigt werden. Die Buchung erfolgt auf Suchwörter; der Preis wird in einem Bieterverfahren zwischen den Werbetreibenden festgelegt. Teilweise wird AdWords auch allgemein als Bezeichnung für Textanzeigen in Suchmaschinen verwendet.

Affiliate-Marketing Marketing über Vertriebspartner, die Nutzer auf die Seite des Anbieters lenken und dafür eine Provision bekommen.

Aggregatoren Anbieter, die Informationen aus unterschiedlichen Quellen zusammenführen.

Aktualisierungsdatum Datum der letzten inhaltlichen Aktualisierung eines Dokumentes.

Algorithmus Eine eindeutige Folge von Handlungsanweisungen, welche nacheinander abgearbeitet werden. Im Kontext von Suchmaschinen ist meist der Algorithmus bzw. sind die Algorithmen gemeint, nach denen die Suchergebnisse sortiert werden.

Anfrageinterpretation *engl. query understanding*: Hinzufügen von Kontextinformationen zu gestellten Suchanfragen, beispielsweise dem Standort des Nutzers, um Suchanfragen gezielter beantworten zu können. Man unterscheidet zwischen expliziter

© Springer-Verlag Berlin Heidelberg 2015
D. Lewandowski, *Suchmaschinen verstehen,* Xpert.press,
DOI 10.1007/978-3-662-44014-8

und impliziter Anfrageinterpretation, je nachdem, ob die hinzugefügten Informationen dem Nutzer mitgeteilt werden oder nicht.

Anfragetyp *engl. query intent*: Unterscheidung von Suchanfragen nach dem Ziel bzw. dem hinter der Suchanfrage stehenden Informationsbedürfnis. Die für die Websuche bedeutendste Einteilung unterscheidet zwischen informationsorientierten (*informational*), navigationsorientierten (*navigational*) und transaktionsorientierten (*transactional*) Suchanfragen.

Ankertext *engl. anchor text:* Text innerhalb eines Dokumentes, der mit einem anderen Dokument verlinkt ist. Ankertexte werden von Suchmaschinen zur ergänzenden Beschreibung des Dokumentes, auf das verlinkt wird, verwendet.

Application Programming Interface (API) *dt. Programmierschnittstelle*: Schnittstelle, die einen automatisierten Zugriff auf eine Software erlaubt; im Fall der Suchmaschinen die automatische Abfrage von Suchergebnissen.

Autocomplete s. Suchvorschlag

Autokorrektur Automatische Korrektur von (von Seiten der Suchmaschine angenommenen) Fehleingaben, v. a. Tippfehler.

Befehl Kommando, das zur Qualifizierung einer Suchanfrage eingesetzt wird.

Below the fold *dt. unter dem Knick*; auch „unsichtbarer Bereich": Der Bereich einer Suchergebnisseite, der erst durch Scrollen erreichbar ist.

Beziehungsgeflecht der Suchmaschinen *engl. search engine relationship chart*: Grafische Darstellung der Lieferungen von Suchergebnissen und Textanzeigen zwischen verschiedenen Suchmaschinen.

Bias *dt. Verzerrung*: Im Kontext der Suchmaschinen wird darunter die Abweichung der tatsächlichen Suchergebnisse von einem angenommenen idealen Ergebnis erwartet. Hervorgerufen wird der Bias durch technische Probleme in der Indexierung, durch Faktoren des Rankings, durch gezielte Bevorzugung bestimmter Angebote durch die Suchmaschinenbetreiber und durch externe Manipulationen der Suchergebnisse (s. Suchmaschinenoptimierung).

Black Hat Im Kontext der Suchmaschinenoptimierung Methoden, die von den Suchmaschinen in ihren Nutzungsbedingungen ausgeschlossen werden.

Black List Liste von Dokumenten bzw. Websites, die aus dem Index einer Suchmaschine ausgeschlossen werden.

Bookmark *dt. Lesezeichen*: Link, der im Browser für einen schnellen Zugriff abgelegt wird. Lesezeichen erlauben das schnelle Wiederfinden und Aufrufen von Seiten im World Wide Web.

Boolesche Suchanfrage Anfrage, die mit Hilfe von Booleschen Operatoren formuliert wird.

Boolesche Operatoren *engl. Boolean operators*: Werden verwendet, um logische Beziehungen von Elementen in Suchanfragen auszudrücken. Die Booleschen Operatoren sind AND, OR und NOT; weitere auf den Booleschen Operatoren basierende Operatoren wurden entwickelt.

Boost *dt. Schub*: Bestimmten Dokumenten einen *boost* zu geben, bedeutet, ihnen im Ranking einen Schub nach oben in den Trefferlisten zu geben.

Bow-Tie-Modell s. Fliegen-Modell

Browser Software, mit deren Hilfe Dokumente im World Wide Web angezeigt werden können.

Cache Zwischenspeicher einer Suchmaschine, in der die zuletzt vom Crawler besuchte Version des Dokumentes abgelegt ist.

Cloaking Ausspielen unterschiedlicher Inhalte auf derselben URLs, je nach anfragendem Client. So können beispielsweise für menschliche Nutzer und für Suchmaschinen unterschiedliche Inhalte ausgespielt werden, um Suchmaschinen über die wahren Inhalte von Dokumenten zu täuschen.

Cluster *dt. Klumpen*: Automatisch zusammengestellte Menge von als ähnlich erkannten Objekten.

Content Acquisition Die Aufnahme von Inhalten in den Datenbestand einer Suchmaschine. Diese geschieht vor allem über das Crawling. Allerdings können Inhalte auch auf andere Weise in den Datenbestand einer Suchmaschine gelangen, etwa durch das Auswerten von Feeds und den Zugriff auf strukturierte Daten aus Datenbanken.

Content-Management-System Software zur Erstellung und Verwaltung von Inhalten auf Websites. Die dort eingegebenen Inhalte werden vom System automatisch in die Struktur und das Layout der Website eingesetzt.

Country Bias Verzerrung in der Abdeckung der Inhalte aus verschiedenen Ländern, d. h. die Inhalte aus bestimmten Ländern werden im Index einer Suchmaschine vollständiger abgedeckt als die Inhalte aus anderen Ländern.

Crawler System zum Auffinden von Inhalten im World Wide Web durch das Verfolgen von Links in Dokumenten.

Crawling Crawling bezeichnet das Auffinden von Dokumenten im Web durch das Verfolgen von Links auf bereits bekannten Seiten.

Crawling-Frequenz *engl. crawl frequency*: Häufigkeit der Wiederholung des Crawling eines Dokumentes.

Dark Web Nur über spezielle Tools zugänglicher Bereich des Internet, der vor allem für den Verkauf von illegalen Produkten und die Distribution von illegalen und urheberrechtlich geschützten Inhalten bekannt ist.

Data Center Rechenzentrum einer Suchmaschine. Websuchmaschinen sind auf verschiedene Data Centers verteilt, um eine effiziente Bearbeitung des Crawlings und der Suchanfragen zu gewährleisten.

Datenbasis der Suchmaschine *engl. local store*: Die Kopie der Inhalte des Web, die von einer Suchmaschine im Vorgang des Crawlings erstellt wird. Im Idealfall ist diese Kopie ein vollständiges und aktuelles Abbild des World Wide Web. Man spricht hier teilweise auch vom Index.

Datenerhebung In nutzungsstatistischen Verfahren können Daten über das Nutzerverhalten entweder über vom Nutzer explizit gemachte Bewertungen oder über die Auswertung von Klicks (implizit) erhoben werden.

Dedicated Searcher Modell des Suchverhaltens, das in den klassischen TREC-Studien verwendet wird. Es wird von einem Nutzer ausgegangen, der zum einen alle für sein Thema relevanten Ergebnisse erhalten möchte und zum anderen bereit ist, große Treffermengen durchzusehen.

Deep Web Alle über das Web zugänglichen Inhalte, die von den allgemeinen Suchmaschinen nicht erschlossen werden (können), vor allem die Inhalte von Datenbanken, die über das Web erreichbar sind.

Dokument Materielle Einheit eines Trägers dokumentarischer Daten. Im Kontext der Suchmaschinen spielen Textdokumente, aber u. a. auch Bilder und Videos eine Rolle.

Dokumenttyp Art des Dokumentes, beispielsweise Text, Bild oder Video.

Domainhoster Anbieter, der Websites im Auftrag in seinem Rechenzentrum betreibt.

Dublette Doppelexemplar; im Kontext der Suche gleicher bzw. sehr ähnlicher Inhalt in unterschiedlichen Dokumenten.

Duplicate Content s. Dublette

Dwell time s. Verweildauer

Einfache Suche Standardsuchformular, das aus nur einem Eingabefeld besteht.

Erstellungsdatum Datum, an dem ein Dokument erstellt wurde, s. auch → Aktualisierungsdatum.

Erweiterte Suche *engl. advanced search (interface)*: Suchformulare mit mehreren Eingabefeldern zur Spezifizierung von Suchanfragen.

Explizite Anfrageinterpretation s. Anfrageinterpretation

Explizite Datenerhebung s. Datenerhebung

Eyetracking Verfahren, bei dem die Bewegungen der Pupillen von Probanden mittels Infrarotkameras gemessen werden. Daraus lassen sich typischen Blickverläufe und Blickhäufungen messen.

F-Muster *engl. f pattern*: Typischer Blickverlauf auf Suchergebnisseiten, die aus einer Trefferliste bestehen, über der ein Block mit Textanzeigen angezeigt wird. Die Blicke setzen bei den Anzeigen an, dann springen sie auf das erste organische Suchergebnis.

Fakteninformation(en) Im Gegensatz zu Textdokumenten können Fakteninformationen als direkte Antworten ausgegeben werden, d. h. es ist nicht erforderlich, den Nutzer von der Suchergebnisseite aus auf ein Dokument weiterzuleiten.

Faktor s. Rankingfaktor

Feeds Feeds bieten eine Möglichkeit, dem Index einer Suchmaschine Daten in strukturierter Form hinzuzufügen.

Flash Dateiformat für multimediale und interaktive Inhalte. Suchmaschinen können Flash-Inhalte nicht vollständig erfassen.

Fliegen-Modell *engl. bow-tie model*. Modell der Verlinkungen im World Wide Web, das zwischen einem stark verlinktem Kernbereich und verschiedenen Außenbereichen unterscheidet. Aus der Struktur ergeben sich Probleme in der vollständigen und gleichmäßigen Erfassung der Web-Dokumente im Crawling.

Focused Crawling s. fokussiertes Crawling

Fokussiertes Crawling *engl. focused crawling*: Crawling, das sich willentlich auf einen bestimmten Bereich des Web beschränkt.

Goldenes Dreieck *engl. golden triangle*: Typisches Blickverlaufsmuster, bei dem die ersten Dokumente in einer Liste am häufigsten und am intensivsten betrachtet werden.

Google Analytics Software von Google, die Websitebetreibern eine Analyse der Besucherströme erlaubt.

Google Search Appliance Kombinierte Hard- und Software-Lösung von Google, mit der eigene Inhalte indexiert und durchsuchbar gemacht werden können.

GPS Global Positioning System: mobile Endgeräte können ihren genauen Standort übermitteln, was eine genaue Anpassung der Suchergebnisse auf diesen ermöglicht.

Heatmap Darstellungsform für Ergebnisse aus Eyetracking-Untersuchungen.

HITS Von Jon Kleinberg entwickeltes linktopologisches Rankingverfahren, das Dokumente u. a. in Hubs und Autorities teilt.

Horizontale Suchmaschine Allgemeine Suchmaschine, die den Anspruch hat, die Inhalte des Web in ihrer Breite zu erfassen.

Hosting Technische Bereitstellung von Websites.

HTML (Hypertext Markup Language) Auszeichnungssprache für Dokumente im World Wide Web.

HTML-Quelltext s. Quelltext

HTML-Seite Synonym für Webseite; auch Seite, Dokument.

Hybridsuchmaschine Suchmaschine, die sowohl Teile des Web (s. fokussiertes Crawling) als auch Inhalte aus Invisible-Web-Datenbanken erfasst und diese gemeinsam durchsuchbar macht.

Implizite Anfrageinterpretation s. Anfrageinterpretation

Implizite Datenerhebung s. Datenerhebung

In-Link Ein Link, der auf ein bestimmtes Dokument zeigt, wird als In-Link dieses Dokumentes bezeichnet.

Index Bereits für die Suche aufbereiteter Datenbestand einer Suchmaschine.

Indexer Komponente der Suchmaschine, die für die Aufbereitung der Dokumente zuständig ist.

Information Retrieval Computergestütztes Suchen bzw. Wiederfinden von Informationen zu einer speziellen Fragestellung.

Informationsbedarf Art und Umfang der für eine Problemstellung benötigten Informationen.

Informationsbedürfnis Ausdruck dessen, was ein Recherchierender zu wissen wünscht.

Informationskompetenz Fähigkeit, kompetent mit Informationen und Informationssystemen umzugehen.

Informationsobjekt *engl. information object*: Dokument, unabhängig von einem Dokumenttyp (wie Text oder Bild).

Informetrische Verteilung Stark ungleichmäßige Verteilung, bei der wenige Objekte einen Großteil des Volumens auf sich vereinen, während viele Objekte nur ein geringes

Volumen aufweisen. Beispiele sind die Verteilung von Wörtern in Dokumenten und die Verteilung von Links im World Wide Web.

Inverse Dokumenthäufigkeit *engl. inverted document frequency*: Berechnung der Bedeutung von Wörtern innerhalb von Dokumentkollektionen, womit seltenere Wörter stärker gewichtet werden können.

Invertierter Index Ein invertierter Index kehrt die Dokumente um von Texten, die Wörter enthalten zu Wortlisten, die auf Dokumente verweisen.

Invisible Area s. unsichtbarer Bereich.

Invisible Web s. Deep Web

IP-Adresse Eindeutige Kennung eines Rechners, die benötigt wird, um diesem über das Internet vermittelte Daten zuzuleiten.

Iteratives Verfahren Verfahren, das in mehreren Schritten annäherungsweise Werte errechnet, ohne dass am Anfang bereits bekannte Werte stehen.

Juror Person, die im Rahmen eines Retrievaltests die Relevanz von Dokumenten bewertet.

Keyword Suchwort.

Keyword stuffing *dt. künstliche Worthäufungen*: Häufung von potenziellen Suchwörtern innerhalb eines Dokumentes mit dem Ziel, die Suchmaschinen zu täuschen.

Keywords in Context (KWIC) Darstellungsform zu Exzerpte aus Dokumenten (beispielsweise in Trefferbeschreibungen), bei der ein Ausschnitt, der die eingegebenen Suchwörter enthält, dargestellt wird.

Knowledge Graph Zusammenstellung von Fakten in einem Container auf einer Suchergebnisseite.

Kollektion Datenbestand, der von einer Suchmaschine aufgebaut wird.

Kommando s. Befehl

Konkreter Informationsbedarf Informationsbedarf, der sich auf ein Faktum richtet. Der Informationsbedarf ist mit der Anzeige des konkreten Faktums befriedigt.

KWIC s. Keywords in Context

Laborstudie Untersuchung (des Suchverhaltens), die in einem Labor mit Probanden stattfindet.

Länderinterface Auf das entsprechende Land angepasstes Interface einer Suchmaschine. Die Suche über verschiedene Länderinterfaces führt zu einer unterschiedlichen Reihung der Ergebnisse. S. auch Anfrageinterpretation.

Linkkauf Kauf von externen Links, um im Rahmen der Suchmaschinenoptimierung Linkpopularität zu gewinnen.

Linksschiefe Verteilung s. informetrische Verteilung

Local Store s. Datenbasis der Suchmaschine

Logfile Protokolldatei eines Webservers bzw. einer Suchmaschine, in der die technischen Interaktionen der Nutzer mit dem System festgehalten werden.

Logfile-Analyse Auswertung der Logfiles; in Suchmaschinen vor allem zur Gewinnung von Informationen über die Popularität von Suchbegriffen und das Interaktionsverhalten der Nutzer.

Lokalität Anpassung der Suchergebnisse (bzw. deren Reihung) an den momentanen Standort des Nutzers.

Long Tail s. linksschiefe Verteilung

Lookup searches Suchanfragen, die dem Nachschlagen von Fakten oder der Befriedigung einfacher problemorientierter Informationsbedürfnisse dienen.

Metadaten Daten über andere Daten. Metadaten sind für Suchmaschinen vor allem bei der Indexierung nicht-textueller Inhalte und bei der Generierung von Trefferbeschreibungen relevant.

Metasuchmaschine Suchmaschine ohne eigenen Index, die die Ergebnisse mehrerer externer Suchmaschinen in einem eigenen Ranking zusammenfasst.

Metatag s. Metadaten

Microblogging Form des Bloggens, bei der die Länge der Nachrichten (künstlich) beschränkt ist.

Mirror Site *dt. Spiegel*: Kopie einer Website, die für einen schnelleren lokalen Zugriff angelegt wurde.

N-Gramm Ergebnis der Zerlegung eines Textes in Einheiten von N Zeichen.

Need for freshness Entscheidung, ob zu einer Suchanfrage aktuelle Dokumente von besonderer Bedeutung sind.

Nicht eingreifende Methode Untersuchungsmethode zur Beobachtung von Verhalten, ohne dass die Untersuchten von der aktuellen Beobachtung Kenntnis haben, zum Beispiel in Logfile-Untersuchungen.

Nicht verbundene Seiten Seiten, die zwar untereinander verlinkt sein können, jedoch von den einer Suchmaschine bereits bekannten Dokumenten aus nicht verlinkt werden.

Nutzererleben s. User Experience

Oberflächenweb Der Teil des Web, der von den allgemeinen Suchmaschinen erfasst werden kann.

Online-Host Anbieter von mehreren Datenbanken unter einer gemeinsamen Suchoberfläche.

Online-Werbung Werbung, die im Rahmen von Online-Angeboten geschaltet wird. Online-Werbung wird unterteilt in klassische Online-Werbung (z. B. Banner), Suchwortvermarktung und Affiliate-Werbung.

Opaque Web Undurchsichtiges Web; der Teil des Deep Web, der von den Suchmaschinen erfasst werden könnte, jedoch nicht erfasst wird.

Operator Spezieller Befehl zur Verbindung von Suchwörtern mit dem Ziel, die Menge der auszugebenden Treffer zu steuern. S. a. Boolesche Operatoren

Organisches Ergebnis Aus dem Web-Index automatisch generiertes Suchergebnis. Das Ranking der organischen Ergebnisse erfolgt für alle Dokumente zu gleichen Bedingungen, d. h. jedes Dokument, das in den Web-Index der Suchmaschine aufgenommen wurde, hat potenziell die gleiche Chance, als Ergebnis zu einer Suchanfrage angezeigt zu werden.

Out-Link Ein Link, der von einem bestimmten Dokument aus auf ein anderes Dokument zeigt.

PageRank Verfahren zur Bewertung von Dokumenten auf der Basis ihrer Verlinkung im Web. In diesem Verfahren wird sowohl die Zahl der eingehenden Links als auch ihr individueller Wert berücksichtigt.

Paid Inclusion Geschäftsmodell, bei dem Inhalteanbieter für die Aufnahme ihrer Inhalte in den Index einer Suchmaschine bezahlen.

Parsing Module Modul einer Suchmaschine zu Vorverarbeitung der vom Crawler gefundenen Dokumente.

Partnerindex Index, der von einer Suchmaschine mit eigenem Index Partnern zur Verfügung gestellt wird.

Partnerindex-Modell Modell, in dem eine Suchmaschine mit eigenem Index Suchergebnisse und Textanzeigen an einen Partner liefert, der zwar eine eigene Benutzerschnittstelle betreibt, jedoch die Ergebnisse des Partners anzeigt. Die aus den Anzeigenklicks erzielten Umsätze werden nach einem vorher festgelegten Schlüssel geteilt.

Periodic Table of SEO Success Factors Eine von der Website Search Engine Land erstellte Zusammenstellung der wichtigsten Rankingfaktoren der Suchmaschinen unter dem Blickwinkel der Suchmaschinenoptimierung.

Power Law s. informetrische Verteilung.

Precision Anteil der relevanten Ergebnisse an der Gesamtzahl der von einer Suchmaschine angezeigten Ergebnisse.

Precisongraph Darstellungsform für Precisionwerte, geordnet nach Trefferpositionen.

Private Web Seiten, die von den Autoren bewusst von der Indexierung durch Suchmaschinen ausgeschlossen wurden, beispielsweise durch Passwort-Abfragen.

Problemorientierter Informationsbedarf Informationsbedarf, dessen thematische Grenzen *nicht* exakt bestimmbar sind.

Proprietary Web Inhalte im Web, deren Nutzung nur nach Zustimmung zu bestimmten Nutzungsbedingungen möglich ist.

Prosumer Kombination aus consumer und producer, v. a. im Kontext von Social Media gebräuchlich.

Qualitätsbestimmende Faktoren Rankingfaktoren, mit denen die Qualität von Dokumenten gemessen werden soll, u. a. durch die Bewertung von Links und von Nutzerzugriffen.

Quasisynonym Wörter, die als Synonyme behandelt werden, obwohl sie keine sind. Suchmaschinen errechnen statistische Wortähnlichkeiten, die zur Behandlung von Wörtern als Quasisynonyme führen können.

Quelltext Text eines HTML-Dokumentes inklusive der HTML-Befehle (Tags).

Rankingfaktor Kriterium, das zum Ranking von Dokumenten verwendet wird.

Rankingsignal s. Rankingfaktor

Recall Anteil der von einem System gefundenen relevanten Dokumente an der Gesamtzahl der im Datenbestand vorhandenen relevanten Dokumente.

Relevanz Kriterium, ob ein Dokument von einem aktuell suchenden Nutzer in seinem Kontext als Suchergebnis gewünscht wird.

Retrievaleffektivität Die Fähigkeit einer Suchmaschine, auf eine Anfrage relevante Dokumente auszugeben

Rich snippet Erweiterte Trefferbeschreibung auf einer Suchergebnisseite.

Robots Exclusion Standard Von den allgemeinen Suchmaschinen akzeptierte Befehle, die die Steuerung der Suchmaschinen-Crawler und die Indexierung von Websites durch Suchmaschinen ermöglichen.

Robots.txt Datei, in der den Crawlern der Suchmaschinen Anweisungen zur Indexierung bzw. zum Ausschluss von Inhalten einer Website gegeben werden können.

RSS Format für die Übermittlung strukturierter Daten.

Screenreader Software, die die auf dem Bildschirm angezeigten Inhalte vorliest.

Scroll area s. below the fold

Scrollen Verschieben von Bildschirminhalten; durch die Bewegung der Inhalte lassen sich weitere Inhalte darstellen.

Search Engine Advertising (SEA) s. Werbung

Search Engine Marketing (SEM) s. Suchmaschinenmarketing

Search Engine Relationship Chart s. Beziehungsgeflecht der Suchmaschinen

Seed Set Sammlung von Websites bzw. Seiten, die als Startpunkte für das Crawling verwendet werden.

Semantik Lehre von der Bedeutung der Zeichen.

SERP s. Suchergebnisseite

Server s. Webserver

Session Abfolge von Suchanfragen und Dokumentsichtungen, die von einem bestimmten Nutzer innerhalb einer bestimmten Zeitspanne zu einem bestimmten Thema ausgeführt wurden.

Share (in Sozialen Netzwerken) Teilen von Inhalten, um sie den mit dem Teilenden in einem Sozialen Netzwerk verbundenen Personen sichtbar zu machen.

Sichtbarer Bereich Bereich der Suchergebnisseite, der ohne Scrollen sichtbar ist.

Signal s. Rankingfaktor

Silo Geschlossene Informationssammlung, die Externen (z. B. Suchmaschinen) nicht oder nicht vollständig zugänglich ist.

Sitelinks Links innerhalb der Trefferbeschreibungen auf Suchergebnisseiten, die direkt zu bestimmten Bereichen einer Website führen.

Sitemap Zusammenstellung von Links auf alle Seiten einer Website in einem Dokument; s. auch XML-Sitemap

Social Media Sammelbegriff für internetbasierte mediale Angebote, die auf sozialer Interaktion und den technischen Möglichkeiten des sog. Web 2.0 basieren.

Spam Von den Suchmaschinen nicht erwünschte Dokumente, vor allem um solche, die einzig und allein zu dem Zweck erstellt wurden, Suchmaschinen und Nutzer über ihre tatsächliche Intention zu täuschen.

Spezialsuchmaschine Suchmaschine, die sich thematisch oder anhand formaler Dokumentenmerkmale (Bsp. Dateityp) beschränkt.

Spider s. Crawler

Spider Trap Spider Traps sind Fallen, die dem Crawler gestellt werden, sei es absichtlich oder unabsichtlich.

Spiegel s. Mirror Site

Standardsuche s. einfache Suche

Stoppwort Wort, das in der Indexierung ausgeschlossen wird.

Streuverluste Verluste bei der Schaltung von Werbung, die dadurch entstehen, dass die Zielgruppe nicht exakt erreicht werden kann.

Suchanfrage Eingabe eines Nutzers, die von einer Suchmaschine in einem Schritt verarbeitet wird. Eine Suchanfrage kann aus einem oder mehreren Wörtern, zusätzlich auch aus Operatoren und Befehlen bestehen.

Suchbegriff Einzelnes Wort, das Bestandteil einer Suchanfrage ist.

Suchergebnisseite Engl. *search engine results page (SERP)*: Zusammenstellung von Suchergebnissen auf Basis einer Suchanfrage. Zu einer Suchanfrage können mehrere Suchergebnisseiten ausgegeben werden, zwischen denen ein Nutzer blättern kann.

Suchhistorie s. → Webprotokoll

Suchmaschinenmarketing Marketingmaßnahmen, die mittels Suchmaschinen durchgeführt werden.

Suchmaschinenoptimierung *engl. search engine optimization*; SEO: Maßnahmen, die bestimmten Dokumenten bzw. Websites zu einer höheren Sichtbarkeit in den Suchmaschinen verhelfen sollen.

Suchverlauf s. Webprotokoll

Suchvokabular Sammlung von Befehlen und Operatoren, die von einer Suchmaschine unterstützt werden.

Suchvorschlag Vorschlag zur Erweiterung oder Verbesserung einer Suchanfrage, der von einer Suchmaschine bereits während der Eingabe generiert wird.

Suchwort s. Suchbegriff

Suchwortvermarktung Bestandteil der Online-Werbung, bei dem Textanzeigen zu einzelnen Suchbegriffen an Werbetreibende verkauft werden.

Surface Web s. Oberflächenweb

Synonym Wörter, die einen gleichen oder sehr ähnlichen Bedeutungsumfang haben.

Tab blindness Bezeichnung für die Tatsache, dass Nutzer die von einer Suchmaschine angebotenen Verweise auf weitere Kollektionen, in denen sich spezialisierte Suchen durchführen ließen, übersehen.

Tag Auszeichnung von Daten mit zusätzlichen Informationen.

Termfrequenz Häufigkeit des Vorkommens von Termen (Wörtern oder Wortformen) in Dokumenten.

Textstatistik Verfahren zur Auswertung von Texten, um auf der Basis von Worthäufigkeiten, Wortpositionen und weiteren Merkmalen ein Ranking zu erstellen.

Toolbar Browsererweiterung, die stets im Browserfenster sichtbar ist und dem Browser zusätzliche Funktionen, z. B. Suchfunktionen, hinzufügt.

Topic detection and tracking Zusammenfassen thematisch ähnlicher Dokumente zu einem Cluster und beständiges Hinzufügen neuer Dokumente zu passenden Clustern.

Traffic Besucher, die auf ein Dokument bzw. eine Website gelangen.

TREC Text Retrieval Conference: Evaluierungsinitiative für den Vergleich von Information-Retrieval-Systemen. Im Rahmen von TREC werden u. a. Testkollektionen entwickelt und bereitgestellt.

Trefferbeschreibung *engl. snippet*: Kurze Beschreibung eines Dokumentes auf der Suchergebnisseite.

Trefferliste Liste der zu einer Suchanfrage aufgefundenen Dokumente. Eine Suchergebnisseite kann mehrere Trefferlisten sowie andere Darstellungsformen für Treffer enthalten.

Truly Invisible Web Seiten bzw. Websites, die für die Suchmaschinen aufgrund technischer Gegebenheiten nicht indexierbar sind.

Trunkierung Abschneiden eines Suchbegriffs durch Setzen eines Sonderzeichens (meist *); sorgt dafür, dass mehr Dokumente gefunden werden. Bei der gängigen Rechtstrunkierung werden alle Wörter gefunden, die einen eingegebenen Wortstamm enthalten (so findet etwa suchma* neben Suchmaschine auch Suchmaschinen, Suchmaschinenmarketing, Suchmaschinenoptimierung, usw.).

Umgebungstext Text, der bei Multimedia-Inhalten (Bilder, Videos) auf HTML-Seiten in der Nähe des jeweiligen Objekts platziert ist. Umgebungstexte lassen sich für die Indexierung der Objekte nutzen.

Universal Search Anreicherung der Suchergebnisse aus dem Web-Index um Ergebnisse aus speziellen Kollektionen und deren gemeinsame Darstellung auf einer Suchergebnisseite.

Unsichtbarer Bereich Teil der Suchergebnisseite, der erst durch Scrollen sichtbar wird.

Unsichtbares Web s. Deep Web

URL Uniform Ressource Locator: Eindeutige „Adresse" eines Dokumentes im Web.

User Agent Programm, mit dem Dienste im Internet genutzt werden, beispielsweise ein Web-Browser. Der User Agent überträgt in der Regel seinen Namen, wenn er eine Anfrage an einen Dienst stellt. Die Crawler der Suchmaschinen sind auch User Agents und identifizieren sich entsprechend. Sie können damit von Websitebetreibern auch erkannt werden.

User Experience Alle Aspekte der Erfahrung eines Nutzers mit einer Suchmaschine.

Vertikale Suchmaschine s. Spezialsuchmaschine.

Verweildauer *engl. dwell time*: Zeit, die Nutzer mit dem Ansehen eines Dokumentes verbringen. Kann bei einer bestimmten Länge als Qualitätsindikator für das Dokument angesehen werden kann, bei sehr kurzer Dauer (und einem Zurückkehren auf die Trefferliste der Suchmaschine aber als Indikator gegen die Qualität des Dokumentes verwendet wird.

Verzerrungen s. Bias

Visible area s. sichtbarer Bereich

Web 2.0 s. Social Media

Web-Verzeichnis Von Menschen erstellte Zusammenstellung von Websites. Die Websites werden in ein Klassifikationssystem eingeordnet und mit kurzen Texten beschrieben.

Webprotokoll Die von einer Suchmaschine gesammelten Suchanfragedaten eines einzelnen, identifizierbaren Nutzers.

Webseite auch Seite; *engl. web page*: Ein einzelnes Dokument, das sich im Web über eine eindeutige URL erreichen lässt.

Webserver Rechner, auf dem eine Website abgelegt ist.

Website *engl. web site*: Ein Angebot im Web, welches mehrere Dokumente („Seiten") enthält.

Werbung Im Kontext von Suchmaschinen vor allem zu einer Suchanfrage passende Textanzeigen, die auf den Suchergebnisseiten gezeigt werden.

White Hat In der Suchmaschinenoptimierung Maßnahmen, die mit den von den Suchmaschinenbetreibern aufgestellten Regeln konform sind.

White List Zusammenstellung von durch Menschen ausgewählter Websites, die beispielsweise für das fokussierte Crawling oder als *seed set* für das allgemeine Crawling eingesetzt werden können.

WHOIS-Service Verzeichnis von Inhaberdaten zu Websites.

Wortstamm Bestandteil eines Wortes, der als Ausgangsbasis für Wortbildungen dienen kann.

XML extensible Markup Language; Textauszeichnungssprache, die die Auszeichnung hierarchisch strukturierter Daten erlaubt.

XML-Sitemap Datei, die es Websitebetreibern erlaubt, den Crawlern der Suchmaschinen detaillierte Empfehlungen für das Crawling vor allem großer Websites zu geben.

Sachverzeichnis

© Springer-Verlag Berlin Heidelberg 2015
D. Lewandowski, *Suchmaschinen verstehen,* Xpert.press,
DOI 10.1007/978-3-662-44014-8